MICROECONOMIA

ESERCIZI

Maria Maddalena Favro-Paris - Mario Matto

MICROECONOMIA
ESERCIZI

Edizione riveduta e corretta

G. Giappichelli Editore

VIA PO, 21 - TEL. 011-81.53.111 - FAX 011-81.25.100
http://www.giappichelli.it

ISBN/EAN 978-88-921-3347-1

Composizione: Voxel Informatica s.a.s. - Chieri (TO)

Stampa: Rotolito S.p.A. - Pioltello (MI)

Indice

pag.

1

La teoria del consumo: curve di indifferenza e vincolo di bilancio

Ipotesi di lavoro:

- Si consideri un'economia a due beni;
- X e Y rappresentano rispettivamente le quantità del bene X e del bene Y;
- p_X e p_Y rappresentano i prezzi del bene X e del bene Y;
- M è il reddito del consumatore;
- in un sistema di assi cartesiani, il bene X è misurato sull'asse delle ascisse e il bene Y sull'asse delle ordinate.

Domande a risposta chiusa

1.1.

La curva di indifferenza:

a) esprime la relazione tra l'utilità totale derivante dal consumo di un bene e la quantità consumata dello stesso;

b) identifica i panieri che apportano il medesimo livello di utilità totale;

c) ha pendenza positiva;

d) è concava.

1.2.

L'inclinazione delle curve di indifferenza (cioè il $SMS_{X,Y}$) rappresenta:

a) la quantità del bene Y a cui il consumatore è disposto a rinunciare per avere un'unità in più del bene X;

b) la quantità del bene X a cui il consumatore è disposto a rinunciare per avere un'unità in più del bene Y;

c) la quantità del bene Y a cui il consumatore deve rinunciare se aumenta il prezzo del bene X;

d) la quantità del bene X a cui il consumatore deve rinunciare se aumenta il prezzo del bene Y.

1.3.

In un'economia con due beni, il saggio marginale di sostituzione in valore assoluto è pari:

a) alla pendenza (in valore assoluto) del vincolo di bilancio;
b) al rapporto tra i prezzi dei due beni;
c) è funzione del reddito;
d) al rapporto tra le utilità marginali dei due beni.

1.4.

Quando l'utilità totale aumenta, l'utilità marginale è:

a) negativa e crescente;
b) negativa e decrescente;
c) positiva e crescente;
d) positiva.

1.5.

L'assioma di completezza delle preferenze del consumatore significa che:

a) il consumatore non è mai indifferente tra due panieri di beni;
b) il consumatore preferisce un consumo maggiore ad un consumo minore;
c) il consumatore sa sempre scegliere tra due panieri di beni;
d) nessuna delle risposte precedenti.

1.6.

Le curve di indifferenza di un consumatore sono orizzontali, come mostra la figura. Ciò significa che:

a) il consumatore non può consumare il bene X senza consumare la stessa quantità del bene Y;
b) il consumo del bene Y è dannoso per il consumatore;
c) solo il bene X è utile per il consumatore;
d) solo il bene Y è utile per il consumatore.

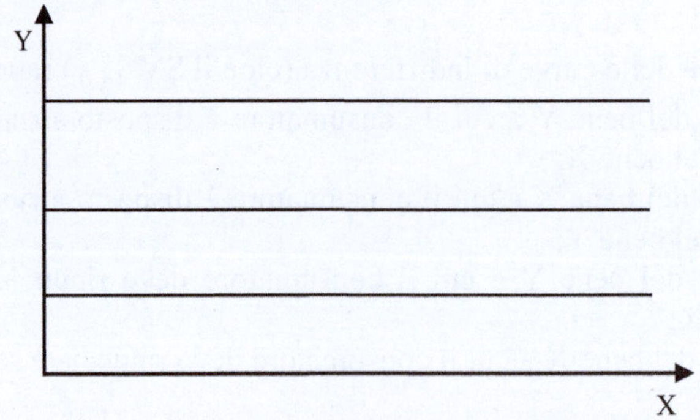

1.7.

L'utilità marginale di un bene è:

a) la relazione tra l'utilità di un bene e la quantità del bene stesso;
b) la quantità di utilità che deriva dal consumo di un'ulteriore unità del bene stesso;
c) data dalla quantità di utilità ottenuta da ciascuna unità del bene stesso;
d) la derivata della funzione di utilità rispetto al prezzo del bene stesso.

1.8.

Se l'utilità marginale di entrambi i beni è positiva, possiamo dedurre che:

a) le curve di indifferenza non si intersecano;
b) le curve di indifferenza sono negativamente inclinate;
c) le curve di indifferenza sono convesse;
d) nessuna delle risposte precedenti.

1.9.

Se il bene X è un bene neutrale, che non dà cioè alcuna soddisfazione al consumatore, il SMS è:

a) zero;
b) infinito;
c) uno;
d) in questo caso non esiste SMS.

1.10.

Il SMS è decrescente al crescere di X se:

a) l'inclinazione del vincolo di bilancio è decrescente;
b) le preferenze sono convesse;
c) le preferenze sono concave;
d) vale l'assioma di riflessività delle preferenze.

1.11.

La retta di bilancio è l'insieme delle combinazioni del bene X e del bene Y che:

a) massimizzano l'utilità del consumatore, dati reddito e prezzi;
b) danno la stessa utilità al consumatore, dati reddito e prezzi;
c) il consumatore può acquistare, dati reddito e prezzi, spendendo tutto il proprio reddito;
d) il consumatore può acquistare al variare del proprio reddito, fermo restando i prezzi.

1.12.

In un'economia con due beni, il vincolo di bilancio del consumatore:

a) ha pendenza negativa uguale, in valore assoluto, al rapporto tra i prezzi di mercato dei due beni;

b) ha pendenza positiva uguale, in valore assoluto, al rapporto tra i prezzi di mercato dei due beni;

c) ha pendenza negativa uguale, in valore assoluto, al saggio marginale di sostituzione;

d) ha pendenza positiva uguale, in valore assoluto, al saggio marginale di sostituzione.

1.13.

Se il consumatore è sotto il suo vincolo di bilancio, invece che su di esso:

a) non spende tutto il suo reddito;

b) spende tutto il suo reddito;

c) può o meno spendere tutto il suo reddito;

d) è in equilibrio.

1.14.

L'intercetta della retta di bilancio sull'asse delle ordinate rappresenta:

a) la quantità del bene X che il consumatore può acquistare qualora tutto il suo reddito venga speso per l'acquisto del bene X;

b) la quantità del bene Y che il consumatore può acquistare quando egli acquista la stessa quantità del bene X e del bene Y;

c) la quantità del bene Y che il consumatore può acquistare qualora tutto il suo reddito venga speso per l'acquisto del bene Y;

d) la quantità del bene Y che il consumatore può acquistare quando il suo reddito è zero.

1.15.

L'inclinazione del vincolo di bilancio rimane invariata se:

a) p_X aumenta del 5% mentre p_Y diminuisce del 5%;

b) entrambi i prezzi aumentano del 5% e il reddito diminuisce del 5%;

c) entrambi i prezzi aumentano del 5% e il reddito aumenta del 5%;

d) nessuna delle risposte precedenti.

1.16.

La retta di bilancio non cambia né posizione né inclinazione se:

a) p_X e p_Y aumentano del 5% e il reddito aumenta del 5%;
b) p_X e p_Y aumentano del 5% e il reddito diminuisce del 10%;
c) p_X e p_Y aumentano del 5% e il reddito diminuisce del 5%;
d) p_X aumenta del 5%, p_Y e il reddito diminuiscono del 5%.

1.17.

Considerate gli spostamenti della retta di bilancio e dite se le seguenti affermazioni sono vere o false:

a) raddoppiare i prezzi è equivalente a raddoppiare il reddito;
b) raddoppiare i prezzi è equivalente a quadruplicare il reddito;
c) raddoppiare i prezzi è equivalente a dimezzare il reddito;
d) raddoppiare i prezzi è equivalente a lasciare il reddito invariato;

☞ Esercizi

1.18.

Sia la seguente scheda di utilità totale:

X	0	1	2	3	4	5	6	7	8	9	10
UT_X	0	7	13	18	22	25	27	28	28	27	25

Si calcoli, per ciascuna quantità, la relativa utilità marginale e l'utilità media. Si rappresentino graficamente le rispettive funzioni.

1.19.

Un individuo possiede la seguente curva di utilità relativa al consumo del bene X:

$$U(X) = 100X - X^2.$$

Si determini, analiticamente e graficamente, la curva dell'utilità media e dell'utilità marginale di tale individuo.

1.20.

Data un'equazione di bilancio $p_X \cdot X + p_Y \cdot Y = M$ con $p_X = 2$, $p_Y = 3$ e $M = 10$, disegnate la nuova retta di bilancio quando viene introdotta una tassa del 10% sul prezzo del bene X e un sussidio in somma fissa, pari a 0,20 euro, sul prezzo del bene Y.

1.21.

Riprendete i dati dell'esercizio precedente e supponete che il governo decida di razionare il consumo del bene X. A tal fine introduce:

a) una tassa del 10% fino al livello di consumo X = 2;

b) una tassa del 20% quando il consumo di X risulta compreso fra 2 e 3 ($2 < X \leq 3$);

c) il razionamento quando X > 3.

Disegnate il nuovo vincolo di bilancio.

1.22.

Tracciate un sistema di curve di indifferenza relative ai beni zucchero di canna e zucchero semolato, ipotizzando che il consumatore li consideri del tutto equivalenti. Che forma assumerà in questo caso la funzione di utilità? Commentate il valore del SMS.

1.23.

Un consumatore beve il caffè zuccherato secondo la proporzione di due cucchiaini di zucchero per ogni tazza di caffè. Non usa lo zucchero per nessun altro motivo. Di che tipo di beni si tratta?

Tracciate una mappa di curve di indifferenza per questo consumatore con riferimento a questi due beni. Che forma assumerà in questo caso la funzione di utilità? Commentate il valore del SMS.

1.24.

Verificate (costruendo un semplice esempio numerico) che un consumatore che presenta una funzione di utilità del tipo: $U(X, Y) = X \cdot Y$ preferisce panieri bilanciati tra i due beni.

Ripetete l'esercizio con la funzione: $U(X, Y) = X + Y$.

1.25.

Un consumatore è indifferente tra il consumo di tre unità del bene X e una unità del bene Y. Costruite una funzione di utilità che rappresenti questo tipo di preferenze.

1.26.

Le preferenze di un individuo sono rappresentate dalla seguente funzione di utilità:

$$U(X, Y) = \max (X, Y).$$

Pertanto l'individuo è interessato solo al bene di cui consuma la quantità maggiore.

Rispondete ai seguenti quesiti:

a) il consumatore migliora la sua condizione se possiede una quantità maggiore di entrambi i beni?

b) le sue preferenze soddisfano l'ipotesi di non sazietà?

c) le sue preferenze sono convesse?

d) si rappresenti la mappa di curve di indifferenza derivanti da preferenze di questo tipo.

1.27.

Eseguite nuovamente i punti a) e b) dell'esercizio precedente nell'ipotesi che le funzioni di utilità siano, rispettivamente:

$$U(X, Y) = \min (X, Y)$$

$$U(X, Y) = X + Y.$$

1.28.

Un consumatore acquista indifferentemente due qualità di vino, che non sa distinguere e che dunque gli danno la stessa soddisfazione. Il suo consumo settimanale è di 9 bottiglie e non ne berrebbe di più neppure se fossero gratis.

a) Tracciate le curve di indifferenza:

a_1) tra le due qualità di vino;

a_2) tra il consumo settimanale di vino e il consumo settimanale di altri beni.

b) Tracciate la curva di utilità marginale del consumo settimanale di vino (scegliendo eventuali dati mancanti).

1.29.

Rappresentate la mappa delle curve di indifferenza nel caso in cui uno dei due beni sia un "male".

🕮 Soluzioni

1.1. b)

Le curve di indifferenza sono i luoghi geometrici dei punti che rappresentano panieri che danno tutti la stessa utilità al consumatore e che, per l'appunto, gli sono indifferenti.

Le curve di indifferenza tra due beni sono, di norma, inclinate negativamente e convesse.

1.2. a)

L'inclinazione delle curve di indifferenza (saggio marginale di sostituzione tra X e Y) rappresenta la quantità di Y che si è disposti a cedere per avere un'unità addizionale di X ($\Delta Y/\Delta X$). Il $SMS_{X,Y}$ decresce lungo l'intera curva di indifferenza (*se convessa*), poiché mano a mano che ci si sposta verso destra il bene X diventa sempre più abbondante e dunque, per avere un'unità addizionale di X, si è disposti a cedere via via una minor quantità del bene Y, che sta divenendo sempre più scarso. La costruzione delle curve di indifferenza, descrivendo le preferenze del consumatore, prescinde invece completamente da qualsiasi riferimento al prezzo dei beni.

1.3. d)

Il $SMS_{X,Y}$ è l'inclinazione delle curve di indifferenza ed è pari, in valore assoluto, al rapporto tra le utilità marginali dei due beni.

Con preferenze convesse, nel punto di ottimo, essendo questo di norma un punto di tangenza tra curve di indifferenza e vincolo di bilancio, il SMS risulta pari all'inclinazione del vincolo di bilancio ovvero al rapporto tra i prezzi dei due beni. Si noti però che ciò è vero soltanto nel punto di ottimo.

Poiché le curve di indifferenza descrivono le preferenze del consumatore, esse prescindono completamente da qualsiasi riferimento al suo reddito (o al prezzo dei due beni).

1.4. d)

Quando l'utilità totale aumenta, l'utilità marginale è necessariamente positiva. Senza ulteriori informazioni, però, non possiamo dire nient'altro del suo andamento.

1.5. c)

L'assioma di completezza delle preferenze significa che il consumatore è sempre in grado di confrontare due panieri di beni e di effettuare una scelta. Tuttavia, effettuato il confronto, il consumatore può stabilire che i due panieri gli sono indifferenti. Il fatto che il consumatore preferisca sempre un consumo maggiore ad un consumo minore è noto, invece, come ipotesi di non sazietà delle preferenze.

1.6. d)

Come si può notare osservando la figura, il consumatore aumenta la propria soddisfazione soltanto quando aumenta la quantità del bene Y che può consumare, mentre, a parità di bene Y, il consumatore ha la stessa soddisfazione qualunque sia la quantità del bene X consumata. Questo significa che il bene X non dà alcuna soddisfazione al consumatore, anche se non è dannoso, perché in tal caso le curve sarebbero inclinate positivamente (si veda l'esercizio 1.29). Una funzione di utilità di questo tipo avrà la forma: $U = a \cdot Y$ dove "a" rappresenta una costante.

1.7. b)

L'utilità marginale di un bene è, per definizione, l'incremento di utilità che deriva dal consumo di un'ulteriore unità del bene stesso.

Data U = U(X, Y), si ha che l'$Uma_X = dU/dX$; l'utilità marginale è cioè la derivata parziale della funzione di utilità rispetto alla quantità consumata del bene stesso. Di nuovo nessun riferimento ai prezzi. La relazione tra l'utilità di un bene e la quantità del bene stesso U/X è nota come utilità media del bene X e rappresenta l'utilità mediamente ottenuta da una unità del bene stesso.

1.8. b)

Dire che l'utilità marginale di entrambi i beni è positiva (che è un altro modo per designare l'ipotesi di non sazietà) implica dire che le curve di indifferenza devono essere monotonicamente decrescenti. Infatti, se Uma_X e Uma_Y sono entrambe positive, il SMS, ovvero l'inclinazione delle curve di indifferenza, essendo pari a – (Uma_X/Uma_Y),è necessariamente negativo. Non è invece sufficiente sapere che l'utilità marginale di entrambi i beni sia positiva per poter asserire che le curve siano convesse: si veda, ad esempio, il grafico sotto riportato, nel quale le curve sono monotonicamente decrescenti (quindi siamo certi che l'utilità marginale di entrambi i beni è positiva) eppure non sono *sempre* strettamente convesse. Ricordiamo infine che le curve di indifferenza non possono mai intersecarsi, poiché in questo caso sarebbe violata l'ipotesi di transitività.

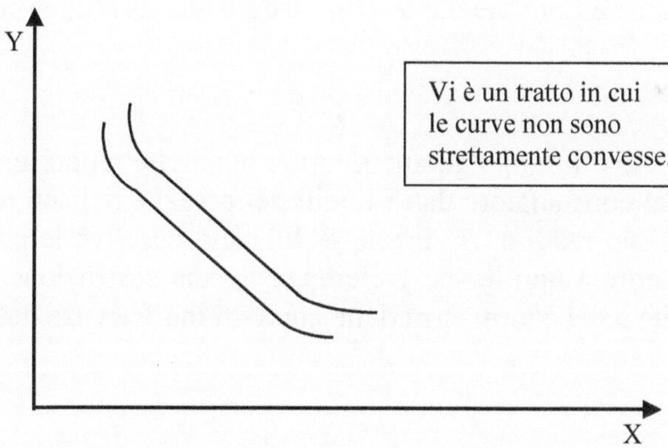

1.9. a)

Se il bene X è neutrale, cioè non apporta alcuna soddisfazione al consumatore, il SMS deve valere zero, non essendo il consumatore disposto a rinunciare ad alcuna unità del bene Y per avere un incremento del bene X (essendo l'utilità marginale di tale bene pari a zero). Del resto, in questa circostanza, le curve di indifferenza sono orizzontali (solo il maggior consumo del bene Y permette di accedere ad una curva di indifferenza superiore) e quindi il SMS, che altro non è che l'inclinazione delle curve di indifferenza, vale zero (il coefficiente angolare di una retta orizzontale è infatti zero).

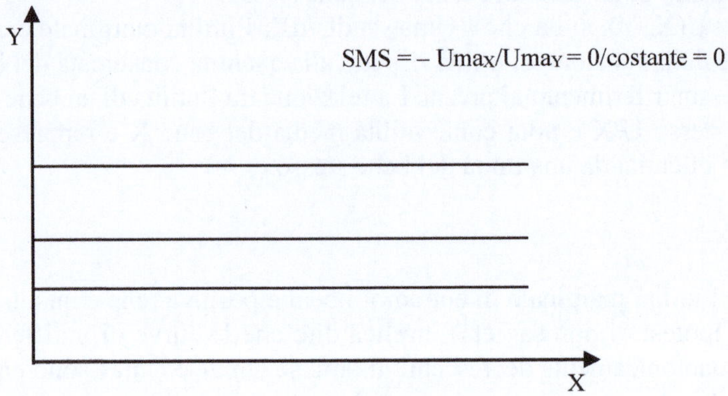

1.10. b)

Il SMS è decrescente al crescere di X se le curve di indifferenza sono convesse. Ciò significa che, spostandosi verso destra lungo la curva sono disposto a cedere una quantità sempre minore di Y (che sta diventando via via più scarso) per ricevere un'unità in più del bene X (che sta invece diventando via via più abbondante). Se le curve di indifferenza fossero concave, il SMS sarebbe invece crescente. (Le altre due possibili risposte riportate dal test non hanno alcuna attinenza con il SMS).

1.11. c)

La retta di bilancio è il luogo geometrico dei punti che rappresentano tutti i panieri acquistabili dal consumatore dati i livelli dei prezzi e del suo reddito, qualora egli spenda tutto il suo reddito. Il vincolo di bilancio descrive le possibilità di acquisto del consumatore e non le sue preferenze; la sua costruzione prescinde pertanto completamente dalla conoscenza delle curve di indifferenza del consumatore.

1.12. a)

Il vincolo di bilancio è il luogo geometrico dei punti che rappresentano i panieri di beni acquistabili dal consumatore qualora questi spenda tutto il suo reddito. La sua forma dipende quindi dal reddito e dal prezzo dei due beni.

Il vincolo di bilancio ha inclinazione negativa perché, dato un determinato reddito, il consumatore può acquistare un'unità aggiuntiva di un bene soltanto riducendo la quantità acquistata dell'altro bene.

1.13. a)

I punti sul vincolo di bilancio rappresentano i panieri acquistabili dal consumatore se questi spende tutto il suo reddito.

I punti sopra il vincolo di bilancio rappresentano i panieri inaccessibili per il consumatore perché troppo cari (dati M, p_X e p_Y).

I punti sotto il vincolo di bilancio rappresentano invece i panieri acquistabili dal consumatore se questi non spende tutto il suo reddito.

Per il principio di non sazietà, il consumatore, volendo massimizzare la sua utilità, spenderà sempre tutto il suo reddito. Il punto di equilibrio, pertanto, non si trova mai sotto il vincolo di bilancio ma su di esso.

1.14. c)

L'intercetta della retta di bilancio con l'asse delle ordinate rappresenta la quantità massima del bene Y acquistabile dal consumatore, nel caso in cui egli sia disposto a rinunciare del tutto al consumo dell'altro bene, spendendo cioè interamente il proprio reddito per l'acquisto del bene Y. Se il reddito del consumatore fosse pari a zero per qualsiasi $p_Y > 0$ la quantità del bene Y acquistabile sarebbe nulla.

Le intercette del vincolo di bilancio con gli assi delle ordinate e delle ascisse rappresentano, rispettivamente, la quantità massima del bene Y e del bene X acquistabile dal consumatore spendendo tutto il proprio reddito e rinunciando completamente al consumo dell'altro bene. La retta che congiunge questi due punti descrive l'insieme di tutti i possibili casi intermedi, ovvero l'insieme delle combinazioni dei due beni acquistabili ai prezzi vigenti spendendo l'intero reddito disponibile.

1.15. b) c)

L'inclinazione del vincolo di bilancio è data, in valore assoluto, dal rapporto tra i prezzi p_X/p_Y e quindi resta invariata se questo rapporto non cambia, qualunque cosa accada al reddito. Ora, il rapporto tra p_X e p_Y non varia se entrambi i prezzi aumentano o diminuiscono nella stessa proporzione. Infatti:

$$\frac{p_{X'}}{p_{Y'}} = \frac{p_X + 0{,}05 p_X}{p_Y + 0{,}05 p_Y} = \frac{p_X(1+0{,}05)}{p_Y(1+0{,}05)} = \frac{p_X}{p_Y}.$$

1.16. a)

In base alle considerazioni fatte all'esercizio precedente la risposta d) può essere subito esclusa. Nei casi sub a), b) e c), invece, non cambiando il rapporto tra i prezzi p_X/p_Y, l'inclinazione della retta di bilancio non cambia.

Affinché questa non cambi nemmeno posizione è necessario però che non varino neanche le sue intercette con gli assi cartesiani. Le intercette rappresentano la quantità massima del bene X e del bene Y acquistabili con il reddito M, dati rispettivamente i prezzi p_X e p_Y, e sono date da M/p_X (sull'asse delle ascisse) ed M/p_Y (sull'asse delle ordinate). Sempre in base alle considerazioni fatte all'esercizio precedente, affinché queste intercette rimangano invariate è necessario che il reddito M aumenti anch'esso nella stessa percentuale di p_X e p_Y.

Se i prezzi aumentassero nella stessa percentuale ma il reddito diminuisse (o rimanesse invariato o aumentasse in proporzione minore) il vincolo di bilancio si sposterebbe con inclinazione immutata verso l'origine degli assi.

1.17. c)

Un aumento dei prezzi (in questo caso un raddoppio) diminuisce le possibilità di acquisto del consumatore. Non può quindi sicuramente essere equivalente ad un aumento del livello del reddito, che comporta un aumento delle possibilità di acquisto del consumatore o ad una sua invarianza, che comporta possibilità d'acquisto immutate.

Escludiamo quindi subito i casi sub a), b) e d).

Ora, se entrambi i prezzi sono raddoppiati, la retta di bilancio si sposta verso l'origine, parallelamente a se stessa.

Le nuove intercette della retta di bilancio con gli assi cartesiani saranno:

$$\frac{M}{p_{X'}} = \frac{M}{2p_X} \quad \text{e} \quad \frac{M}{p_{Y'}} = \frac{M}{2p_Y}.$$

Lo stesso spostamento si ha anche se il reddito si dimezza, come si può verificare calcolando anche in questo caso le intercette della retta di bilancio con gli assi cartesiani:

$$\frac{M'}{p_X} = \frac{\frac{M}{2}}{p_X} = \frac{M}{2p_X} \quad \text{e} \quad \frac{M'}{p_Y} = \frac{\frac{M}{2}}{p_Y} = \frac{M}{2p_Y}.$$

Quindi la risposta corretta è la c).

1.18.

L'utilità media si calcola dividendo il valore dell'utilità totale per il numero di beni consumati (cioè per la quantità):

$$Ume = UT_X/X.$$

L'utilità marginale si calcola considerando la variazione dell'utilità totale rispetto alla variazione della quantità consumata:

$$Uma = \Delta UT_X/\Delta X.$$

Qualora le variazioni delle quantità siano unitarie (come nel caso qui considerato), si può dire che l'utilità marginale è pari alla variazione dell'utilità totale dovuta ad un incremento unitario della quantità.

Nella seguente tabella sono riportati i valori dell'utilità media e dell'utilità marginale calcolati con i dati forniti dall'esercizio. Segue la rappresentazione grafica.

Quantità	U_T	Ume	Uma
0	0	–	–
1	7	7	7
2	13	6,5	6
3	18	6	5
4	22	5,5	4
5	25	5	3
6	27	4,5	2
7	28	4	1
8	28	3,5	0
9	27	3	– 1
10	25	2,5	– 2

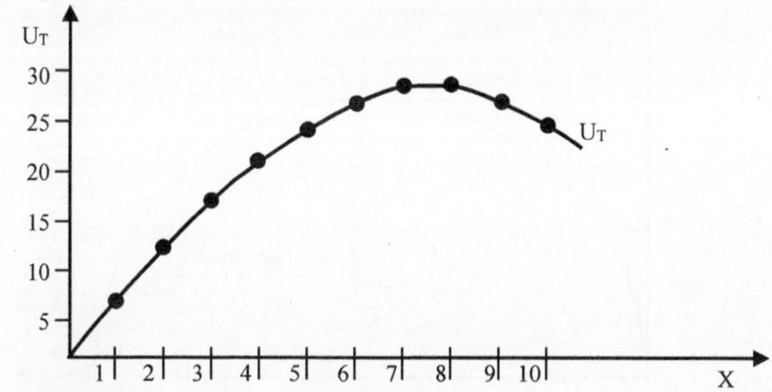

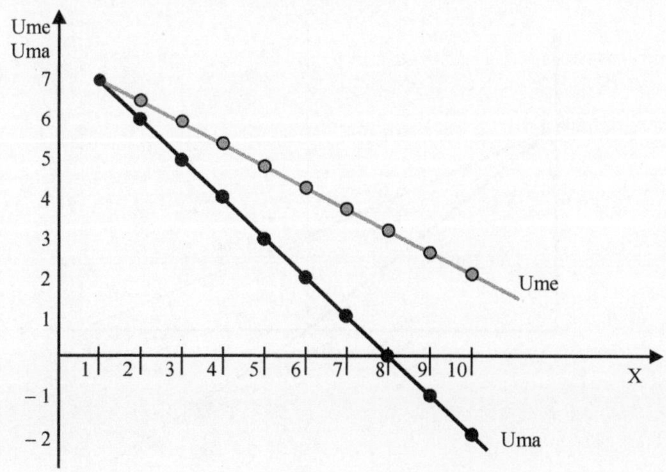

Si può osservare che se il consumatore acquista tutte e 10 le unità del bene considerato non segue un comportamento razionale: le ultime tre unità, infatti, apportano utilità marginali nulle o negative, che mantengono costante o riducono la quantità complessiva di utilità sino a quel punto accumulata. Qualunque sia il prezzo del bene non converrebbe quindi acquistarne più di 7 unità.

1.19.

La funzione di utilità media è ottenibile dividendo per X la funzione dell'utilità totale:

$$Ume = U_{TOT}/X = (100X - X^2)/X = 100 - X$$

che rappresenta una retta decrescente, con inclinazione pari a – 1.

La curva dell'utilità marginale è data dalla derivata prima della funzione di utilità totale:

$$Uma = U'(X) = 100 - 2X$$

che rappresenta anch'essa una retta decrescente, con inclinazione doppia della precedente.

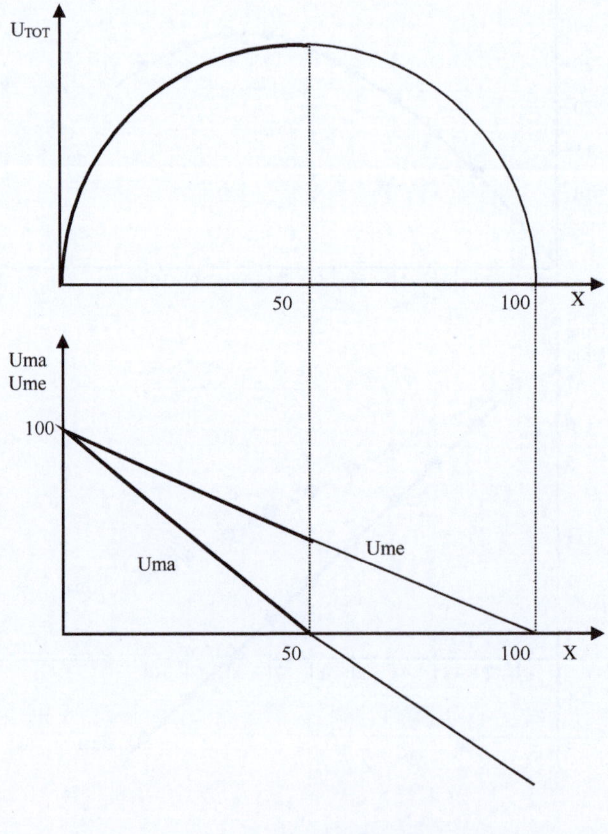

La rappresentazione grafica delle curve permette di rilevare che la massima utilità totale si ottiene in corrispondenza del punto in cui l'utilità marginale è pari a zero: l'utilità totale continua infatti ad aumentare fino a che l'utilità marginale è positiva. L'utilità totale diminuisce, invece, se e quando l'utilità marginale diventa negativa e, continuando a ridursi, diventa uguale a zero. In questo punto anche la curva dell'utilità media tocca l'asse delle ascisse e vale di conseguenza zero.

Naturalmente un consumatore razionale non acquista beni le cui utilità marginali siano negative (ovvero non acquista beni che recano un danno, cioè una disutilità). Il tratto veramente rilevante delle tre curve, quindi, è soltanto quello in neretto.

In questo tratto l'utilità totale è positiva e crescente, ma meno che proporzionalmente. Conseguentemente:

– l'utilità marginale è positiva ma decrescente (quindi ciascun bene che viene acquistato apporta un incremento dell'utilità totale, anche se via via più piccolo con l'aumentare della quantità del bene a disposizione);

– l'utilità media è positiva e decrescente.

1.20.

Il vincolo di bilancio prima dell'introduzione della tassa risulta essere quello tratteggiato:

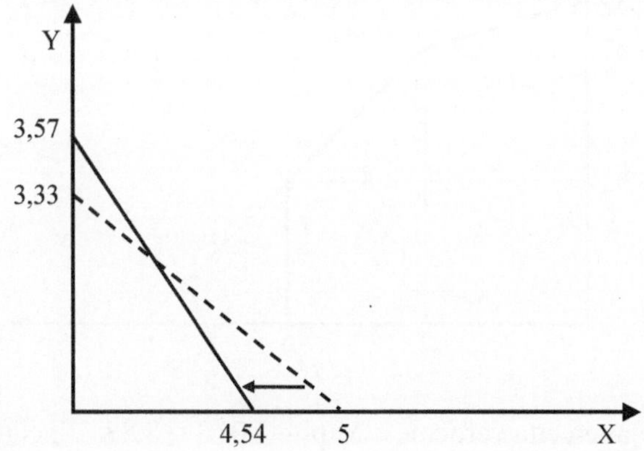

Il valore dell'intercetta verticale è $M/p_Y = 10/3 = 3{,}33$; quello dell'intercetta orizzontale è $M/p_X = 10/2 = 5$.

Dopo l'introduzione della tassa e del sussidio, i prezzi per il consumatore risultano così modificati: $p_X = 2{,}2$ e $p_Y = 2{,}8$.

Il vincolo di bilancio risulta quindi assumere la nuova forma disegnata con tratto continuo in figura. Il nuovo valore dell'intercetta verticale è $M/p_Y = 10/2{,}8 = 3{,}57$; quello dell'intercetta orizzontale è $M/p_X = 10/2{,}2 = 4{,}54$.

Si noti che l'effetto di una tassa sul bene X (o sul bene Y), di qualunque tipo essa sia (sia in forma percentuale che come somma fissa), è quello di aumentare il prezzo pagato dal consumatore per quel bene.

L'effetto di un sussidio (a somma fissa o in percentuale) è invece quello di ridurre il prezzo del bene pagato dal consumatore.

Se il sussidio è di s euro per ciascuna unità acquistata del bene X (o del bene Y), il prezzo effettivo del bene per il consumatore sarà: $p_X - s$.

Analogamente se il sussidio è pari al tasso s, il prezzo effettivo del bene per il consumatore sarà: $(1 - s) \cdot p_X$.

Nota bene: L'effetto di una tassa o di un sussidio **globale**, che si verifica quando lo Stato, rispettivamente, preleva o eroga una quantità fissa di denaro indipendentemente dalle scelte di consumo dell'individuo, è invece quello di spostare la retta di bilancio senza modificarne l'inclinazione. Lo spostamento è verso sinistra nel caso di una tassa globale, perché in questo caso si riduce il reddito, e verso destra nel caso di un sussidio globale, perché in questo caso il reddito aumenta.

1.21.

La forma assunta dal vincolo di bilancio è la seguente:

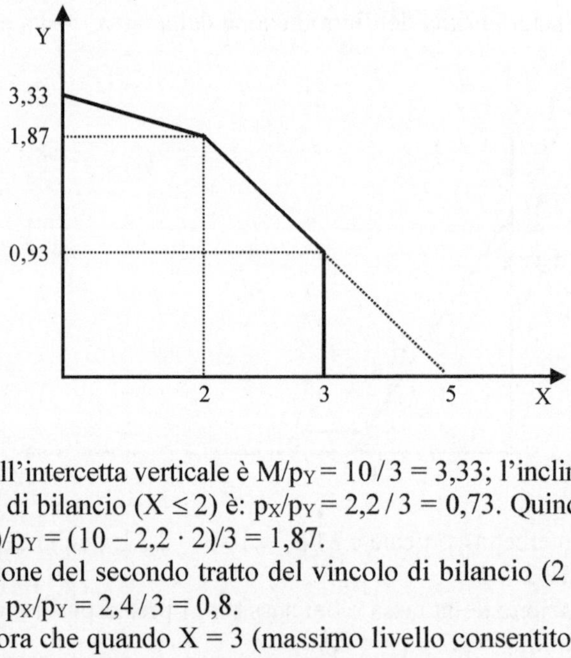

a) Il valore dell'intercetta verticale è $M/p_Y = 10/3 = 3{,}33$; l'inclinazione del primo tratto del vincolo di bilancio ($X \leq 2$) è: $p_X/p_Y = 2{,}2/3 = 0{,}73$. Quindi, quando $X = 2$, $Y = (M - p_X \cdot X)/p_Y = (10 - 2{,}2 \cdot 2)/3 = 1{,}87$.

b) L'inclinazione del secondo tratto del vincolo di bilancio ($2 < X \leq 3$) è maggiore ed è pari a: $p_X/p_Y = 2{,}4/3 = 0{,}8$.

c) Si noti ancora che quando $X = 3$ (massimo livello consentito) il consumo dell'altro bene è pari a: $Y = (M - p_X \cdot X)/p_Y = (10 - 2{,}4 \cdot 3)/3 = 0{,}93$.

1.22.

Nel caso dei due beni in questione, considerati qui per ipotesi del tutto equivalenti, per il consumatore risulta importante soltanto la quantità complessiva di zucchero che egli può consumare, e non la sua suddivisione fra i due tipi di zucchero. Per esempio, il consumatore avrà la stessa soddisfazione con 5 kg di zucchero semolato (punto A) o con 5 kg di zucchero di canna (punto B) o con 4 kg di zucchero semolato e 1 kg di zucchero di canna (punto C) o con 1 kg di zucchero semolato e 4 kg di zucchero di canna (punto D) e così via. I panieri rappresentati dai punti A, B, C e D gli saranno quindi tutti indifferenti: la curva di indifferenza è una retta con inclinazione pari a – 1 (e dunque non è una curva convessa), come mostra il grafico. Questo ragionamento (e dunque la derivazione di questo tipo di curve) è ripetibile per qualunque coppia di beni perfetti sostituti.

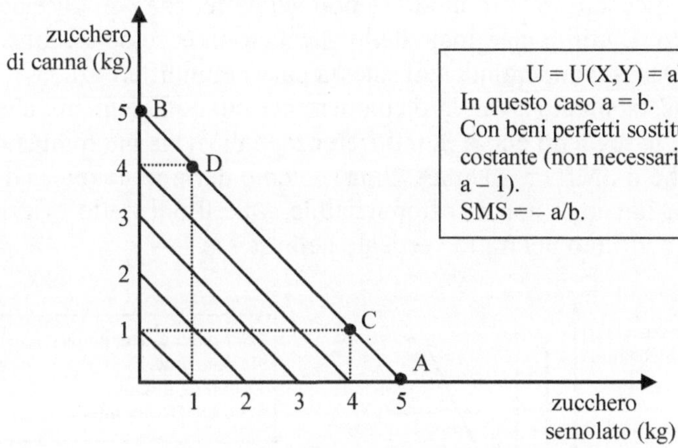

U = U(X,Y) = aX + bY.
In questo caso a = b.
Con beni perfetti sostituti il SMS è costante (non necessariamente uguale a – 1).
SMS = – a/b.

Beni perfetti sostituti

Due **beni** sono **perfetti sostituti** se il consumatore è disposto a sostituire un bene con l'altro ad un saggio (rapporto) costante. Il caso più semplice è quello qui illustrato, in cui i due beni vengono sostituiti in proporzione 1:1.
Si potrebbero però anche verificare situazioni diverse. Così, in questo esempio, il consumatore potrebbe preferire lo zucchero di canna, ritenuto più naturale, ed essere indifferente tra una data quantità di zucchero di canna (Y) e una quantità doppia di zucchero semolato (X). La funzione di utilità sarebbe sempre lineare U = U(X, Y) = aX + bY, ma in questo caso b = 2a e quindi il SMS sarebbe uguale a $-\frac{1}{2}$.

1.23.

È un caso completamente diverso da quello precedente. Qui i due beni vanno consumati insieme e nelle giuste proporzioni affinché apportino utilità al consumatore.

Se questi consuma 1 tazza di caffè e 2 cucchiaini di zucchero (punto A) avrà un certo livello di soddisfazione, minore di quello che avrebbe se consumasse 2 tazze di caffè con 4 cucchiaini di zucchero (punto B). I due punti A e B appartengono quindi sicuramente a due curve di indifferenza diverse. Se tuttavia avesse 2 tazzine di caffè e 2 cucchiaini di zucchero (punto C) non sarebbe più soddisfatto rispetto al caso in cui avesse 1 tazzina di caffè e 2 cucchiaini di zucchero (non consuma infatti il caffè amaro, la cui utilità marginale sarebbe quindi nulla). I punti A e C si trovano quindi sulla stessa curva di indifferenza. Del pari se il consumatore avesse 1 tazzina di caffè e 4 cucchiaini di zucchero (punto D) non sarebbe più soddisfatto rispetto al caso in cui avesse 1 tazzina di caffè e 2 cucchiaini di zucchero: non consuma infatti lo zucchero in altro modo se non nel caffè, che non gli piace più dolce di come indicato. L'utilità marginale dello zucchero in eccesso sarebbe quindi nulla. I punti A e D si trovano quindi sulla stessa curva di indifferenza.

In questo caso abbiamo a che fare con beni perfetti complementi, che, come si è visto, originano le seguenti curve di indifferenza, dall'ovvia interpretazione.

Si osservi che il SMS (= – UmaX/UmaY) non è definito nei punti d'angolo (A, B ecc.) dove la funzione non è differenziabile, vale 0 nel tratto orizzontale delle curve ed è pari a infinito nel tratto verticale delle stesse.

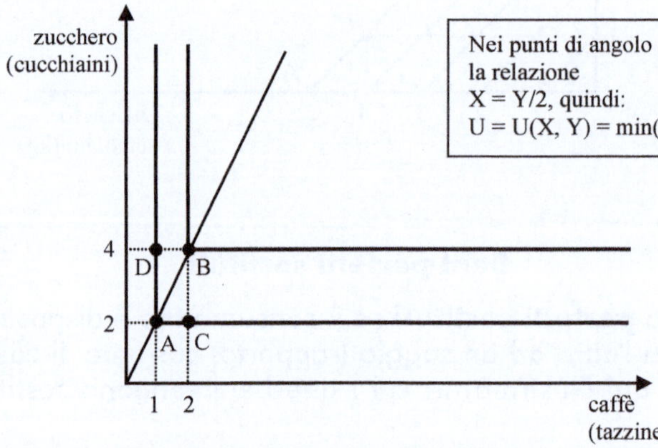

Nei punti di angolo dovrà valere la relazione
X = Y/2, quindi:
U = U(X, Y) = min(X, Y/2).

Beni perfetti complementi

Beni che devono essere consumati congiuntamente in proporzioni fisse.
La funzione di utilità ha la forma: U = U(X, Y) = min(aX, bY).
In questo esempio la funzione di utilità è:

$$U = U(X, Y) = \min(X, Y/2)$$

(ovvero, più in generale: U = U(X, Y) = min(aX, bY), con b = a/2).

Nota bene: Nel caso di X = 1 e Y = 2 (punto A) si ha: U = min(1,1) = 1.
Se aggiungiamo una tazza di caffè ma non dello zucchero si ha:
X = 2 e Y = 2, e quindi: U = min (2,1) = 1. L'utilità non cambia.

1.24.

Ipotizziamo che esistano due soli beni, X e Y, il cui prezzo sia, per comodità, pari ad 1 per entrambi. Se il reddito monetario è di 100 unità di moneta, posso alternativamente acquistare 100 unità di X, 100 unità di Y o una qualsiasi combinazione tra X e Y (ad esempio 70 unità di X e 30 unità di Y). Ora, utilizzando una funzione di utilità lineare (del tipo: $U(X, Y) = X + Y$), il valore assunto da U è sempre uguale a 100 qualunque sia la combinazione tra X e Y; utilizzando invece la funzione $U(X, Y) = X \cdot Y$ si può facilmente rilevare che i panieri poco bilanciati danno valori di U inferiori a quelli bilanciati (per esempio: se $X = 1$ e $Y = 99 \Rightarrow U = 99$; se $X = 30$ e $Y = 70 \Rightarrow U = 2.100$; infine se $X = 50$ e $Y = 50 \Rightarrow U = 2.500$, che rappresenta la massima utilità possibile, dati i vincoli).

1.25.

Occorre costruire una funzione di utilità che rappresenti le preferenze di un consumatore indifferente tra il consumo di tre unità del bene X e una unità del bene Y. Per avere una unità in più di X, questo consumatore è quindi disposto a cedere 1/3 di Y:

$$SMS = -1/3 = -Uma_X/Uma_Y.$$

Il SMS è quindi costante: si tratta di un altro esempio di beni perfettamente sostituibili. Le curve di indifferenza assumono la forma:

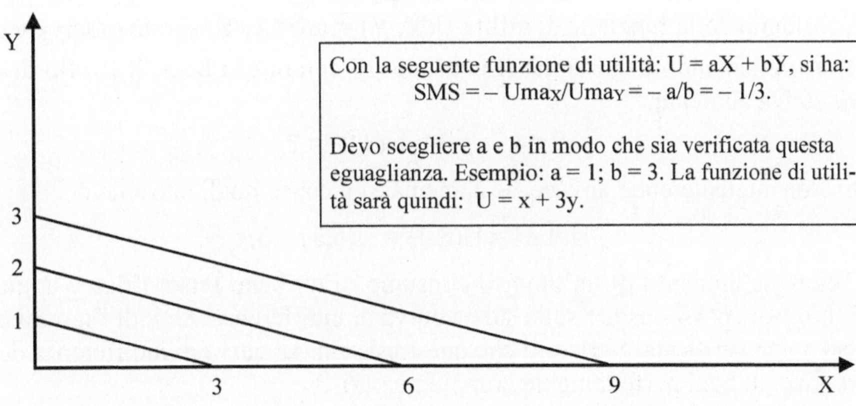

1.26.

a) Verifichiamo facilmente che alla prima domanda occorre rispondere affermativamente. Infatti, usando la funzione di utilità assegnata, si può rilevare, ad esempio, che: $U(5,2) = 5$ e che $U(6,3) = 6$ e che quindi $U(6,3) > U(5,2)$.

b) Passando alla seconda domanda, osserviamo che l'ipotesi di non sazietà (secondo cui, se aumenta la quantità di un bene e non varia la quantità dell'altro bene, la mia utilità aumenta) non è, in generale, verificata. Infatti, se incremento di un'unità il bene disponibile in minor misura, ferma restando la quantità consumata dell'altro bene, rimango sulla stessa curva di indifferenza. Ad esempio: U(5,1) = U(5,2) = 5.

c) Osserviamo, infine, che questo consumatore preferisce panieri decisamente sbilanciati a favore dell'uno o dell'altro bene piuttosto che panieri mediamente bilanciati: U(5,1) = U(1,5) > U(3,3). Le sue preferenze non sono quindi convesse.

d) Rappresentiamo ora graficamente la mappa di curve di indifferenza derivanti da preferenze di questo tipo:

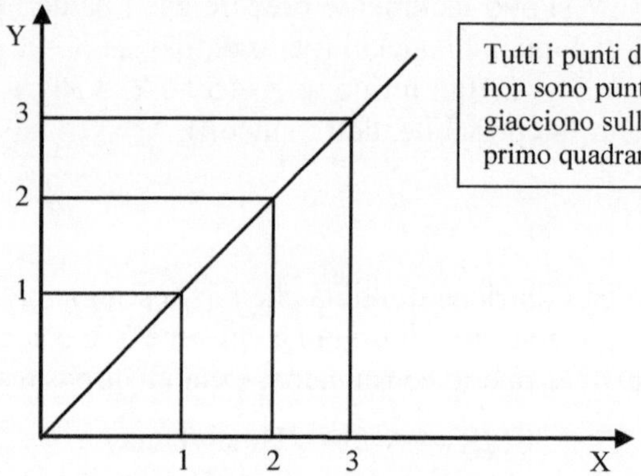

Tutti i punti d'angolo, che non sono punti di ottimo, giacciono sulla bisettrice del primo quadrante.

1.27.

Considerando la funzione di utilità **U(X, Y) = min(X, Y)** si può osservare che:

a) incrementando di un'unità il consumo di entrambi i beni, il livello di utilità complessiva aumenta:

$$U(4,3) = 3 > U(3,2) = 2.$$

b) Non aumenterebbe, invece, se aumentassi il consumo di uno solo dei due beni:

$$U(4,3) = U(5,3) = U(6,3) = 3.$$

Quindi se aumento di un'unità il consumo di un bene senza ridurre la quantità dell'altro bene posso restare sulla stessa curva di indifferenza. Quindi l'ipotesi di non sazietà non è verificata. Si ricordi che questo sistema di curve di indifferenza designa la presenza di beni perfettamente complementari.

Considerando invece la funzione di utilità **U(X, Y) = X + Y** si può osservare che:

a) incrementando di un'unità il consumo di ciascuno dei due beni, il livello di utilità complessiva aumenta:

$$U(4,3) = 7 > U(3,2) = 5;$$

b) se aumento la quantità di un bene fermo restando il consumo dell'altro bene la soddisfazione aumenta:

$$U(4,3) = 7 < U(4,4) = 8.$$

Ovvero, per poter restare sulla stessa curva di utilità, occorre che, in caso di aumento del consumo di un bene, vi sia una contestuale riduzione del consumo dell'altro:

$$U(5,2) = U(4,3) = 7.$$

L'ipotesi di non sazietà è quindi verificata.

Si ricordi che questo sistema di curve di indifferenza (lineari) designa la presenza di beni perfettamente sostituibili.

1.28.

a_1) Le due qualità di vino sono perfettamente sostituibili, quindi le curve di indifferenza dovranno essere tracciate come linee rette inclinate negativamente (in questo caso con inclinazione pari a – 1).

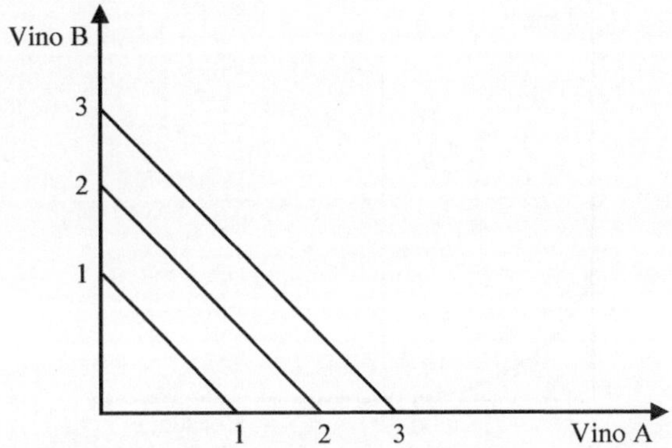

a_2) Rappresentando sullo stesso grafico il consumo di vino e quello degli altri beni e assumendo che le preferenze del consumatore siano convesse, si ottiene il seguente sistema di curve di indifferenza:

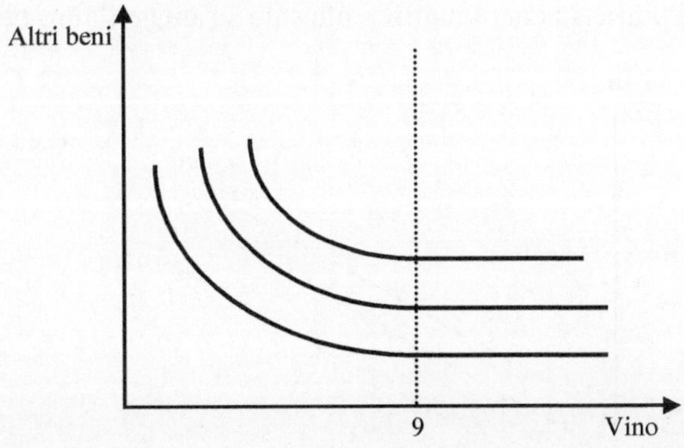

Come si può notare, oltre la nona bottiglia di vino le curve d'indifferenza risultano orizzontali, poiché l'utilità marginale di ciascuna ulteriore bottiglia di vino è pari a zero. Un ulteriore consumo di vino, ferma restando la quantità consumata degli altri beni, non modifica pertanto il livello di utilità. Prima della nona bottiglia, invece, per restare sulla stessa curva di indifferenza occorre che ad un aumento del consumo di vino corrisponda un calo del consumo degli altri beni (ciò che implica curve di indifferenza negativamente inclinate).

b) Non possiamo dire nulla sull'andamento della curva dell'utilità marginale nel tratto compreso tra 1 e 9 bottiglie di vino, anche se è ragionevole pensare che tale utilità marginale sia decrescente con l'aumento del consumo di vino. Ciò di cui siamo invece certi è che dopo la nona bottiglia l'incremento di utilità derivante da un ulteriore consumo di vino sia nullo e che quindi la relativa curva dell'utilità marginale coincida, dalla nona bottiglia in avanti, con l'asse delle ascisse.

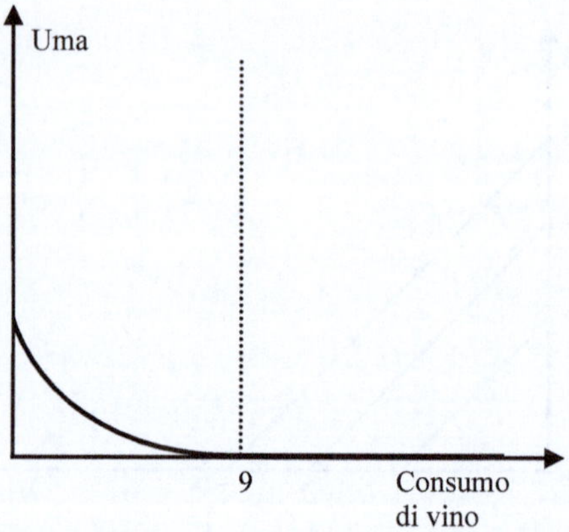

1.29.

Qualora uno dei due beni sia dannoso per il consumatore (e quindi sia un "male"), le curve di indifferenza avranno inclinazione positiva: se aumenta il consumo di quel bene il consumatore potrà rimanere indifferente solo se anche l'altro bene aumenta.

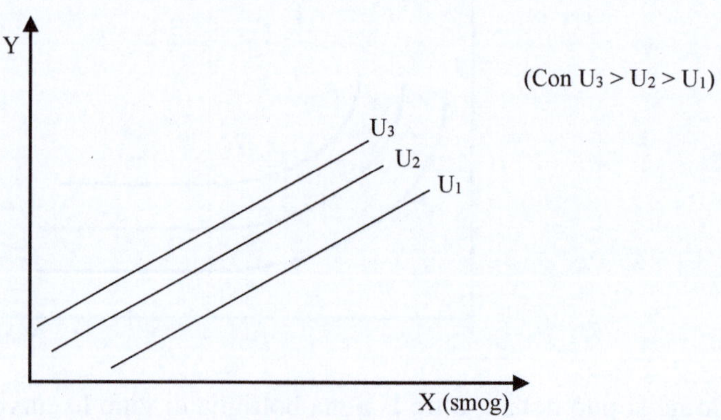

Si consideri l'esempio di curve di indifferenza costruite tra livello di inquinamento ambientale della città in cui si vive (X) e comodità di accesso ai servizi (Y): sono disposto a restare in città e a sopportare livelli crescenti di smog solo in presenza di una migliore qualità dei servizi a cui posso accedere, che permetta di bilanciare il disagio subito e di non ridurre il livello di utilità complessivo.

Si noti infatti che, essendo X un male, l'$Uma_X < 0$ e quindi:

$$SMS_{X,Y} = -\frac{Uma_X}{Uma_Y} > 0.$$

2

La scelta ottima del consumatore: determinazione del paniere ottimale

Ipotesi di lavoro:

- X e Y rappresentano le quantità del bene X e del bene Y;
- p_X e p_Y rappresentano i prezzi del bene X e del bene Y;
- M è il reddito del consumatore;
- in un sistema di assi cartesiani, il bene X è misurato sull'asse delle ascisse e il bene Y sull'asse delle ordinate.

Domande a risposta chiusa

2.1.

Se il SMS è costante e maggiore del rapporto tra i prezzi (p_X/p_Y) ne consegue che:

a) il consumatore compra esclusivamente il bene X;
b) il consumatore compra esclusivamente il bene Y;
c) i due beni sono perfetti complementi;
d) i due beni sono perfetti sostituti.

2.2.

Se il SMS è costante e minore del rapporto tra i prezzi (p_X/p_Y) ne consegue che:
a) le curve di indifferenza sono convesse;
b) le curve di indifferenza sono concave;
c) le curve di indifferenza sono lineari;
d) il consumatore è irrazionale.

2.3.

Se prezzi e reddito diminuiscono nella stessa proporzione:

a) la scelta ottima del consumatore resta invariata;

b) il consumatore acquista quantità minori di entrambi i beni, ma il rapporto tra le quantità acquistate non cambia;

c) la combinazione ottima si sposta lungo la stessa curva di indifferenza;

d) nessuna delle risposte precedenti.

2.4.

Se il reddito del consumatore e il prezzo del bene X raddoppiano, mentre il prezzo del bene Y diminuisce, è possibile che il consumatore sia più soddisfatto di prima?

a) no, il consumatore starà sempre peggio;

b) no, il consumatore sarà indifferente;

c) sì, è possibile, ma non possiamo escludere che in alcuni punti stia peggio di prima.

d) sì, il consumatore è almeno soddisfatto quanto prima o lo è di più.

2.5.

Un consumatore sta consumando un paniere ottimo costituito dal bene X e dal bene Y. In corrispondenza di tale paniere, l'utilità marginale del bene Y è pari a 15, il prezzo del bene X è pari a 2 e il prezzo del bene Y è pari a 3. Sapendo che le preferenze sono strettamente convesse, a quanto deve essere pari l'utilità marginale del bene X?

a) 15;

b) 10;

c) 5;

d) 2.

2.6.

Con preferenze strettamente convesse, se l'utilità marginale dell'ultima unità consumata di X è il doppio dell'utilità marginale dell'ultima unità consumata di Y, il consumatore è in equilibrio solo se:

a) il prezzo di X è il doppio del prezzo di Y;

b) il prezzo di X è uguale al prezzo di Y;

c) il prezzo di X è metà del prezzo di Y;

d) uno qualsiasi dei casi precedenti.

2.7.

Con preferenze strettamente convesse, in equilibrio l'utilità ricevuta dal consumatore dal consumo dell'ultima unità di ogni bene è la stessa:

a) vero;

b) falso;

c) vero o falso a seconda del reddito del consumatore;

d) vero o falso a seconda del livello dei prezzi dei beni.

2.8.

Se il rapporto tra Uma_X/Uma_Y per l'individuo A è maggiore del rapporto tra Uma_X/Uma_Y per l'individuo B, A e B ci guadagnerebbero se A rinunciasse a:

a) X in cambio di una quantità maggiore di Y da B;
b) Y in cambio di una quantità maggiore di X da B;
c) X o Y indifferentemente;
d) non possiamo dire niente senza altre informazioni.

☞ Esercizi

2.9.

La seguente tabella mostra le schede di utilità marginale degli individui A e B, per i beni X, Y e Z. I numeri cerchiati rappresentano le scelte attuali di tali consumatori.

Individuo A						Individuo B					
X	Y	Z	Uma_X	Uma_Y	Uma_Z	X	Y	Z	Uma_X	Uma_Y	Uma_Z
1	1	1	16	11	21	1	1	1	18	9	24
2	2	②	14	10	18	2	2	2	16	8	21
③	3	3	12	9	15	3	3	③	14	7	18
4	4	4	10	8	12	4	4	4	12	6	15
5	5	5	8	7	9	⑤	5	5	10	5	12
6	⑥	6	6	6	6	6	6	6	8	4	9
7	7	7	4	5	3	7	7	7	6	3	6
8	8	8	2	1	0	8	⑧	8	4	2	3

Se il prezzo di X è pari a 2, quello di Y è 1 e quello di Z è 3, stabilite se le scelte dei due consumatori sono ottimali. In caso contrario, suggerite eventuali variazioni nella composizione dei panieri.

2.10.

Sia $U(X, Y) = XY^2$.
Dati $p_X = 3$, $p_Y = 4$ e $M = 90$, trovate il paniere ottimale.

2.11.

Sia la seguente funzione di utilità: $U(X, Y) = AX^{\alpha}Y^{\beta}$ dove A, α e β sono tre costanti numeriche. Qual è la quota del reddito M che viene spesa per acquistare X e la quota spesa per acquistare Y? (Cioè, su un reddito M di 100 euro, quanti vengono spesi in X e quanti in Y?).

2.12.

Per l'acquisto di due beni, X e Y, i cui prezzi sono rispettivamente $p_X = 3$ e $p_Y = 2$, un consumatore spende 360 unità di moneta alla settimana.

Trovate le quantità di equilibrio sapendo che le decisioni di spesa vengono prese in base alla seguente funzione di utilità:

$$U(X, Y) = 2X^2Y.$$

2.13.

Considerate la seguente funzione di utilità:

$$U(X, Y) = X \cdot Y^2.$$

Se i prezzi sono rispettivamente $p_X = 3$ e $p_Y = 4$, determinate il reddito del consumatore sapendo che la quantità domandata (in equilibrio) per il bene X è: $X^* = 10$.

2.14.

Si consideri la seguente funzione di utilità:

$$U(X, Y) = X^2Y.$$

Il reddito M è pari a 90 e la scelta relativa a Y è: $Y^* = 15$.

Si determini il prezzo del bene Y.

2.15.

Il grafico mostra una curva di indifferenza e la retta del vincolo di bilancio di un consumatore:

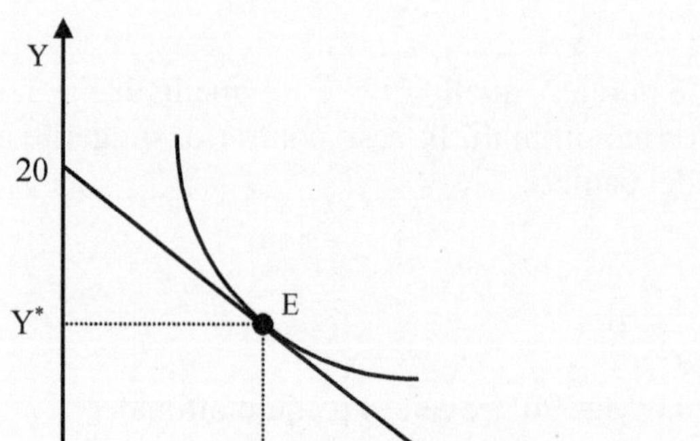

a) Se il prezzo del bene Y è 50, qual è il reddito del consumatore?

b) Qual è il prezzo del bene X?

c) Qual è l'equazione del vincolo di bilancio?

d) Qual è il SMS nel punto di equilibrio?

2.16.

Caio ha un reddito pari a 180 euro, da ripartire integralmente tra due beni, X e Y, i cui prezzi di mercato sono rispettivamente pari a 30 e a 60 euro. Caio acquista nel suo punto di equilibrio 2 unità di ciascuno dei due beni.

a) Si illustri graficamente questa situazione.

b) Si supponga che Caio sia impiegato presso l'azienda che produce il bene Y e che il direttore dell'azienda gli offra una delle seguenti alternative:

b_1) riduzione del prezzo di Y da 60 a 20 euro, a parità di stipendio e di prezzo di X;

b_2) aumento del suo stipendio da 180 a 240 euro, a parità di prezzo di X e di Y.

Si illustri come il vincolo di bilancio della situazione iniziale si modifica nei due casi.

c) Sapendo che il bene Y non costituisce per Caio un bene inferiore, si verifichi da quale delle due alternative egli potrebbe trarre il maggiore beneficio.

2.17.

Si supponga che un individuo debba assumere della vitamina C. A questo fine può scegliere fra due diverse scatole di pastiglie, X e Y. Le pastiglie X hanno un contenuto doppio di vitamina rispetto a Y. Questa è l'unica differenza tra le pastiglie X e le pastiglie Y.

a) Si raffiguri una mappa di curve di indifferenza per X e Y utilizzando un grafico la cui unità di misura sia il numero delle pastiglie di X e di Y da assumere.

b) Che tipo di pastiglie acquisterà il consumatore?

2.18.

Ipotizzate che le curve di indifferenza di un consumatore siano concave. Quale sarà la posizione di ottimo per questo consumatore? È ancora un punto di tangenza? Che caratteristica avrà tale posizione? Fate un esempio di funzione di utilità che generi curve di indifferenza di questo tipo.

2.19.

Commentate le seguenti affermazioni:

a) "Se il |SMS| è crescente lungo una curva di indifferenza è possibile che il consumatore scelga di acquistare uno solo dei beni considerati".

b) “Se il |SMS| è decrescente lungo una curva di indifferenza è possibile che il consumatore scelga di acquistare uno solo dei due beni considerati”.

c) “Se il |SMS| è costante lungo una curva di indifferenza è possibile che il consumatore scelga di acquistare uno solo dei due beni considerati”.

2.20.

“Se le curve di indifferenza sono orizzontali il consumatore acquisterà solo il bene X”. Commentate.

2.21.

Che cosa implica, in termini di posizione ottimale del consumatore, l’esistenza di un sistema di curve d’indifferenza lineari?

2.22.

Sia U(X, Y) = min(X, Y) la funzione di utilità di un individuo.

a) Quale tipo di beni può fornire utilità rappresentabili dalla funzione assegnata?

b) Si determini la scelta ottimale quando i prezzi dei due beni sono entrambi pari a 3 e quando il reddito destinato all’acquisto è pari a 24.

2.23.

Sia M = 100 il reddito monetario di un consumatore, $p_X = 2$ e $p_Y = 3$ i prezzi dei beni X e Y. Il consumatore è indifferente tra consumare una certa quantità del bene X e una quantità doppia del bene Y. Determinate l’equilibrio del consumatore.

2.24.

Considerate un consumatore razionale con preferenze strettamente convesse, operante in un mercato a due beni. È sempre vero che questo consumatore acquisterà entrambi i beni? Motivate la risposta, illustrandola graficamente.

2.25.

È sempre vero che in corrispondenza della posizione di ottimo l’utilità marginale di un euro speso nell’acquisto del bene X è uguale all’utilità marginale di un euro speso nell’acquisto del bene Y?

2.26.

Le preferenze di Carlo relative al consumo dei beni X e Y sono rappresentate dalla funzione di utilità $U(X, Y) = X^4 \cdot Y$. I prezzi dei due beni sono entrambi pari a 10 euro e Carlo dispone di un reddito settimanale pari a 100 euro.

Quale dei seguenti eventi Carlo preferirebbe si verificasse:

a) un aumento del 50% del suo reddito;
b) una riduzione del 50% del prezzo del bene X;
c) una riduzione del 50% del prezzo del bene Y;
d) indifferentemente uno qualsiasi degli eventi sopra indicati.

2.27.

Data la funzione di utilità $U = 2 \cdot X \cdot Y$, si conoscono i prezzi dei due beni $p_X = 10$ e $p_Y = 5$, ma non il reddito del consumatore.

Determinate il valore di quest'ultimo sapendo che in corrispondenza della scelta ottima il consumatore consegue un livello di utilità pari a 400 (cioè: $U = 400$).

🕮 Soluzioni

2.1. a) d)

Se il SMS è costante e maggiore del rapporto tra i prezzi (p_X/p_Y), ovvero se l'inclinazione delle curve di indifferenza supera (in valore assoluto) l'inclinazione della retta di bilancio, il consumatore potrà collocarsi sulla curva di indifferenza più elevata se acquisterà soltanto il bene X.

La combinazione ottima sarà pertanto: $X = M/p_X$ e $Y = 0$.

Tale sistema di curve d'indifferenza lineari implica che tra i due beni vi sia perfetta sostituibilità, quindi è esatta anche la risposta d).

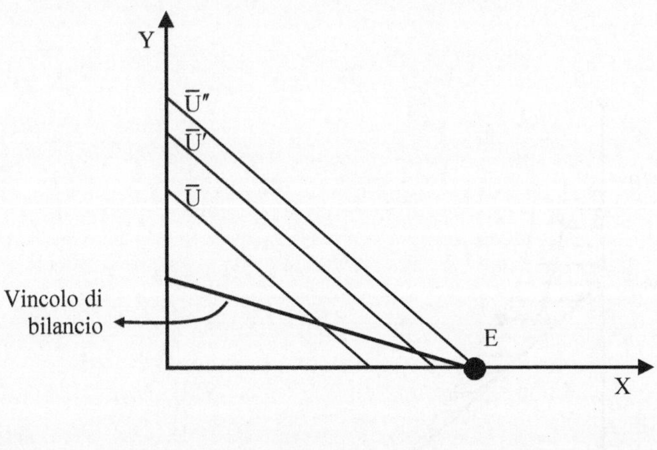

2.2. c)

L'esercizio costituisce una riproposizione del precedente: se il SMS è costante (non importa se sia maggiore o minore del rapporto tra i prezzi), le curve di indifferenza sono lineari. Ciò esclude le risposte a) e b). Con riferimento alla risposta d), invece, si può dire che il consumatore è irrazionale se non massimizza la sua funzione di utilità date le risorse a disposizione. In questo caso non è però possibile saperlo. La risposta corretta è dunque la c).

2.3. a)

Se prezzi e reddito diminuiscono nella stessa proporzione il vincolo di bilancio non cambia. Quindi, a preferenze immutate, la scelta ottima del consumatore resta invariata.

2.4. d)

Se reddito e prezzo del bene X raddoppiano, mentre il prezzo del bene Y diminuisce, l'intercetta del vincolo di bilancio con l'asse delle ascisse non cambia ($2M/2p_X = M/p_X$), mentre aumenta (più del doppio) l'intercetta con l'asse delle ordinate (passa da M/p_Y a $2M/p_Y'$).

Il consumatore può quindi accedere a panieri prima non raggiungibili (area tratteggiata in figura). In generale il consumatore starà allora meglio di prima a meno che non trovi ottimale acquistare solo il bene X, nel qual caso la sua utilità rimarrà invariata.

Così, per esempio, se le preferenze del consumatore fossero strettamente convesse ed esistesse un punto di tangenza tra queste ed il vincolo di bilancio, allora il consumatore starebbe meglio di prima (Grafico 1); se invece le curve d'indifferenza fossero lineari e più inclinate del vincolo di bilancio (sia di quello di partenza che di quello nuovo) la posizione di ottimo non cambierebbe e quindi nemmeno l'utilità del consumatore (Grafico 2). La risposta corretta è quindi la d).

Grafico 1

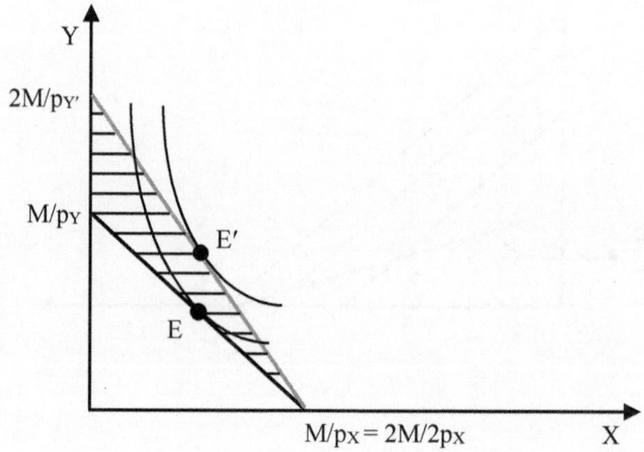

Grafico 2

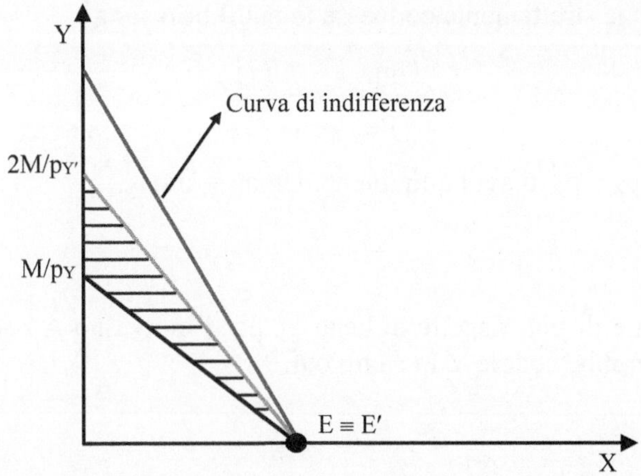

2.5. b)

Con preferenze strettamente convesse nel punto di ottimo le utilità marginali dei due beni ponderate per i rispettivi prezzi risultano uguali. Si ha cioè:

$$\frac{Uma_X}{p_X} = \frac{Uma_Y}{p_Y}.$$

Inserendo i dati dell'esercizio si ha:

$$\frac{Uma_X}{2} = \frac{15}{3} = 5$$

da cui si ottiene:

$$Uma_X = 10.$$

2.6. a)

Con preferenze strettamente convesse, come si è appena visto, nel punto di ottimo le utilità marginali dei due beni ponderate per i rispettivi prezzi sono uguali:

$$\frac{Uma_X}{p_X} = \frac{Uma_Y}{p_Y}.$$

Essendo qui $Uma_X = 2 \cdot Uma_Y$, si deve quindi avere $p_X = 2 \cdot p_Y$, in modo tale che:

$$\frac{Uma_X}{p_X} = \frac{2 \cdot Uma_Y}{2 \cdot p_Y} = \frac{Uma_Y}{p_Y}.$$

2.7. d)

Con preferenze strettamente convesse in equilibrio si ha:

$$\frac{Uma_X}{p_X} = \frac{Uma_Y}{p_Y}.$$

Se e solo se $p_X = p_Y$ si avrà quindi che: $Uma_X = Uma_Y$.

2.8. b)

Il bene X vale di più, rispetto al bene Y, per l'individuo A che per l'individuo B; perciò A dovrebbe cedere Y in cambio di X.

2.9.

Si sa che un consumatore massimizza la propria utilità nel punto in cui l'utilità marginale ponderata dal prezzo assume lo stesso valore per qualunque bene acquistato.

Nella posizione ottimale si deve perciò avere che:

$$\frac{Uma_X}{p_X} = \frac{Uma_Y}{p_Y} = \frac{Uma_Z}{p_Z} = \ldots$$

È ovvio che se il numero dei beni considerati è superiore a 2, non si può utilizzare il consueto modello grafico (adatto se vi sono due beni). Occorre allora limitarsi a verificare numericamente l'esistenza o meno della situazione ottimale.

Facendo riferimento al primo consumatore (A), si può verificare che, effettivamente, in corrispondenza del paniere scelto, le utilità marginali dei tre beni ponderate dai loro rispettivi prezzi sono uguali. Infatti:

$$\frac{Uma_X}{p_X} = \frac{12}{2} = 6; \quad \frac{Uma_Y}{p_Y} = \frac{6}{1} = 6; \quad \frac{Uma_Z}{p_Z} = \frac{18}{3} = 6.$$

Ciò non avviene con riferimento al secondo consumatore (B). Per costui, infatti, l'utilità marginale ponderata dal prezzo del bene X è pari a 5 (= 10/2), mentre quella relativa al bene Y è pari a 2 (= 2/1) e quella relativa al bene Z è pari a 6 (= 18/3).

È dunque evidente che questo consumatore non si trova in una posizione di ottimo. Egli dovrà quindi ridurre il consumo di quei beni che danno un'utilità marginale minore e contestualmente aumentare il consumo dei beni che danno un'utilità marginale superiore. Nel nostro caso è opportuno ridurre il consumo del bene Y e aumentare il consumo del bene Z. Per esempio, se si riducesse il consumo di Y di tre unità (passando cioè da 8 a 5), la relativa utilità marginale ponderata salirebbe a 5 (= 5/1). Con le tre unità di moneta risparmiate si potrebbe così acquistare un'unità addizionale di Z, cosicché il consumo di questo bene passerebbe da 3 unità a 4. In questo caso anche l'utilità marginale ponderata di Z diverrebbe pari a 5 (= 15/3) e dunque il consumatore si troverebbe nella posizione ottimale ovvero non migliorabile ulteriormente:

$$\frac{Uma_X}{p_X}=\frac{10}{2}=5;\quad \frac{Uma_Y}{p_Y}=\frac{5}{1}=5;\quad \frac{Uma_Z}{p_Z}=\frac{15}{3}=5.$$

2.10.

Essendo la funzione di utilità del tipo Cobb-Douglas, sappiamo che le preferenze sono strettamente convesse.

Nel punto di ottimo (si veda il grafico alla pagina seguente) devono quindi essere verificate due condizioni:

1. la pendenza della curva di indifferenza $\left(SMS=-\frac{Uma_X}{Uma_Y}\right)$ deve essere uguale a quella del vincolo di bilancio $\left(m=-\frac{p_X}{P_Y}\right)$;

2. il vincolo di bilancio deve essere rispettato.

Ciò impone di impostare un sistema che tenga conto di entrambe le precedenti condizioni:

$$\begin{cases}\dfrac{Uma_X}{Uma_Y}=\dfrac{p_X}{p_Y}\\ p_X\cdot X+p_Y\cdot Y=M\end{cases}$$

Ovvero, sostituendo i dati dell'esercizio:

Essendo $Uma_X = Y^2$ e $Uma_Y = 2XY$

$$\rightarrow \begin{cases}\dfrac{1}{2}\cdot\dfrac{Y}{X}=\dfrac{3}{4}\\ 3X+4Y=90\end{cases}\qquad \begin{cases}Y=\dfrac{3}{2}X\\ 3X+4Y=90\end{cases}$$

$$\begin{cases}Y=\dfrac{3}{2}X\\ 3X+4\left(\dfrac{3}{2}X\right)=90\end{cases}\qquad \begin{cases}Y=\dfrac{3}{2}X\\ 3X+6X=90\end{cases}\qquad \begin{cases}Y=\dfrac{3}{2}X\\ 9X=90\end{cases}$$

da cui si ottiene: $\begin{cases}\mathbf{X^*=10}\\ \mathbf{Y^*=15}\end{cases}$

La combinazione ottenuta consente, nel rispetto del vincolo di bilancio, di ottenere il massimo livello possibile di utilità. Una qualunque altra coppia di valori di X e di Y (pur soddisfacenti il vincolo di bilancio) determinerebbe un livello di utilità inferiore.

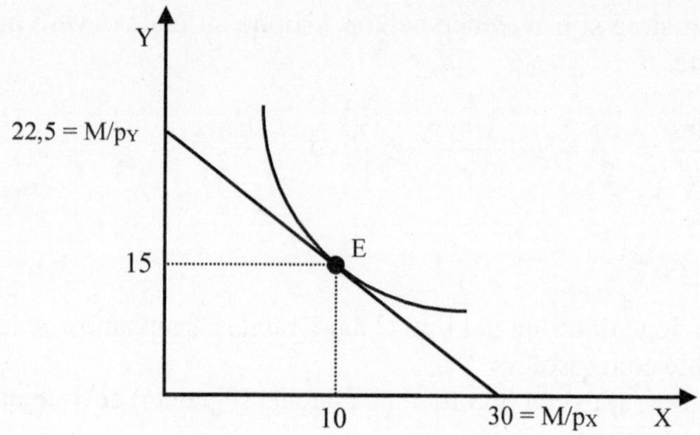

Per fare un semplice esempio, si può verificare che sostituendo in U(X, Y) i valori trovati con il precedente sistema si ottiene un livello di utilità pari a 2.250. Con un'altra qualsiasi coppia di valori che soddisfi il vincolo di bilancio (ad esempio: X = 12 e Y = 13,5) il livello di utilità sarebbe inferiore (2.187 < 2.250).

❖ **Nota:** Si osservi che per ottenere i valori ottimali di X e di Y non è necessario procedere ogni volta secondo questi passaggi. Se la funzione di utilità rientra nella forma Cobb-Douglas $U = A \cdot X^{\alpha}Y^{\beta}$ si possono infatti usare le seguenti formule (ottenute algebricamente, con i passaggi riportati all'esercizio successivo):

$$\begin{cases} X^* = \dfrac{\alpha}{\alpha+\beta} \cdot \dfrac{M}{p_X} \\ Y^* = \dfrac{\beta}{\alpha+\beta} \cdot \dfrac{M}{p_Y} \end{cases}$$

Sostituendo i dati a disposizione, si può verificare facilmente che si ottengono gli stessi risultati:

$$\begin{cases} X^* = \dfrac{1}{3} \cdot \dfrac{90}{3} = 10 \\ Y^* = \dfrac{2}{3} \cdot \dfrac{90}{4} = 15 \end{cases}$$

2.11.

La quota del reddito M che viene spesa per acquistare X è pari a $\dfrac{\alpha}{\alpha+\beta}$. Abbiamo quindi che la spesa destinata all'acquisto del bene X è: $p_X \cdot X = \frac{\alpha}{\alpha+\beta} \cdot M$, ovvero che:

$$X^* = \frac{\frac{\alpha}{\alpha+\beta} \cdot M}{p_X}.$$

La quota del reddito M che viene spesa per acquistare Y è pari a $\frac{\beta}{\alpha+\beta}$. Abbiamo quindi: $p_Y \cdot Y = \frac{\beta}{\alpha+\beta} \cdot M$ ovvero: $Y^* = \frac{\frac{\beta}{\alpha+\beta} \cdot M}{p_Y}$.

Dimostriamolo

Essendo le preferenze strettamente convesse, in quanto derivanti da una funzione di utilità del tipo Cobb-Douglas, il punto di ottimo sarà il punto di tangenza tra il vincolo di bilancio e la curva di indifferenza più alta possibile. Possiamo quindi procedere nel solito modo:

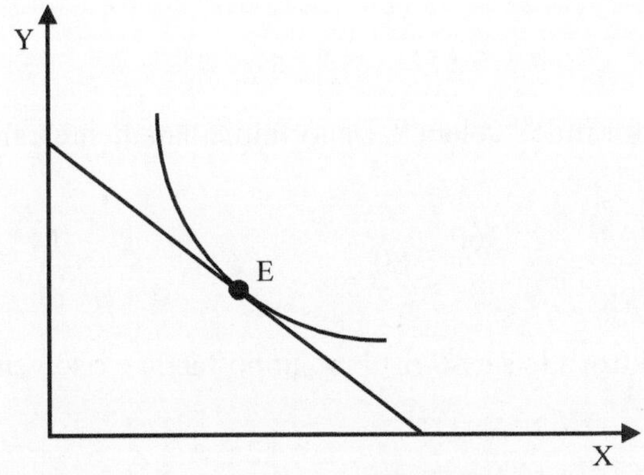

$$\begin{cases} \frac{\text{Uma}_X}{\text{Uma}_Y} = \frac{p_X}{p_Y} \\ M = p_X \cdot X + p_Y \cdot Y \end{cases} \qquad \begin{cases} \frac{A \cdot \alpha \cdot X^{\alpha-1} Y^{\beta}}{A \cdot \beta \cdot X^{\alpha} Y^{\beta-1}} = \frac{\alpha}{\beta} . \frac{Y}{X} = \frac{p_X}{p_Y} \\ M = p_X \cdot X + p_Y \cdot Y \end{cases}$$

$$\begin{cases} p_Y \cdot Y = \frac{\beta}{\alpha} \cdot p_X \cdot X \\ M = p_X \cdot X + p_Y \cdot Y = p_X \cdot X + \frac{\beta}{\alpha} \cdot p_X \cdot X = \left(1 + \frac{\beta}{\alpha}\right) p_X \cdot X = \left(\frac{\alpha+\beta}{\alpha}\right) p_X \cdot X \end{cases}$$

$$\begin{cases} p_Y \cdot Y = \dfrac{\beta}{\alpha} p_X \cdot X = \dfrac{\beta}{\alpha}\left(\dfrac{\alpha}{\alpha+\beta}\right) \cdot M = \dfrac{\boldsymbol{\beta}}{\boldsymbol{\alpha}+\boldsymbol{\beta}} \cdot \mathbf{M} \\ \\ \mathbf{p_X} \cdot \mathbf{X} = \dfrac{\boldsymbol{\alpha}}{\boldsymbol{\alpha}+\boldsymbol{\beta}} \cdot \mathbf{M} \end{cases}$$

Così, per esempio, se $U = 5\,XY$, $\alpha = \beta = 1$ e pertanto:

$$p_X \cdot X = \frac{\alpha}{\alpha+\beta} \cdot M = \frac{1}{2} \cdot M \quad \text{e} \quad p_Y \cdot Y = \frac{\beta}{\alpha+\beta} \cdot M = \frac{1}{2} \cdot M$$

ovvero spenderò metà del mio reddito nell'acquisto del bene X e l'altra metà nel-l'acquisto del bene Y. Le quantità del bene X e del bene Y che riesco a comprare con tale quota di reddito dipendono dai prezzi dei due beni (e dunque non sono necessariamente uguali):

$$X^* = \frac{\frac{1}{2} \cdot M}{p_X} \quad \text{e} \quad Y^* = \frac{\frac{1}{2} \cdot M}{p_Y}.$$

Ciò che è uguale è la quota di reddito spesa per l'acquisto dell'uno e dell'altro bene.

2.12.

Utilizzando le formule "veloci" si può immediatamente calcolare il paniere ottimale:

$$X^* = \frac{\alpha}{\alpha+\beta} \cdot \frac{M}{p_X} = \frac{2}{3} \cdot \frac{360}{3} = 80 \qquad Y^* = \frac{\beta}{\alpha+\beta} \cdot \frac{M}{p_Y} = \frac{1}{3} \cdot \frac{360}{2} = 60.$$

Naturalmente si trova lo stesso risultato impostando e risolvendo il noto sistema:

$$\begin{cases} \dfrac{2}{1} \cdot \dfrac{Y}{X} = \dfrac{3}{2} \\ 3X + 2Y = 360 \end{cases} \qquad \begin{cases} 2Y = \dfrac{3}{2}X \\ 3X + 2Y = 360 \end{cases}$$

$$\begin{cases} 2Y = \dfrac{3}{2}X \\ 3X + \dfrac{3}{2}X = 360 \end{cases} \qquad \begin{cases} 2Y = \dfrac{3}{2}X \\ \dfrac{9}{2}X = 360 \end{cases} \qquad \begin{cases} 2Y = \dfrac{3}{2}X \\ X = \dfrac{2}{9} \cdot 360 = 80 \end{cases} \qquad \begin{cases} Y^* = \dfrac{3}{4}X = 60 \\ X^* = 80 \end{cases}$$

da cui: $\begin{cases} X^* = 80 \\ Y^* = 60 \end{cases}$

2.13.

Si può immediatamente rispondere utilizzando i risultati dell'esercizio 2.11:

$$X^* = \frac{\alpha}{\alpha+\beta} \cdot \frac{M}{p_X} = \frac{1}{3} \cdot \frac{M}{3} = 10 \qquad \frac{M}{9} = 10 \qquad M = 90.$$

2.14.

Essendo la funzione di utilità una Cobb-Douglas possiamo nuovamente utilizzare le "formule veloci". Abbiamo così:

$$Y^* = \frac{\beta}{\alpha+\beta} \cdot \frac{M}{p_Y} = \frac{1}{3} \cdot \frac{90}{p_Y} = 15 \qquad \frac{90}{p_Y} = 45 \qquad p_Y = \frac{90}{45} = 2.$$

2.15.

a) Osservando il grafico riportato nel testo del problema si desume immediatamente che se tutto il reddito venisse speso nell'acquisto del bene Y, si potrebbero acquistare 20 unità dello stesso bene. Poiché il prezzo del bene Y è di 50 unità monetarie, il reddito dovrà necessariamente essere pari a 1.000 (= 20 volte 50).

b) Con lo stesso ragionamento si può calcolare il prezzo del bene X: se con un reddito di 1.000 si possono acquistare al massimo 10 unità del bene, il suo prezzo unitario dovrà essere di 100 unità monetarie.

c) L'equazione della retta di bilancio, di conseguenza, sarà:

$$100X + 50Y = 1.000$$

ovvero, esplicitata rispetto a Y:

$$Y = 20 - 2X.$$

d) Poiché nel punto di equilibrio l'inclinazione delle curve di indifferenza (= SMS) coincide con quella del vincolo di bilancio, si può dedurre che in quel punto il SMS dovrà valere, in valore assoluto, 2.

2.16.

a) La rappresentazione grafica del vincolo di bilancio ($M = p_X \cdot X + p_Y \cdot Y$, ovvero, sostituendo i dati dell'esercizio: $180 = 30 \cdot X + 60 \cdot Y$) è molto semplice:

– le intercette sono pari, rispettivamente, a 180/30 = 6 (per X) e a 180/60 = 3 (per Y);

– l'inclinazione del vincolo di bilancio (cioè il suo coefficiente angolare) è data dal rapporto tra i prezzi, preceduto dal segno meno: $-p_X/p_Y = -30/60 = -1/2$.

Il punto E in figura indica la scelta effettuata dal consumatore.

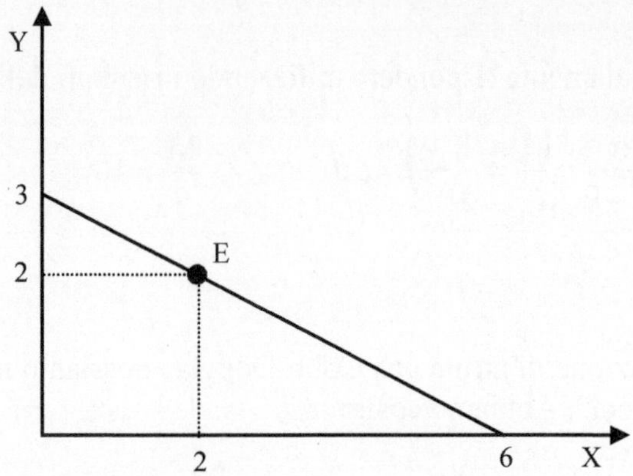

b) Per rispondere alla seconda domanda occorre costruire un nuovo vincolo di bilancio per ciascuna delle due alternative proposte.

b₁) Nel primo caso (alternativa A) il prezzo di Y si riduce da 60 a 20, ferme restando tutte le altre condizioni (*cœteris paribus*). Quindi il nuovo vincolo di bilancio diventa:

$$180 = 30X + 20Y \qquad \Rightarrow \qquad Y = 9 - 3/2X.$$

Poiché sono cambiati i prezzi relativi dei due beni è variata l'inclinazione del vincolo di bilancio. Essendo diminuito p_Y l'intercetta verticale è ora maggiore (spendendo tutto il mio reddito nell'acquisto del bene Y riesco ora a comperarne di più) mentre, non essendo mutati né M né p_X, l'intercetta orizzontale è rimasta la stessa.

b₂) Nel secondo caso (alternativa B) aumenta lo stipendio, che passa da 180 a 240, *cœteris paribus*, e quindi il nuovo vincolo di bilancio si sposta parallelamente (a quello iniziale) verso destra:

$$240 = 30X + 60Y \qquad \Rightarrow \qquad Y = 4 - 1/2X.$$

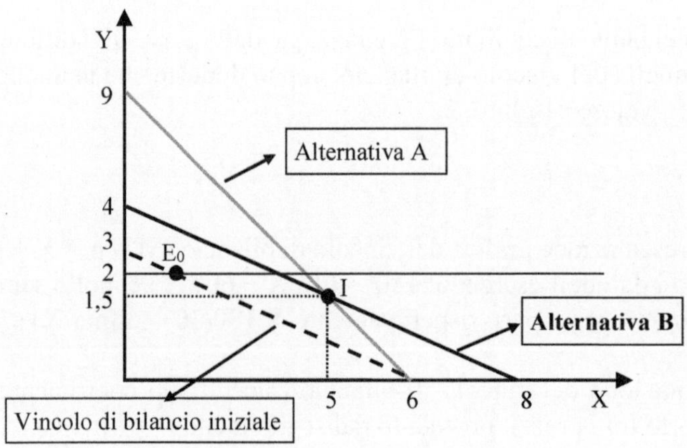

c) Quale tra le due possibili alternative sarà preferita? In generale la risposta dipende dalla forma delle curve di indifferenza di Caio. Qui però si dice che il bene Y non è inferiore (e quindi è un bene normale). Di conseguenza il consumo di Y non può diminuire se aumenta il reddito disponibile (inteso come potere d'acquisto). Risolvendo un semplice sistema, si trova che il punto d'intersezione tra le due rette che rappresentano le due alternative è I = (5; 1,5). Tale punto, però, non potrebbe rappresentare un possibile equilibrio finale, perché la quantità di Y sarebbe diminuita rispetto all'equilibrio iniziale E_0, ciò che non deve avvenire. Caio, infatti, ha in entrambi i casi, un potere d'acquisto superiore alla situazione di partenza, e dunque non vuole ridurre il consumo di Y (che dovrà quindi essere ≥ 2). È quindi evidente che l'alternativa A verrà preferita in quanto da essa Caio potrà trarre maggior beneficio (cioè avere maggiore utilità). Infatti nel tratto rilevante, ovvero per $Y \geq 2$, il vincolo di bilancio relativo all'opzione A è più esterno di quello relativo all'opzione B.

2.17.

a) Le pastiglie X hanno un contenuto doppio di vitamina rispetto alle pastiglie Y, ovvero:

$$Uma_X = 2\ Uma_Y.$$

Quindi il SMS sarà pari, in valore assoluto, a:

$$SMS = \frac{Uma_X}{Uma_Y} = \frac{2Uma_Y}{Uma_Y} = 2\,.$$

Tale SMS è costante e quindi le curve di indifferenza sono lineari e fra loro parallele (beni perfetti sostituti).

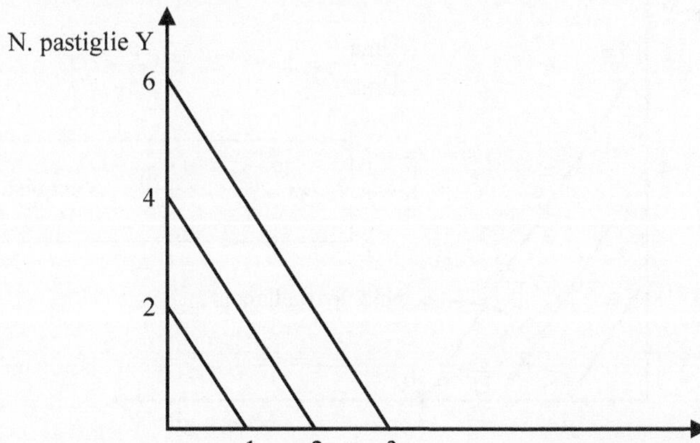

[1] In realtà disegnando le curve di indifferenza in questo modo stiamo per semplicità ipotizzando che X e Y possano variare in modo continuo.

Il contenuto di vitamina C, poniamo, di 3 pastiglie X sarà uguale al contenuto di vitamina C di 6 pastiglie Y.

b) Poiché non vengono date indicazioni sul prezzo di X e di Y, non è possibile stabilire a priori quale sarà la combinazione scelta. Si possono però fare alcune ipotesi:

1. Se il prezzo di X è doppio rispetto a quello di Y, il rapporto tra i prezzi equivale al SMS, quindi vi sono infiniti punti di ottimo. Il vincolo di bilancio coinciderà con una curva di indifferenza. Il consumatore sarà quindi indifferente per qualsiasi combinazione tra X e Y il cui costo sia pari a M (reddito del consumatore).

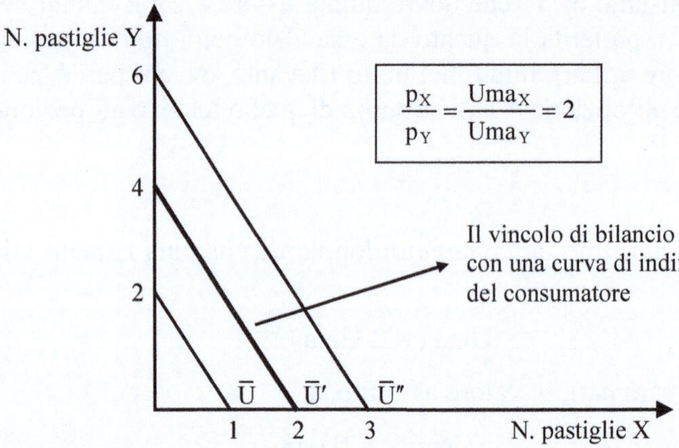

2. Se il prezzo di X è meno del doppio del prezzo di Y, il rapporto tra i prezzi è inferiore al SMS e ciò implica, come sappiamo, che si acquisterà solo il bene X:

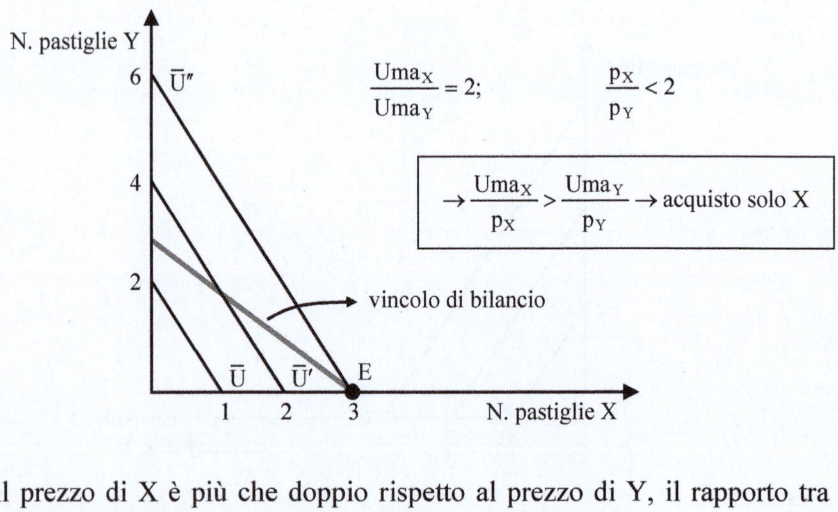

3. Se il prezzo di X è più che doppio rispetto al prezzo di Y, il rapporto tra i prezzi è superiore al SMS, e dunque si acquisterà solo il bene Y:

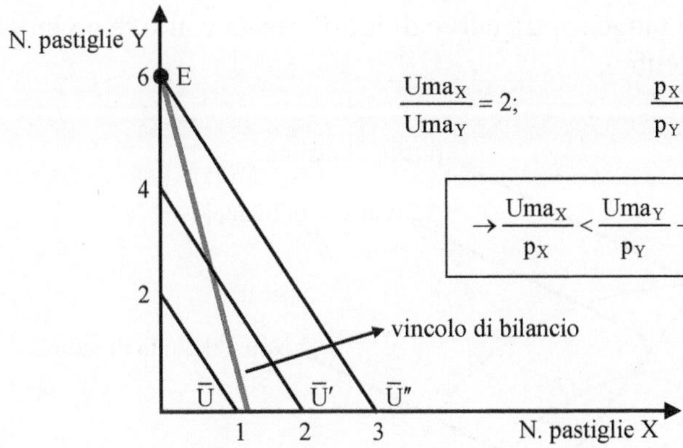

$$\frac{Uma_X}{Uma_Y} = 2; \qquad \frac{p_X}{p_Y} > 2$$

$$\rightarrow \frac{Uma_X}{p_X} < \frac{Uma_Y}{p_Y} \rightarrow \text{acquisto solo Y}$$

2.18.

In questo caso il consumatore non preferisce mai una combinazione lineare di due panieri giacenti sulla stessa curva di indifferenza.

Il paniere ottimale sarà quindi composto da un solo bene (o X o Y).

Ad esempio, nel grafico sotto riportato, si consumerà solo Y (punto C). Si noti inoltre che il SMS cresce, in valore assoluto, all'aumentare di X.

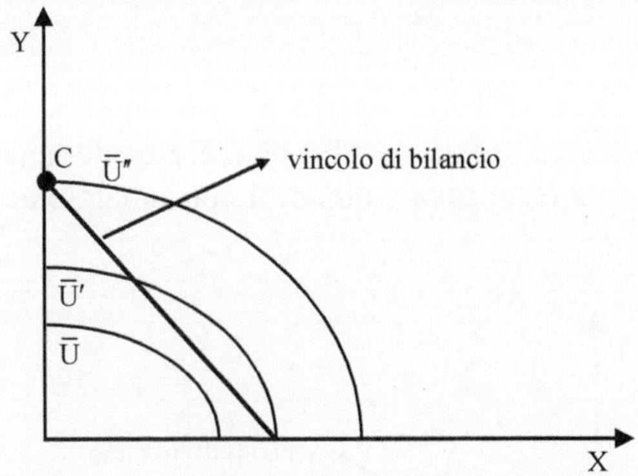

Nel caso seguente, invece, il paniere scelto sarà C′ (consumo solo il bene X).

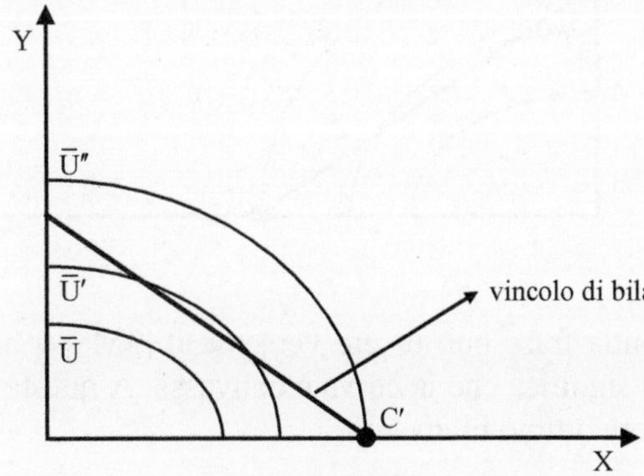

Si noti che il punto di tangenza tra curve di indifferenza concave e vincolo di bilancio *non* è il punto di ottimo.

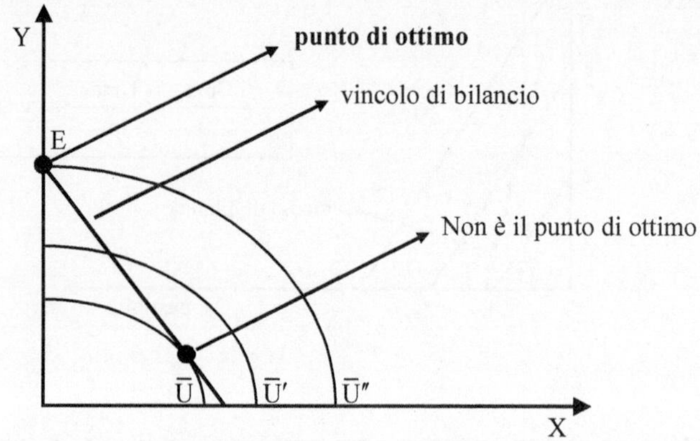

Nel caso di curve di indifferenza concave il SMS cresce all'aumentare di X. Un esempio di funzione di utilità che genera curve di indifferenza di questo tipo è:

$U = X^2 + Y^2$, cui corrisponde, in effetti, un $| SMS | = 2X/2Y = X/Y$ crescente in X.

2.19.

a) La prima frase è vera. Infatti se il |SMS| è crescente lungo una curva di indifferenza, allora tale curva è concava e quindi il consumatore acquisterà uno solo dei due beni.

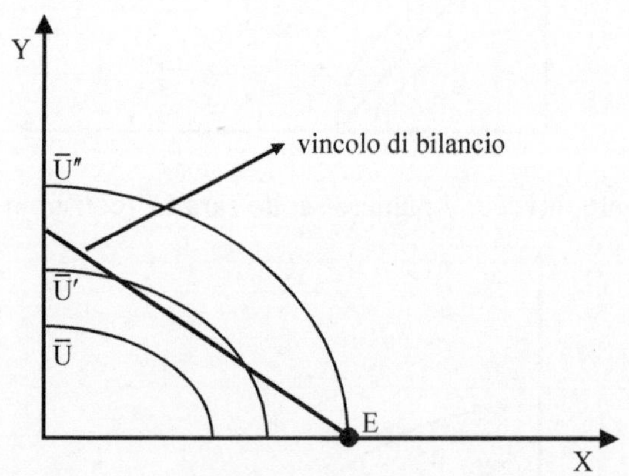

b) Anche la seconda frase può essere vera. Se il |SMS| è decrescente lungo una curva di indifferenza significa che la curva è convessa. A questa situazione corrisponde in genere un paniere ottimo bilanciato.

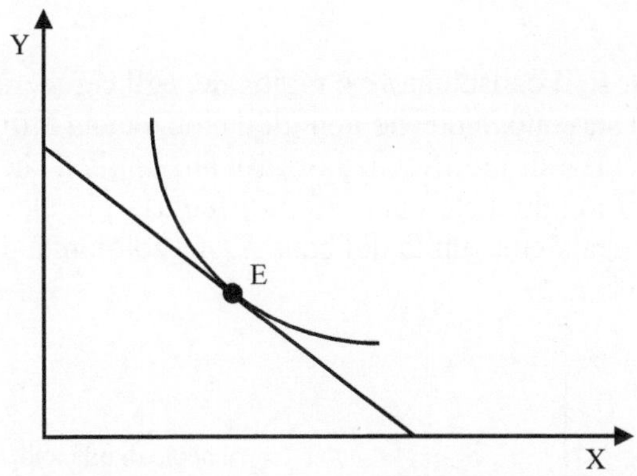

In casi particolari, però, anche in questo caso possiamo avere una soluzione d'angolo, cui corrisponde l'acquisto di un solo bene. Si veda per esempio il grafico sottostante.

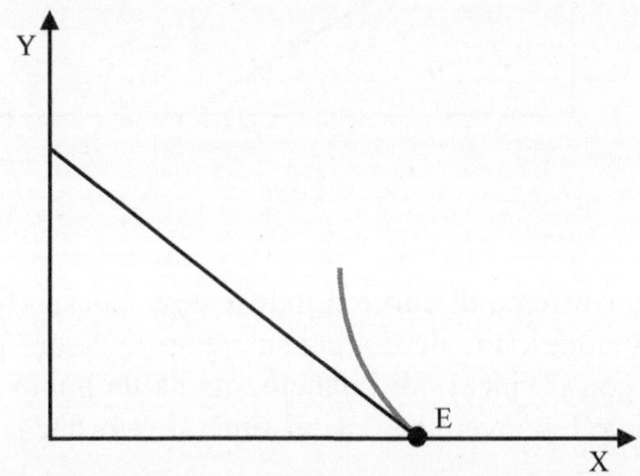

e) Anche l'ultima frase è vera. Infatti, se il |SMS| è costante lungo una curva di indifferenza significa che questa è lineare e, quindi, a meno che vi sia coincidenza tra |SMS| e rapporto tra i prezzi, il consumatore sceglierà sempre di acquistare o solo un bene o solo l'altro.

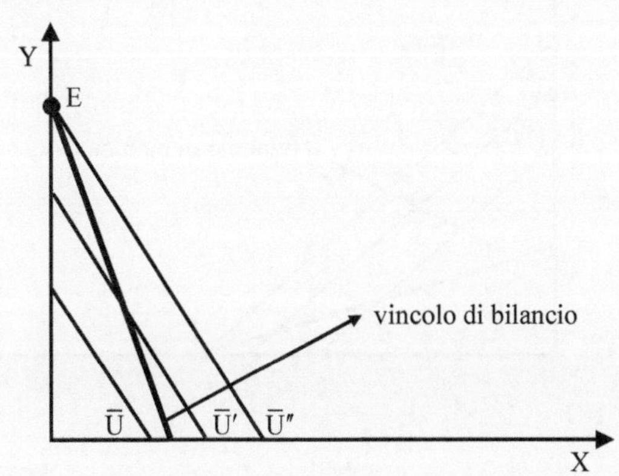

2.20.

La frase è falsa: se il consumatore è razionale, egli cercherà di evitare l'acquisto di beni che non gli servono, cioè che non gli danno alcuna utilità.

Un sistema di curve di indifferenza orizzontali implica che solo il consumo del bene Y permette di raggiungere curve di indifferenza più elevate. Quindi il consumatore non acquisterà alcuna unità del bene X, ma solo unità del bene Y (punto C).

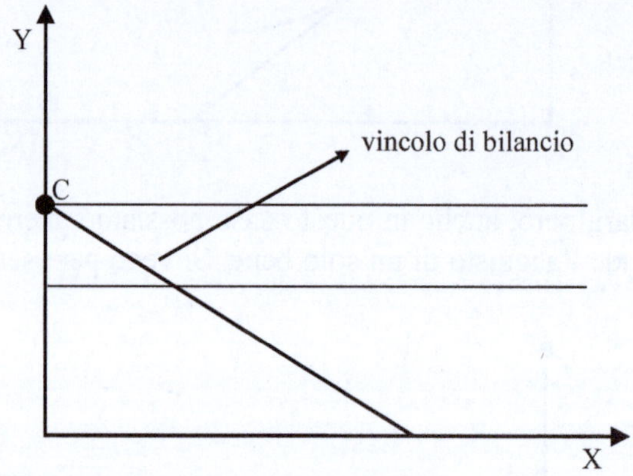

2.21.

L'esistenza di un sistema di curve d'indifferenza lineari (beni perfetti sostituti) implica che la posizione ottimale del consumatore non sarà in genere data da un punto di tangenza con il vincolo di bilancio, ma da un punto d'angolo. Con curve lineari si possono in effetti avere tre casi distinti (si veda anche l'esercizio 2.17):

I CASO

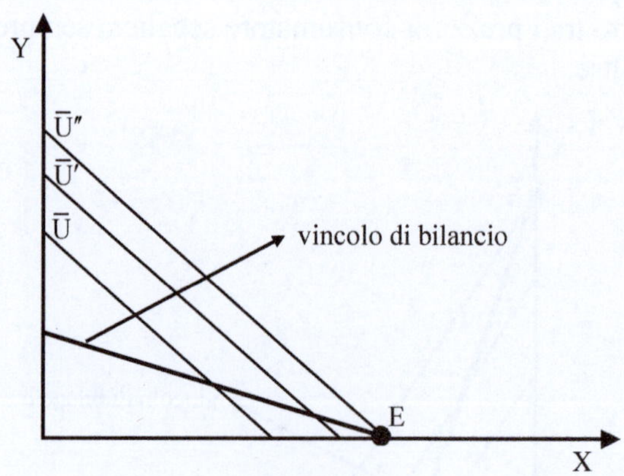

$$\frac{Uma_X}{Uma_Y} > \frac{p_X}{p_Y} \quad \text{ovvero} \quad \frac{Uma_X}{p_X} > \frac{Uma_Y}{p_Y}$$

⇒ **acquisto solo X.**

II CASO

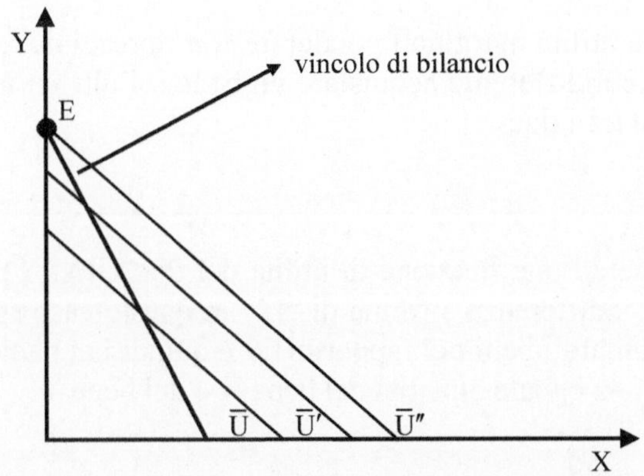

$$\frac{Uma_X}{Uma_Y} < \frac{p_X}{p_Y} \quad \text{ovvero} \quad \frac{Uma_X}{p_X} < \frac{Uma_Y}{p_Y}$$

⇒ **acquisto solo Y.**

➔ In altre parole, consumo sempre e soltanto il bene la cui utilità marginale ponderata con il prezzo è maggiore.

III CASO

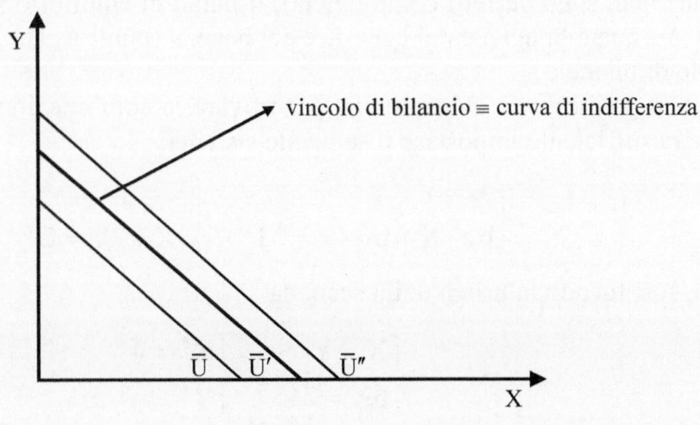

$$\frac{Uma_X}{Uma_Y} = \frac{p_X}{p_Y} \qquad \text{ovvero:} \qquad \frac{Uma_X}{p_X} = \frac{Uma_Y}{p_Y}$$

⇒ **indifferente**.

Esiste cioè una situazione di indifferenza tra l'acquisto del bene X e l'acquisto del bene Y, nel senso che esistono infiniti punti di ottimo, poiché sono infiniti i punti in comune tra il vincolo di bilancio e la curva di indifferenza.

➔ Quindi, se le utilità marginali ponderate con i prezzi dei due beni sono uguali, al consumatore è indifferente acquistare un bene o l'altro o una qualsiasi combinazione intermedia tra i due.

2.22.

a) Sappiamo che ad una funzione di utilità del tipo U(X, Y) = min(X, Y) corrispondono curve di indifferenza a forma di "L": in questo caso specifico il consumatore desidera consumare i beni nel rapporto 1:1 e quindi nei panieri rappresentati dai punti angolari vi è una eguale quantità del bene X e del bene Y.

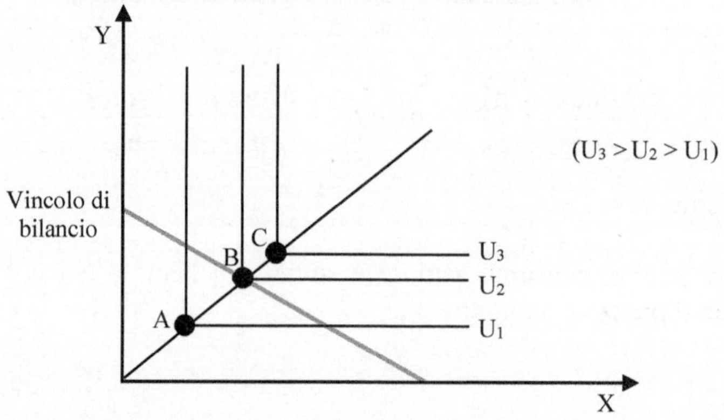

I due beni sono perfetti complementi; il punto di equilibrio sarà sempre composto da una quantità uguale del bene X e del bene Y (punti A, B, C ecc., a seconda del vincolo di bilancio).

b) Ciò premesso, è evidente che per trovare la combinazione ottimale tra i due beni sarà sufficiente impostare il seguente sistema:

$$\begin{cases} X = Y \\ p_X \cdot X + p_Y \cdot Y = M \end{cases} \qquad \begin{cases} X = Y \\ 3X + 3Y = 24 \end{cases}$$

da cui, sostituendo la prima nella seconda:

$$\begin{cases} X = Y \\ 6X = 24 \end{cases} \qquad \begin{cases} X^* = 4 \\ Y^* = 4 \end{cases}$$

2.23.

Il vincolo di bilancio ha inclinazione pari al rapporto tra i prezzi di X e di Y, che nel nostro caso assume il valore di -2/3. Essendo il consumatore indifferente tra il consumo di una certa quantità di X e di una quantità doppia di Y, si ha che:

$$Uma_X = 2\ Uma_Y.$$

Ovvero:

$$|\ SMS\ | = Uma_X/Uma_Y = 2\ Uma_Y/Uma_Y = 2.$$

Poiché il SMS è sempre superiore al rapporto tra i prezzi (2 > 2/3), il consumatore acquisterà soltanto il bene X. Quindi tutto il reddito, pari a 100, sarà speso in 50 unità del bene X, ciascuna delle quali ha un prezzo pari a 2.

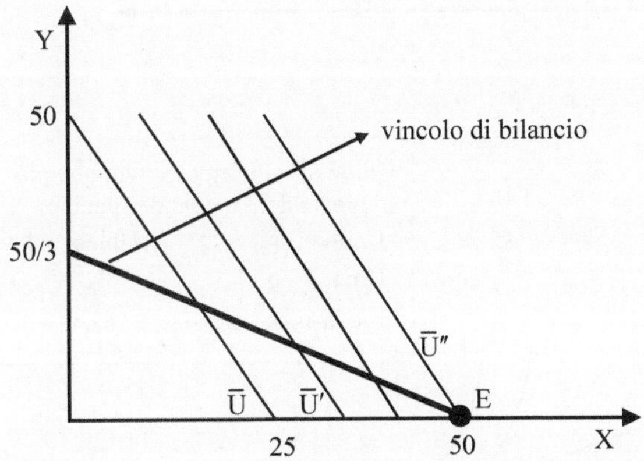

2.24.

Nel caso generale sì: se c'è un punto di tangenza, quello è il punto di ottimo. Il consumatore acquisterà entrambi i beni.

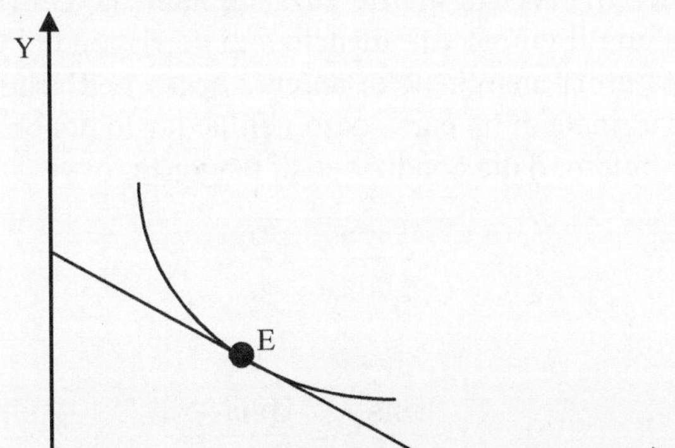

In casi eccezionali non c'è però un punto di tangenza; in questi casi il punto di ottimo è un punto d'angolo: il consumatore acquista solo un bene.

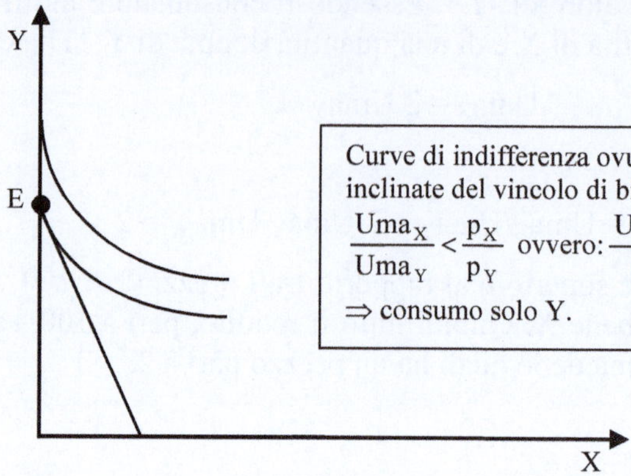

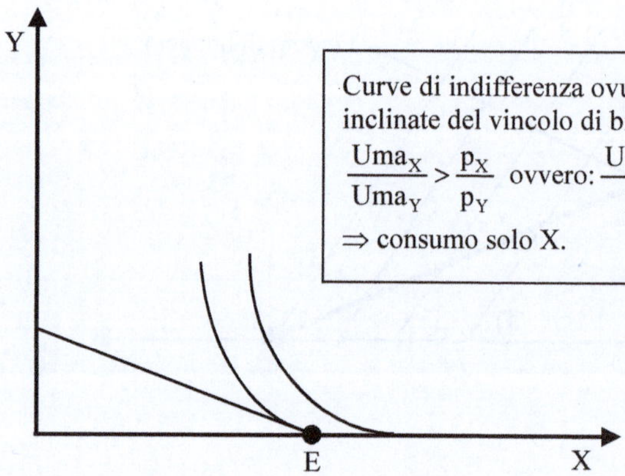

2.25.

Nel caso classico di curve di indifferenza strettamente convesse, in cui esiste un punto di tangenza con il vincolo di bilancio, cui corrisponde l'acquisto di entrambi i beni, è vero che l'utilità marginale di un euro speso nell'acquisto del bene X è uguale all'utilità marginale di un euro speso nell'acquisto del bene Y.

In questo caso, infatti, dalla condizione di tangenza, ovvero:

$$\frac{Uma_X}{Uma_Y} = \frac{p_X}{p_Y}$$

discende:

$$\frac{Uma_X}{p_X} = \frac{Uma_Y}{p_Y}$$

dove il primo membro è l'utilità marginale di un euro speso nell'acquisto del bene X e il secondo membro è l'utilità marginale di un euro speso nell'acquisto del bene Y.

Con un euro posso infatti acquistare una quantità addizionale del bene X pari a: $\Delta X = 1/p_X$, con un incremento di utilità pari a: $\Delta U = Uma_X \cdot \Delta X$. Ora, dato che ΔX è uguale a $1/p_X$, si può facilmente verificare, sostituendo, che l'utilità marginale di un euro speso nell'acquisto del bene X è proprio pari a: Uma_X/p_X (lo stesso discorso vale naturalmente per il bene Y).

Sappiamo però che in alcuni casi la posizione di ottimo per il consumatore è data da un punto d'angolo (si vedano, ad esempio, gli ultimi due grafici dell'esercizio precedente). È quindi evidente che occorre rispondere negativamente alla domanda proposta da questo esercizio. Con curve di indifferenza lineari o concave o convesse ma senza punti di tangenza, la condizione posta dall'esercizio non si verifica.

2.26.

Si noti che, essendo le preferenze del tipo Cobb-Douglas, Carlo spenderà sempre i 4/5 [= $\alpha/(\alpha + \beta)$] del suo reddito nell'acquisto del bene X e 1/5 [= $\beta/(\alpha + \beta)$] del suo reddito nell'acquisto del bene Y.

Quindi nella situazione sub a) si ha:

$$X^* = \frac{\frac{4}{5} \cdot 150}{10} = 12; \; Y^* = \frac{\frac{1}{5} \cdot 150}{10} = 3 \quad \text{da cui} \quad U^* = 12^4 \cdot 3 = 62.208.$$

Nella situazione sub b):

$$X^* = \frac{\frac{4}{5} \cdot 100}{5} = 16; \; Y^* = \frac{\frac{1}{5} \cdot 100}{10} = 2 \quad \text{da cui} \quad U^* = 16^4 \cdot 2 = 131.072.$$

Nella situazione sub c):

$$X^* = \frac{\frac{4}{5} \cdot 100}{10} = 8; \; Y^* = \frac{\frac{1}{5} \cdot 100}{5} = 4 \quad \text{da cui} \quad U^* = 8^4 \cdot 4 = 16.384.$$

Chiaramente la situazione preferita è quella sub b). Intuitivamente si poteva prevedere questo risultato, visto il gran peso che il bene X ha nella funzione di utilità.

2.27.

Impostiamo anche in questo caso un sistema di equazioni, che sarà costituito: 1) dalla condizione di tangenza tra la curva di indifferenza più alta che si riesce a raggiungere e il vincolo di bilancio; 2) dalla funzione della curva di indifferenza, impostata secondo il livello di utilità massimo che si riesce a raggiungere (U = 400).

Si ha pertanto:

$$\begin{cases} \dfrac{Uma_X}{Uma_Y} = \dfrac{p_X}{p_Y} \\ 400 = 2XY \end{cases} \quad \begin{cases} \dfrac{2Y}{2X} = \dfrac{10}{5} \rightarrow \dfrac{Y}{X} = 2 \rightarrow Y = 2X \\ 200 = X \cdot Y \rightarrow 200 = X \cdot 2X \end{cases}$$

$$\begin{cases} Y = 2X \\ 200 = 2X^2 \end{cases}$$

$$\begin{cases} Y = 2X \rightarrow Y = \pm 20 \\ 100 = X^2 \rightarrow X = \pm 10 \end{cases}$$

Ovviamente non consideriamo le soluzioni negative, per cui il punto di ottimo è pari a:

$$E = (X^*, Y^*) = (10, 20).$$

Il reddito del consumatore risulterà pertanto pari a:

$$M = p_X \cdot X + p_Y \cdot Y = 10 \cdot 10 + 5 \cdot 20 = 100 + 100 = 200$$

Graficamente:

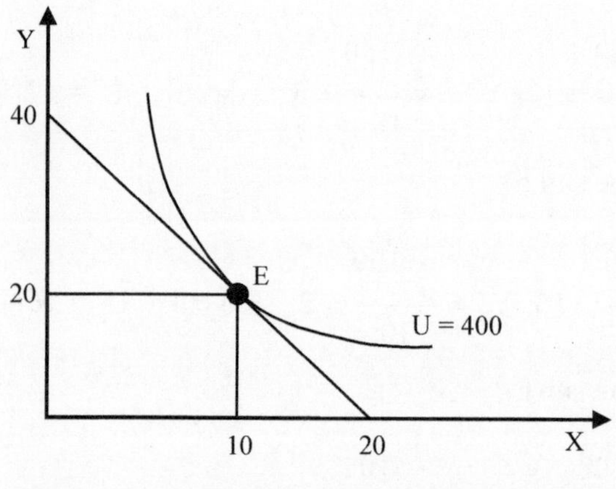

A posteriori possiamo quindi inserire i valori delle intercette del vincolo di bilancio che risultano pari a:

$$M/p_x = \frac{200}{10} = 20 \text{ l'intercetta orizzontale}$$

$$M/p_y = \frac{200}{5} = 40 \text{ l'intercetta verticale}$$

3

Curva reddito-consumo e curva di Engel. Curva prezzo-consumo e curva di domanda. Effetto reddito ed effetto sostituzione

Ipotesi di lavoro:

- X e Y rappresentano le quantità del bene X e del bene Y;
- p_X e p_Y rappresentano i prezzi del bene X e del bene Y;
- M è il reddito del consumatore;
- in un sistema di assi cartesiani, il bene X è misurato sull'asse delle ascisse e il bene Y sull'asse delle ordinate.

Domande a risposta chiusa

3.1.

Un bene è normale:

a) se all'aumentare del prezzo diminuisce la quantità domandata;
b) se l'effetto reddito ha segno positivo;
c) se l'effetto reddito ha segno negativo;
d) nessuna delle precedenti risposte.

3.2.

Un bene è sicuramente inferiore:

a) se all'aumentare del reddito diminuisce la quantità domandata;
b) se all'aumentare del prezzo aumenta la quantità domandata;
c) se l'effetto reddito ha segno negativo;
d) se l'effetto reddito ha segno positivo.

3.3.

L'effetto sostituzione:

a) rappresenta la variazione di consumo di un bene associata alla variazione del potere d'acquisto, tenendo costanti i prezzi relativi;

b) rappresenta la variazione di consumo di un bene associata alla variazione del suo prezzo, tenendo costante il potere d'acquisto;

c) è sempre maggiore dell'effetto reddito;

d) è sempre minore dell'effetto reddito.

3.4.

L'effetto reddito:

a) rappresenta la variazione di consumo di un bene associata alla variazione del potere d'acquisto, tenendo costanti i prezzi relativi;

b) rappresenta la variazione di consumo di un bene associata alla variazione del suo prezzo, tenendo costante il potere d'acquisto;

c) è sempre maggiore dell'effetto sostituzione;

d) è sempre minore dell'effetto sostituzione.

3.5.

La curva di domanda individuale:

a) è sempre crescente;

b) è sempre decrescente;

c) è la relazione tra quantità domandata e prezzo di un bene;

d) è decrescente solo nel caso dei beni di Giffen.

3.6.

La curva reddito-consumo rappresenta:

a) la quantità domandata di un bene al variare del reddito, a prezzi costanti;

b) la quantità domandata di un bene al variare del suo prezzo, a reddito costante;

c) le combinazioni dei due beni che rappresentano la scelta ottima di un consumatore a differenti livelli di reddito;

d) la quantità domandata di un bene al variare del prezzo di un altro bene.

3.7.

All'aumentare del reddito la quantità domandata di un bene inferiore:

a) aumenta;

b) rimane invariata;

c) diminuisce;

d) nessuna delle precedenti risposte.

3.8.

Tutti i punti sulla curva di domanda:

a) rappresentano punti in cui l'utilità del consumatore è massimizzata;

b) non rappresentano punti in cui l'utilità del consumatore è massimizzata;

c) possono o meno rappresentare punti in cui l'utilità del consumatore è massimizzata;

d) non possiamo dire niente senza altre informazioni.

3.9.

Se la quantità domandata del bene non cambia al variare del prezzo, la curva di domanda del bene è:

a) inclinata negativamente;

b) inclinata positivamente;

c) orizzontale;

d) verticale.

3.10.

Quando il prezzo di un bene normale diminuisce (*coeteris paribus*) i suoi acquisti aumentano a causa:

a) dell'effetto sostituzione;

b) dell'effetto reddito;

c) o dell'effetto di sostituzione o dell'effetto reddito;

d) sia dell'effetto di sostituzione che dell'effetto reddito.

3.11.

Quando il prezzo di un bene inferiore diminuisce (*coeteris paribus*):

a) l'effetto di sostituzione e l'effetto di reddito si rinforzano a vicenda, determinando un incremento della quantità domandata del bene;

b) l'effetto di sostituzione e l'effetto di reddito si rinforzano a vicenda, determinando una diminuzione della quantità domandata del bene;

c) l'effetto di sostituzione tende ad aumentare la quantità domandata del bene mentre l'effetto di reddito tende a diminuirla;

d) l'effetto di sostituzione tende a diminuire la quantità domandata del bene mentre l'effetto di reddito tende ad aumentarla.

3.12.

La condizione necessaria e sufficiente perché un bene abbia una curva di domanda con inclinazione positiva è che:

a) il bene sia inferiore;
b) l'effetto di sostituzione superi l'effetto di reddito;
c) l'effetto di reddito superi l'effetto di sostituzione;
d) il bene sia inferiore e l'effetto di reddito superi l'effetto di sostituzione.

3.13.

La linea che congiunge i punti d'equilibrio del consumatore che si ottengono quando varia solo il suo reddito è detta:

a) curva di domanda;
b) curva reddito-consumo;
c) curva di Engel;
d) curva prezzo-consumo.

3.14.

La curva di Engel per un bene di Giffen è:

a) inclinata negativamente;
b) inclinata positivamente;
c) verticale;
d) orizzontale.

☞ Esercizi

3.15.

Si danno i seguenti dati: $U(X, Y) = 5XY$, $p_X = 4$, $p_Y = 2$, $M = 1.200$.
Rispondete alle seguenti domande:

a) Quali sono le quantità d'equilibrio?
b) Qual è la curva reddito-consumo?
c) Quali sono le curve di Engel (per il bene 1 e per il bene 2)?

3.16.

Per un consumatore i beni X e Y sono perfetti complementi, cioè il consumo del bene X è strettamente legato al consumo del bene Y (in particolare si assume che il consumatore voglia sempre consumare la stessa quantità dei due beni).

a) Determinate la curva reddito-consumo.
b) Calcolate la curva di Engel del bene X se $p_X = 1$ e $p_Y = 2$.
c) I due beni sono normali o inferiori?

3.17.

Dopo aver definito la curva di Engel, si consideri un generico consumatore che spende tutto il suo reddito M nell'acquisto di due beni X e Y, i cui prezzi sono entrambi pari a 1.

Si verifichi se le funzioni:

$$X = 0{,}6\ M \quad \text{e} \quad Y = 0{,}3\ M$$

possono essere le curve di Engel per questo consumatore, motivando la risposta.

3.18.

Siano $p_X = 2$ e $p_Y = 10$. Il reddito monetario è pari a 200. La funzione di utilità è la seguente:

$$U(X, Y) = 10\ X^2Y.$$

Si determini la curva reddito-consumo.

3.19.

Dopo aver definito la curva reddito-consumo, si svolga il seguente esercizio.

Un consumatore opera secondo la seguente funzione di utilità: $U(X, Y) = X^2Y$.

Sapendo che $p_X = 1$ e $p_Y = 5$, si determinino:

a) le curve di Engel relative ai due beni;

b) la scelta ottima del consumatore in presenza dei seguenti due redditi ipotetici: $M_1 = 900$ e $M_2 = 1.800$.

3.20.

Si consideri la seguente funzione di utilità: $U(X, Y) = 3X^3Y^2$ e si ricavi analiticamente la curva reddito-consumo.

Se ne illustri poi l'andamento con l'ausilio di un grafico.

3.21.

Si consideri la seguente funzione di utilità:

$$U(X, Y) = 2X^4Y.$$

Si ricavi analiticamente la funzione prezzi-consumo al variare del prezzo di X e se ne illustri l'andamento con l'ausilio di un grafico.

3.22.

Sia di 120 Euro il reddito giornaliero di un individuo che acquista due beni X e Y. La sua funzione di utilità è: $U(X, Y) = XY$.

I prezzi dei due beni sono rispettivamente $p_X = 2$ e $p_Y = 3$.

a) Quali sono le quantità acquistate giornalmente che massimizzano l'utilità?

b) Se il prezzo di X cresce del 44%, mentre quello di Y rimane costante, di quanto dovrà aumentare il reddito del consumatore affinché sia possibile mantenere costante il suo livello di utilità?

c) Di quanto è aumentato l'indice dei prezzi al consumo?

3.23.

Un consumatore acquista un solo bene, secondo la relazione:

$$q = 0{,}03 \cdot M - 3 \cdot p$$

dove p = 35 (prezzo del bene) e M = 6.000 (reddito).

a) Quante unità di quel bene può acquistare?

b) Se il prezzo sale a 45, di quanto deve variare (in termini assoluti e relativi) il reddito per continuare ad acquistare la stessa quantità di prima?

c) Il bene in questione è normale o inferiore?

3.24.

a) Definite l'equazione di Slutsky ed, in particolare, l'effetto sostituzione.

b) Se siamo in presenza di beni perfettamente complementari e diminuisce il prezzo del bene X, che cosa si può dire sull'entità dell'effetto sostituzione? Motivate la risposta.

3.25.

La funzione di utilità di un consumatore razionale è $U(X, Y) = X \cdot Y$ e il relativo vincolo di bilancio è: $3X + 2Y = 12$.

Calcolate l'effetto sostituzione e l'effetto reddito relativo al bene X, quando il suo prezzo passa a 2.

3.26.

La funzione di utilità di un consumatore è $U(X, Y) = XY^2$. I prezzi dei due beni sono rispettivamente pari a 1 e a 2. Il reddito disponibile è pari a 300.

Calcolate l'effetto sostituzione e l'effetto reddito relativo al bene X, quando il suo prezzo subisce una variazione passando da 1 a 1,5.

3.27.

Come l'esercizio precedente, ma il prezzo del bene X passa da 1 a 2.

3.28.

Commentate in che direzione si sarebbero modificati i risultati dell'esercizio precedente qualora il bene X fosse stato inferiore.

3.29.

Considerate una variazione del prezzo del bene X. Se l'equilibrio del consumatore si sposta dal punto A al punto B i due beni sono sostituibili o complementari? E l'elasticità incrociata di Y rispetto al prezzo di X è positiva o negativa?

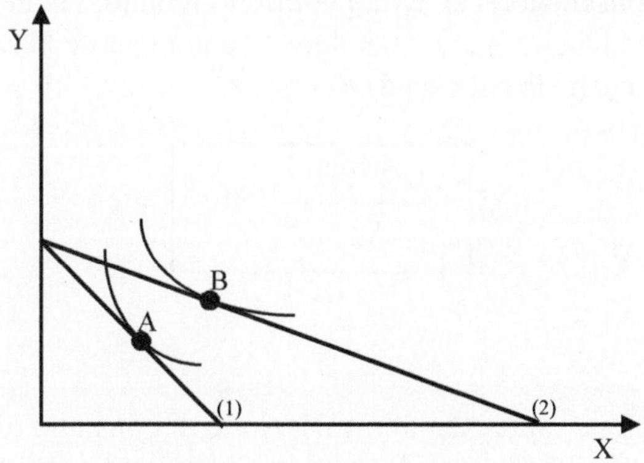

3.30.

Siano X e Y due beni normali. In equilibrio il consumatore domanda X_0 e Y_0. Si mostri come varia la posizione di equilibrio se:

a) aumenta il prezzo di X (M e p_Y costanti);
b) aumenta il reddito M (p_X e p_Y costanti);
c) aumentano M, p_X e p_Y nella stessa proporzione.

Soluzione

3.1. c)

Un bene è normale se all'aumentare del reddito aumenta il suo consumo.

All'aumentare del suo prezzo, per esempio, comportando questo una riduzione del potere d'acquisto del consumatore, si avrà, per effetto reddito, una riduzione del consumo del bene. L'effetto reddito è quindi negativo, avendo numeratore e denominatore segno opposto.

$$\frac{\Delta X^{REDDITO}}{\Delta p_X} < 0$$

Si noti che, se all'aumentare del prezzo di un bene diminuisce la quantità domandata del bene stesso, non siamo necessariamente di fronte a un bene normale. Anche i beni inferiori non di Giffen si comportano, infatti, nello stesso modo.

3.2. a) d)

Un bene è inferiore se all'aumentare del reddito diminuisce il suo consumo (opzione a).

All'aumentare del suo prezzo, quindi, comportando questo una riduzione del potere d'acquisto del consumatore, si avrà, per effetto reddito, un aumento del consumo del bene. L'effetto reddito, avendo numeratore e denominatore lo stesso segno, è quindi positivo e dunque anche la risposta d) è corretta.

$$\frac{\Delta X^{REDDITO}}{\Delta p_X} > 0$$

3.3. b)

L'effetto sostituzione rappresenta la variazione di consumo di un bene associata alla variazione del suo prezzo, tenendo costante il potere d'acquisto (metodo di Slutsky: si veda anche l'esercizio 3.24).

Qualunque sia la natura del bene il segno dell'effetto sostituzione è sempre negativo, avendo numeratore e denominatore segno opposto.

$$\frac{\Delta X^{SOSTITUZIONE}}{\Delta p_X} < 0$$

Se p_X aumenta, ovvero il bene diventa relativamente più caro, il consumatore, per l'effetto sostituzione, vorrà sempre consumarne di meno. Viceversa se p_X diminuisce. A priori invece non si può dire nulla sul fatto che l'effetto sostituzione risulti maggiore o minore dell'effetto reddito.

3.4. a)

L'effetto reddito rappresenta la variazione di consumo di un bene associata alla variazione del potere d'acquisto, tenendo costanti i prezzi relativi.

Come si è visto negli esercizi 3.1 e 3.2, il segno dell'effetto reddito è positivo o negativo a seconda che il bene sia, rispettivamente, inferiore o normale. A priori invece non si può dire nulla sull'ampiezza di questo effetto rispetto a quello dell'effetto sostituzione.

3.5. c)

La curva di domanda individuale è la relazione esistente tra la quantità del bene domandata dall'individuo e il prezzo del bene.

Può avere sia inclinazione negativa (bene ordinario) che inclinazione positiva (bene di Giffen).

3.6. c)

La curva reddito-consumo rappresenta le combinazioni dei due beni che costituiscono la scelta ottima di un consumatore a differenti livelli di reddito.

La curva viene costruita a partire dall'individuazione di diversi vincoli di bilancio costruiti tenendo costanti p_X e p_Y, e facendo variare M. Si individuano quindi i diversi panieri domandati (punti E, E′, E″, ecc.): unendo questi punti si ottiene la curva reddito-consumo. Questa è pertanto il luogo geometrico dei punti che rappresentano i panieri domandati in corrispondenza di livelli di reddito diversi e di livelli costanti dei prezzi.

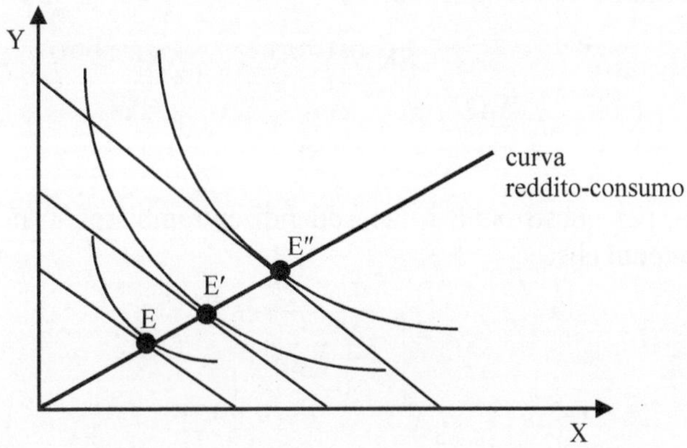

3.7. c)

La risposta segue direttamente dalla definizione di bene inferiore.

3.8. a)

Sulla curva di domanda, per ogni livello del prezzo del bene, troviamo la quantità domandata del bene ottimale per il consumatore.

3.9. d)

Come in figura:

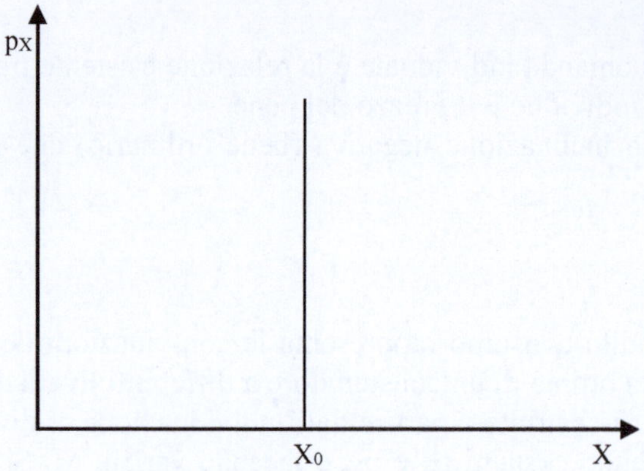

La quantità domandata è infatti sempre pari a X_0.

3.10. d)

Nel caso di beni normali si ha:

$$\frac{\Delta X}{\Delta p_X} = \underset{(-)}{\frac{\Delta X^{SOSTITUZIONE}}{\Delta p_X}} + \underset{(-)}{\frac{\Delta X^{REDDITO}}{\Delta p_X}}.$$

Avendo, per questi beni, i due addendi entrambi segno negativo, ne consegue necessariamente che:

$$\boxed{\frac{\Delta X}{\Delta p_X} < 0}$$

Così, se p_X diminuisce, allora X aumenta sia per effetto reddito che per effetto sostituzione. In altre parole, il bene viene consumato di più:

1. sia perché è diventato relativamente meno costoso (effetto sostituzione);
2. sia perché la riduzione del prezzo del bene ha comportato un aumento del potere d'acquisto del consumatore e quindi, essendo il bene normale, un aumento della quantità domandata (effetto reddito).

3.11. c)

Per i beni inferiori si ha:

$$\frac{\Delta X}{\Delta p_X} = \underset{(-)}{\frac{\Delta X^{SOSTITUZIONE}}{\Delta p_X}} + \underset{(+)}{\frac{\Delta X^{REDDITO}}{\Delta p_X}}.$$

Al diminuire del prezzo di un bene inferiore, per effetto sostituzione si tenderà a consumarne di più (il bene è diventato relativamente meno caro) e per effetto reddito a consumarne di meno (la diminuzione del prezzo del bene ha comportato infatti un aumento del potere d'acquisto del consumatore e quindi, essendo il bene inferiore, una diminuzione della quantità domandata). A priori non possiamo dire quale dei due effetti risulterà prevalente.

3.12. d)

Nel caso di bene inferiore non siamo in grado di dire se la curva di domanda avrà inclinazione positiva o negativa (si veda l'esercizio precedente). Mentre se il bene è inferiore e l'effetto di reddito supera l'effetto sostituzione sicuramente all'aumentare del prezzo del bene aumenterà anche la quantità consumata (domanda inclinata positivamente). Per avere una domanda inclinata positivamente è quindi necessario ma non sufficiente (essendo necessario anche che il bene sia inferiore) che l'effetto di reddito superi l'effetto sostituzione. L'unica risposta corretta è quindi la d).

3.13. b)

Si riveda l'esercizio 3.6.

3.14. a)

Dati p_X e p_Y, la curva di Engel rappresenta la scelta ottima di uno dei beni come funzione del reddito M.

Tale curva è inclinata positivamente per i beni normali e negativamente per i beni inferiori:

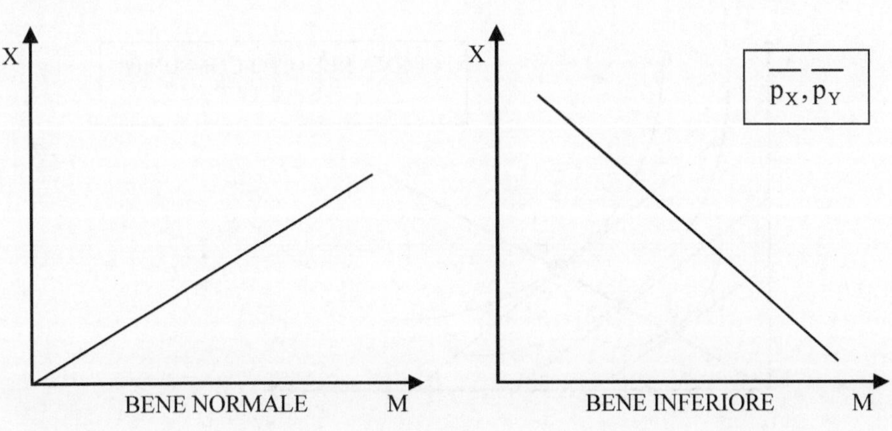

Ora si ricordi che tutti i beni di Giffen sono beni inferiori (mentre non tutti i beni inferiori sono beni di Giffen) per dedurre che essi hanno una curva di Engel inclinata negativamente.

3.15.

a) La determinazione delle quantità d'equilibrio non presenta particolari problemi, in quanto è sufficiente impostare le condizioni di ottimo attraverso il noto sistema:

$$\begin{cases} \dfrac{Uma_X}{Uma_Y} = \dfrac{p_X}{p_Y} \\ p_X X + p_Y Y = M \end{cases} \quad \begin{cases} \dfrac{5Y}{5X} = \dfrac{4}{2} \\ 4X + 2Y = 1.200 \end{cases} \quad \begin{cases} Y = 2X \\ 4X + 4X = 1.200 \end{cases}$$

$$\begin{cases} Y = 2X \\ 8X = 1.200 \end{cases} \quad \begin{cases} \mathbf{X^* = 150} \\ \mathbf{Y^* = 300} \end{cases}$$ **Paniere ottimale**

Naturalmente è possibile ottenere lo stesso risultato applicando la formula "veloce":

$$\begin{cases} X^* = \dfrac{\alpha}{\alpha + \beta} \cdot \dfrac{M}{p_X} = \dfrac{1}{2} \cdot \dfrac{1.200}{4} = 150 \\ Y^* = \dfrac{\beta}{\alpha + \beta} \cdot \dfrac{M}{p_Y} = \dfrac{1}{2} \cdot \dfrac{1.200}{2} = 300 \end{cases}$$

b) La curva reddito-consumo congiunge tutti i panieri ottimali al variare del solo reddito, come mostra il grafico:

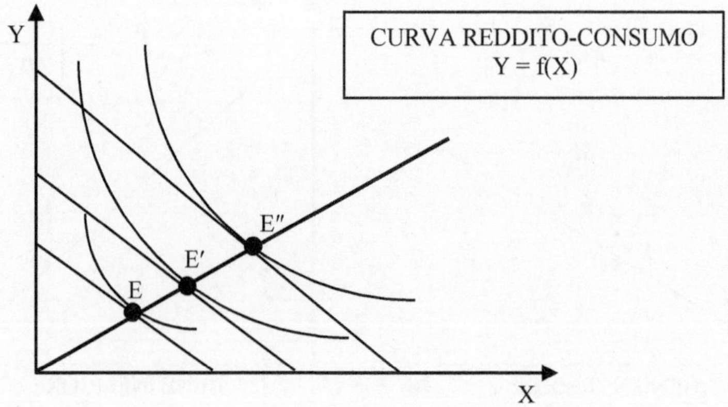

In presenza di curve di indifferenza convesse, tale curva è dunque costituita dai punti di tangenza tra vincoli di bilancio e curve di indifferenza, e dunque soddisfa la nota uguaglianza: $\frac{Uma_X}{Uma_Y} = \frac{p_X}{p_Y}$.

Ovvero nel nostro caso:

$$\frac{Y}{X} = \frac{4}{2} = 2 \qquad \text{da cui} \qquad Y = 2 \cdot X\text{, che è la curva reddito-consumo.}$$

Si noti che non utilizziamo l'equazione del vincolo di bilancio, poiché in effetti non ne esiste uno in particolare, bensì ve ne sono infiniti, uno per ogni possibile valore assunto da M. L'unica condizione richiesta è che i punti della curva reddito-consumo siano tutti punti di tangenza.

Possiamo osservare che, essendo la pendenza della curva positiva, all'aumentare di M aumentano sia X che Y. Entrambi sono quindi beni normali.

c) Cerchiamo tutte e due le curve di Engel ottenibili (quella relativa al bene X e quella relativa al bene Y): $X = f(M)$ e $Y = f(M)$.

Si ricordi che nel punto di ottimo si ha che:

$$X^* = \frac{\alpha}{\alpha + \beta} \cdot \frac{M}{p_X}.$$

Nel nostro caso:

$$X = \frac{1}{2} \cdot \frac{M}{4}.$$

Quindi la funzione: $X = \frac{1}{8}M$ rappresenta la curva di Engel per il bene X.

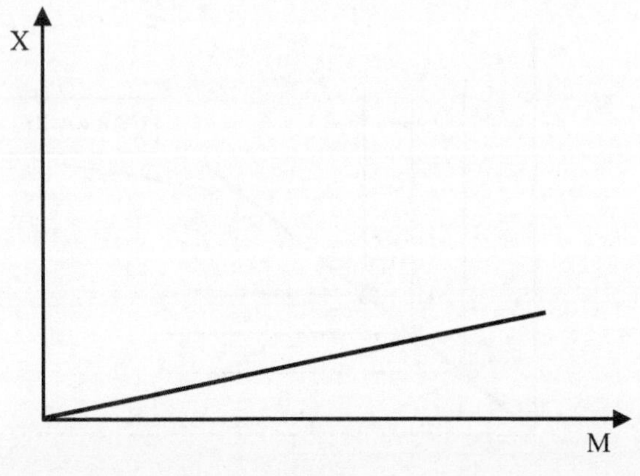

Si può procedere analogamente per il bene Y:

$$Y = \frac{1}{2} \cdot \frac{M}{2}$$

ovvero:

$Y = \frac{1}{4} \cdot M$ che rappresenta la curva di Engel per il bene Y.

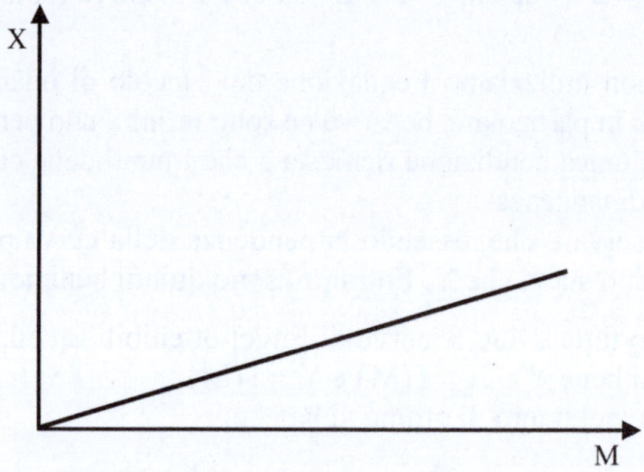

Entrambe le curve passano per l'origine (se M = 0 non posso acquistare beni) e sono crescenti con M. Un'ulteriore conferma del fatto che entrambi i beni sono normali.

3.16.

I due beni sono tra loro perfettamente complementari e, in particolare, nei punti d'angolo la quantità del bene X coincide con quella del bene Y.

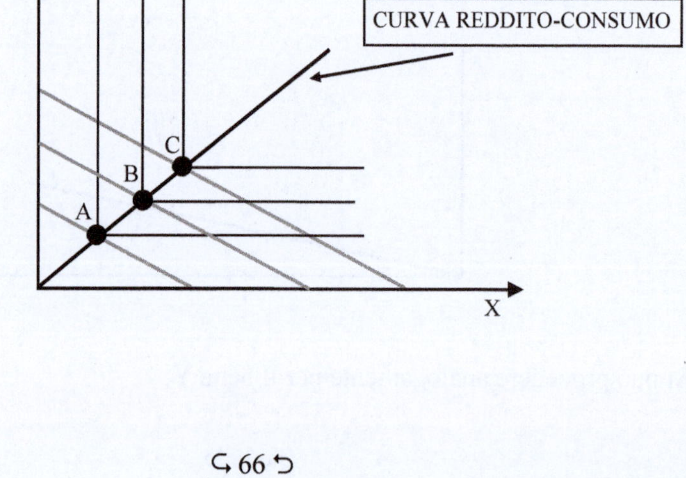

a) Osservando il grafico si evince che la curva reddito-consumo è la retta che congiunge tutti i vari punti d'angolo. Nel nostro caso, pertanto, la curva reddito-consumo è data dalla retta bisettrice del primo quadrante, ovvero dalla relazione: Y = X.

b) Il consumatore, essendo razionale, non spenderà denaro per acquistare combinazioni diverse tra i due beni al di fuori di quelle coincidenti con i punti d'angolo (infatti, anche se acquistasse più unità del bene X – a parità del bene Y – o viceversa, più unità del bene Y – a parità del bene X – la sua utilità non crescerebbe).

Pertanto il suo punto di ottimo sarà sempre dato da:

$$\begin{cases} X = Y \\ M = p_X X + p_Y Y \end{cases} \qquad \begin{cases} X = Y \\ M = X + 2Y = 3X = 3Y \end{cases}$$

Le relazioni:

$$M = 3X$$
$$M = 3Y$$

ovvero:

$$X = \frac{1}{3}M$$
$$Y = \frac{1}{3}M$$

sono le curve di Engel dei due beni.

c) Poiché le due curve di Engel sono crescenti, entrambi i beni sono normali.

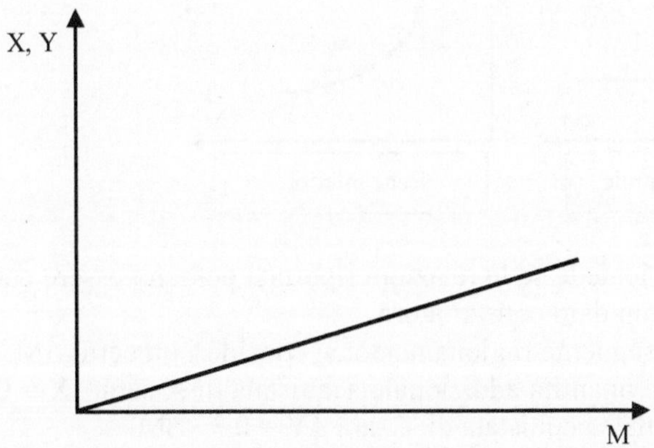

❖ **Nota:** Perché in questo caso non posso usare la comoda relazione seguente?

$$X^* = \frac{\alpha}{\alpha + \beta} \cdot \frac{M}{p_X}$$

Perché non ci troviamo di fronte ad un sistema di curve di utilità del tipo Cobb-Douglas, condizione necessaria e sufficiente per poter utilizzare quella formula. Nel nostro caso i beni sono infatti perfettamente complementari e le curve di indifferenza sono ad angolo, e quindi non convesse (il punto di ottimo non è un punto di tangenza).

3.17.

La curva di Engel rappresenta la relazione tra la quantità acquistata di un bene e il reddito disponibile, fermi restando i prezzi di entrambi i beni (p_X e p_Y).

A curve crescenti corrispondono beni normali; a curve decrescenti corrispondono invece beni inferiori. Se le curve di Engel sono orizzontali i beni si dicono neutrali (o indifferenti), cioè la quantità acquistata non è dipendente dal reddito.

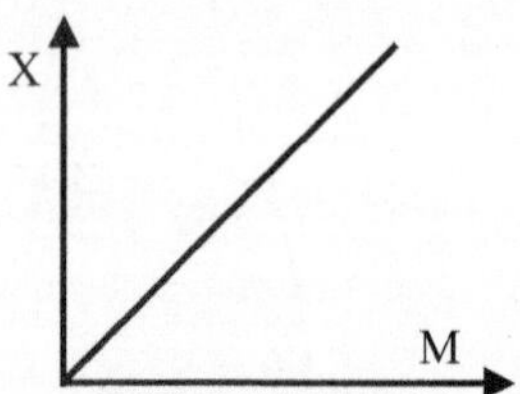

Bene normale

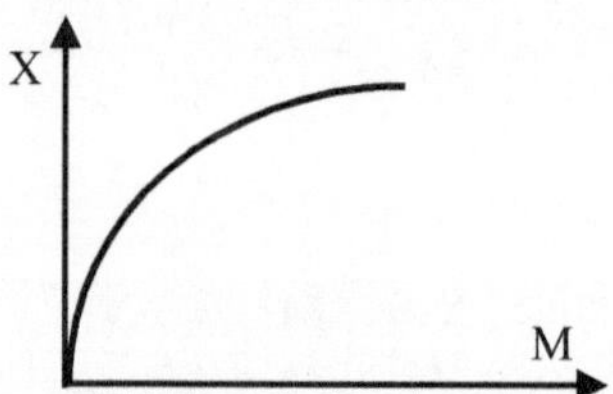

Bene normale (di prima necessità)

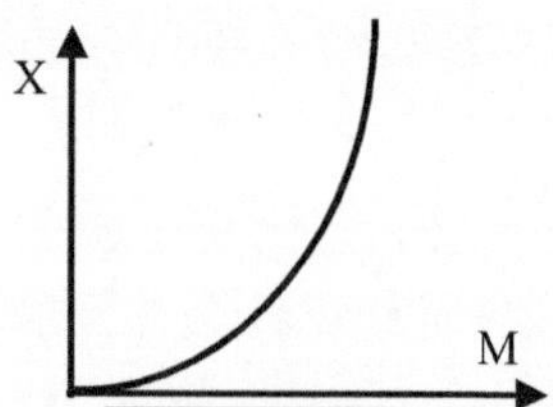

Bene normale (di lusso)

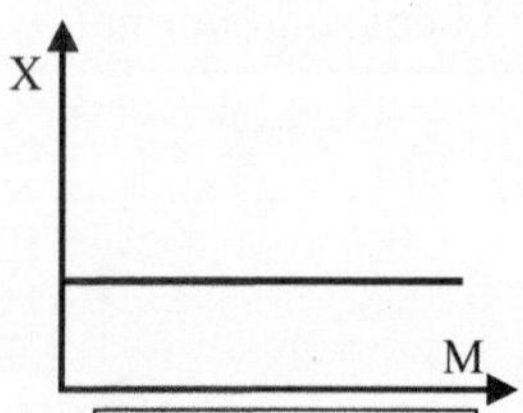

Bene neutrale

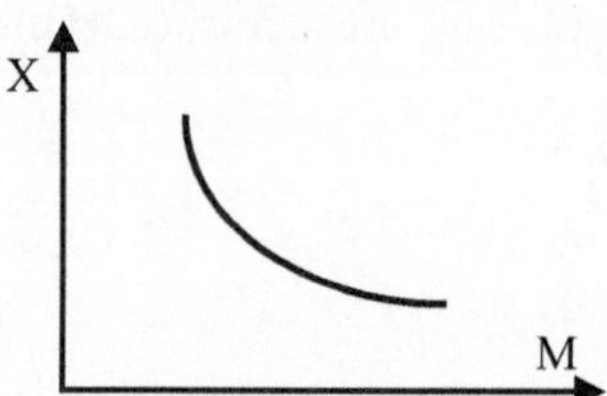

Bene inferiore

Il problema richiede se le relazioni riportate possano essere considerate curve di Engel relative a un dato consumatore.

Seguiamo il seguente ragionamento: si consideri un certo ΔM. In accordo con le relazioni date, la quantità addizionale acquistata di X sarà $\Delta X = 0{,}6 \cdot \Delta M$, mentre la quantità addizionale acquistata di Y sarà $\Delta Y = 0{,}3 \cdot \Delta M$.

Essendo $p_X = p_Y = 1$ si ha però che $0{,}6 \cdot \Delta M$ è anche la maggior spesa in X ($= p_X \cdot \Delta X$) e $0{,}3 \cdot \Delta M$ la maggior spesa in Y ($= p_Y \cdot \Delta Y$).

In tutto si spende allora una quota pari a $0{,}9 \cdot \Delta M$. Ma ciò contrasta con l'ipotesi di non sazietà delle preferenze del consumatore, che implica che tutto il reddito disponibile (o i suoi possibili incrementi) venga speso. Le due funzioni sopra riportate non possono quindi essere curve di Engel di un consumatore razionale.

❖ **Nota:** Si ricordi che l'inclinazione della curva di Engel misura la propensione *marginale* al consumo, ovvero l'incremento di consumi determinato da un dato incremento di reddito ($\Delta X/\Delta M$). Diversa è la propensione *media* al consumo, che è pari al rapporto tra un dato livello di consumo e il rispettivo livello di reddito (X/M). In generale i due valori non coincidono: sono uguali soltanto nel caso di una funzione di Engel lineare e passante per l'origine.

❖ **Nota:** Nell'esercizio 3.16 abbiamo trovato due curve di Engel pari rispettivamente a $X = M/3$ e $Y = M/3$. Si potrebbe obiettare che neppure in quel caso la somma tra 1/3 e 1/3 fosse pari a 1. Tuttavia in quell'esercizio spendevamo tutto il reddito, poiché i prezzi non erano entrambi unitari. Con quelle funzioni di consumo, al variare di M, si aveva infatti: $\Delta X = \Delta Y = (1/3) \cdot \Delta M$.
Essendo però $p_X = 1$ e $p_Y = 2$, la maggior spesa in X ($= p_X \cdot \Delta X$) risultava pari a $(1/3) \cdot \Delta M$, mentre la maggior spesa in Y ($= p_Y \cdot \Delta Y$) era pari a $2 \cdot (1/3) \cdot \Delta M$.
Il principio di non sazietà era quindi soddisfatto. Si veda anche il commento all'esercizio 3.19.

3.18.

Utilizzando la solita relazione (tangenza tra curve di indifferenza e vincoli di bilancio) si ottiene:

$$\frac{Uma_X}{Uma_Y} = \frac{p_X}{p_Y} \quad \text{cioè:} \quad \frac{20X \cdot Y}{10X^2} = \frac{2}{10} \Rightarrow \frac{2Y}{X} = \frac{2}{10}$$

ovvero:

$$Y = \frac{2}{10} \cdot \frac{X}{2} = \frac{1}{10} X$$

che rappresenta la curva reddito-consumo cercata.

3.19.

La curva reddito-consumo è il luogo geometrico dei punti del piano che rappresentano i panieri domandati dal consumatore al variare di M, dati p_X e p_Y.

a) Le curve di Engel relative ai due beni si possono trovare applicando le due semplici formule:

$$X^* = \frac{\alpha}{\alpha + \beta} \cdot \frac{M}{p_X} = \frac{2}{3} \cdot \frac{M}{1} \qquad X = \frac{2}{3} M$$

$$Y^* = \frac{\beta}{\alpha + \beta} \cdot \frac{M}{p_Y} = \frac{1}{3} \cdot \frac{M}{5} \qquad Y = \frac{1}{15} M.$$

Si tratta quindi di due beni normali ovvero di beni la cui domanda cresce al crescere del reddito disponibile.

❖ **Nota:** Facendo riferimento all'esercizio 3.17, si potrebbe obiettare che neppure in questo caso la somma tra 2/3 e 1/15 dia 1. In realtà, come si è già visto, non essendo i prezzi entrambi pari a 1, non sono questi i coefficienti da sommare, bensì quelli che derivano dallo sviluppo della relazione: $\alpha/(\alpha+\beta)$ e $\beta/(\alpha+\beta)$ (che nel nostro caso sono pari a 2/3 e a 1/3). Sono questi ultimi, infatti, ad esprimere la quota di reddito spesa rispettivamente per l'acquisto del bene X e del bene Y.

b) Passiamo a determinare la scelta ottima del consumatore (ovvero le coordinate del punto di equilibrio) in presenza di un reddito M pari a 900 unità monetarie.
In equilibrio, si ha:

$$X^* = \frac{\alpha}{\alpha+\beta} \cdot \frac{M}{p_X} = \frac{2}{3} \cdot \frac{900}{1} = 600$$

$$Y^* = \frac{\beta}{\alpha+\beta} \cdot \frac{M}{p_Y} = \frac{1}{3} \cdot \frac{900}{5} = \frac{1.900}{15} = 60.$$

In presenza di un reddito di M = 1.800 i relativi valori saranno:

$$X^{**} = \frac{\alpha}{\alpha+\beta} \cdot \frac{M'}{p_X} = \frac{2}{3} \cdot \frac{1.800}{1} = 1.200$$

$$Y^{**} = \frac{\beta}{\alpha+\beta} \cdot \frac{M'}{p_Y} = \frac{1}{3} \cdot \frac{1.800}{5} = \frac{1.800}{15} = 120$$

che, come si può notare, sono esattamente doppi rispetto ai precedenti.

3.20.

Impostiamo la nota uguaglianza tra SMS e inclinazione del vincolo di bilancio:

$$\frac{Uma_X}{Uma_Y} = \frac{p_X}{p_Y} \text{ ovvero: } \frac{3 \cdot 3 \cdot X^2 \cdot Y^2}{3 \cdot 2 \cdot X^3 \cdot Y} = \frac{3}{2} \cdot \frac{Y}{X} = \frac{p_X}{p_Y}.$$

Introduciamo ora una nostra ipotesi sui prezzi, ponendoli, per semplicità, entrambi pari a 1. Abbiamo quindi:

$$\frac{3}{2} \cdot \frac{Y}{X} = 1.$$

Ovvero:

$$Y = \frac{2}{3} X.$$

È questa la curva reddito-consumo. Rappresentiamola graficamente:

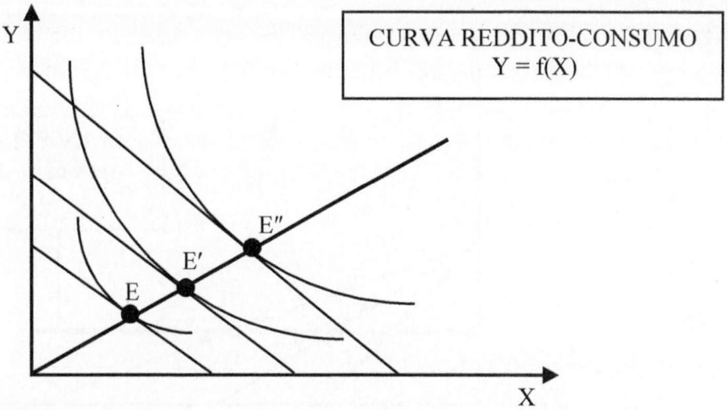

❖ **Nota:** Se non avessimo scelto in modo arbitrario i prezzi, avremmo potuto risolvere il problema soltanto in termini algebrici, ottenendo:

$$\frac{3}{2}\cdot\frac{Y}{X}=\frac{p_X}{p_Y} \qquad \text{e quindi} \qquad Y=\frac{2}{3}\cdot\frac{p_X}{p_Y}\cdot X.$$

Questa curva reddito-consumo conserva, al suo interno, le due variabili relative ai prezzi, ipotizzando i valori dei quali si potrà ottenere con facilità la sua forma analitica.

3.21.

Con preferenze strettamente convesse la curva prezzi-consumo (relativa a variazioni del prezzo del bene X) passa per i punti di tangenza tra curve di indifferenza e vincoli di bilancio ottenuti facendo variare il prezzo del bene X e tenendo costanti il reddito e il prezzo dell'altro bene. Il problema è particolarmente semplice nel caso si debbano usare funzioni del tipo Cobb-Douglas. In questo caso si può verificare che la curva prezzi-consumo relativa a variazioni del prezzo del bene X è orizzontale mentre quella relativa a variazioni del prezzo del bene Y è verticale. Ciò perché, con curve di indifferenza Cobb-Douglas, la quantità ottima di Y non varia al variare del prezzo del bene X e, analogamente, la quantità ottima del bene X non varia al variare del prezzo del bene Y.

Infatti si ricordi che:

$$X^*=\frac{\alpha}{\alpha+\beta}\cdot\frac{M}{p_X} \qquad Y^*=\frac{\beta}{\alpha+\beta}\cdot\frac{M}{p_Y}.$$

Dunque, nel caso delle funzioni del tipo Cobb-Douglas, i due beni non sono tra loro né sostituti né complementi, bensì indipendenti.

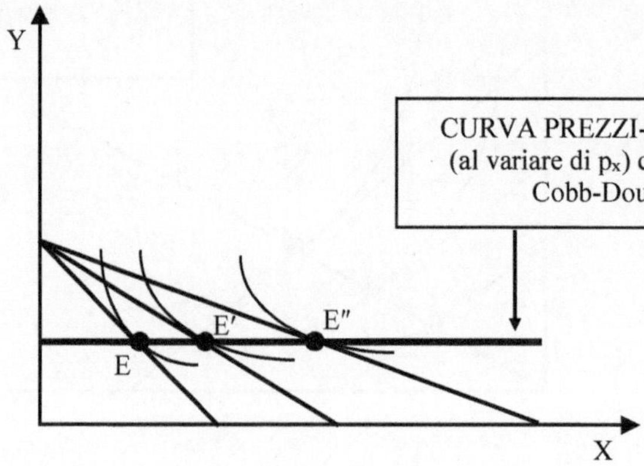

Dobbiamo però ancora rispondere alla domanda del problema, che richiedeva la forma analitica della curva prezzi-consumo ottenuta facendo variare il prezzo del bene X. Dopo aver ipotizzato dei livelli dei prezzi e del reddito (ad esempio $p_X = p_Y = 1$, $M = 10$) e aver calcolato le quantità ottimali ($X^* = 8$ e $Y^* = 2$) si può concludere che, dato quel particolare valore di M (= 10) e di p_Y (= 1), la curva prezzi-consumo relativa a variazioni di p_X, essendo orizzontale e passando per quel punto, avrà equazione Y = 2. Analogamente la curva prezzi-consumo relativa a variazioni di p_Y, essendo verticale e passando per quel punto, avrà equazione X = 8.

Nota bene:

$$X^* = \frac{\alpha}{\alpha+\beta} \cdot \frac{M}{p_X} = \frac{4}{5} \cdot 10 = 8$$

$$Y^* = \frac{\beta}{\alpha+\beta} \cdot \frac{M}{p_Y} = \frac{1}{5} \cdot 10 = 2\,.$$

3.22.

a) Per determinare le quantità che massimizzano la funzione di utilità del consumatore usiamo le formule sintetiche:

$$X^* = \frac{\alpha}{\alpha+\beta} \cdot \frac{M}{p_X} = \frac{1}{2} \cdot \frac{120}{2} = 30$$

$$Y^* = \frac{\beta}{\alpha+\beta} \cdot \frac{M}{p_Y} = \frac{1}{2} \cdot \frac{120}{3} = 20.$$

b) Il prezzo di X è aumentato del 44%, quindi è passato da 2 a 2,88 [= 2 (1 + 0,44)], mentre il prezzo di Y è rimasto invariato. Se l'utilità deve restare costante (cioè: $U = X^* \cdot Y^* = 30 \cdot 20 = 600$) occorre che sia verificata la seguente condizione: nel nuovo punto di ottimo, determinato con il nuovo vincolo [dove $p'_X = 2{,}88$, $p_Y = 3$ ed $M = M'$] il livello di utilità deve ancora essere pari a 600 (cioè: $X^* \cdot Y^* = 600$).

Quindi:

$$\begin{cases} U = X \cdot Y = 600 \\ SMS_{X,Y} = -\dfrac{p'_X}{p_Y} \quad \text{cioè:} \quad \dfrac{Y}{X} = \dfrac{p'_X}{p_Y} \quad \rightarrow \quad \dfrac{Y}{X} = \dfrac{2{,}88}{3} \quad \rightarrow \quad 3Y = 2{,}88X \end{cases}$$

ovvero:

$$\begin{cases} X \cdot Y = 600 \\ 3Y = 2{,}88X \end{cases}$$

da cui:

$$\begin{cases} Y = \dfrac{600}{X} \\ 3 \cdot \dfrac{600}{X} = 2{,}88X \end{cases} \qquad \begin{cases} Y = \dfrac{600}{X} \\ 1.800 = 2{,}88X^2 \end{cases}$$

da cui:

$$\begin{cases} X^* = \sqrt{\dfrac{1.800}{2{,}88}} = 25 \\ Y^* = 600/25 = 24 \end{cases}$$

Il nuovo punto di ottimo (25,24) soddisfa la condizione dell'utilità costante (infatti $25 \cdot 24 = 600$), però richiede un reddito superiore al precedente. Infatti:

$$M' = p'_X \cdot X + p_Y \cdot Y = 2{,}88 \cdot 25 + 3 \cdot 24 = 144 .$$

Quindi il nuovo reddito giornaliero deve essere più alto del precedente di 24 unità monetarie e cioè del 20% $\left(\dfrac{24}{120} = 0{,}2\right)$ per permettere all'individuo di mantenere inalterata la sua soddisfazione.

Graficamente:

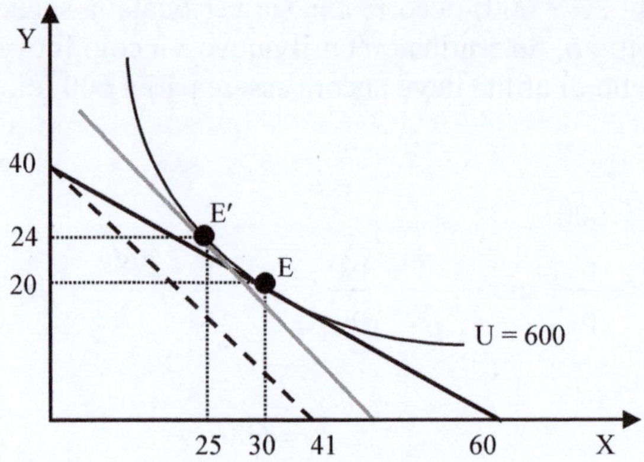

In grassetto si è tracciato il vincolo di bilancio di partenza. E è il punto di ottimo iniziale.

Dopo l'aumento di p_X avremo il nuovo vincolo di bilancio tratteggiato (si noti che l'intercetta verticale non cambia). Il consumatore subisce una riduzione del suo livello di utilità (la curva di indifferenza iniziale non è più raggiungibile). Se lo si vuole mantenere indifferente occorre aumentargli il reddito in modo da spostare il suo vincolo di bilancio nella posizione superiore (in grigio). A quel punto il paniere ottimale E′, trovandosi sulla stessa curva di indifferenza di E, fornirà al consumatore la stessa utilità di partenza: l'aumento di reddito ha compensato il consumatore dall'aumento del prezzo, mantenendo la sua utilità costante.

Si noti che:

1. rispetto a E, nel nuovo punto di equilibrio (E′) il consumatore consuma più Y e meno X: si tratta di un puro effetto sostituzione (consumo di più il bene divenuto relativamente meno caro – cioè Y – e di meno il bene divenuto relativamente più caro – cioè X –);

2. con i nuovi prezzi il punto di ottimo iniziale E non è più il punto di ottimo finale e, in effetti, costa più di E′ (si veda il punto successivo).

c) L'indice dei prezzi al consumo è dato dal seguente rapporto: $\frac{\Sigma p_1 q_0}{\Sigma p_0 q_0}$.

Esso è pari al rapporto tra il costo finale (= valutato ai nuovi prezzi) del paniere iniziale e il costo iniziale (= valutato ai prezzi vecchi) dello stesso paniere.

Ai nuovi prezzi il costo del paniere iniziale è:

$$2{,}88 \cdot 30 + 3 \cdot 20 = 146{,}4 \text{ (> 144, che è il costo di E′).}$$

Ai vecchi prezzi il costo del paniere iniziale era pari a 120.

Si può dunque verificare (rapportando il costo dello stesso paniere in due momenti diversi) che l'indice dei prezzi al consumo è salito del 22%. Infatti: $\frac{146{,}4}{120} = 1{,}22$.

❖ **Nota:** Si osservi che il benessere del consumatore è rimasto immutato con un aumento del reddito del 20% mentre i prezzi sono saliti, in media, del 22%. Come si può giustificare questa situazione?
Il motivo è semplice: il consumatore riesce a mantenere la stessa utilità acquistando una quantità superiore del bene ora divenuto relativamente meno caro (cioè Y). L'effetto sostituzione ha quindi bilanciato la caduta del reddito reale, così come viene stimata dall'indice dei prezzi al consumo. In altre parole il paniere E non è più ottimale. Ai nuovi prezzi si può ottenere la stessa utilità iniziale con il paniere E′ che costa meno.

3.23.

a) Il calcolo della quantità acquistata è pressoché immediato. Infatti:

$$q = 0,03 \cdot 6.000 - 3 \cdot 35 = 75.$$

b) Occorre calcolare quale debba essere l'integrazione del reddito necessaria a mantenere invariata la quantità acquistabile con il nuovo livello più alto di prezzo.

Quindi:

$$q = 0,03 \cdot (M + \Delta M) - 3 \cdot 45 = 75$$

cioè:

$$75 = 0,03 \cdot 6.000 + 0,03 \cdot \Delta M - 135$$

da cui: $\Delta M = 1.000$.

Il reddito deve salire di 1.000, cioè del 16,7% rispetto al livello di partenza $\left(\frac{1.000}{6.000} = 0,167 \right)$.

c) Poiché la domanda di q varia in funzione diretta del reddito (basta vedere la funzione di partenza, che ha un coefficiente positivo davanti a M), il bene è normale.

3.24.

a) L'identità di Slutsky scompone l'effetto globale sulla quantità domandata di un bene dovuto a una variazione del suo prezzo in due parti: l'effetto reddito e l'effetto sostituzione. In formule:

$$\frac{\Delta X}{\Delta p_X} = \frac{\Delta X^{sost}}{\Delta p_X} + \frac{\Delta X^{redd}}{\Delta p_X}.$$

Illustriamo l'effetto sostituzione con un esempio con preferenze strettamente convesse:

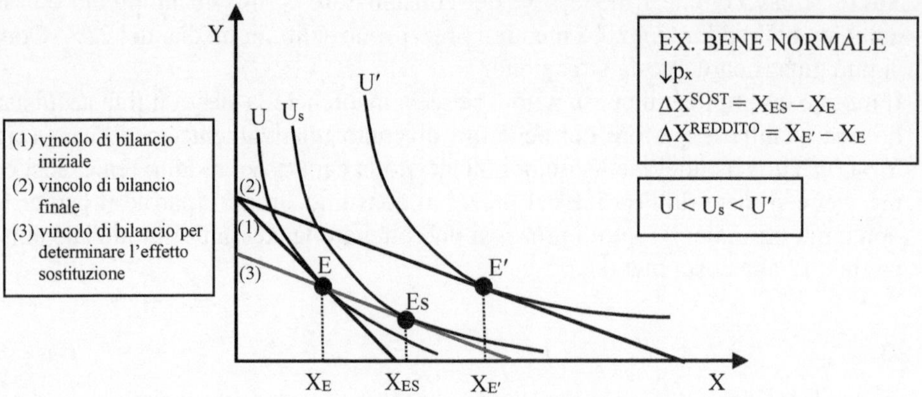

Per individuare l'effetto sostituzione occorre rispondere alla domanda: "Se i prezzi fossero quelli nuovi ma il consumatore avesse comunque un reddito tale da permettergli di continuare ad acquistare il paniere iniziale E spendendo tutti i suoi soldi, ovvero se il consumatore si trovasse sul vincolo di bilancio (3), che paniere sceglierebbe?". La risposta ovviamente è ES.

Nota bene: Quello appena illustrato è l'effetto sostituzione misurato secondo il **metodo di Slutsky**. Dove non specificato diversamente faremo qui sempre riferimento a questo metodo. Si ricordi però che ve ne è anche un altro (**metodo di Hicks**) che calcola l'effetto sostituzione mantenendo costante al livello iniziale non il potere d'acquisto del consumatore ma la sua utilità (si veda l'esercizio 3.22).

b) Nel caso di beni perfettamente complementari si ha:

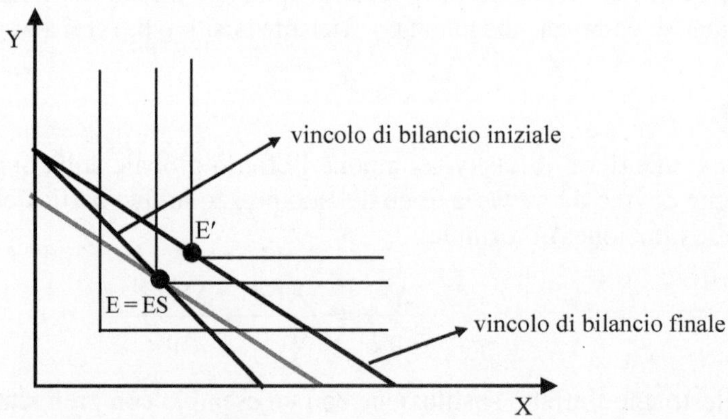

In questo caso l'effetto sostituzione è nullo. Nel caso proposto dall'esercizio, quindi, siamo in presenza del solo effetto reddito.

3.25.

Rappresentiamo graficamente la soluzione del problema.

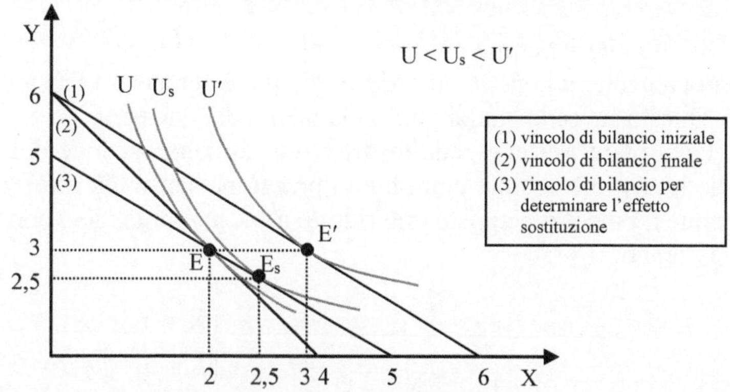

Determiniamo dapprima il paniere ottimale iniziale E con i dati della situazione di partenza.

Si ottiene:

$$\begin{cases} \dfrac{Uma_X}{Uma_Y} = \dfrac{p_X}{p_Y} \\ M = p_X X + p_Y Y \end{cases} \quad \begin{cases} \dfrac{Y}{X} = \dfrac{3}{2} \\ 12 = 3X + 2Y \end{cases} \quad \begin{cases} 2Y = 3X \\ 12 = 3X + 3X \end{cases}$$

$$\begin{cases} Y = \dfrac{3}{2}X \\ 6X = 12 \end{cases} \quad \begin{cases} Y^* = \dfrac{3}{2} \cdot 2 = 3. \\ X^* = 2 \end{cases}$$

Queste sono le coordinate del punto E.

Ora, se p_X scende a 2, posso acquistare il paniere iniziale spendendo soltanto 10 (invece di 12). Infatti: $2 \cdot 2 + 2 \cdot 3 = 10$.

Per isolare l'effetto sostituzione calcoliamo il paniere ottimale proprio nell'ipotesi in cui il reddito sia artificiosamente ridotto a 10 (ma usando i nuovi prezzi, cioè quelli validi dopo la variazione). In questo modo si tiene costante il potere d'acquisto (continuiamo cioè a poter acquistare il paniere ottimale iniziale) e dunque, se vi sono variazioni nella composizione del paniere, queste saranno dovute al solo effetto sostituzione.

Reimpostando il problema si ottiene:

$$\begin{cases} \dfrac{Y}{X} = \dfrac{2}{2} \\ 10 = 2X + 2Y \end{cases} \quad \begin{cases} X = Y \\ 10 = 4X = 4Y \end{cases}$$

da cui: $X = Y = 2{,}5$.

Queste sono le coordinate del punto E_S.

L'effetto sostituzione per X sarà:

$$\Delta X^{sost} = 2{,}5 - 2 = + 0{,}5.$$

Si noti che il bene il cui prezzo relativo è diminuito (X) viene comprato di più; analogamente, il bene il cui prezzo relativo è aumentato (Y) viene comprato di meno. Questo succede qualunque sia la natura dei due beni.

Per isolare l'effetto reddito, troviamo la composizione del nuovo paniere ottimale E′, ovvero sempre con i nuovi prezzi ma senza più ipotizzare che il reddito (e dunque il potere d'acquisto) sia ridotto a 10, ma tornando a considerarlo di 12.

Ottengo:

$$\begin{cases} \dfrac{Y}{X} = \dfrac{2}{2} \\ 12 = 2X + 2Y \end{cases} \qquad \begin{cases} X = Y \\ X = 3 \quad e \quad Y = 3 \end{cases}$$

Queste sono le coordinate del punto E′.

Quindi: $\Delta X^{redd} = 3 - 2{,}5 = + 0{,}5$.

Possiamo quindi dedurre che il bene X è un bene normale: al ridursi del suo prezzo la quantità domandata aumenta sia per l'effetto reddito che per l'effetto sostituzione. Anche il bene Y è un bene normale: infatti quando il reddito è 10, Y = 2,5; poi, con M = 12, Y passa a 3. Quindi anche il consumo di Y aumenta con M (= bene normale).

L'effetto complessivo, per X, è il seguente:

$$X = 2 \quad \text{(all'inizio)}$$

$$X = 3 \quad \text{(alla fine)}$$

$$\Delta X = 1 \text{ (metà per sostituzione e metà per reddito).}$$

Ovviamente è verificata l'identità di Slutsky:

$$\frac{\Delta X}{\Delta p_X} = \frac{\Delta X^{sost}}{\Delta p_X} + \frac{\Delta X^{redd}}{\Delta p_X}.$$

Infatti: $\dfrac{1}{-1} = \dfrac{0{,}5}{-1} + \dfrac{0{,}5}{-1}$ cioè: $-1 = -\dfrac{1}{2} - \dfrac{1}{2}$.

Possiamo ora inserire i valori trovati nel grafico di partenza:

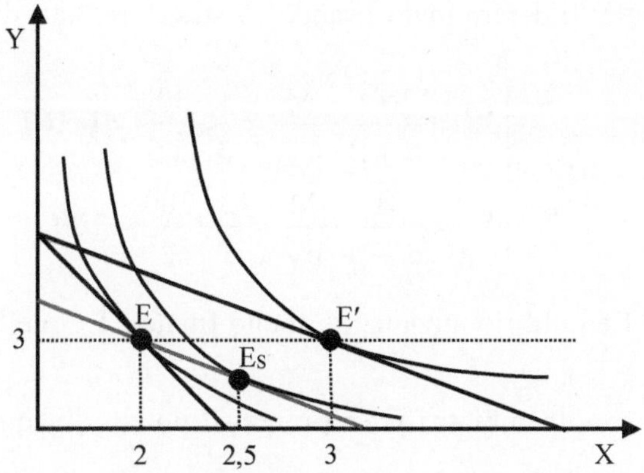

3.26.

Procediamo più celermente rispetto all'esercizio precedente, calcolando, nell'ordine:

1. il paniere iniziale E;
2. il paniere intermedio E_S (ottenuto utilizzando i prezzi nuovi e il livello di reddito necessario a continuare ad acquistare il vecchio paniere, cioè con l'integrazione di reddito necessaria);
3. il paniere finale E′.

1. Paniere iniziale:

$$E = \begin{cases} X^* = \dfrac{\alpha}{\alpha+\beta} \cdot \dfrac{M}{p_X} = \dfrac{1}{3} \cdot \dfrac{300}{1} = 100 \\ Y^* = \dfrac{\beta}{\alpha+\beta} \cdot \dfrac{M}{p_Y} = \dfrac{2}{3} \cdot \dfrac{300}{2} = 100 \end{cases}$$

2. Paniere intermedio: occorre ricalcolare il valore del vecchio paniere ottimale ai nuovi prezzi, in modo da poter verificare quale integrazione di reddito è necessaria per mantenere invariato il potere d'acquisto. Ora, con i nostri dati, per comprare il vecchio paniere ottimale al nuovo prezzo, il reddito dovrebbe essere pari a:

$$100 \cdot 1{,}5 + 100 \cdot 2 = 350 \ (= M').$$

Quindi, introducendo una variazione di M pari a + 50, si può calcolare il nuovo punto di ottimo:

$$E_S = \begin{cases} X_S = \dfrac{\alpha}{\alpha+\beta} \cdot \dfrac{M'}{p_{X'}} = \dfrac{1}{3} \cdot \dfrac{350}{1{,}5} = 77{,}78 \\ Y_S = \dfrac{\beta}{\alpha+\beta} \cdot \dfrac{M'}{p_Y} = \dfrac{2}{3} \cdot \dfrac{350}{2} = 116{,}67 \end{cases}$$

3. Paniere finale: è determinato usando lo stesso reddito di partenza e i nuovi prezzi:

$$E' = \begin{cases} X' = \dfrac{\alpha}{\alpha+\beta} \cdot \dfrac{M}{p_{X'}} = \dfrac{1}{3} \cdot \dfrac{300}{1,5} = 66,67 \\ Y' = \dfrac{\beta}{\alpha+\beta} \cdot \dfrac{M}{p_Y} = \dfrac{2}{3} \cdot \dfrac{300}{2} = 100 \end{cases}$$

Chiamando E l'equilibrio iniziale, E′ quello finale e E_S quello intermedio, si può rilevare che:

– tra E ed E_S sono cambiati i prezzi e non il potere d'acquisto (effetto sostituzione);

– tra E_S ed E′ è cambiato il reddito e non i prezzi (effetto reddito).

Considerando ora l'entità dei vari effetti, si può dire che:

- l'effetto globale è pari a: 66,67 – 100 = – 33,3 (cioè: eq. finale – eq. iniziale);
- l'effetto sostituzione è pari a: 77,78 – 100 = – 22,22 (cioè: eq. intermedio – eq. iniziale);
- l'effetto reddito è pari a: 66,67 – 77,78 = – 11,11 (cioè: eq. finale – eq. intermedio).

L'identità di Slutsky nel nostro caso è:

$$\frac{\Delta X}{\Delta p} = \frac{\Delta X^S}{\Delta p} + \frac{\Delta X^R}{\Delta p}$$

$$\frac{-33,\bar{3}}{0,5} = \frac{-22,\bar{2}}{0,5} + \frac{-11,\bar{1}}{0,5}.$$

L'uguaglianza è quindi correttamente verificata.

Graficamente:

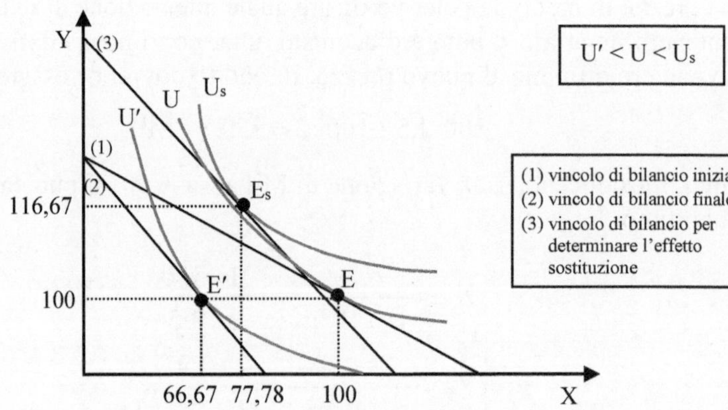

3.27.

L'equilibrio iniziale: $X^* = 100$ e $Y^* = 100$.
L'equilibrio finale è: $X' = 50$ e $Y' = 100$.

L'equilibrio intermedio (con nuovi prezzi e con integrazione del reddito, che passa a 400) è il seguente:

$$X_S = \frac{1}{3} \cdot \frac{400}{2} = 66{,}7$$

$$Y_S = \frac{2}{3} \cdot \frac{400}{2} = 133{,}3.$$

- La differenza tra il valore finale e quello iniziale dà l'effetto globale (50 – 100 = – 50);
- quella tra il valore intermedio e quello iniziale dà l'effetto sostituzione (66,7 – 100 = – 33,3);
- quella tra il valore finale e quello intermedio dà l'effetto reddito (50 – 66,7 = – 16,7).

❖ **Nota:** Finora abbiamo calcolato l'effetto sostituzione e l'effetto reddito per il bene X, ovvero per il bene il cui prezzo è variato. Ma i calcoli sono stati sempre eseguiti anche per il bene Y, cosicché si può osservare che:

- dalla situazione iniziale a quella intermedia il consumo di Y è passato da 100 a 133,3: infatti si acquista in maggior misura il bene ora divenuto relativamente meno caro (a parità di potere d'acquisto, garantito dall'integrazione del reddito);
- dalla situazione intermedia a quella finale il consumo di Y è sceso da 133,3 a 100: infatti il minor reddito disponibile ha ridotto la quantità acquistata di entrambi i beni, essendo questi normali.

❖ **Nota:** Utilizzando curve di indifferenza del tipo Cobb-Douglas la quantità iniziale del bene il cui prezzo non varia (nel nostro caso Y) coincide sempre con la quantità finale dello stesso. Questa, infatti, non dipende dal prezzo dell'altro bene (in questo caso da p_X). L'equilibrio intermedio, invece, si scosta da tale quantità poiché tale equilibrio è influenzato dalla variazione integrativa del reddito.

3.28.

In tutti i problemi relativi all'effetto sostituzione e all'effetto reddito svolti sino a questo punto si sono usate curve di indifferenza del tipo Cobb-Douglas, che hanno la caratteristica di generare beni normali e tra loro indipendenti. Cosicché sia l'effetto reddito sia l'effetto sostituzione sono risultati negativi. Di fronte ad un aumento del prezzo del bene X, dunque, il consumo di tale bene si è ridotto sia per effetto sostituzione che per effetto reddito.

Se invece il bene X fosse stato inferiore, il segno dei due effetti non sarebbe più stato lo stesso. Più precisamente:

– l'effetto sostituzione sarebbe comunque stato negativo (se un bene diventa più caro ne acquisterò di meno, qualunque sia la natura di questo bene);

– l'effetto reddito, invece, sarebbe stato positivo (se diminuisce il potere d'acquisto avrò minori possibilità di acquistare i beni non indispensabili e potrò, dunque, accontentarmi di consumare una maggior quantità dei beni essenziali).

Sappiamo che se l'entità dell'effetto reddito supera quella dell'effetto sostituzione, l'effetto globale è positivo e la curva di domanda risulta perciò inclinata positivamente. È questa la situazione relativa ai cosiddetti beni di Giffen. Negli altri casi, pur con beni inferiori, essendo l'effetto reddito inferiore all'effetto sostituzione, l'effetto globale è comunque negativo (curva di domanda inclinata negativamente).

La seguente tabella riassume i diversi casi.

Eff. globale	**Eff. sostituzione**	**Eff. reddito**	
$\Delta X/\Delta p_x$	**$\Delta X^{SOST.}/\Delta p_x$**	**$\Delta X^{REDD.}/\Delta p_x$**	
< 0	< 0	< 0	Beni normali
< 0	$\ll 0$	> 0	Beni inferiori non di Giffen
> 0	< 0	$\gg 0$	Beni di Giffen

3.29.

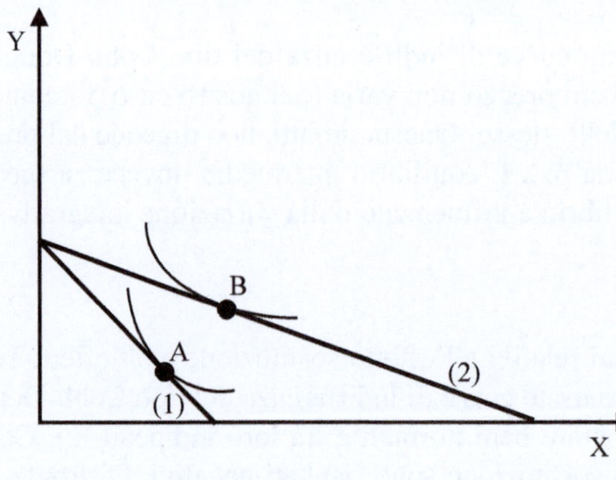

Il vincolo di bilancio (1) è quello iniziale.

Il vincolo di bilancio (2) è quello finale. Stiamo quindi considerando una riduzione di p_X.

Ora passando dall'equilibrio iniziale A all'equilibrio finale B, come si può vedere dalla figura, il consumo del bene Y aumenta.

A fronte di una riduzione di p_X, Y risulta aumentato. I due beni sono quindi complementari.

Infatti l'elasticità incrociata di Y rispetto a p_X è negativa:

$$\varepsilon_{Y,p_X} = \frac{\frac{dY}{Y}}{\frac{dp_X}{p_X}} < 0 .$$

3.30.

a) Se aumenta il prezzo di X (passiamo dal vincolo (1) al vincolo (2) in figura) sappiamo che si ridurrà la quantità acquistata di X (X è un bene normale). L'equilibrio finale E′ sarà sicuramente a sinistra dell'equilibrio iniziale E.

Non possiamo però affermare nulla sulle variazioni quantitative del bene Y, poiché occorrerebbe sapere se X e Y sono tra loro sostituti o complementi. Si noti infatti che, a seguito di un aumento di p_X, Y aumenterà per effetto sostituzione e diminuirà, essendo normale, per effetto reddito. L'effetto globale non è quindi determinabile a priori.

a_1) Se i due beni sono complementi, allora l'aumento di p_X determinerà una riduzione di Y (E′ è più basso di E);

a_2) se i due beni sono sostituti, allora l'aumento di p_X determinerà un aumento di Y (E′ è più alto di E);

a_3) se i due beni sono indipendenti, allora l'aumento di p_X non determinerà una variazione di Y (E′ è alto quanto E).

In figura:

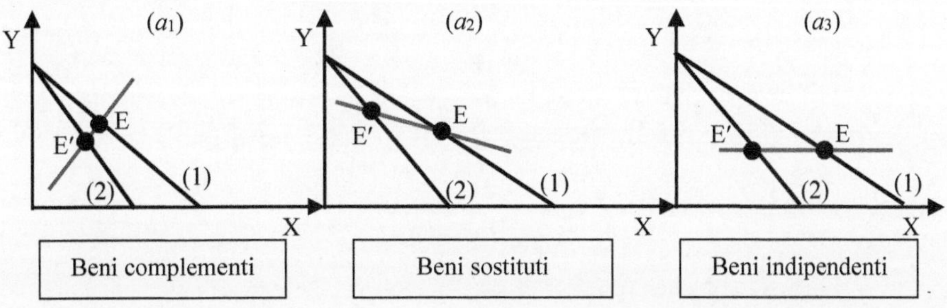

b) Visualizziamo l'aumento del reddito M mediante il seguente grafico:

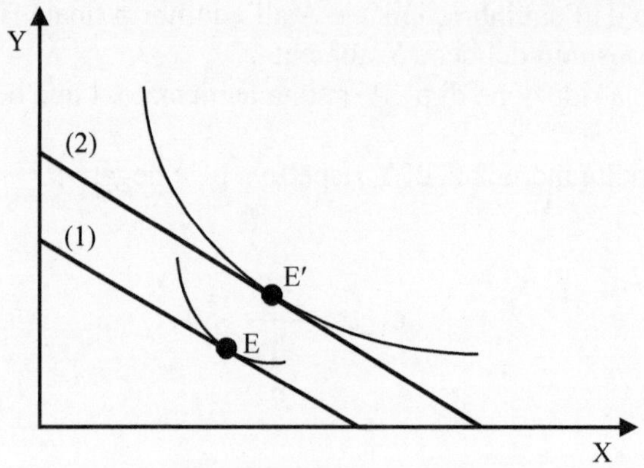

Poiché entrambi i beni sono normali, entrambe le quantità aumentano (ovviamente, se il reddito fosse diminuito, entrambe le quantità si sarebbero ridotte).

c) M, p_X e p_Y aumentano nella stessa proporzione.

Non cambia nulla (se gli aumenti delle variabili sono simultanei), cioè si resta nello stesso punto di equilibrio iniziale: $X^* = X_0$ e $Y^* = Y_0$. Infatti il vincolo di bilancio non cambia.

4
Elasticità

Ipotesi di lavoro:

- X e Y rappresentano le quantità del bene X e del bene Y;
- p_X e p_Y rappresentano i prezzi del bene X e del bene Y;
- M è il reddito del consumatore;
- in un sistema di assi cartesiani, il bene X è misurato sull'asse delle ascisse e il bene Y sull'asse delle ordinate;
- indichiamo l'elasticità indifferentemente con il simbolo "E" o con il simbolo "ε";
- in determinate funzioni di domanda le variabili possono essere indicate come p e q (oppure P e Q).

Domande a risposta chiusa

4.1.

Se l'incremento percentuale della quantità domandata di un bene è minore del decremento percentuale del suo prezzo, l'elasticità della domanda rispetto al prezzo è in valore assoluto:

a) > 1;
b) = 1;
c) < 1;
d) = 0.

4.2.

Se la quantità domandata di un bene rimane immutata al variare del suo prezzo, l'elasticità della domanda rispetto al prezzo è:

a) > 1;
b) = 1;
c) < 1;
d) = 0.

4.3.

Se la curva di domanda di mercato ha un'elasticità pari a zero, questo significa che un aumento del prezzo del 5%:

a) lascia invariata la quantità domandata;
b) riduce la quantità domandata del 5%;
c) aumenta la quantità domandata del 5%;
d) aumenta la quantità domandata infinitamente.

4.4.

Quando la domanda è rigida, un incremento del prezzo del bene comporta che la spesa totale per quel bene:

a) aumenti;
b) diminuisca;
c) rimanga immutata;
d) uno qualsiasi dei casi precedenti.

4.5.

Se l'elasticità della domanda rispetto al reddito di un bene è negativa, allora al diminuire del reddito la quantità domandata del bene:

a) aumenta;
b) diminuisce;
c) rimane immutata;
d) uno qualsiasi dei casi precedenti.

4.6.

Se la quantità acquistata di un bene rimane immutata quando il prezzo dell'altro bene varia, l'elasticità incrociata tra di essi è:

a) negativa;
b) positiva;
c) nulla;
d) uguale a 1.

4.7.

In un mondo a due beni, se la domanda del bene X ha elasticità unitaria, un aumento del prezzo di X (*coeteris paribus*) comporta:

a) minori acquisti di Y;
b) maggiori acquisti di Y;
c) uguali acquisti di Y;
d) non possiamo dire niente senza altre informazioni.

4.8.

In un mondo a due beni, se la domanda del bene X è rigida, un aumento del prezzo di X (*coeteris paribus*) comporta:

a) minori acquisti di Y;
b) maggiori acquisti di Y;
c) uguali acquisti di Y;
d) non possiamo dire niente senza altre informazioni.

4.9.

Due beni sono complementari quando:

a) l'elasticità della domanda di un bene rispetto al prezzo dell'altro è positiva;
b) l'elasticità della domanda di un bene rispetto al prezzo dell'altro è negativa;
c) l'elasticità della domanda di un bene rispetto al suo prezzo è positiva;
d) l'elasticità della domanda di un bene rispetto al suo prezzo è negativa.

4.10.

Due beni sono sostituti quando:

a) l'elasticità della domanda di un bene rispetto al prezzo dell'altro è positiva;
b) l'elasticità della domanda di un bene rispetto al prezzo dell'altro è negativa;
c) l'elasticità della domanda di un bene rispetto al suo prezzo è positiva;
d) l'elasticità della domanda di un bene rispetto al suo prezzo è negativa.

4.11.

L'elasticità incrociata tra X e p_Y è positiva. I due beni sono:

a) complementari;
b) sostituti;
c) indipendenti;
d) di Giffen.

4.12.

Le quantità acquistate di due beni aumentano e diminuiscono entrambe quando cambia il prezzo di uno di essi. L'elasticità incrociata della domanda tra questi beni è:

a) negativa;
b) positiva;
c) nulla;
d) non lo si può dire.

4.13.

Data la seguente curva di domanda per il bene X:

L'elasticità di X rispetto a p_X è:

a) nulla;
b) infinita;
c) variabile;
d) costante ma diversa da zero e da infinito.

4.14.

Data la seguente curva di domanda per il bene X:

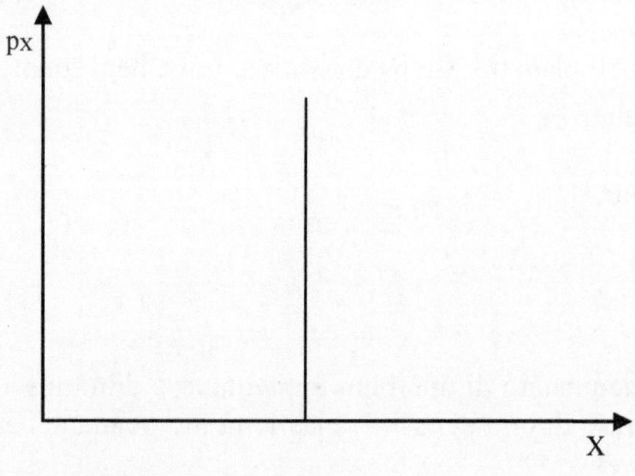

L'elasticità di X rispetto a p_X è:

a) nulla;
b) infinita;
c) variabile;
d) costante ma diversa da zero e da infinito.

4.15.

Sia data la seguente curva di domanda:

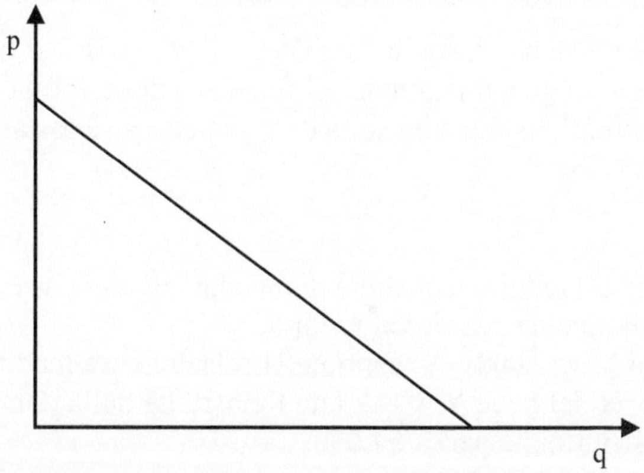

L'elasticità di q rispetto a p è:

a) nulla;
b) infinita;
c) variabile;
d) costante, ma diversa da zero e da infinito.

☞ Esercizi

4.16.

La curva di domanda del bene X è lineare. Si sappia inoltre che quando il prezzo di questo bene è p = 40, la quantità domandata è X = 20. In questo punto l'elasticità della domanda è pari a – 4. Facendo uso di queste informazioni, determinate l'espressione della curva di domanda.

4.17.

Sia data la seguente funzione di domanda di un determinato bene:

$$Q = 6 - 2/3 \cdot P$$

dove Q è la quantità domandata del bene e P è il suo prezzo di mercato.

Determinate il valore dell'elasticità della domanda ai seguenti livelli del prezzo:

$$P = 3; \quad P = 4{,}5; \quad P = 6.$$

4.18.

Sia data la seguente funzione di domanda:

$$Q = 12/P.$$

Dimostrate che essa ha elasticità uguale a – 1 per qualsiasi livello del prezzo.

Dimostrate che, in generale, qualsiasi funzione della forma $Y = A \cdot X^{\alpha}$, dove A e α sono delle costanti, ha una elasticità di Y rispetto a X costante e uguale ad α.

4.19.

a) La relazione tra reddito e quantità domandata di un bene è: $M = 2Y^{\alpha}$. Calcolate l'elasticità della domanda rispetto al reddito;

b) l'equazione $M = 1.000 \cdot Y^2$ esprime la relazione tra reddito del consumatore e quantità consumata del bene Y. Calcolate l'elasticità della domanda rispetto al reddito quando quest'ultimo è pari a 64.000.

4.20.

Un consumatore è in equilibrio nel punto E, avente coordinate X = 5 e Y = 5. Il suo reddito monetario è 10 e i prezzi dei due beni sono entrambi uguali a 1.

Si sa che se il prezzo del bene X scende a 0,5, la rispettiva quantità domandata sale a 9.

Determinate:

a) la quantità del bene Y acquistata dopo il calo del prezzo di X;

b) l'elasticità incrociata della domanda del bene Y rispetto al prezzo del bene X;

c) se i due beni sono complementari o sostituti.

4.21.

a) Si assuma che la curva di domanda del bene X sia caratterizzata da un'elasticità della domanda rispetto al prezzo sempre inferiore a uno. Perché in questo caso la curva prezzi-consumo ottenuta facendo variare il prezzo del bene X (fermo restando il prezzo di Y) deve avere necessariamente un'inclinazione positiva?

b) Di fronte a una curva prezzi-consumo del tipo indicato al punto precedente (ovvero inclinata positivamente), quale caratteristica hanno i due beni? Perché?

c) E che cosa si può dire sui due beni se la curva prezzi-consumo è orizzontale? E se è inclinata negativamente?

4.22.

"Nel caso in cui due beni siano tra loro complementari (ma non perfettamente tali), la curva prezzi-consumo è inclinata positivamente. Infatti, se aumenta il prezzo del bene X rimane meno reddito da spendere nell'acquisto del bene Y, il cui prezzo non è variato".

Quale caratteristica deve possedere la curva di domanda del bene X affinché la frase riportata sia vera?

4.23.

Scrivete una funzione prezzi-consumo lineare nella quale l'elasticità della domanda del bene X rispetto al suo prezzo sia certamente uguale a 1.

4.24.

a) Disegnate la curva di domanda di 3 beni, A, B, C, che abbiano, rispettivamente, elasticità pari a zero, a infinito, a uno.

b) Rappresentate quindi, su uno stesso grafico, la mappa delle curve di indifferenza tra A e C e la curva prezzi-consumo relativa a variazioni del prezzo del bene A.

4.25.

Sia la seguente funzione di domanda: $q = 3 - 2p$.

In corrispondenza di quale prezzo e di quale quantità domandata l'elasticità della domanda è uguale a uno?

4.26.

"L'elasticità della domanda di un bene rispetto al suo prezzo è maggiore quanto più esso può essere facilmente sostituito da altri beni e quanto minore è l'incidenza del bene nel bilancio del consumatore". Commentate, ricorrendo eventualmente a qualche esempio.

4.27.

Un consumatore spende tutto il proprio reddito nell'acquisto di tre beni: A, B, C. Le relative quantità e i prezzi sono:

	Q	P
A	550	1
B	425	2
C	200	3

In un secondo tempo il prezzo del bene A sale del 10% (mentre i prezzi di B e C rimangono costanti, e così pure il reddito), mentre il consumo di B passa a 440 e quello di C a 190. Trovate l'elasticità (ad arco) della domanda di A rispetto al suo prezzo.

4.28.

Si supponga che l'elasticità della quantità domandata rispetto al prezzo di un certo bene X sia pari a – 1,1 e che al prezzo di 10 euro un consumatore destini 2.000 euro del suo reddito all'acquisto di quel bene.

Se il prezzo aumenta a 11 euro, quanto spenderà il consumatore per acquistare quel bene?

🕮 Soluzioni

4.1. c)

L'elasticità della domanda rispetto al prezzo è il rapporto tra la variazione percentuale della quantità domandata e la variazione percentuale del prezzo, ovvero:

$$\varepsilon_{X,p_X} = \frac{\dfrac{dX}{X}}{\dfrac{dp_X}{p_X}}.$$

Se il numeratore è minore del denominatore, ovviamente il rapporto è minore di 1.

4.2. d)

Ricordiamo la definizione data all'esercizio precedente, che in questo caso è:

$$\varepsilon_{X,p_X} = \frac{\dfrac{dX}{X}}{\dfrac{dp_X}{p_X}} = \frac{0}{\dfrac{dp_X}{p_X}} = 0.$$

4.3. a)

Si riveda l'esercizio 4.2.

4.4. a)

La spesa totale per l'acquisto del bene X è pari a: $S = X \cdot p_X$.
La derivata dS/dp_X (derivata di un prodotto) è la seguente:

$$\frac{dS}{dp_X} = p_X \cdot \frac{dX}{dp_X} + X = \left(\frac{p_X}{X} \cdot \frac{dX}{dp_X} + 1\right) \cdot X = \left(\frac{dX}{dp_X} \cdot \frac{p_X}{X} + 1\right) \cdot X = (\varepsilon_{X,p_X} + 1) \cdot X.$$

Essendo X una quantità (e quindi > 0) il segno della derivata coinciderà con il segno della parentesi tonda (si ricordi che $\varepsilon_{X,p_X} < 0$):

se $|\varepsilon_{X,p_X}| < 1$ (domanda rigida) allora $(\varepsilon_{X,p_X} + 1) > 0$ e quindi $\frac{dS}{dp_X} > 0$;

se $|\varepsilon_{X,p_X}| > 1$ (domanda elastica) allora $(\varepsilon_{X,p_X} + 1) < 0$ e quindi $\frac{dS}{dp_X} < 0$;

se $|\varepsilon_{X,p_X}| = 1$ (domanda ad elasticità unitaria) allora $(\varepsilon_{X,p_X} + 1) = 0$ e quindi $\frac{dS}{dp_X} = 0$.

Nel caso esaminato nell'esercizio, essendo $|\varepsilon_{X,p_X}| < 1$, si ha $\frac{dS}{dp_X} > 0$: all'aumentare di p_X aumenta anche la spesa nel bene X.

Detto in termini più intuitivi: una domanda rigida significa che la riduzione percentuale della quantità è inferiore in valore assoluto all'aumento percentuale del prezzo che l'ha determinata. La spesa totale subirà quindi una variazione dello stesso segno del prezzo.

4.5. a)

L'elasticità della domanda rispetto al reddito è negativa se:

$\varepsilon_{X,M} = \frac{\frac{dX}{X}}{\frac{dM}{M}} < 0$, ovvero se numeratore e denominatore hanno segni opposti.

Quindi, se $\frac{dM}{M} < 0$ allora $\frac{dX}{X} > 0$.

4.6. c)

L'elasticità incrociata della domanda di X rispetto al prezzo del bene Y è definita come: $\varepsilon_{X,p_Y} = \frac{\frac{dX}{X}}{\frac{dp_Y}{p_Y}}$.

Nel nostro caso: $\varepsilon_{X,p_Y} = \frac{0}{\frac{dp_Y}{p_Y}} = 0$.

4.7. c)

Se la domanda del bene X rispetto al suo prezzo ha elasticità unitaria allora un aumento di p_X non determina (*coeteris paribus*) alcuna variazione nella spesa per quel bene (si veda l'esercizio 4.4). A reddito immutato non varierà, quindi, nemmeno la spesa per il bene Y. Essendo p_Y invariato, non varierà neanche la quantità acquistata del bene Y.

4.8. a)

Se la domanda del bene X rispetto al suo prezzo è rigida, allora un aumento di p_X determina (*coeteris paribus*) un aumento nella spesa per quel bene (si veda l'esercizio 4.4). A reddito immutato, la spesa per il bene Y dovrà diminuire, e quindi, poiché p_Y è invariato, la quantità acquistata del bene Y dovrà ridursi.

4.9. b)

I beni complementari sono beni utilizzati in modo congiunto per la soddisfazione di un determinato bisogno. Un esempio di beni complementari è dato dalla benzina e dalle automobili. Essendo i beni usati congiuntamente, l'aumento del prezzo di uno di essi determina la riduzione del consumo di entrambi.

In questo caso l'elasticità incrociata $\varepsilon_{X,p_Y} = \dfrac{\frac{dX}{X}}{\frac{dp_Y}{p_Y}} < 0$, avendo numeratore e denominatore segni opposti.

4.10. a)

I beni sostituti sono beni in grado di soddisfare un medesimo bisogno del consumatore. Un esempio di beni sostituti è dato dal burro e dalla margarina. In questo caso l'aumento del prezzo di uno dei due beni rende più conveniente l'acquisto dell'altro bene.

Di conseguenza l'elasticità incrociata $\varepsilon_{X,p_Y} = \dfrac{\frac{dX}{X}}{\frac{dp_Y}{p_Y}} > 0$, avendo numeratore e denominatore lo stesso segno.

4.11. b)

Si riveda l'esercizio 4.10.

4.12. a)

Nel caso di beni complementari ($\varepsilon_{X,p_Y} < 0$), all'aumentare di p_Y diminuiscono sia X che Y (se aumenta il prezzo della benzina acquisto meno benzina e meno automobili).

In caso di elasticità incrociata positiva ($\varepsilon_{X,p_Y} > 0$), viceversa, i beni sono sostituti: se p_Y aumenta allora Y diminuisce e X aumenta (se aumenta il prezzo del burro, acquisto meno burro e più margarina).

4.13. b)

Si tratta di un bene a domanda infinitamente elastica.

$$\varepsilon_{X,p_X} = \frac{\frac{dX}{X}}{\frac{dp_X}{p_X}} = \frac{\frac{dX}{X}}{\to 0} = \infty.$$

4.14. a)

Si tratta di un bene a domanda infinitamente rigida.

$$\varepsilon_{X,p_X} = \frac{\frac{dX}{X}}{\frac{dp_X}{p_X}} = \frac{0}{\frac{dp_X}{p_X}} = 0.$$

4.15. c)

Si consideri la curva di domanda lineare: $q = a - b \cdot p$

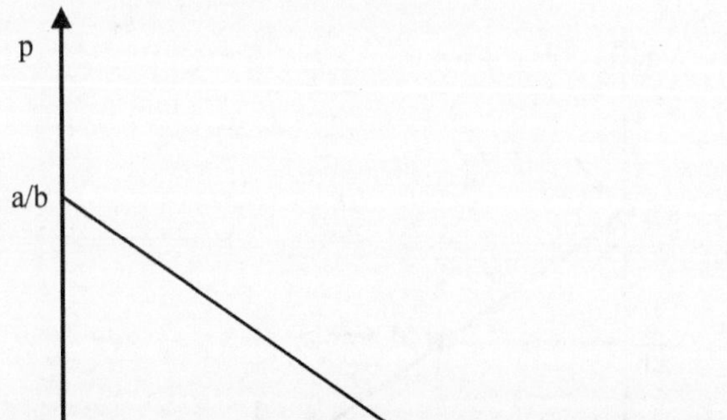

Si ha che:

$$\frac{\Delta q}{\Delta p} = -b$$

per cui:

$$\varepsilon_{q,p} = \frac{p}{q} \cdot \frac{\Delta q}{\Delta p} = \frac{p}{q} \cdot (-b) = -b \cdot \frac{p}{q}.$$

Ne deduciamo che **l'elasticità non è costante**, ma dipende da dove ci troviamo sulla curva (e quindi dalle coordinate p e q):

$$\text{per } p = 0 \rightarrow \varepsilon_{q,p} = -b \cdot \frac{0}{a} = 0 \rightarrow \text{intercetta orizzontale;}$$

$$\text{per } q = 0 \rightarrow \varepsilon_{q,p} = -b \cdot \frac{\frac{a}{b}}{0} = -\infty \rightarrow \text{intercetta verticale.}$$

In corrispondenza di quale prezzo l'elasticità della domanda sarà proprio uguale a 1?

$$\left|\varepsilon_{q,p}\right| = \left|-b \cdot \frac{p}{q}\right| = 1$$

$$b \cdot \frac{p}{q} = 1 \rightarrow b \cdot \frac{p}{a - b \cdot p} = 1 \rightarrow b \cdot p = a - b \cdot p \rightarrow 2b \cdot p = a$$

$$p_M = \frac{a}{2b} \rightarrow q_M = a - b \cdot \frac{a}{2b} = \frac{a}{2}.$$

Dal risultato si nota che p_M e q_M rappresentano le coordinate del punto medio della funzione lineare di domanda. Quindi, come si vede dalla figura, il punto in cui $|\varepsilon| = 1$ si trova a metà della curva di domanda.

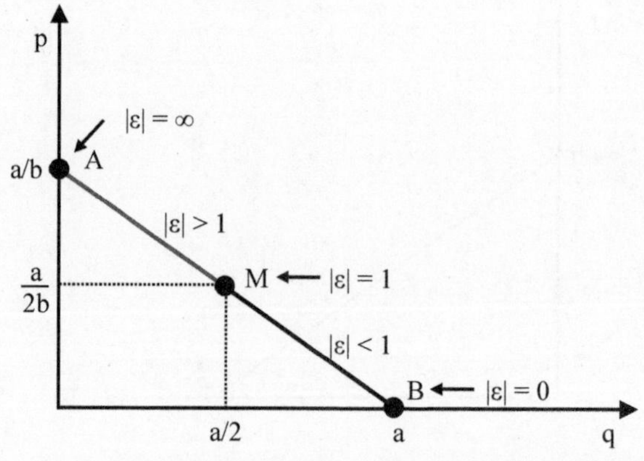

Nel tratto compreso tra i punti A e M l'elasticità sarà quindi maggiore di 1, mentre nel tratto compreso tra i punti M e B l'elasticità sarà inferiore a 1.

4.16.

La curva di domanda del bene X è lineare ovvero ha la forma: $X = a - b \cdot p$.

Viene chiesto di determinare i valori dei parametri a e b, sapendo che l'elasticità nel punto $A = (X_A, p_A) = (20, 40)$ è pari a -4.

Quindi si può scrivere:

$$\varepsilon = \frac{dX}{dp} \cdot \frac{p}{X} = -b \cdot \frac{40}{20} = -4 \rightarrow b \cdot 2 = 4 \quad \text{e quindi} \quad b = \frac{4}{2} = 2.$$

Noto il parametro b, possiamo facilmente ricavare il parametro a, sapendo che la retta passa per il punto A. Si può scrivere:

$$X_A = a - b \cdot p_A \quad \text{ovvero:} \quad 20 = a - 2 \cdot 40 \rightarrow \text{da cui:} \quad a = 100.$$

L'espressione della curva di domanda è quindi:

$$X = 100 - 2 \cdot p.$$

Graficamente:

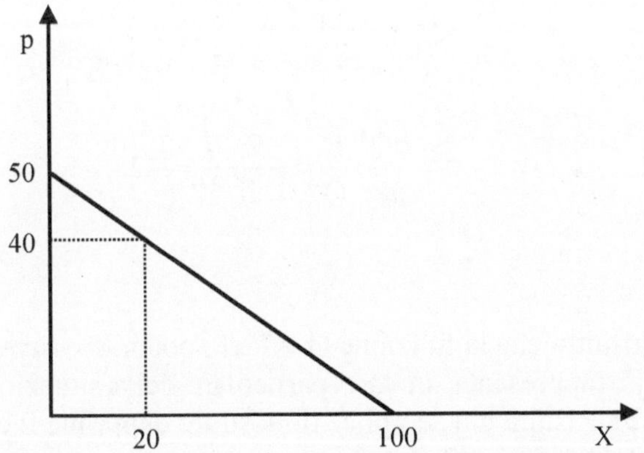

❖ **Nota:** ponete attenzione al fatto che la rappresentazione grafica della funzione prevede che $p = f(X)$, mentre il nesso causale è $X = f(p)$. Va da sé che quando si calcola l'elasticità e si deriva la funzione, occorre utilizzare la forma con il nesso causale corretto, per cui nel nostro caso la derivata $\frac{dX}{dp_X}$ è pari a -2, mentre l'inclinazione della funzione riportata nel grafico è pari a $-1/2$. Si veda a questo proposito anche l'esercizio 4.19.

4.17.

Essendo la curva di domanda lineare, l'elasticità assumerà valori diversi nei suoi vari punti:

- Se P = 3 si avrà:

$$Q = 6 - \frac{2}{3}P = 6 - \frac{2}{3} \cdot 3 = 4$$

e quindi:

$$\varepsilon = \frac{dQ}{dP} \cdot \frac{P}{Q} = -\frac{2}{3} \cdot \frac{3}{4} = -\frac{1}{2}.$$

- Se P = 4,5 si avrà:

$$Q = 6 - \frac{2}{3}P = 6 - \frac{2}{3} \cdot 4{,}5 = 3$$

e quindi:

$$\varepsilon = \frac{dQ}{dP} \cdot \frac{P}{Q} = -\frac{2}{3} \cdot \frac{4{,}5}{3} = -\frac{9}{9} = -1.$$

- Se P = 6 si avrà:

$$Q = 6 - \frac{2}{3}P = 6 - \frac{2}{3} \cdot 6 = 2$$

e quindi:

$$\varepsilon = \frac{dQ}{dP} \cdot \frac{P}{Q} = -\frac{2}{3} \cdot \frac{6}{2} = -2.$$

4.18.

Si noti innanzitutto che la funzione Q = 12/P, potendo essere scritta come: $Q = 12 \cdot P^{-1}$, rappresenta un caso particolare della situazione più generale descritta al punto b). Risulta più semplice dimostrare dapprima il caso generale.

Partendo da $Y = A \cdot X^{\alpha}$, si ha che:

$$\varepsilon_{Y,X} = \frac{dY}{dX} \cdot \frac{X}{Y} = \alpha \cdot A \cdot X^{\alpha-1} \cdot \frac{X}{Y} = \alpha \cdot A \cdot X^{\alpha} \cdot \frac{1}{Y} = \frac{\alpha \cdot A \cdot X^{\alpha}}{A \cdot X^{\alpha}} = \alpha .$$

Tornando ora al punto a), è sufficiente effettuare gli stessi passaggi appena visti. Il calcolo diventa:

$$\varepsilon_{Q,P} = \frac{\Delta Q}{\Delta P} \cdot \frac{P}{Q} = -1 \cdot 12 \cdot P^{-2} \cdot \frac{P}{Q} = -1 \cdot 12 \cdot P^{-1} \cdot \frac{1}{12 \cdot P^{-1}} = -1 .$$

che dimostra quanto richiesto.

4.19.

a) La relazione tra reddito e quantità consumata di un certo bene Y è:

$$M = 2Y^{\alpha}$$

(dove con Y si indica la quantità consumata del bene e con M il reddito).

Poiché l'elasticità della domanda di Y rispetto al reddito è data dalla relazione:

$$\varepsilon_{Y,M} = \frac{dY}{dM} . \frac{M}{Y}$$

è necessario esprimere la funzione in termini di Y:

$$Y^{\alpha} = \frac{M}{2} \quad \text{cioè} \quad Y = \left(\frac{M}{2}\right)^{1/\alpha}.$$

Ciò equivale a scrivere:

$$Y = \left(\frac{1}{2}\right)^{1/\alpha} \cdot M^{1/\alpha},$$

che, ponendo $\left(\frac{1}{2}\right)^{1/\alpha} = A$, diventa: $Y = A \cdot M^{1/\alpha}$.

Ora, se la relazione tra due variabili Y e X è moltiplicativa:

$$Y = A \cdot X^{\alpha} \quad \text{con} \quad A \text{ e } \alpha \text{ costanti,}$$

l'elasticità di Y rispetto a X è costante ed è pari ad α (si veda la dimostrazione all'esercizio 4.18). Nel nostro caso l'$\varepsilon_{Y,M}$ sarà dunque costante e pari a $1/\alpha$.

b) Analogamente al caso precedente, occorre esplicitare la funzione rispetto alla quantità. Con semplici passaggi algebrici si ottiene:

$$Y = \left(\frac{M}{1.000}\right)^{1/2}$$

che può diventare: $Y = \left(\frac{1}{1.000}\right)^{1/2} \cdot M^{1/2} = A \cdot M^{1/2}$.

L'utilizzo del parametro A permette di rendersi conto che si rientra nella stessa forma generale vista al punto precedente e quindi il valore dell'elasticità sarà pari a ½.

Si noti che l'importo del reddito (pari a 64.000 unità monetarie) è irrilevante ai fini del valore assunto dall'elasticità, poiché questa è una costante (pari a ½). Osserviamo infine che il valore positivo dell'elasticità indica che siamo in presenza di un bene normale.

❖ **Nota:** Sappiamo che se si utilizza la definizione di elasticità nel continuo occorre derivare la funzione di cui si vuole calcolare l'elasticità. Si badi che se la funzione di domanda è espressa nella forma q = f(p) non vi sono problemi, in quanto questa forma soddisfa il nesso causale, ovvero: la variazione percentuale della quantità è l'*effetto* e va indicato a numeratore, mentre la variazione percentuale del prezzo è la *causa* e va indicato a denominatore. In questo caso si può procedere e calcolare immediatamente dq/dp. Ma talvolta la funzione di domanda può essere data a variabili scambiate (cosiddetta funzione inversa di domanda), cioè con p = f(q). In questo caso occorre prima riscrivere la funzione nella veste solita (quella che rispetta la causalità) e poi calcolare dq/dp.
Ciò vale per qualunque elasticità si debba calcolare. Per esempio, se si deve calcolare l'elasticità dalla domanda rispetto al reddito, occorre che la funzione sia scritta rispettando il nesso causale, cioè q = f(M) e non viceversa. Altrimenti, prima di calcolare la derivata (dq/dM) occorre eseguire i dovuti calcoli per esprimere la funzione a variabili capovolte. È quanto è stato fatto in questo esercizio.

4.20.

a) All'inizio il consumatore (con $p_X = p_Y = 1$) acquista 5 unità di X e 5 unità di Y. Se il prezzo di X scende a 0,5 il consumatore acquista 9 unità di quel bene. Spendendo $9 \cdot 0{,}5 = 4{,}5$ euro per l'acquisto del bene X, rimangono 5,5 euro per l'acquisto del bene Y (M = 10). Essendo $p_Y = 1$, con 5,5 euro compro 5,5 unità di Y.

b) L'elasticità incrociata della domanda del bene Y rispetto al prezzo di X è data dalla formula:

$$E_{Y,\,p_X} = \frac{\frac{\Delta Y}{Y}}{\frac{\Delta p_X}{p_X}} = \frac{\frac{0{,}5}{5}}{\frac{-0{,}5}{1}} = \frac{0{,}5}{5} \cdot \frac{1}{-0{,}5} = -\frac{1}{5}.$$

c) Poiché l'elasticità assume valore negativo, i due beni sono complementari: diminuendo il prezzo di X aumenta non solo la quantità di X, ma anche il consumo di Y (seppur in modo non estremamente significativo, dato che il coefficiente di elasticità è piuttosto basso).

Se il valore dell'elasticità incrociata della domanda fosse stato positivo, i due beni sarebbero stati sostituti.

4.21.

a) Una curva di domanda caratterizzata da un valore dell'elasticità sempre inferiore a 1 va associata a una curva prezzi-consumo inclinata positivamente. Infatti, se aumenta il prezzo del bene X, la spesa totale per X dovrà aumentare (la quantità di X si riduce, ma di poco, essendo la domanda rigida. Si veda l'esercizio 4.4). Ma allora, a parità di reddito disponibile, dovrò ridurre la spesa per il bene Y. Una minor spesa per Y implica, a parità di prezzo, una riduzione della quantità acquistata del bene. E dunque, graficamente, il nuovo equilibrio E′ si avrà in un punto in cui sia la quantità di X sia quella di Y si saranno ridotte. Ciò implica che la curva prezzi-consumo sia inclinata positivamente.

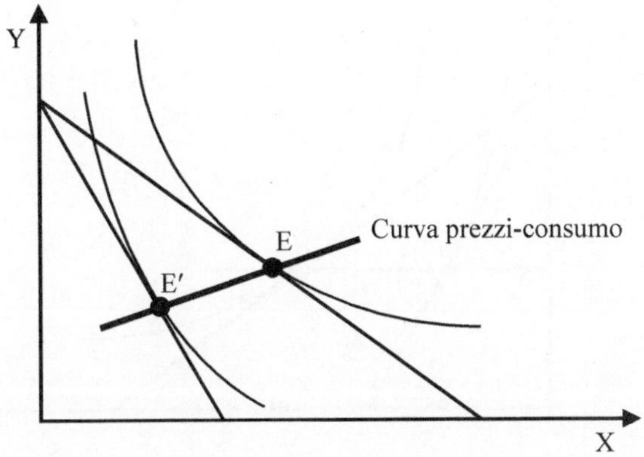

b) I due beni sono fra loro complementari. Infatti abbiamo visto che, se aumenta il prezzo del bene X, si riduce non solo la quantità di X, ma anche la quantità del bene Y.

c) Con una curva prezzi-consumo orizzontale i due beni sono tra loro neutrali (o indipendenti): il consumo ottimo di Y non dipende da p_X e, analogamente, il consumo ottimo di X non dipende da p_Y (caso delle curve di indifferenza del tipo Cobb-Douglas).

Con una curva prezzi-consumo inclinata negativamente i beni sono tra loro sostituti. In questo caso l'elasticità di X rispetto a p_X è sempre maggiore di 1. Se quindi aumenta il prezzo di X ridurrò la spesa globale per X (l'elasticità della domanda è superiore a 1) e avrò così a disposizione più reddito per acquistare il bene Y (il cui prezzo non è aumentato). Quindi, a un aumento del prezzo di X corrisponde un aumento della quantità di Y, prova della sostituibilità (imperfetta) tra i due beni.

4.22.

La risposta è già stata data risolvendo l'esercizio precedente: la curva di domanda deve avere elasticità inferiore a 1. Solo in questo caso, infatti, si può essere certi che se aumenta il prezzo del bene X spenderò una quota maggiore di reddito per l'acquisto di X, e quindi rimarrà meno reddito da spendere per Y, la cui quantità dovrà quindi diminuire (essendo il prezzo di Y non variato).

4.23.

Se l'elasticità di X rispetto a p_X è unitaria, vuol dire che, al variare di p_X, spendo sempre lo stesso reddito per l'acquisto di X. Ma allora rimane sempre lo stesso reddito (residuo) anche per l'acquisto di Y. E poiché il prezzo di Y non cambia, anche la quantità di Y sarà costante. Qualunque sia p_X, non varia quindi la quantità di Y. La curva prezzi-consumo è quindi orizzontale, del tipo Y = k.

Graficamente:

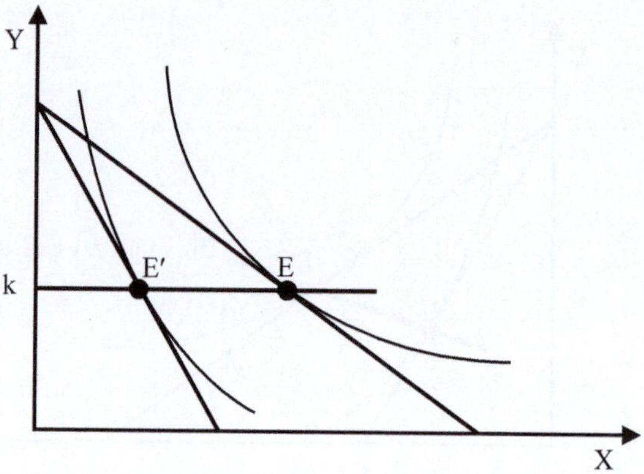

Riassumiamo le considerazioni fatte negli ultimi tre esercizi nel seguente prospetto riepilogativo.

Se la curva di domanda ha elasticità:

$$|E| = 1 \rightarrow \begin{cases} \square\text{la curva prezzi-consumo è orizzontale} \\ \square\text{i due beni sono tra loro indipendenti} \end{cases}$$

$$|E| > 1 \rightarrow \begin{cases} \square\text{la curva prezzi-consumo è decrescente} \\ \square\text{i due beni sono tra loro sostituibili} \end{cases}$$

$$|E| < 1 \rightarrow \begin{cases} \square\text{la curva prezzi-consumo è crescente} \\ \square\text{i due beni sono tra loro complementari} \end{cases}$$

4.24.

a) Una curva di domanda caratterizzata da un valore dell'elasticità *sempre* uguale a zero è rappresentabile con una retta verticale. In questa circostanza la quantità domandata non varia qualunque sia il prezzo di mercato. Ci troviamo di fronte a una curva di domanda infinitamente rigida, tipica di un bene indispensabile, essenziale (potrebbe essere il caso del sale da cucina o di un medicinale).

Una curva di domanda caratterizzata da un valore dell'elasticità *sempre* uguale a infinito è rappresentabile con una retta orizzontale. Opposta al caso precedente, questa configurazione implica che è sufficiente una variazione anche minima del prezzo per azzerare completamente la domanda. Una curva di domanda caratterizzata da un valore dell'elasticità *sempre* uguale a uno è rappresentabile con un'iperbole equilatera del tipo $X = a/p_X$. In questa circostanza se il prezzo aumenta di una certa percentuale, la quantità si riduce della stessa percentuale, in modo tale che la spesa totale per quel bene resti costante.

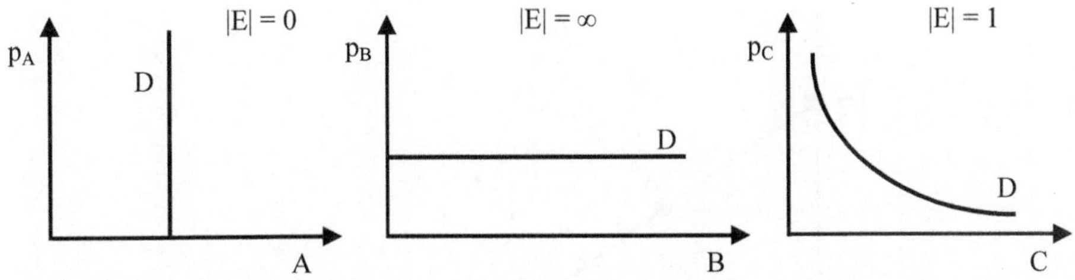

❖ **Nota:** Le tre curve sopra commentate sono caratterizzate da un valore costante dell'elasticità in ogni loro punto. Se invece la curva di domanda fosse rappresentata da una funzione lineare (negativamente inclinata), il valore dell'elasticità varierebbe in ogni punto, passando da infinito a zero. Solo il punto medio della curva è caratterizzato da un valore dell'elasticità pari a uno (si veda l'esercizio 4.15).

b) La seconda domanda del problema richiede di rappresentare su uno stesso grafico la mappa delle curve di indifferenza tra i beni A e C e di costruire poi la curva prezzi-consumo relativa a variazioni del prezzo del bene A. È evidente che occorre costruire una serie di vincoli di bilancio ottenuti facendo variare il solo prezzo di A. Ma il bene A è caratterizzato da una funzione di domanda con un'elasticità sempre uguale a zero, e quindi, qualunque sia il prezzo, la quantità domandata di A è costante. Da tutto ciò si può dedurre che la curva prezzi-consumo del bene A è costituita da una retta verticale imperniata sulla quantità costante di A che viene acquistata (A^*), come mostra il grafico sotto riportato.

Ciò che invece cambia è la quantità acquistata del bene C: infatti, essendo il reddito M costante, rimarrà meno reddito per acquistare C nel caso in cui il prezzo di A salga; avverrà l'opposto se il prezzo di A scende.

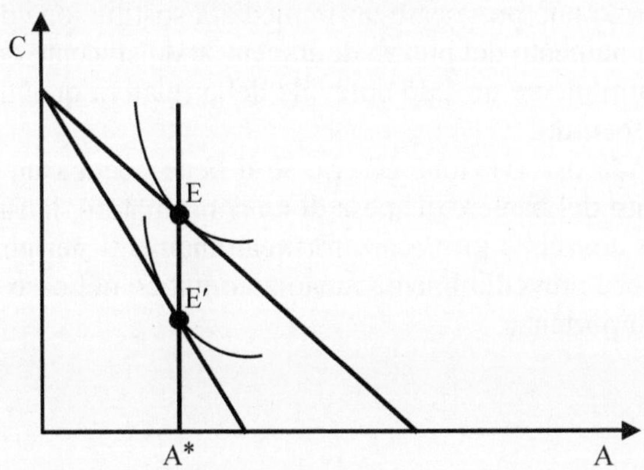

4.25.

La curva di domanda è: q = 3 – 2p.

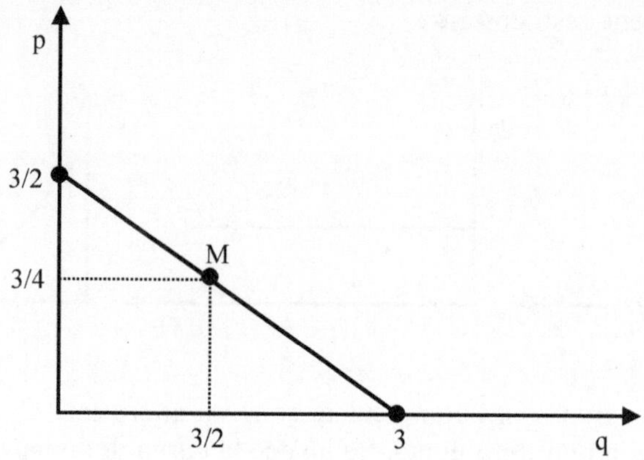

Essendo la curva di domanda lineare, l'elasticità non è costante ma passa da infinito a zero. Vogliamo trovare le coordinate del punto M in cui l'$e_{q,\,p} = 1$ ossia:

$$|\varepsilon| = \left|\frac{dq}{dp}\cdot\frac{p}{q}\right| = \left|-2\cdot\frac{p}{3-2p}\right| = 1.$$

Risolvendo rispetto a p si ottiene: p = 3/4 e, sostituendo nella funzione di domanda, q = 3/2. I due valori trovati sono le coordinate del punto della funzione in corrispondenza del quale l'elasticità della domanda è uguale, in valore assoluto, a 1.

Si noti che siamo esattamente nel punto medio della funzione lineare di domanda (si veda l'esercizio 4.15).

4.26.

La prima parte dell'affermazione è vera: se un bene ha molti sostituti, un aumento del suo prezzo può provocare un'immediata sostituzione dello stesso con altri beni. Quindi un aumento del prezzo di un bene soddisfacente questa caratteristica comporterà verosimilmente un calo notevole della relativa quantità acquistata a favore di uno o più sostituti.

Anche la seconda osservazione è vera: se il bene occupa un peso complessivo modesto nell'ambito del paniere di spesa di un consumatore, la sua sostituzione con un altro bene non dovrebbe provocare forti cambiamenti nei gusti e nello stile di vita, ciò che è invece prevedibilmente meno automatico nel caso ci si riferisca a un bene di primaria importanza.

4.27.

	Tempo 0		Tempo 1	
	Q	P	Q	P
A	550	1	500	1,10
B	425	2	440	2
C	200	3	190	3

L'unica difficoltà consiste nel determinare la quantità acquistata del bene A dopo la variazione del suo prezzo.

Al tempo 0 il reddito risultava pari a: 550 · 1 + 425 · 2 + 200 · 3 = 2.000. Essendo il reddito immutato, questa è la somma disponibile anche al tempo 1.

Al tempo 1 però spendo: 440 · 2 = 880 e 190 · 3 = 570, rispettivamente nell'acquisto dei beni B e C. Mi rimangono quindi: 2.000 – 880 – 570 = 550 euro per l'acquisto del bene A. Essendo ora $p_A = 1{,}1$ ne consegue che con 550 euro posso acquistarne 500 unità.

Posso ora calcolare l'elasticità della domanda applicando la formula utilizzabile con variazioni discrete (cosiddetta "elasticità ad arco"):

$$\varepsilon_{A,p_A} = \frac{\frac{\Delta A}{A}}{\frac{\Delta p_A}{p_A}} = \frac{\Delta A}{\Delta p_A} \cdot \frac{p_A}{A} = \frac{-50}{0{,}1} \cdot \frac{1}{550} = -0{,}91.$$

Dal risultato si apprende che l'elasticità è inferiore a 1 (in valore assoluto) e quindi la curva di domanda di questo bene è relativamente rigida (anche se non particolarmente, in quanto il valore assunto da ε_{A,p_A} è piuttosto vicino ad 1).

4.28.

Per svolgere l'esercizio si devono inserire i dati mancanti nella seguente tabella:

	Tempo 0	Tempo 1
p	10	11
X	?	?
p · X	2.000	?

• La quantità di X acquistata al tempo 0 è presto nota: essendo $p \cdot X = 2.000$ e $p = 10$ allora $X = \frac{2.000}{10} = 200$.

• Calcoliamo ora la quantità di X acquistata al tempo 1, ovvero con un prezzo pari a 11 euro. A questo proposito sappiamo che:

$$\varepsilon = \frac{\frac{\Delta X}{X}}{\frac{\Delta p}{p}} = -1{,}1 \rightarrow \frac{\Delta X}{X} = -1{,}1 \cdot \frac{\Delta p}{p} = -1{,}1 \cdot \frac{1}{10} = -0{,}11$$

$$\rightarrow \Delta X = -0{,}11 \cdot X = -0{,}11 \cdot 200 = -22.$$

Quindi la quantità di X si riduce di 22 unità, passando da 200 a 178.

• Al tempo 1 il consumatore spenderà quindi la somma di 1.958 unità di moneta (= 178 · 11) euro per l'acquisto del bene X.

Inserendo tutti i dati in una nuova tabella si ottiene:

	Tempo 0	**Tempo 1**
p	10	11
X	200	178
p · X	2.000	1.958

5

Lavoro e tempo libero: offerta di lavoro. Scelte intertemporali, consumo e risparmio

Ipotesi di lavoro:

- C rappresenta il consumo di un generico bene, il cui prezzo è p;
- TL rappresenta il numero di ore (giornaliere) di tempo libero di un dato individuo, pari per definizione a: 24 – L, dove L rappresenta le ore di lavoro, ciascuna delle quali compensata al salario orario w;
- in un sistema di assi cartesiani, TL è riportato sull'asse delle ascisse e C sull'asse delle ordinate;
- C_1 e C_2 rappresentano i consumi di un individuo rispettivamente nel periodo 1 e nel periodo 2; M_1 e M_2 sono i redditi percepiti dallo stesso individuo nei due periodi;
- in un sistema di assi cartesiani, le variabili relative al tempo 1 sono riportate sull'asse delle ascisse, quelle relative al tempo 2 sull'asse delle ordinate.

Domande a risposta chiusa

5.1.

Le curve di indifferenza tra consumo e tempo libero di Tizio sono sempre più inclinate (in valore assoluto) rispetto a quelle di Caio. Questo significa che:

a) la sua Uma_{TL} è più elevata di quella di Caio;
b) la sua Uma_C è meno elevata di quella di Caio;
c) il rapporto tra Uma_{TL}/Uma_C di Tizio è maggiore rispetto a quello di Caio;
d) il rapporto tra Uma_{TL}/Uma_C di Tizio è minore rispetto a quello di Caio.

5.2.

Nel vincolo di bilancio di un consumatore/lavoratore che desidera stabilire quante ore di lavoro deve svolgere a livello giornaliero:

a) si tiene conto soltanto dei redditi da lavoro, non di altri redditi;
b) si tiene conto anche della ricchezza accumulata nel corso degli anni;

c) si tiene conto di tutti i redditi, da lavoro e non da lavoro, ma non della ricchezza;

d) nessuna delle risposte precedenti.

5.3.

Se la remunerazione del lavoro aumenta, *coeteris paribus*, come agisce **l'effetto di sostituzione**?

a) il tempo libero diminuisce solo se si tratta di un bene inferiore;
b) il tempo libero aumenta solo se si tratta di un bene inferiore;
c) il tempo libero diminuisce sempre;
b) il tempo libero aumenta sempre.

5.4.

Se la remunerazione del lavoro aumenta, *coeteris paribus*, come agisce **l'effetto reddito**?

a) il tempo libero diminuisce solo se si tratta di un bene inferiore;
b) il tempo libero aumenta solo se si tratta di un bene inferiore;
c) il tempo libero diminuisce sempre;
b) il tempo libero aumenta sempre.

5.5.

Posto che C e TL siano due beni normali, se diminuisce il prezzo del bene C, che cosa accade al paniere di equilibrio per **l'effetto di sostituzione**?

a) aumenta la quantità di tempo libero;
b) diminuisce la quantità di tempo libero;
c) aumenta la quantità di consumo;
d) diminuisce la quantità di consumo.

5.6.

Posto che C e TL siano due beni normali, se diminuisce il prezzo p del bene C, che cosa accade al paniere di equilibrio per **l'effetto di reddito**?

a) aumenta la quantità di tempo libero;
b) diminuisce la quantità di tempo libero;
c) aumenta la quantità di consumo;
d) diminuisce la quantità di consumo.

5.7.

In un contesto di consumi intertemporali (che non prevede di lasciare debiti o eredità dopo il periodo 2), per un individuo che si indebita al tempo 1, perché desidera spendere più di quanto guadagna, nel periodo 2 i consumi dovranno essere (*coeteris paribus*):

a) superiori ai redditi del periodo 2;

b) uguali ai redditi del periodo 2, perché sul debito del periodo 1 non si pagano interessi;

c) inferiori ai redditi del periodo 2, anche se non si pagano interessi sul debito;

d) inferiori ai redditi del periodo 2, ma solo se si pagano interessi sul debito.

5.8.

Più il tasso di interesse sui debiti contratti nel periodo 1 è elevato:

a) maggiori saranno i proventi che il consumatore che si indebita percepirà nel periodo 2;

b) maggiore sarà la contrazione dei consumi nel periodo 2, a causa del servizio del debito;

c) minori saranno le possibilità di consumo nel periodo 1;

d) nessuna delle precedenti risposte.

☞ Esercizi

5.9.

Definite la curva di offerta di lavoro individuale.

È possibile che questa curva sia, in certi tratti, inclinata negativamente? Perché?

5.10.

"Se il tempo libero fosse un bene inferiore, all'aumentare del salario il lavoratore vorrebbe sempre lavorare di più". Vero o falso? Motivate la risposta.

5.11.

Sia U(C, TL) = C · TL la funzione di utilità di un individuo definita sul consumo di beni (C) e sul tempo libero (TL). Siano anche: p = 5 (prezzo unitario del consumo), w = 10 (salario orario) e M = 100 (reddito non da lavoro).

a) Risolvete il problema di ottimizzazione dell'utilità dell'individuo e determinate il numero di ore di lavoro da egli offerto. Illustrate la risposta avvalendovi di un grafico.

b) Se p raddoppia (passando da 5 a 10), trovate il nuovo vincolo di bilancio e la nuova soluzione di equilibrio.

c) Se, fermo restando p = 5, il salario passa da 10 a 5, qual è la nuova soluzione di equilibrio?

d) Se, sempre con w = 10 e p = 5, a questo individuo fosse offerta la sola alternativa tra: a) lavorare 8 ore al giorno al salario orario di 10 e b) non lavorare, quale soluzione sceglierebbe? Illustrate la vostra risposta avvalendovi di un grafico.

5.12.

Si prenda in considerazione un individuo che vive due periodi e che percepisce il reddito M_1 al tempo 1 ed M_2 al tempo due. Tali redditi sono, rispettivamente, pari a 50 e a 70. L'individuo può dare e prendere a prestito al tasso d'interesse intertemporale del 25%. Il prezzo del paniere di consumo è uguale a 1 sia al tempo 1 che al tempo 2 (cioè $p_1 = p_2 = 1$).

a) Si tracci il vincolo di bilancio di questo individuo ovvero le sue possibilità di consumo al tempo 1 e al tempo 2, chiarendo in modo preciso le grandezze sugli assi. Si specifichino i valori dell'intercetta verticale e dell'intercetta orizzontale: che cosa rappresentano questi valori?

b) Il SMS del consumatore tra beni correnti e beni futuri, in valore assoluto, è pari a $100/C_1$, dove C_1 è la quantità consumata al tempo 1. Si rappresenti graficamente la scelta ottima dell'individuo, trovandone in modo preciso le coordinate.

c) Al tempo 1 il consumatore si indebita o risparmia? Si motivi la risposta. Si indichi graficamente e numericamente l'ammontare del risparmio o del debito.

d) Qual è la somma incassata o restituita nel periodo 2?

5.13.

Considerate due consumatori (A e B) con la stessa funzione di utilità:

$$U = C_1^{0,5} \cdot C_2^{0,5}$$

(definita sul consumo nel periodo 1 (C_1) e nel periodo 2 (C_2)), ma aventi redditi monetari diversi:

$$\text{A:} \quad M_1 = 500 \quad M_2 = 1.100$$

$$\text{B:} \quad M_1 = 1.000 \quad M_2 = 550.$$

Il tasso d'interesse intertemporale è del 10%. Il prezzo dei beni è costante e pari a 1 in entrambi i periodi.

a) Verificate che il valore attuale (o il montante) dei redditi dei due consumatori è identico.

b) Trovate la soluzione d'equilibrio.

c) Nel periodo 1 l'individuo A prende o dà a prestito? Quanto? E cosa fa l'individuo B?

5.14.

Si supponga, facendo riferimento all'esercizio precedente, che il tasso d'interesse salga al 25%. Valutate la nuova situazione per i due consumatori.

5.15.

Si discuta la seguente affermazione: "Se inizialmente un consumatore dà a prestito un importo di denaro e il tasso d'interesse aumenta, allora egli continuerà a dare a prestito e la sua utilità aumenterà". Vero o falso?

5.16.

Si discuta la seguente affermazione: "Se inizialmente un consumatore prende a prestito un importo di denaro e il tasso d'interesse diminuisce, allora egli continuerà a prendere a prestito e la sua utilità aumenterà". Vero o falso?

5.17.

Si utilizzi il modello delle scelte intertemporali per impostare e risolvere il seguente problema:

"Un governo sostiene al tempo 1 un livello di spesa pubblica pari a G_1 e incamera imposte per T_1, mentre al tempo 2 prevede di spendere G_2 e di ottenere entrate pari a T_2. Mostrate la relazione esistente tra T_1 e T_2, ipotizzando che $r = 0{,}1$. Spiegate quali sono le conseguenze su G_2 di un indebitamento consistente verificatosi nel tempo 1".

Nota bene: L'indebitamento del governo deve essere nullo alla fine del secondo periodo.

🕮 Soluzioni

5.1. c)

Non è sufficiente considerare (separatamente) l'utilità marginale di un singolo fattore, ma occorre studiare il rapporto tra le due utilità, che dà appunto l'inclinazione delle curve di indifferenza. Quindi le risposte a) e b) vanno escluse. Tra le altre due, la risposta corretta è la c), visto che se Tizio ha curve di indifferenza più inclinate (ovvero con maggiore pendenza, in valore assoluto), per lui il rapporto tra le utilità marginali (Uma_{TL}/Uma_C) è maggiore rispetto a quello di Caio.

5.2. c)

Il modello prevede di impostare il vincolo di bilancio come uguaglianza tra quanto si guadagna e quanto si spende. La spesa è rappresentata genericamente da "$p \cdot C$", ovvero dall'acquisto di una certa quantità del paniere "C", acquistabile al prezzo "p". Invece, sul lato delle entrate, viene considerata la somma tra redditi da lavoro ($w \cdot L$) e generici redditi non da lavoro (M), come interessi, rendite, affitti ecc. Non viene però considerato lo stock di ricchezza (immobili, attività finanziarie, gioielli ecc.), che infatti non rientra direttamente nell'uguaglianza. Vi può rientrare soltanto in modo indiretto, ovvero sotto forma dei proventi da questa generata: gli eventuali redditi da capitale (appunto interessi ecc.) contribuiscono infatti ad aumentare i generici redditi non da lavoro (M). Quindi la risposta corretta è la c).

5.3. c)

L'effetto sostituzione comporta sempre, qualunque sia la natura dei beni, un aumento della quantità acquistata del bene diventato relativamente meno caro e una diminuzione della quantità acquistata del bene divenuto relativamente più caro. Poiché il salario è il costo opportunità del tempo libero, un aumento del salario significa che "permettersi" un'ora di TL costa di più. Verranno quindi ridotte le ore di tempo libero e aumentate le ore di lavoro. Questo avviene sempre, a prescindere dalla natura del bene TL. Quindi le prime due risposte, che fanno riferimento alla natura (di bene normale o inferiore) del TL non sono pertinenti. Per quanto detto, la risposta corretta è la c).

5.4. a)

Un aumento del salario orario comporta una maggiore disponibilità complessiva di reddito, che porta quindi a un aumento dei consumi di entrambi i beni, se questi sono beni normali. Viceversa, se uno di questi fosse un bene inferiore, il maggior reddito si tradurrebbe in un minor consumo di quel bene. Considerando le risposte, si possono dunque eliminare la c) e la d), che generalizzano a prescindere dalla natura del bene. Tra la prima e la seconda, quella corretta è la prima, perché, come si è detto poco fa, il consumo aumenterebbe se si trattasse di un bene normale, si ridurrebbe se si trattasse di un bene inferiore. Quindi un aumento della remunerazione del lavoro comporta, per l'effetto di reddito, una riduzione delle ore di tempo libero, solo se quest'ultimo è ritenuto dal lavoratore/consumatore un bene inferiore.

5.5. b) c)

Per l'effetto di sostituzione, il bene divenuto (relativamente) più caro viene sostituito con il bene divenuto (relativamente) meno caro. Nel nostro caso, quindi, se diminuisce il prezzo del bene C, acquisterò più unità del bene C e meno unità del bene TL. Questo avviene sempre, a prescindere dal fatto che i beni siano normali o inferiori. Vi sono dunque due risposte corrette, la b) e la c).

5.6. a) c)

Un calo del prezzo del bene C porta, *coeteris paribus*, a un incremento delle possibilità di acquisto del consumatore. Se i due beni sono normali, il consumo di entrambi aumenterà. Quindi sono giuste le risposte a) e c).

5.7. c)

Se ci si indebita al tempo 1 per poter consumare di più, bisognerà poi restituire il debito al tempo 2, a prescindere dal fatto che l'indebitamento sia o meno oneroso. Quindi nel periodo 2 si dovrà consumare necessariamente di meno rispetto ai redditi percepiti in quel periodo, visto che una quota del reddito dovrà essere utilizzata per rimborsare il debito. Quindi l'unica risposta corretta è la c).

5.8. b)

Si ipotizza che un debito contratto nel periodo 1 debba essere rimborsato, con gli interessi, nel periodo 2. Quindi un indebitamento nel periodo 1 non porta a una contrazione dei consumi nello stesso periodo a causa degli interessi. Per questo va esclusa la risposta c). Ovviamente dovrà essere esclusa anche la risposta a), poiché chi è indebitato non percepirà proventi, ma al contrario sosterrà oneri finanziari da versare a chi ha concesso il finanziamento. La risposta corretta è quindi la b), poiché, a parità di debito iniziale, più i tassi sono elevati, maggiore sarà il servizio del debito da sostenere e più forte sarà la contrazione dei consumi nel secondo periodo.

5.9.

La curva di offerta di lavoro individuale descrive la relazione tra le ore giornaliere di lavoro che l'individuo desidera prestare (L) e la remunerazione oraria del fattore lavoro, ovvero il salario w. Questa curva può essere crescente, se all'aumentare del salario aumentano anche le ore di lavoro che l'individuo desidera offrire, oppure decrescente se all'aumentare del salario diminuiscono le ore di lavoro offerte dall'individuo.

Al variare del salario (costo opportunità del tempo libero, TL), si hanno infatti due effetti. Ad esempio, ipotizzando *un aumento* del salario, si ha:

– un **effetto sostituzione**: consumo di meno il bene divenuto relativamente più caro: TL↓ L↑;

– un **effetto reddito**: se il tempo libero è un bene normale, permettendo il più alto salario possibilità d'acquisto più elevate, io ne voglio di più: TL↑ L↓.

I due effetti sull'offerta di lavoro sono quindi contrastanti.

Se a prevalere è l'effetto sostituzione allora la curva di offerta di lavoro avrà inclinazione positiva. Se a prevalere è invece l'effetto reddito allora la curva di offerta di lavoro avrà inclinazione negativa.

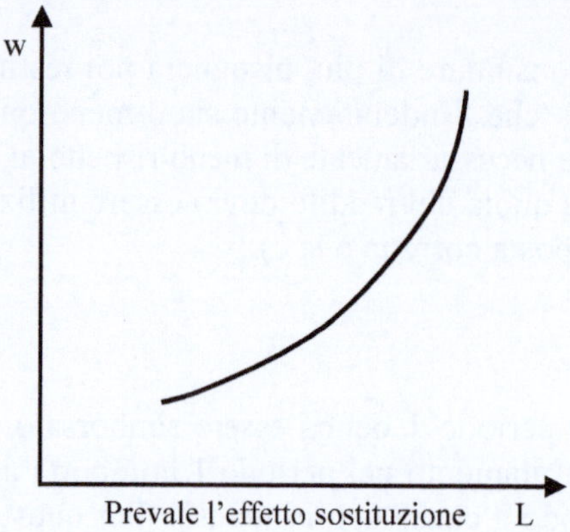

Prevale l'effetto sostituzione

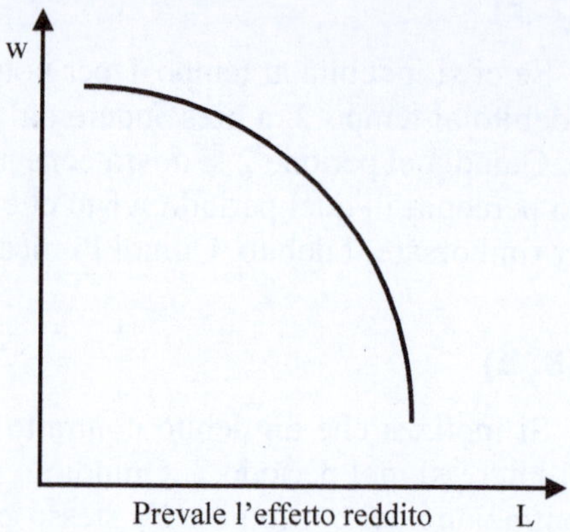

Prevale l'effetto reddito

L'andamento più probabile della curva di offerta di lavoro si ritiene che sia quello riportato nel seguente grafico:

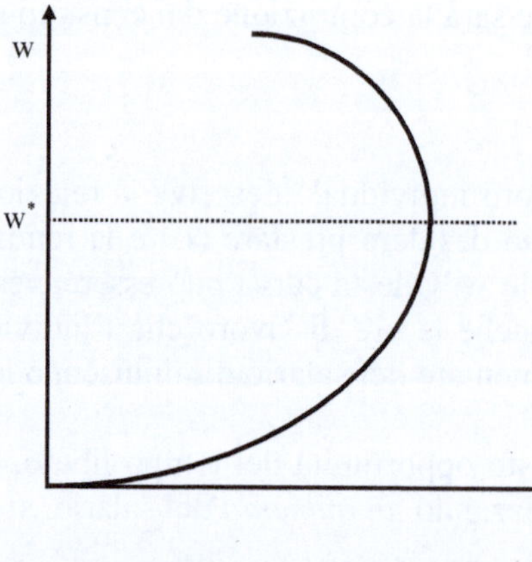

In questo caso per salari relativamente bassi ($w < w^*$) prevale l'effetto sostituzione, mentre per salari più elevati ($w > w^*$) prevale l'effetto reddito.

In conclusione, è dunque possibile che la curva di offerta di lavoro sia inclinata negativamente, poiché non è detto che un aumento del salario w implichi sempre un aumento dell'offerta di lavoro L.

5.10.

Vero. Come si è già detto nell'esercizio precedente, all'aumentare del salario avremmo infatti:

– l'**effetto sostituzione**: consumo di meno il bene divenuto relativamente più caro: TL↓ L↑.

– l'**effetto reddito**: se il tempo libero è un bene inferiore, permettendo il più alto salario possibilità d'acquisto più elevate, io ne voglio di meno: TL↓ L↑.

Sia l'effetto sostituzione che l'effetto reddito spingerebbero quindi in questo caso il lavoratore ad offrire più ore di lavoro a fronte di un aumento salariale. Si tratta comunque di un caso prettamente teorico.

5.11.

a) Un problema di ottimizzazione dell'utilità del lavoratore può essere impostato esattamente come un problema di ottimizzazione dell'utilità del consumatore. Anche in questo caso, infatti, siamo in presenza di un vincolo di bilancio e di una funzione di utilità da massimizzare; anche in questo caso il punto di massimo, in presenza di preferenze strettamente convesse, coincide con il punto di tangenza tra vincolo di bilancio e curva di indifferenza, come indicato in figura:

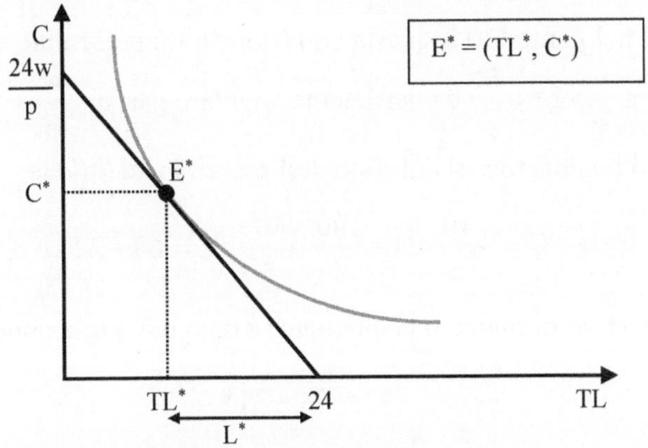

Ciò che cambia è che il reddito dell'individuo non è più esogeno, ma dipende dalle sue decisioni in tema di tempo libero/offerta di lavoro.

Cerchiamo di definire la forma analitica del nuovo vincolo di bilancio. (Per le curve di utilità non vi sono problemi, poiché si tratta delle note funzioni del tipo Cobb-Douglas).

Il vincolo di bilancio, descrivendo le possibilità di acquisto del consumatore/lavoratore, viene impostato anche in questa sede come uguaglianza tra quanto si guadagna e quanto si spende; i guadagni però consistono adesso in un reddito da lavoro, proporzionale al numero delle ore lavorate, a cui può eventualmente aggiungersi un reddito autonomo (M), non dipendente cioè dalle ore di lavoro (si pensi, ad esempio, agli interessi che maturano su precedenti investimenti); le spese sono, per comodità, individuate dal prodotto tra prezzo (p) e quantità (C) dell'unico bene (paniere) consumato. Si può quindi scrivere:

$$\text{quanto guadagno} = \text{quanto spendo}$$
$$M + w \cdot (24 - TL^*) = p \cdot C^*.$$

Si noti che essendo TL le ore di tempo libero giornaliere, 24 – TL sono le ore di lavoro giornaliere.

Esplicitiamo tale vincolo rispetto a C:

$$M + w \cdot 24 - w \cdot TL = p \cdot C$$

$$p \cdot C = M + w \cdot 24 - w \cdot TL.$$

Dividendo per p:

$$C = \frac{M}{p} + \frac{w}{p} \cdot 24 - \frac{w}{p} \cdot TL.$$

Ovvero:

$$C = \underbrace{\frac{w}{p} \cdot 24 + \frac{M}{p}}_{\text{intercetta}} \underbrace{- \frac{w}{p}}_{\text{coeff. ang.}} \cdot TL$$

Si noti che nel piano C/TL questa equazione è rappresentata come una retta con intercetta pari a $\frac{w}{p} \cdot 24 + \frac{M}{p}$ e coefficiente angolare pari a $-\frac{w}{p}$.

Sostituendo i valori forniti dal testo dell'esercizio, si ottiene:

$$C = -\frac{10}{5} \cdot 24 + \frac{100}{5} - \frac{10}{5} \cdot TL = 68 - 2TL.$$

Quindi il vincolo di bilancio (esplicitato) è dato dalla relazione:

$$C = 68 - 2TL.$$

Si veda il grafico riportato più avanti.

Nel punto di ottimo il SMS deve essere uguale all'inclinazione del vincolo di bilancio, ovvero al rapporto tra i prezzi, pari a – w/p. Poiché il SMS è il rapporto tra le utilità marginali dei due beni, si deve quindi avere:

$$\frac{Uma_{TL}}{Uma_C} = \frac{w}{p}.$$

Data la forma analitica delle curve d'indifferenza del nostro individuo, si ha:

$$SMS_{TL,C} = -\frac{Uma_{TL}}{Uma_C} = -\frac{C}{TL}$$

e quindi, costruendo l'uguaglianza (e semplificando i due segni negativi):

$$\frac{C}{TL} = \frac{w}{p}.$$

Il sistema che si deve impostare per determinare il punto di ottimo è quindi costituito da questa equazione e dal vincolo di bilancio:

Nel caso generale, si ha cioè:

$$\begin{cases} \dfrac{Uma_{TL}}{Uma_C} = \dfrac{w}{p} \\ C = \dfrac{w}{p} \cdot 24 + \dfrac{M}{p} - \dfrac{w}{p} TL \end{cases}$$

Con i dati dell'esercizio, le equazioni diventano:

$$\begin{cases} \dfrac{Uma_{TL}}{Uma_C} = \dfrac{w}{p} \\ C = 68 - 2TL \end{cases} \quad \begin{cases} \dfrac{C}{TL} = \dfrac{10}{5} = 2 \\ C = 68 - 2TL \end{cases} \quad \begin{cases} C = 2TL \\ C = 68 - C \end{cases} \quad \text{da cui:} \quad \begin{cases} C^* = 34 \\ TL^* = 17 \end{cases}$$

Quindi la coppia di TL e C che massimizza l'utilità è:

TL^* = 17 (quindi lavoro 7 ore: = 24 – 17)
C^* = 34

Naturalmente è necessario assicurarsi, per l'accettabilità dei risultati, che $TL \leq 24$.

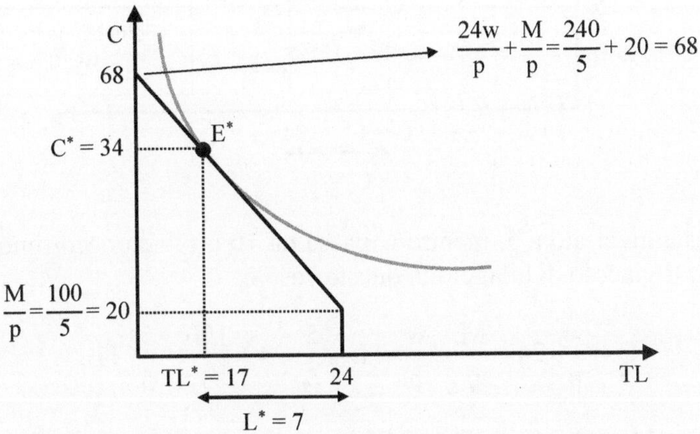

b) Se il prezzo raddoppia a 10, partendo dall'equazione del vincolo di bilancio:

$$C = \frac{w}{p} \cdot 24 + \frac{M}{p} - \frac{w}{p} \cdot TL$$

possiamo sostituire i nuovi valori e ottenere:

$$C = \frac{10}{10} \cdot 24 + \frac{100}{10} - \frac{10}{10} \cdot TL \quad \text{ovvero} \quad C = 34 - TL \quad (\text{con } TL \leq 24).$$

Il nuovo sistema di equazioni sarà dunque:

$$\begin{cases}\dfrac{C}{TL}=\dfrac{10}{10}\\ C=34-TL\end{cases} \quad \text{da cui}: \quad \begin{cases}C=TL\\ C=34-TL\end{cases} \quad \begin{cases}C=TL\\ C=17=TL\end{cases} \quad \begin{cases}C^{*}=17\\ TL^{*}=17\end{cases}$$

Il risultato globale è che C è diminuito, mentre TL è rimasto invariato.
Si può notare che, se C e TL sono entrambi beni normali:

– per l'effetto sostituzione: C diminuisce e TL aumenta;
– per l'effetto reddito: C diminuisce e TL diminuisce.

In questo caso i due effetti su TL si sono perfettamente controbilanciati.
Graficamente:

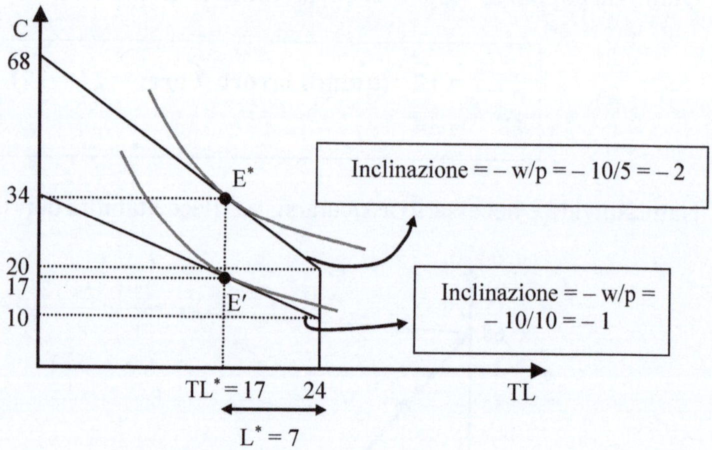

c) Se p resta invariato a 5, mentre w passa da 10 a 5, non occorrono particolari accorgimenti. Il vincolo di bilancio in questo caso è:

$$C=\frac{w}{p}\cdot 24+\frac{M}{p}-\frac{w}{p}\cdot TL=\frac{5}{5}\cdot 24+\frac{100}{5}-\frac{5}{5}\cdot TL.$$

Ovvero: $C = 44 - TL \quad (\text{con } TL \leq 24)$.
Si può reimpostare nuovamente il sistema:

$$\begin{cases}\dfrac{C}{TL}=\dfrac{w}{p}=\dfrac{5}{5}=1\rightarrow C=TL\\ C=44-TL\end{cases}$$

$$\begin{cases}C=TL\\ C=44-TL\end{cases}\rightarrow\begin{cases}\mathbf{C=TL=22}\\ \mathbf{C=22}\end{cases}$$

Come si vede, il fatto che TL = 22 implica che si lavori molto meno rispetto alla situazione iniziale (punto a). Le ore di lavoro si riducono infatti a 2 al giorno.

A causa del calo di w abbiamo infatti (con C e TL entrambi beni normali):

– per l'effetto sostituzione: TL aumenta e C diminuisce;
– per l'effetto reddito: TL diminuisce e C diminuisce (rispetto al punto a).

Il risultato finale in questo caso è che TL aumenta e C diminuisce. Nel determinare la variazione globale di TL è dunque prevalso l'effetto sostituzione.

d) La decisione è scelta in base alla funzione: $U = C \cdot TL$.

Nel primo caso (punto A) lavoro 8 ore al giorno, al salario orario di 10. Posso consumare:

$$C = \frac{100 + 10 \cdot 8}{5} = 36.$$

Poiché TL è uguale a 16 (= 24 – 8), il livello di utilità connesso a questa soluzione è:

$$U_A = 16 \cdot 36 = 576.$$

Nel secondo caso (punto B) non lavoro affatto (TL = 24) e godo comunque di un reddito di 100, che permette un consumo di 20 (= 100/5). Quindi: $U_B = 24 \cdot 20 = 480$.

La soluzione migliore è dunque la prima (lavorare), perché permette di ottenere un livello più elevato di utilità.

Graficamente:

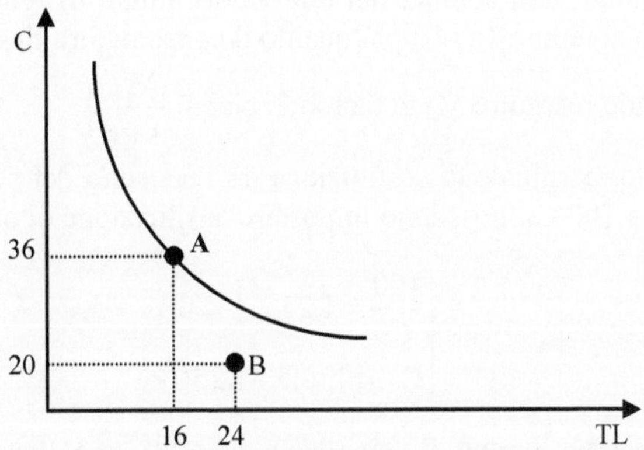

5.12.

a) In questo problema il vincolo di bilancio è intertemporale: i consumi complessivi dei periodi 1 e 2 dovranno essere pari ai redditi complessivamente percepiti nei periodi 1 e 2.

In figura:

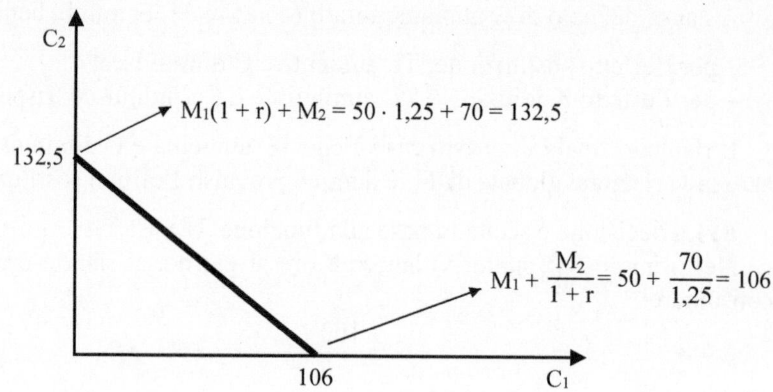

L'intercetta sulle ordinate indica le possibilità di spesa valutate al tempo 2 e corrisponde pertanto al valore futuro del reddito vitale del consumatore, ovvero alla quantità massima di consumi che il consumatore potrebbe avere nel periodo 2 se rinunciasse a qualsiasi consumo durante il periodo 1. Essa equivale alla somma dei due montanti di reddito, ovvero a tutto quanto percepito al tempo 2 (M_2) più quanto percepito al tempo 1, sul quale al tempo 2 saranno maturati gli interessi, cioè: $M_1 \cdot (1 + r)$. L'intercetta sulle ascisse rappresenta invece il valore attuale del reddito vitale del consumatore, ovvero la quantità massima di consumi che il consumatore potrebbe avere nel periodo 1 se rinunciasse a qualsiasi consumo durante il periodo 2. Essa equivale quindi alla somma dei due valori attuali di reddito, ovvero a tutto quanto percepito al tempo 1 (M_1) più quanto il consumatore riesce a farsi anticipare al tempo 1 potendo restituire M_2 al tempo 2, cioè: $\left(\frac{M_2}{1+r}\right)$.

b) Se il saggio marginale di sostituzione tra i consumi del periodo 2 e quelli del periodo 1 è pari a $100/C_1$, possiamo impostare la situazione di ottimo come segue:

$$\begin{cases} \frac{100}{C_1} = 1{,}25 \\ C_2 = 132{,}5 - 1{,}25C_1 \end{cases}$$

La prima relazione implica l'uguaglianza tra SMS e inclinazione del vincolo di bilancio (in valore assoluto); la seconda è proprio il vincolo di bilancio, espresso in termini di C_2. Il vincolo di bilancio è dato dall'eguaglianza tra consumi vitali e redditi vitali espressi al medesimo tempo. Così per esempio, esprimendo tutto al tempo 1, si ha:

$$C_1 + \frac{C_2}{1+r} = M_1 + \frac{M_2}{1+r}.$$

Esplicitando rispetto a C_2 si ha $C_2 = M_1(1+r) + M_2 - (1+r) \cdot C_1$ (in questo esercizio $C_2 = 132{,}5 - 1{,}25 \cdot C_1$).

Si noti che nello spazio cartesiano C_1 C_2 si tratta di una retta con intercetta verticale pari a $M_1(1+r) + M_2$ (qui 132,5) e inclinazione pari a $-(1+r)$ (qui $-$ 1,25).

Risolvendo il sistema si ottengono le seguenti soluzioni d'equilibrio:

$$C_1^* = \mathbf{80} \text{ e } C_2^* = 132{,}5 - 1{,}25 \cdot 80 = \mathbf{32{,}5}.$$

Graficamente:

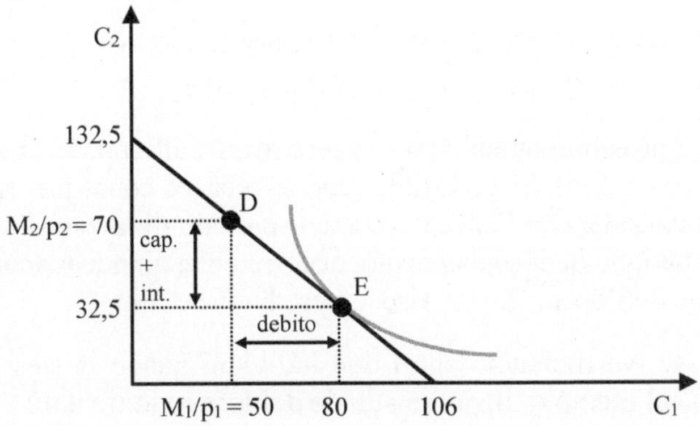

❖ **Nota:** Nella figura il punto D è il punto di dotazione iniziale, in corrispondenza del quale in ogni periodo si consuma esattamente ciò che si può acquistare con il reddito di quel periodo (non si presta denaro, né ci si indebita).
Si osservi che in questo esercizio non avevamo alcuna indicazione sulla forma delle preferenze intertemporali: l'unica informazione è che il SMS (cioè l'inclinazione delle curve di indifferenza, ovvero il rapporto tra l'utilità marginale del consumo al tempo 1 e l'utilità marginale del consumo al tempo 2) è pari, in valore assoluto, alla relazione $100/C_1$. Il SMS risulta quindi decrescente al crescere di C_1.

c) Confrontando consumi e redditi si può osservare che al tempo 1 il consumatore si indebita, essendo $M_1 < C_1$ (50 < 80). Tale indebitamento, pari a 30, è oneroso, cosicché al tempo 2 egli deve rimborsare capitale e interessi per un ammontare complessivo di 37,5 (= 30 + 30 · 0,25).

Nel periodo 2 il consumatore deve quindi risparmiare una quota notevole del proprio reddito; i consumi sono infatti soltanto 32,5 a fronte di un reddito di 70. In questo modo evita però di lasciare debiti intergenerazionali.

d) La somma restituita nel periodo 2 è pari a 37,5.
C_2 risulta quindi pari a $C_2 = 70 - 37{,}5 = 32{,}5$.

5.13.

Anche in questo problema il vincolo di bilancio è intertemporale: i consumi complessivi dei periodi 1 e 2 dovranno essere pari ai redditi complessivamente percepiti nei periodi 1 e 2. Tuttavia occorre ricordare che non si possono sommare importi disponibili in tempi diversi senza prima averli resi omogenei tra loro mediante operazioni di attualizzazione o di capitalizzazione. Di conseguenza, assumendo che "r" sia il tasso di capitalizzazione (o di attualizzazione) intertemporale, si può scrivere il vincolo di bilancio come segue:

– attualizzando tutte le somme all'epoca iniziale:

$$C_1 + \frac{C_2}{(1+r)} = M_1 + \frac{M_2}{(1+r)};$$

– oppure capitalizzando tutte le somme all'epoca finale:

$$C_1(1+r) + C_2 = M_1(1+r) + M_2.$$

Naturalmente è possibile indebitarsi (o accreditarsi) all'epoca 1, purché tale posizione di debito (o credito) venga estinta (con le relative conseguenze finanziarie) all'epoca 2. Se si considerasse l'epoca 1 come il periodo di lavoro di una persona e l'epoca 2 come il periodo di pensionamento, occorrerebbe quindi assicurarsi che l'individuo, al termine dell'epoca 2, non lasci né eredità né debiti.

a) Ciò premesso, verifichiamo che i due individui hanno la stessa capacità di spesa, calcolando, ad esempio, il valore attuale dei loro redditi vitali:

$$A: 500 + \frac{1.100}{1,1} = 1.500$$

$$B: 1.000 + \frac{550}{1,1} = 1.500.$$

(Ovviamente avremmo anche potuto calcolare il montante dei loro redditi vitali, ottenendo anche in questo caso la prova che le loro potenzialità sono le stesse:

$$500 \cdot 1,1 + 1.100 = 1.000 \cdot 1,1 + 550 = 1.650).$$

Graficamente:

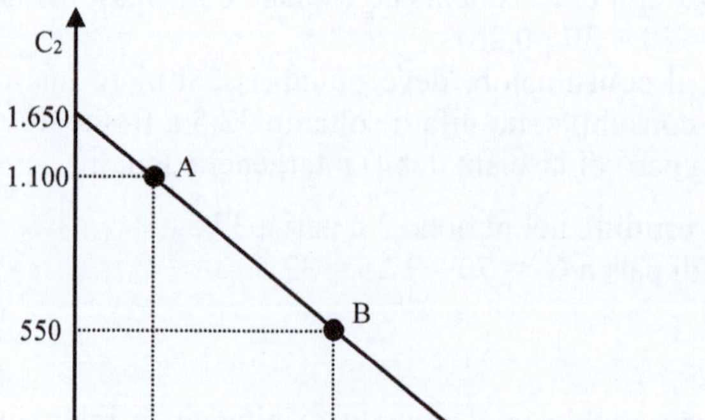

Il vincolo di bilancio intertemporale è quindi lo stesso per i due individui. I punti di dotazione iniziale sono invece A e B, rispettivamente, per l'individuo A e per l'individuo B.

b) Il problema da risolvere per entrambi i consumatori è:

$$\max_{C_1,C_2} \quad U = C_1^{0,5}\, C_2^{0,5}$$

$$\text{sotto il vincolo: } C_2 = M_2 + M_1(1+r) - C_1(1+r).$$

Occorre quindi impostare un sistema che soddisfi il vincolo di bilancio e la condizione di tangenza tra vincolo di bilancio e curva di indifferenza (preferenze strettamente convesse). Per quest'ultima condizione l'inclinazione delle curve di indifferenza (cioè il SMS) deve essere uguale, nel punto di ottimo, a quella del vincolo di bilancio (che deve quindi essere esplicitato rispetto a C_2).

Utilizzando "r" quale tasso di omogeneizzazione intertemporale, si può quindi impostare il seguente sistema:

$$\begin{cases} -\dfrac{Uma_{C_1}}{Uma_{C_2}} = -(1+r) \\ \text{vincolo di bilancio} \end{cases}$$

Con i dati dell'esercizio si ha:

$$\begin{cases} \dfrac{0,5 \cdot C_1^{0,5-1} \cdot C_2^{0,5}}{0,5 \cdot C_1^{0,5} \cdot C_2^{0,5-1}} = \dfrac{C_2}{C_1} = 1+r \qquad \rightarrow C_2 = C_1 \cdot 1,1 \\ C_2 = 1.650 - C_1 \cdot 1,1 \end{cases}$$

e quindi:

$$\begin{cases} C_2 = C_1 \cdot 1,1 \\ 2C_2 = 1.650 \end{cases} \quad \text{da cui: } \begin{cases} \mathbf{C_1 = 750} \\ \mathbf{C_2 = 825} \end{cases}$$

Tornando alla rappresentazione grafica possiamo tracciare il punto di ottimo:

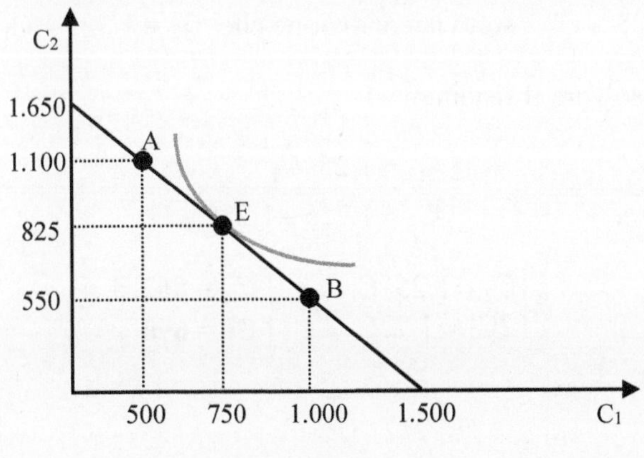

Si osservi che i due consumatori non si differenziano tra loro né per capacità di spesa né per tipo di preferenze (che sono infatti le stesse), cosicché la situazione ottimale di A è anche la situazione ottimale di B (punto E).

c) Essendo $C_1^* = 750$, il consumatore A deve prendere a prestito 250 nel periodo 1 (il suo reddito M_1 è infatti pari a 500 e $p_1 = 1$), restituendo poi 275 (= 250 · 1,1) nel periodo 2; quindi i consumi del secondo periodo saranno pari al reddito del secondo periodo (1.100) meno la somma necessaria per rimborsare i debiti, aumentati di interesse (275). È quindi evidente che $C_2^* = 1.100 - 275 = 825$.

Al contrario, il consumatore B può dare a prestito 250 nel periodo 1 e ritirare poi 275 (= 250 · 1,1) nel periodo 2 (capitale e interessi), aumentando così la sua capacità di spesa, che sale a 825 (= 550 + 275).

5.14.

Con un tasso del 25% il valore attuale (o il montante) dei redditi dei due individui non è più lo stesso. Infatti:

valore attuale dei redditi di A: $$500 + \frac{1.100}{1,25} = 1.380$$

valore attuale dei redditi di B: $$1.000 + \frac{550}{1,25} = 1.440$$

montante dei redditi di A: $$500 \cdot 1,25 + 1.100 = 1.725$$

montante dei redditi di B: $$1.000 \cdot 1,25 + 550 = 1.800.$$

La prima considerazione da fare è dunque che B ha ora una capacità di spesa superiore rispetto ad A. Ciò ci costringe ad impostare e ad eseguire separatamente i calcoli.

A) Il problema di massimo per il consumatore A è quindi il seguente:

$$\max U = C_1^{0,5} \cdot C_2^{0,5} \text{ sotto la condizione che: } C_2 = 1.725 - C_1 (1 + 0,25);$$

occorre quindi risolvere il sistema:

$$\begin{cases} C_2 = 1,25 \cdot C_1 \\ C_2 = 1.725 - 1,25 C_1 \end{cases}$$

$$\begin{cases} C_2 = 1,25 \cdot C_1 \\ 2C_2 = 1.725 \end{cases} \rightarrow \begin{cases} \mathbf{C_2^* = 862,5} \\ \mathbf{C_1^* = 690} \end{cases}$$

Graficamente:

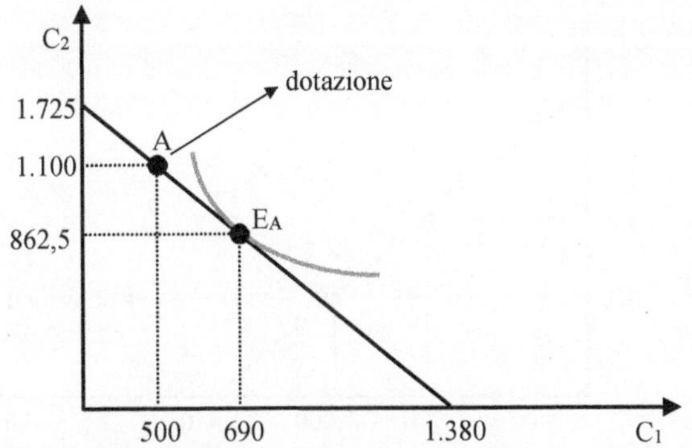

Rispetto alla risposta data nell'esercizio 5.13, possiamo osservare che, per il consumatore A, il livello dei consumi nel periodo 1 è diminuito (da 750 a 690), mentre quello del periodo 2 è aumentato (da 825 a 862,5).

Nel periodo 1 egli continua a prendere a prestito (dispone infatti di redditi inferiori ai consumi: 500 contro 690), ma l'indebitamento è ora divenuto più oneroso, cosicché i consumi al tempo 2 saranno notevolmente inferiori alla somma M_2 percepita in quel periodo; il livello massimo complessivo di utilità raggiunto sarà quindi inferiore.

Naturalmente è possibile controllare la correttezza dei risultati ottenuti effettuando un ragionamento analogo a quello svolto nell'esercizio precedente. Infatti:

$690 - 500 = 190$ (indebitamento del periodo 1);
$190 \cdot 1,25 = 237,5$ (capitale + interessi da rimborsare nel periodo 2);
$1.100 - 237,5 = 862,5$ (consumi del periodo 2).

B) Per il consumatore B si procede in modo analogo:

$$\max U = C_1^{0,5} \cdot C_2^{0,5} \text{ sotto la condizione che: } C_2 = 1.800 - C_1(1 + 0,25);$$

occorre quindi risolvere il sistema:

$$\begin{cases} |SMS| = \dfrac{Uma_{C_1}}{Uma_{C_2}} = \dfrac{C_2}{C_1} = 1 + 0,25 \\ C_2 = 1.800 - C_1(1 + 0,25) \end{cases}$$

$$\begin{cases} C_2 = 1,25 \cdot C_1 \\ C_2 = 1.800 - 1,25 \cdot C_1 \end{cases}$$

$$\begin{cases} C_2 = 1,25 \cdot C_1 \\ 2C_2 = 1.800 \end{cases} \rightarrow \begin{cases} \mathbf{C_2^* = 900} \\ \mathbf{C_1^* = 720} \end{cases}$$

Graficamente:

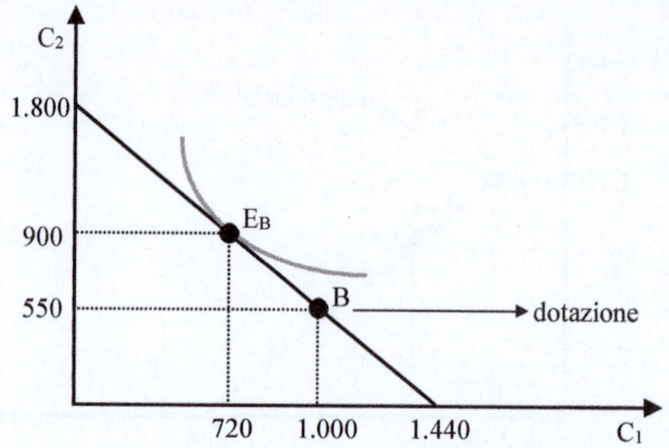

Anche per B il consumo nell'epoca 1 è diminuito (da 750 a 720). L'individuo B continua a dare a prestito (1.000 – 720 = 280); i suoi consumi nel periodo 2 (900) saranno così pari al reddito di quel periodo (550) più la somma risparmiata, su cui sono maturati gli interessi (280 · 1,25 = 350). Si noti che ora B può lucrare interessi maggiori, che gli consentono di aumentare i consumi del periodo 2 e di accrescere con essi l'utilità globale:

- massimo livello di utilità con r = 0,1: $U_0 = C_1^{*0,5} \cdot C_2^{*0,5} = 750^{0,5} \cdot 825^{0,5} = 787$;
- massimo livello di utilità con r = 0,25: $U_0 = C_1^{*0,5} \cdot C_2^{*0,5} = 720^{0,5} \cdot 900^{0,5} = 805$.

5.15.

Si noti, per inciso, che l'affermazione descrive la situazione in cui si trova l'individuo B dell'esercizio precedente. Qui si chiede di considerare un quadro generale e di dire se il comportamento del consumatore può essere previsto fin dall'inizio e se non può che essere questo.

In effetti l'affermazione è vera.

Rappresentiamo la situazione graficamente:

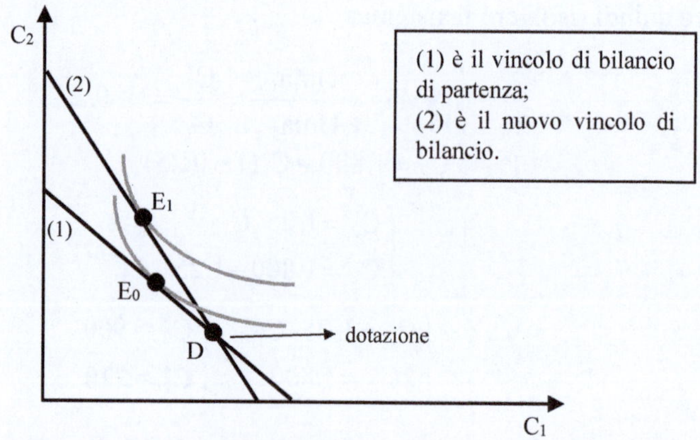

Come si può vedere dal grafico, le scelte a destra del punto di dotazione D sul vincolo di bilancio (2) erano già disponibili nella situazione iniziale e sono state rifiutate a favore di E_0.

Poiché E_0 è ancora disponibile in corrispondenza del nuovo vincolo di bilancio, il nuovo punto di ottimo E_1 deve trovarsi al di fuori dell'insieme di bilancio iniziale, con un livello di utilità sicuramente maggiore.

5.16.

L'affermazione è vera: infatti il consumatore, a seguito di una diminuzione del tasso d'interesse, prende a prestito una somma maggiore di prima. In questo caso, infatti, C_1 tende ad aumentare sia per effetto sostituzione (C_1 è diventato relativamente meno oneroso) che per effetto reddito (se si tratta di un bene normale). In tal modo la sua utilità aumenta, come si evince osservando la posizione del punto E′ del grafico, associato a un'utilità maggiore rispetto al punto E.

Si ricordi che, con tassi d'interesse inferiori, il vincolo di bilancio è meno inclinato.

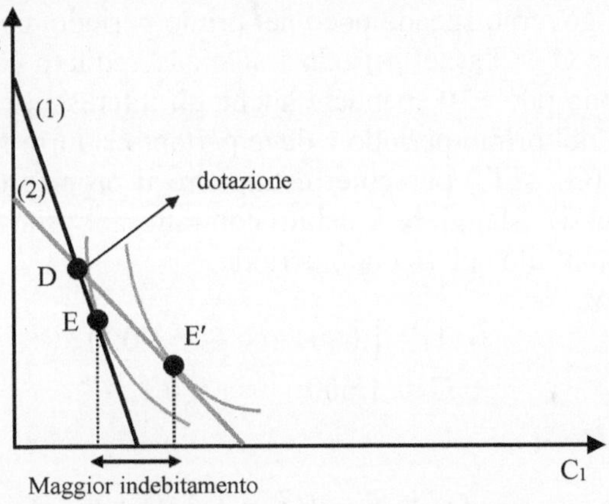

(1) è il vincolo di bilancio iniziale e (2) è il nuovo vincolo di bilancio.

5.17.

Il modello utilizzato per le scelte intertemporali del consumatore può essere utilizzato anche in questa circostanza con semplici adattamenti. Siano:

G_1, G_2 i consumi del governo;

T_1, T_2 i redditi del governo.

Il vincolo di bilancio può essere allora scritto nella forma:

$$G_2 = T_2 + T_1(1+r) - G_1(1+r) .$$

Utilizziamo un grafico che consenta di evidenziare le tre possibili situazioni:

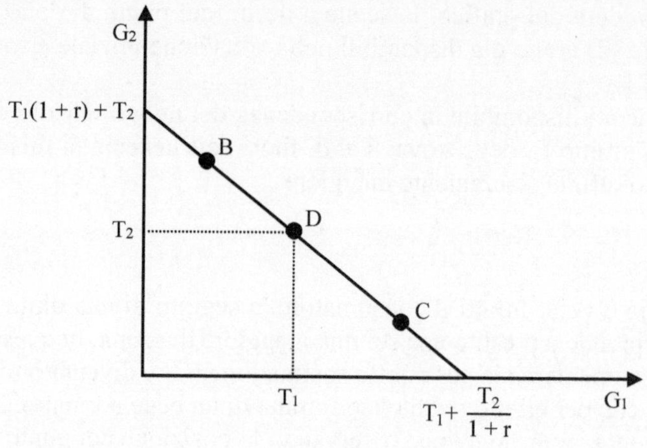

In D il governo spende nel primo periodo proprio $G_1 = T_1$ e nel secondo periodo proprio $G_2 = T_2$: quindi né si indebita né si accredita. È l'equivalente del punto di dotazione. In B il governo spende poco nel primo periodo, cosicché nel secondo periodo può spendere $G_2 > T_2$ (nel periodo 1 si era accreditato nei confronti del Paese e nel secondo periodo può così spendere anche gli interessi percepiti). In C il governo si è indebitato nel primo periodo e deve pertanto ridurre fortemente le spese nel secondo periodo ($G_2 < T_2$) per poter estinguere il proprio debito (sul quale sono maturati gli interessi). Maggiore il debito contratto nel primo periodo, minore il livello di spesa sostenibile nel secondo periodo.

Se, ad esempio:

$$T_1 = 1.000 \qquad T_2 = 1.000$$

$$G_1 = 1.600 \qquad r = 0,1.$$

Si avrà:

$$G_2 = T_2 - (G_1 - T_1) \cdot (1 + r)$$

Ovvero:

$$G_2 = 1.000 - (1.600 - 1.000) \cdot 1,1 = 1.000 - \underbrace{600 \cdot 1,1}_{660} = 340.$$

Nel secondo periodo la spesa pubblica (G_2) dovrà quindi essere di molto inferiore alle entrate del periodo (T_2).

6

Isoquanti. Funzioni di produzione. Costi di produzione

Ipotesi di lavoro:

- Si considerano funzioni di produzione con al massimo due fattori produttivi (capitale e lavoro);
- K e L rappresentano rispettivamente le quantità dei fattori produttivi capitale e lavoro;
- r e w rappresentano i prezzi dei fattori K e L;
- Q (o q o Y) indica la quantità prodotta dall'impresa;
- in un sistema di assi cartesiani, il fattore L è misurato sull'asse delle ascisse e il fattore K sull'asse delle ordinate;
- CT_{LP}, Cme_{LP} e Cma_{LP} indicano, rispettivamente, i costi totali, medi e marginali di lungo periodo;
- CT_{BP}, Cme_{BP} e Cma_{BP} indicano, rispettivamente, i costi totali, medi e marginali di breve periodo;
- CV e CVme indicano, rispettivamente, i costi variabili (totali) e i costi variabili medi
- CF e CFme indicano, rispettivamente, i costi fissi (totali) e i costi fissi medi.

Domande a risposta chiusa

6.1.

La curva di isoquanto:

a) esprime la relazione tra la produzione totale e la quantità di fattore produttivo utilizzata;

b) identifica tutte le combinazioni (K, L) di eguale costo;

c) identifica tutte le combinazioni (K, L) che consentono di produrre la stessa quantità Q;

d) ha pendenza positiva.

6.2.

Il saggio marginale di sostituzione tecnica (SMST):

a) è uguale alla pendenza (in valore assoluto) delle rette di isocosto;
b) è uguale al rapporto tra i prezzi dei due fattori produttivi;
c) dipende dai prezzi dei due fattori produttivi;
d) è uguale (in valore assoluto) al rapporto tra le produttività marginali dei due fattori.

6.3.

Se, aumentando di una unità l'impiego di lavoro, l'impresa può rinunciare a due unità di capitale e produrre ancora lo stesso output, allora il $SMST_{L,K}$ (saggio marginale di sostituzione tecnica) è, in valore assoluto, uguale a:

a) ½;
b) 2;
c) 1;
d) 4.

6.4.

Se il $SMST_{L,K}$ (saggio marginale di sostituzione tecnica) è in valore assoluto uguale a 2, allora il rapporto tra Pma_K/Pma_L è uguale (sempre in valore assoluto) a:

a) 2;
b) 1;
c) ½;
d) 4.

6.5.

Quale dei sistemi di isoquanti rappresentati nella figura sottostante mostra, in corrispondenza dell'intensità fattoriale K/L = 1, rendimenti di scala costanti?

a) parte A;
b) parte B;
c) parte C;
d) occorrono ulteriori informazioni.

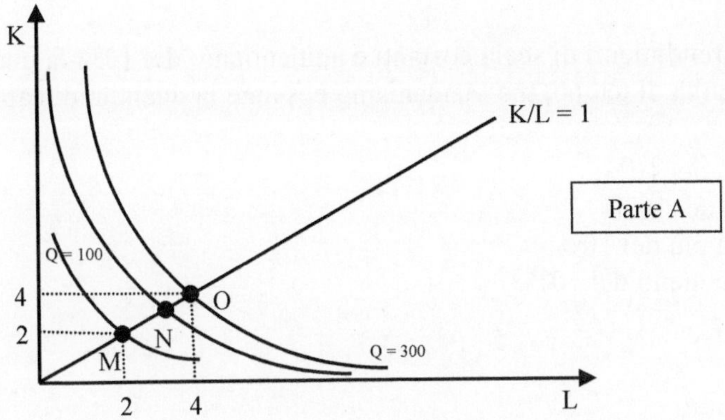
K
K/L = 1
Parte A
Q= 100
4
2
O
N
M
Q = 300
2
4
L

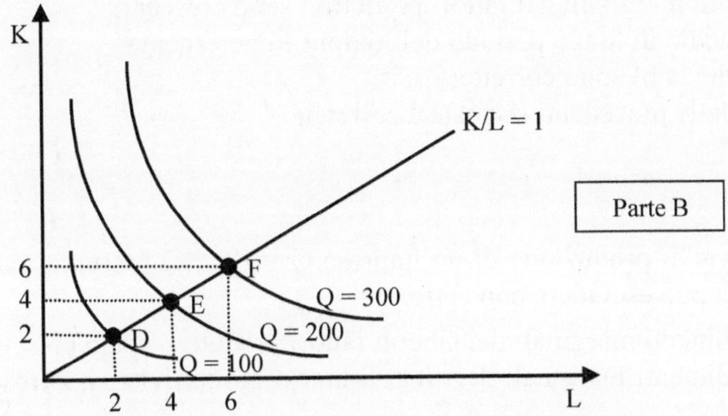
K
K/L = 1
Parte B
6
4
2
F
E
D
Q = 300
Q = 200
Q = 100
2
4
6
L

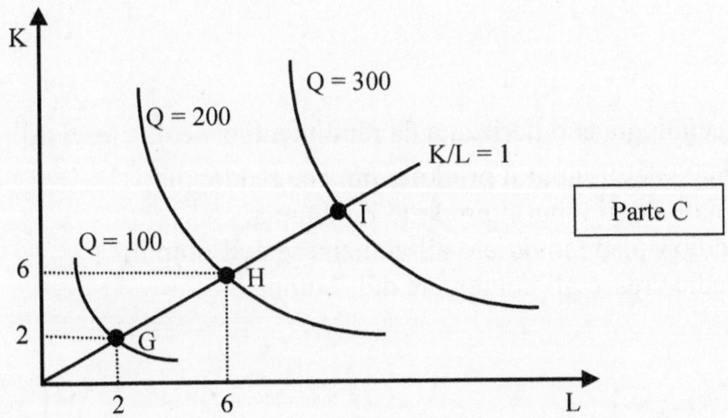
K
Q = 300
Q = 200
K/L = 1
Parte C
I
Q = 100
6
H
2
G
2
6
L

6.6.

Se abbiamo rendimenti di scala costanti e aumentiamo del 10% la quantità di lavoro usata per unità di tempo, ma manteniamo costante la quantità di capitale, l'output:

a) aumenterà del 10%;
b) diminuirà del 10%;
c) aumenterà più del 10%;
d) aumenterà meno del 10%.

6.7.

Se la funzione di produzione di un'impresa presenta rendimenti di scala crescenti si può affermare con certezza:

a) i rendimenti marginali dei fattori produttivi sono crescenti;
b) il costo medio di lungo periodo dell'output è decrescente;
c) sia la a) che la b) sono corrette;
d) nessuna delle precedenti risposte è corretta.

6.8.

Se la funzione di produzione di un'impresa Q = f(L, K) presenta rendimenti di scala costanti, si può escludere con certezza:

a) che i rendimenti marginali dei singoli fattori produttivi siano crescenti;
b) che i rendimenti marginali dei singoli fattori produttivi siano crescenti o costanti;
c) che i rendimenti marginali dei singoli fattori produttivi siano decrescenti;
d) che il costo medio di lungo periodo dell'output sia costante.

6.9.

Nel caso di tecnologia caratterizzata da rendimenti di scala crescenti:

a) al raddoppiare degli input il prodotto più che raddoppia;
b) al raddoppiare degli input il prodotto raddoppia;
c) il costo medio rimane invariato all'aumentare dell'output;
d) il costo medio cresce all'aumentare dell'output.

6.10.

In una funzione di produzione del tipo Cobb-Douglas ($Y = AK^{\alpha}L^{\beta}$), dove Y è l'output, K è il capitale e L è il lavoro, se $\alpha + \beta < 1$:

a) i rendimenti di scala sono costanti;
b) i rendimenti di scala sono crescenti;

c) i rendimenti di scala sono decrescenti;
d) i rendimenti di scala sono indipendenti dai coefficienti α e β e sempre costanti.

6.11.

La seguente funzione di produzione Y = K + 2L presenta:

a) rendimenti di scala crescenti;
b) rendimenti di scala decrescenti;
c) rendimenti di scala costanti;
d) nessuna delle precedenti risposte.

6.12.

La funzione di produzione Y = K · L ha rendimenti di scala:

a) costanti;
b) crescenti;
c) decrescenti;
d) nessuna delle precedenti risposte.

6.13.

Se la funzione di produzione è Y = K · L, la produttività marginale del lavoro, al variare dell'impiego del fattore *lavoro*, è:

a) costante;
b) crescente;
c) decrescente;
d) nessuna delle precedenti risposte.

6.14.

Se la funzione di produzione è Y = K · L, la produttività marginale del lavoro, all'aumentare dell'impiego del fattore *capitale*, è:

a) costante;
b) crescente;
c) decrescente;
d) nessuna delle precedenti risposte.

6.15.

Si consideri la funzione di produzione *di breve periodo* Q = f (L, K). Sapendo che w = 10 e che i costi marginali relativi al livello di produzione attualmente in essere sono pari a 200, si può dedurre che la Pma_L sarà pari a:

a) 2;
b) 1;
c) 0,05;
d) non è possibile dedurlo con i dati a disposizione.

6.16.

Se la produttività marginale di un fattore è positiva allora il prodotto totale, al crescere della quantità impiegata di quel fattore, è:

a) crescente;
b) decrescente;
c) costante;
d) occorre conoscere anche la produttività marginale dell'altro fattore.

6.17.

Se il prodotto totale cresce al crescere della quantità impiegata di un fattore produttivo, allora la produttività marginale di quel fattore è:

a) positiva e crescente;
b) positiva e decrescente;
c) positiva e costante;
d) positiva.

6.18.

Se aumenta w la retta dell'isocosto relativa a un certo budget:

a) diventa più ripida; aumenta inoltre la sua intercetta orizzontale;
b) diventa più ripida; diminuisce inoltre la sua intercetta orizzontale;
c) diventa meno ripida; aumenta inoltre la sua intercetta orizzontale;
d) diventa meno ripida; diminuisce inoltre la sua intercetta orizzontale.

6.19.

Con isoquanti convessi, dati w = 10 ed r = 5, nel punto di ottimo la $Pma_L = 50$. Sempre nel punto di ottimo la Pma_K sarà uguale a:

a) 10;
b) 100;
c) 25;
d) 5.

6.20.

Un'impresa produce una certa quantità di prodotto con una determinata combinazione di K e di L. I suoi isoquanti sono convessi. In corrispondenza della combinazione scelta, la Pma_L è pari a 10, quella del capitale (Pma_K) è pari a 20, mentre w = 3 ed r = 7. Per massimizzare i profitti:

a) si è fatta la scelta corretta;
b) occorre aumentare K e diminuire L;
c) occorre aumentare L e diminuire K;
d) occorre aumentare sia L che K.

6.21.

Se il costo totale è crescente, deve essere necessariamente vero che:

a) il costo marginale è positivo;
b) il costo marginale è crescente;
c) la curva del costo marginale giace al di sopra della curva di costo totale;
d) il costo medio è costante.

6.22.

Se il costo variabile medio per un'impresa è costante, il costo medio complessivo è di norma, in presenza di costi fissi:

a) costante;
b) decrescente;
c) crescente;
d) bisogna conoscere la funzione di produzione per poter rispondere.

6.23.

I CT_{BP} (costi totali di breve periodo) non possono mai essere inferiori ai CT_{LP} (costi totali di lungo periodo):

a) sempre vero;
b) spesso vero;
c) alle volte vero;
d) falso.

6.24.

Quale delle seguenti funzioni di costo non può mai essere costante al variare del livello di produzione:

a) il costo marginale (Cma);
b) il costo variabile medio (CVme);
c) il costo fisso medio (CFme);
d) nessuna delle precedenti funzioni.

6.25.

La curva di costo *medio* di lungo periodo di un'impresa è una retta orizzontale:

a) nel caso di rendimenti di scala crescenti;
b) nel caso di rendimenti di scala costanti;
c) nel caso di rendimenti di scala decrescenti;
d) non può mai essere una retta orizzontale.

6.26.

Il Cma è dato da:

a) l'inclinazione della curva dei CF;
b) l'inclinazione della curva dei CV ma non l'inclinazione della curva dei CT;
c) l'inclinazione della curva dei CT ma non l'inclinazione della curva dei CV;
d) l'inclinazione della curva dei CV o l'inclinazione della curva dei CT.

☞ Esercizi

6.27.

Si supponga che un certo impianto lavori secondo la funzione di produzione: $Q = AL^{\alpha}K^{\beta}$ (dove Q è la quantità prodotta, L l'input di lavoro e K l'input di capitale).

Per quali valori di α e di β è corretto affermare che l'impianto opera in regime di rendimenti crescenti? E costanti? E decrescenti? Dimostratelo.

6.28.

Determinate quale tipo di rendimenti di scala caratterizzano le seguenti funzioni di produzione:

a) $Q = L^2 + K$;
b) $Q = 98L + 47K$;
c) $Q = 2K + 3L$;
d) $Q = K^{1/2} L^{2/3}$;
e) $Q = 3K^{1/2} L^{1/2}$;
f) $Q = K^{1/2} + L^{1/2}$.

Ipotizzando che il costo unitario del lavoro (w) e del capitale (r) siano costanti, tracciate le rispettive curve dei costi totali.

6.29.

Sia la seguente funzione di produzione: $Q = L^{\alpha} K^{1-\alpha}$ dove α vale 0,75.

a) Se L aumenta dell'8% e K aumenta dell'8%, di quanto aumenta la produzione?

b) Quali sono le produttività marginali del lavoro e del capitale se L e K valgono entrambi 10?

c) Qual è la produttività marginale del lavoro se Q = 100 e L = 10?

d) Qual è l'intensità fattoriale nei casi previsti ai punti b) e c)?

6.30.

a) Data la funzione di produzione Q = f (L, K) = L + 2K, disegnate gli isoquanti corrispondenti alle quantità Q = 20 e Q = 40; dite poi di che tipo di rendimenti di scala siamo in presenza.

b) Se w = r = 1, quale combinazione tra L e K verrà scelta se si vogliono minimizzare i costi per ottenere una produzione Q = 40?

c) Quale sarà il costo minimo per produrre Q = 40?

6.31.

Sia la funzione di produzione: $Q = K^{1/4} L^{1/4}$ e siano w = r = 1.

a) Trovate il punto di ottimo impiego dei due fattori se la spesa totale deve essere di 100.

b) Che tipo di rendimenti di scala presenta questa funzione?

6.32.

Sia la funzione di produzione: $Q = L^{0,5} K^{0,5}$ e siano w = 2 e r = 4.

Quale combinazione di L e K permette di raggiungere una produzione Q pari a 500 pezzi a costi minimi? Quale sarà la spesa?

6.33.

Come l'esercizio precedente, ma con $\alpha = 0{,}7$ e $\beta = 0{,}3$.

6.34.

È sempre vero che, in corrispondenza della posizione di ottimo, qualora questa sia un punto di tangenza tra isoquanto e isocosto, la produttività marginale di un euro speso nell'acquisto del fattore L è uguale alla produttività marginale di un euro speso nell'acquisto del fattore K?

6.35.

Data la funzione di produzione Q = min (L/2, K/3), determinate la coppia (L, K) di minimo costo per la produzione di Q = 20, sapendo che i prezzi di L e di K sono entrambi pari a 5 (cioè: w = r = 5).

6.36.

Data la funzione di produzione $Q = 2L + 5K$ determinate la coppia (L, K) di minimo costo per la produzione di $Q = 20$, sapendo che $r = w = 6$.

6.37.

Si consideri un'impresa che minimizza i costi per una data quantità prodotta Q_0. Si ipotizzi ora che w aumenti (con r costante).

Se vuole continuare a produrre la quantità Q_0, come cambierà la sua posizione di ottimo? E il costo minimo di produzione di questa quantità? Illustrate la vostra risposta avvalendovi di un grafico.

6.38.

Si ipotizzi che la produzione di un bene richieda l'impiego di due fattori, K e L. È corretto affermare che, data l'ipotesi di comportamento ottimizzante da parte del produttore, se i prezzi dei due fattori sono uguali, K e L devono essere impiegati in eguale ammontare?

6.39.

Vi è differenza tra i concetti di "rendimenti dei fattori decrescenti" e "rendimenti di scala decrescenti"? In caso affermativo, che differenza esiste?

Verificate numericamente se è possibile avere rendimenti di scala costanti e allo stesso tempo rendimenti decrescenti dei singoli fattori, utilizzando, a titolo di esempio, una funzione di produzione del tipo Cobb-Douglas.

6.40.

Si consideri un'impresa con tecnologia descritta dalla funzione di produzione: $Q = 2 \cdot K^{1/2} L^{1/2}$. Siano inoltre $w = 2$ ed $r = 8$.

a) Trovate le funzioni di costo totale, medio e marginale di lungo periodo.

b) Supponendo che nel breve periodo l'impresa sia vincolata ad utilizzare $K = 400$, trovate le corrispondenti funzioni di costo di breve periodo.

6.41.

Si ricavino geometricamente le curve dei Cme_{LP} e dei Cma_{LP} partendo dalla curva dei CT_{LP} e distinguendo i seguenti casi:

a) Rendimenti di scala costanti.

b) Rendimenti di scala crescenti.

c) Rendimenti di scala decrescenti.

d) Rendimenti di scala misti (prima crescenti e poi decrescenti).

6.42.

Si ricavino geometricamente le curve dei Cme_{BP}, $CVme_{BP}$ e dei Cma_{BP} partendo dalla curva dei CT_{BP} e distinguendo i seguenti casi:

a) Rendimenti del fattore lavoro costanti.
b) Rendimenti del fattore lavoro crescenti.
c) Rendimenti del fattore lavoro decrescenti.
d) Rendimenti del fattore lavoro misti (prima crescenti e poi decrescenti).

6.43.

Si commenti la seguente affermazione: “La distanza fra la curva del costo medio totale e la curva del costo medio variabile è costante perché rappresenta il valore del costo fisso”.

6.44.

Considerate un’impresa caratterizzata dalla seguente funzione di costo totale:

$$CT(q) = q^2 + 4.$$

a) Determinate le funzioni dei costi medi (totali e variabili) e dei costi marginali.
b) Determinate il livello di produzione in corrispondenza del quale i costi variabili medi uguagliano i costi marginali.
c) Determinate il livello di produzione in corrispondenza del quale i costi medi uguagliano i costi marginali.

6.45.

Un’impresa produce un determinato bene sostenendo costi fissi pari a 40. La funzione dei costi totali assume i seguenti valori, al variare della quantità prodotta:

Q	5	6	7	8	9	10
CT	45	57	70	88	108	130

Indicate, per ogni valore assunto da Q, l’entità dei costi marginali e del costo medio totale (suddividendo quest’ultimo in quota fissa e quota variabile).

6.46.

Supponete che la funzione di costo totale di un’impresa sia una retta perfettamente orizzontale.

a) Si tratta di una funzione di breve o di lungo periodo? Perché?

b) Quale significato assume una tale funzione?

c) Definite il costo marginale. Trovate il costo marginale di tale funzione e rappresentatelo graficamente.

d) Definite il costo medio. Trovate il costo medio di tale funzione e rappresentatelo graficamente.

6.47.

La funzione di costo totale di un'impresa è:

$$CT(q) = q^2 - 2q + 3.$$

Calcolate, in corrispondenza di un valore dell'output pari a 3:

a) il costo medio;

b) il costo marginale;

c) il costo fisso medio;

d) il costo variabile medio.

6.48.

La funzione di costo totale di un'impresa è: $CT(q) = q^2 + 25$.

Trovate il livello di output in corrispondenza del quale il costo medio è minimo.

Soluzioni

6.1. c)

Gli isoquanti sono i luoghi geometrici dei punti che rappresentano le combinazioni (K, L) che consentono tutte di produrre la stessa quantità. Nella loro costruzione si prescinde completamente da qualsiasi considerazione riguardante il costo delle varie alternative. Solitamente (fatte salve alcune eccezioni, di cui diremo) hanno inclinazione negativa: se aumento un fattore produttivo e voglio continuare a produrre la stessa quantità, di norma posso diminuire l'utilizzo dell'altro fattore.

6.2. d)

Il $SMST_{L,K}$ corrisponde all'inclinazione degli isoquanti ed è pari, in valore assoluto, al rapporto tra le produttività marginali dei due fattori.

Con isoquanti convessi, essendo il punto di ottimo di norma un punto di tangenza tra isoquanti e isocosti, il SMST risulta in quel punto pari all'inclinazione degli isocosti ovvero al rapporto tra i prezzi dei due fattori produttivi. Si noti però che ciò è vero soltanto nel punto di ottimo.

Nella costruzione degli isoquanti si prescinde invece completamente da qualsiasi riferimento al prezzo dei due fattori produttivi.

6.3. b)

La risposta corretta è la b). Infatti l'inclinazione delle curve di isoquanto (saggio marginale di sostituzione tecnica tra L e K) rappresenta la quantità di K a cui si può rinunciare se si incrementa di un'unità la quantità di L e si vuole mantenere inalterato il livello di produzione ($\Delta K/\Delta L$).

6.4. c)

Bisogna fare attenzione al fatto che nella prima frase dell'esercizio ci si riferisce al $SMST_{L,K}$, mentre le opzioni si riferiscono al rapporto inverso (cioè al rapporto tra la produttività marginale del capitale e la produttività marginale del lavoro). Va da sé che si tratta di cercare il reciproco rispetto al valore assegnato (in valore assoluto). Il valore corretto è quindi ½ (risposta c).

6.5. b)

In corrispondenza dell'intensità fattoriale $K/L = 1$, individuata da una retta in ciascuna delle tre parti della figura, la parte B mostra rendimenti di scala (RS) costanti: quando vengono raddoppiati entrambi gli input, l'output raddoppia; se vengono triplicati gli input, l'output triplica.

La parte A mostra invece RS crescenti: un aumento di entrambi gli input in una data proporzione determina un aumento più che proporzionale dell'output.

La parte C mostra infine RS decrescenti. In questo caso per raddoppiare l'output l'impresa deve più che raddoppiare entrambi gli input.

Si noti che non è detto che ciò che avviene lungo questo raggio ($K/L = 1$) avvenga anche in corrispondenza di altri raggi, ovvero di altre intensità fattoriali.

6.6. d)

In presenza di rendimenti di scala costanti, un aumento di una stessa percentuale di *tutti* i fattori produttivi determina un aumento dell'output della stessa percentuale.

In questo caso ad aumentare del 10% è però solo il lavoro; il capitale rimane infatti costante. Dobbiamo quindi escludere il caso a).

Non c'è poi motivo che si verifichi b), poiché ciò implicherebbe una produttività marginale del lavoro negativa. Non è possibile scegliere c), poiché con rendimenti di scala costanti i rendimenti dei fattori non possono essere crescenti.

La risposta esatta è dunque la d): l'output aumenta perché aumenta comunque un fattore produttivo, ma aumenta meno del 10% perché la scarsità del capitale non permette un aumento di questa entità.

6.7. b)

In presenza di rendimenti di scala crescenti, un aumento di entrambi gli input in una determinata proporzione determina un aumento più che proporzionale dell'output. In presenza solamente di questa informazione non siamo però in grado di dire come vari l'output se ad aumentare è un solo fattore produttivo; potremmo infatti avere un aumento dell'output meno che proporzionale rispetto all'aumento del fattore (rendimenti del fattore variabile decrescenti), un aumento nella stessa proporzione (rendimenti del fattore variabile costanti) o un aumento più che proporzionale (rendimenti del fattore variabile crescenti).

In presenza di RS crescenti la curva dei CT_{LP} avrà la seguente forma:

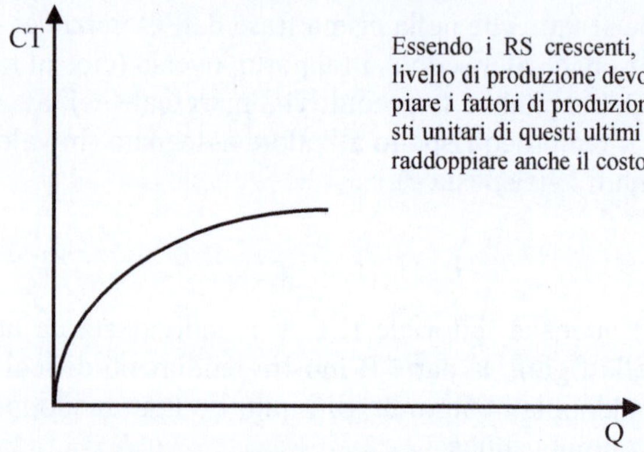

Essendo i RS crescenti, per raddoppiare il livello di produzione devo meno che raddoppiare i fattori di produzione e quindi, con costi unitari di questi ultimi costanti, meno che raddoppiare anche il costo totale.

Il Cme_{LP} sarà quindi decrescente (si noti che, essendo $Cme_{LP} = CT_{LP}/Q$, in corrispondenza di ogni livello di produzione esso è dato dall'inclinazione della congiungente il punto corrispondente sulla curva dei CT_{LP} e l'origine degli assi. Si veda anche l'esercizio 6.41). La risposta corretta è dunque solo la b).

6.8. b)

In presenza di rendimenti di scala costanti, se entrambi i fattori produttivi aumentano di una stessa percentuale, l'output aumenta anch'esso della stessa percentuale. Possiamo quindi escludere che, se ad aumentare di una certa percentuale *è un solo fattore*, l'output aumenti di una percentuale maggiore (rendimenti del fattore variabile crescente) o anche, nell'ipotesi realistica in cui entrambi i fattori produttivi abbiano delle produttività marginali positive, della stessa percentuale (rendimenti del fattore variabile costante).

In presenza di rendimenti di scala costanti la curva dei CT_{LP} è lineare e, conseguentemente, il Cme_{LP} è costante (si veda anche l'esercizio 6.41).

6.9. a)

Per la stessa definizione di rendimenti di scala crescenti.

Quanto all'andamento dei Cme_{LP} in questa situazione si rimanda all'esercizio 6.7.

6.10. c)

Una funzione di produzione del tipo Cobb-Douglas, come la seguente: $Q = AL^{\alpha}K^{\beta}$, presenta:

– rendimenti di scala costanti se $\alpha + \beta = 1$;
– rendimenti di scala crescenti se $\alpha + \beta > 1$;
– rendimenti di scala decrescenti se $\alpha + \beta < 1$.

Per una dimostrazione si veda l'esercizio 6.27.

6.11. c)

Le funzioni di produzione lineari presentano rendimenti di scala costanti.

Sia Q la produzione ottenibile con la quantità K di capitale e la quantità L di lavoro; allora la produzione ottenibile con la quantità λK di capitale e la quantità λL di lavoro risulta pari a λQ (con $\lambda > 1$).

Infatti:

$$Y = F(L, K) = K + 2L$$

$$Y' = F(\lambda L, \lambda K) = \lambda K + 2\lambda L = \lambda \cdot (K + 2L) = \lambda \cdot F(L, K) = \lambda Y.$$

6.12. b)

Si tratta infatti di una funzione di produzione del tipo Cobb-Douglas ($Q = AL^{\alpha}K^{\beta}$) con $\alpha + \beta > 1$. I rendimenti di scala sono quindi crescenti. Si veda anche l'esercizio 6.27.

6.13. a)

La produttività marginale del lavoro è definita come: $Pma_L = \frac{dQ}{dL}$.

In questo esercizio: $Pma_L = \frac{dQ}{dL} = K$ (si tratta infatti della derivata parziale della funzione di produzione rispetto al solo lavoro).

Al variare dell'impiego del fattore L, la produttività marginale del lavoro è, quindi, costante.

6.14. b)

Come già visto nell'esercizio precedente, la produttività marginale del lavoro è definita come: $Pma_L = \frac{dQ}{dL}$. In questo esercizio: $Pma_L = \frac{dQ}{dL} = K$.

All'aumentare dell'impiego del fattore K, la produttività marginale del lavoro è, quindi, crescente.

6.15. c)

Siamo nel breve periodo, cosicché gli unici costi variabili sono quelli del lavoro. Il fatto che i costi marginali relativi al livello di produzione attualmente in essere siano pari a 200 significa che per aumentare di una unità il livello di produzione i costi del lavoro debbono aumentare di 200 euro. Essendo w = 10, l'input del lavoro deve quindi aumentare di 200/10 = 20 unità.

Ma se per aumentare di una unità l'ouput occorrono 20 unità di lavoro in più, allora la $Pma_L = \frac{dQ}{dL} = \frac{1}{20} = 0{,}05$.

6.16. a)

Se la produttività marginale di un fattore F è positiva, $Pma_F = \frac{dQ}{dF} > 0$, allora, al crescere di F, cresce anche Q (una frazione è positiva se numeratore e denominatore hanno lo stesso segno).

6.17. d)

Sul fatto che la produttività marginale di quel fattore sia positiva non ci sono dubbi (si veda il commento all'esercizio precedente).

In assenza di ulteriori informazioni non siamo invece in grado di dire se, oltre a essere positiva, abbia un andamento crescente (derivata seconda: $\frac{dPma_F}{dF} = \frac{d^2Q}{dF^2} > 0$, come nella parte A del grafico), decrescente (derivata seconda: $\frac{dPma_F}{dF} = \frac{d^2Q}{dF^2} < 0$, come nella parte B del grafico) o costante (derivata seconda: $\frac{dPma_F}{dF} = \frac{d^2Q}{dF^2} = 0$, come nella parte C del grafico).

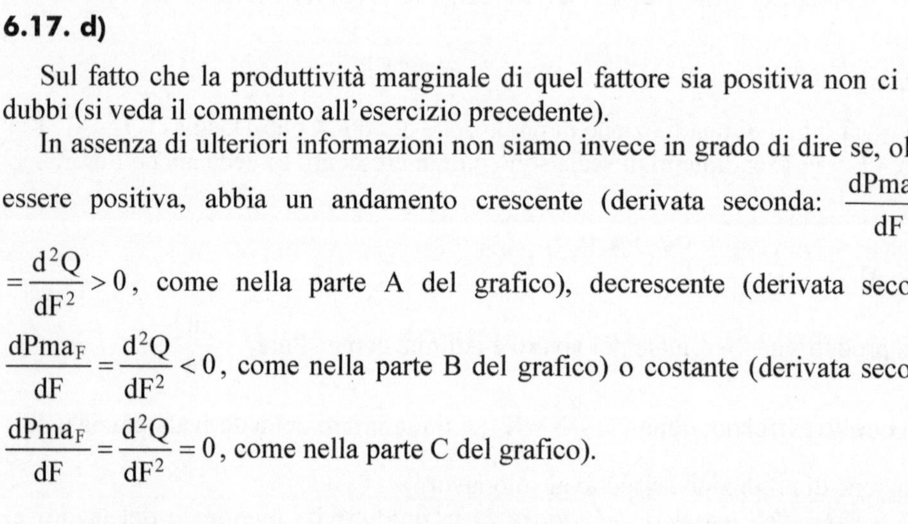

6.18. b)

Essendo l'inclinazione delle rette dell'isocosto pari in valore assoluto a w/r, all'aumentare di w, con r costante, essa aumenterà. Le rette dell'isocosto diventeranno quindi più ripide. L'intercetta orizzontale di una retta dell'isocosto rappresenta invece la massima quantità di L che si può acquistare con un certo budget. È allora evidente che se il budget a disposizione non varia e w aumenta, questa quantità diminuirà. L'intercetta verticale rimarrà invece immutata.

Graficamente (con w' > w) si ha:

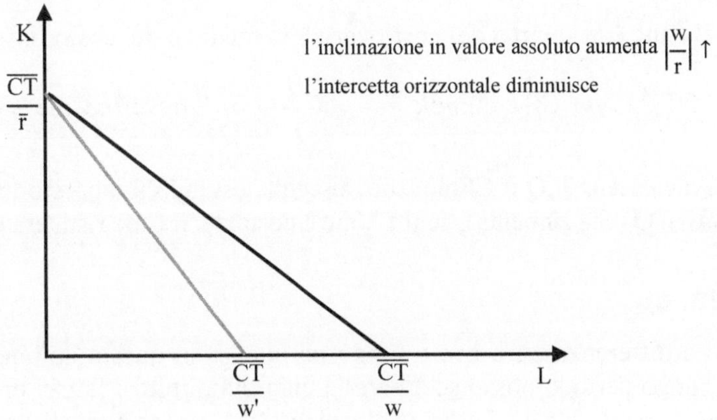

6.19. c)

Con isoquanti convessi il punto di ottimo è un punto di tangenza tra isoquanti e isocosti. In questo punto, quindi, l'inclinazione dell'isoquanto (= – Pma_L/Pma_K) sarà uguale all'inclinazione dell'isocosto (– w/r), ovvero:

$$\frac{Pma_L}{Pma_K} = \frac{w}{r}.$$

Sostituendo i dati dell'esercizio si ottiene: $\frac{50}{Pma_K} = \frac{10}{5}$, da cui: $Pma_K = \frac{50}{2} = 25$.

6.20. c)

Con isoquanti convessi nel punto di ottimo si deve verificare la seguente uguaglianza: $\frac{Pma_L}{Pma_K} = \frac{w}{r}$. Qui invece si ha $\frac{10}{20} \neq \frac{3}{7}$, quindi l'impresa non sta effettuando la scelta giusta. Si noti in particolare che: $\frac{Pma_L}{w} > \frac{Pma_K}{r}$, essendo $\frac{10}{3} > \frac{20}{7}$.
Occorrerebbe, quindi, aumentare L e diminuire K (si veda anche l'esercizio 6.34).

6.21. a)

Dire che il costo totale è crescente significa dire che esso aumenta se Q aumenta. In questo caso: $Cma = \frac{dCT}{dQ} > 0$, avendo numeratore e denominatore lo stesso segno. Non possiamo invece dire nulla sull'andamento della curva dei Cma (se crescente, decrescente, costante o mista) e dei Cme (si veda anche l'esercizio 6.41).

6.22. b)

Il Cme è la somma del costo variabile medio e del costo fisso medio. Infatti:

$$CT = CV + CF \text{ e quindi: } \frac{CT}{Q} = \frac{CV}{Q} + \frac{CF}{Q}, \text{ ovvero: } Cme = CVme + CFme.$$

Al crescere di Q il CFme è decrescente, essendo il rapporto tra i CF (che sono costanti) e Q (che aumenta); se il CVme è costante, il Cme risulterà decrescente.

6.23. a)

La differenza tra breve e lungo periodo è, in questo ambito, data dal fatto che nel lungo periodo posso scegliere la quantità di tutti i fattori produttivi, mentre nel breve periodo alcuni fattori (tipicamente il K) sono fissi. Se nel breve periodo mi trovo, quindi, ad avere il livello giusto di K, ovvero quel livello che sceglierei di avere, se potessi farlo, allora avremo: $CT_{BP} = CT_{LP}$. Altrimenti, in presenza di un livello di K subottimale, si avrà: $CT_{BP} > CT_{LP}$.

6.24. c)

La funzione che non può mai essere costante al variare del livello di produzione è quella dei costi fissi medi. I costi fissi medi sono, infatti, per definizione, pari al rapporto tra i costi fissi e la quantità prodotta (CFme = CF/q). La relazione tra CFme e livello di produzione è quindi inversa: aumentando la produzione si riduce l'incidenza dei costi fissi medi e viceversa.

Per le altre due tipologie di costi indicate non si può escludere la possibilità che tali funzioni siano, in alcuni casi, costanti.

Così, per esempio, se la funzione di costo totale fosse: $CT = 3q + 100$, allora i costi marginali sarebbero costanti (pari a 3) e così pure lo sarebbero i costi medi variabili (ancora pari a 3).

6.25. b)

La curva di costo medio di lungo periodo è una retta orizzontale quando la relativa curva del costo totale è una funzione lineare. Ciò si verifica nel caso di rendimenti di scala costanti. Graficamente:

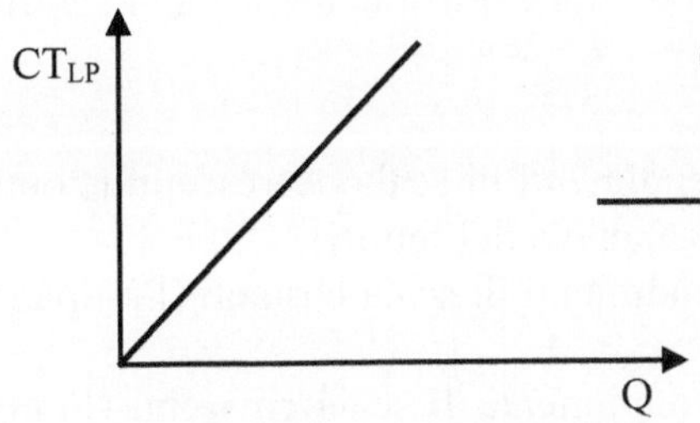

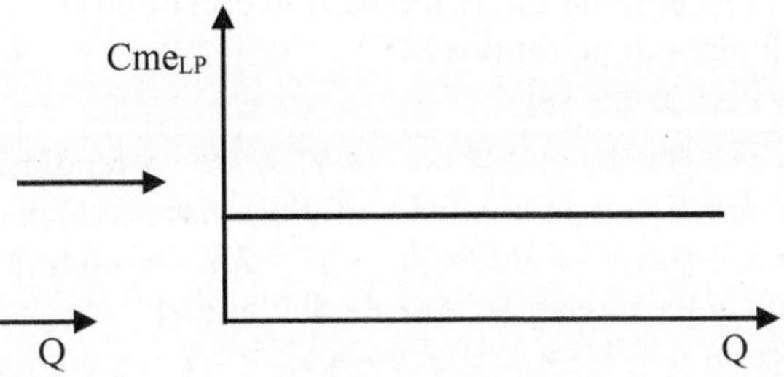

Se la funzione di produzione ha rendimenti di scala costanti, infatti, quando tutti i fattori produttivi variano nella stessa percentuale, anche la produzione varia nella stessa percentuale. Solo in tale caso il costo per unità di prodotto resta invariato. Si veda anche l'esercizio 6.41.

6.26. d)

Il costo marginale è dato dal rapporto tra la variazione dei costi totali e la variazione della quantità: $Cma = \frac{dCT}{dQ}$.

Essendo: CT = CF + CV, allora $Cma = \frac{dCT}{dQ} = \frac{dCF}{dQ} + \frac{dCV}{dQ} = \frac{dCV}{dQ}$ essendo i CF per definizione costanti. Il Cma è quindi dato dall'inclinazione della curva dei CT, che è uguale all'inclinazione della curva dei CV.

6.27.

Una funzione di produzione del tipo Cobb-Douglas ($Q = AL^{\alpha}K^{\beta}$) presenta:

– rendimenti di scala costanti se $\alpha + \beta = 1$;
– rendimenti di scala crescenti se $\alpha + \beta > 1$;
– rendimenti di scala decrescenti se $\alpha + \beta < 1$.

Dimostriamolo

Sia $Y = f(K, L) = A \cdot K^{\alpha} \cdot L^{\beta}$ il livello di produzione di partenza.

Sia ora Y′ il nuovo livello di produzione, ottenuto moltiplicando ciascun input per un fattore λ (> 1): $Y' = f(\lambda K, \lambda L) = A \cdot (\lambda K)^{\alpha} \cdot (\lambda L)^{\beta} =$

$= A \cdot \lambda^{\alpha} \cdot K^{\alpha} \cdot \lambda^{\beta} \cdot L^{\beta} =$
$= A \cdot \lambda^{\alpha+\beta} \cdot K^{\alpha} \cdot L^{\beta} =$
$= \lambda^{\alpha+\beta} \cdot A \cdot K^{\alpha} \cdot L^{\beta} =$
$= \lambda^{\alpha+\beta} \cdot Y.$

L'espressione finale indica il livello di produzione ottenuto aumentando entrambi gli input di un fattore $\lambda > 1$.

Va da sé che se:

- $\alpha + \beta < 1 \rightarrow \lambda^{\alpha+\beta} < \lambda \rightarrow Y' < \lambda Y \rightarrow$ rendimenti di scala decrescenti (l'output aumenta di una percentuale inferiore rispetto a quella dei fattori);
- $\alpha + \beta = 1 \rightarrow \lambda^{\alpha+\beta} = \lambda \rightarrow Y' = \lambda Y \rightarrow$ rendimenti di scala costanti (l'output aumenta nella stessa percentuale dei fattori);
- $\alpha + \beta > 1 \rightarrow \lambda^{\alpha+\beta} > \lambda \rightarrow Y' > \lambda Y \rightarrow$ rendimenti di scala crescenti (l'output aumenta di una percentuale superiore rispetto a quella dei fattori).

6.28.

Non vi sono dubbi per le funzioni di produzione b) e c): entrambe sono infatti lineari e ciò implica la presenza di rendimenti di scala costanti.

Non pongono problemi neppure le funzioni d) ed e): si tratta infatti di funzioni del tipo Cobb-Douglas, per le quali è sufficiente controllare il valore dei coefficienti α e β. Per la funzione d) si ha che: $\alpha + \beta > 1$ e quindi i rendimenti di scala sono crescenti; per la funzione e) la somma degli esponenti vale proprio 1 e dunque i rendimenti sono costanti.

La risposta può non essere intuitiva nei casi a) ed f). Per queste due funzioni applichiamo quindi le opportune relazioni definitorie dei rendimenti di scala.

– **funzione a)**: $q = L^2 + K$.

Si deve confrontare l'espressione:

$$Q_1 = f(\lambda L, \lambda K) = (\lambda L)^2 + (\lambda K) = \lambda^2 L^2 + \lambda K \qquad \text{con } \lambda > 1$$

con:

$$\lambda \cdot Q_0 = \lambda \cdot F(L, K) = \lambda(L^2 + K) = \lambda L^2 + \lambda K$$

L'ultimo addendo delle due funzioni è lo stesso, mentre il primo addendo è maggiore nella prima funzione ($\lambda^2 L^2$) rispetto alla seconda (λL^2). Ciò perché $\lambda > 1$. Quindi:

$$Q_1 > \lambda \cdot Q_0$$

ovvero la funzione presenta rendimenti di scala crescenti.

– **funzione f)**: $q = K^{1/2} + L^{1/2}$.

Procediamo analogamente, applicando la definizione:

$$Q_1 = f(\lambda L, \lambda K) = (\lambda L)^{1/2} + (\lambda K)^{1/2} =$$
$$= \lambda^{1/2} L^{1/2} + \lambda^{1/2} K^{1/2} = \lambda^{1/2}(L^{1/2} + K^{1/2}) = \lambda^{1/2} \cdot Q_0 \qquad \text{con } \lambda > 1$$

Essendo $\lambda^{1/2} < \lambda$ (sempre tenendo conto dell'ipotesi secondo cui $\lambda > 1$) si ha che: $Q_1 < \lambda \cdot Q_0$.

Si può quindi concludere che la funzione presenta rendimenti di scala decrescenti.

L'ultima parte del problema richiede di rappresentare graficamente le curve dei costi totali relativi alle varie funzioni di produzione utilizzate. Si ricordi che, sotto l'ipotesi che w e r siano costanti, a rendimenti di scala costanti corrispondono funzioni di costo totale lineari, a rendimenti di scala crescenti corrispondono funzioni di costo totale concave e a rendimenti di scala decrescenti corrispondono funzioni di costo totale convesse.

Quindi:

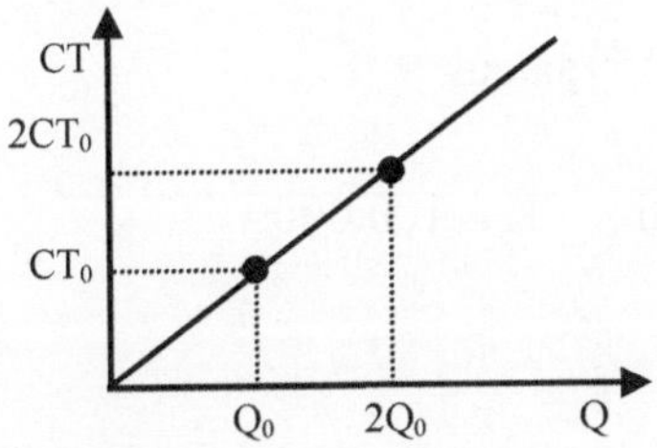

Funzioni con rendimenti di scala (RS) costanti.
Essendo i RS costanti, per raddoppiare il livello di produzione devo raddoppiare i fattori di produzione e quindi, con costi unitari di questi ultimi costanti, anche il costo totale raddoppia.

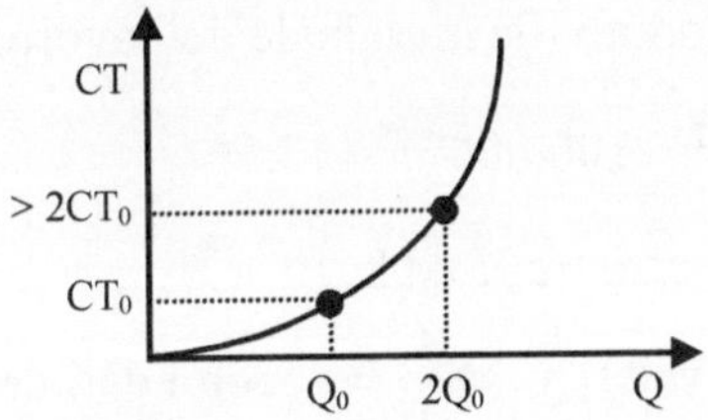

Funzioni con RS decrescenti.
Essendo i RS decrescenti, per raddoppiare il livello di produzione devo più che raddoppiare i fattori di produzione e quindi, con costi unitari di questi ultimi costanti, anche il costo totale aumenta più del doppio.

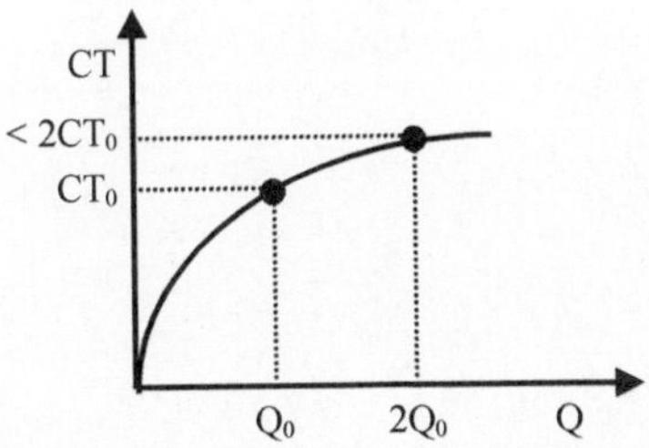

Funzioni con RS crescenti.
Essendo i RS crescenti, per raddoppiare il livello di produzione devo meno che raddoppiare i fattori di produzione e quindi, con costi unitari di questi ultimi costanti, anche il costo totale aumenta meno del doppio.

6.29.

a) La produzione aumenta proprio dell'8% perché i rendimenti di scala sono costanti.

b) Calcoliamo le produttività marginali dei fattori e sostituiamo i valori dati (L = 10 e K = 10):

$$Pma_L = \alpha \cdot L^{\alpha-1} \cdot K^{1-\alpha} = 0{,}75 \cdot L^{-0{,}25} \cdot K^{0{,}25};$$

$$\text{se } K = L = 10 \rightarrow Pma_L = 0{,}75 \cdot \frac{10^{0{,}25}}{10^{0{,}25}} = 0{,}75.$$

$$\text{Pma}_K = (1-\alpha)L^{\alpha} \cdot K^{-\alpha} = 0,25 \cdot L^{0,75} \cdot K^{-0,75};$$

$$\text{se } K = L = 10 \rightarrow \text{Pma}_K = 0,25 \cdot \frac{10^{0,75}}{10^{0,75}} = 0,25.$$

c) Il terzo punto del problema fissa i valori di Q e di L. Occorre quindi prima trovare il valore di K che rende possibile tale livello di output con quel livello di L; poi sarà possibile calcolare la richiesta produttività marginale del lavoro. Il problema può essere impostato facilmente usando direttamente la funzione di produzione:

$$Q = L^{0,75} \cdot K^{0,25}.$$

Essendo Q = 100 e L = 10 si ha: $100 = 10^{0,75} \cdot K^{0,25}$ da cui:

$$K^{0,25} = \frac{100}{10^{0,75}} = 17,78279 \quad \text{e quindi:} \quad K = 100.000.$$

[Prova: $q = 10^{0,75} \cdot 100.000^{0,25} = 100$].

Ora, conoscendo, L e K, posso determinare la produttività marginale del lavoro:

$$\text{Pma}_L = 0,75 \cdot L^{-0,25} \cdot K^{0,25} = 0,75 \cdot 10^{-0,25} \cdot 100.000^{0,25} = 7,5.$$

d) L'intensità fattoriale è, per definizione, il rapporto tra K ed L.

Con i dati relativi al punto b) del problema essa vale: $\frac{K}{L} = \frac{10}{10} = 1$; con i dati del punto c) vale invece: $\frac{K}{L} = \frac{100.000}{10} = 10.000.$

6.30.

a) L'equazione dell'isoquanto corrispondente alla quantità Q = 20 è pari a:

$$20 = L + 2K$$

Si tratta di una relazione lineare con intercetta orizzontale pari a 20 (se non uso K, per produrre Q = 20 devo avere L = 20) e con intercetta verticale pari a 10 (se non uso L, per produrre Q = 20 devo avere K = 10).

In modo analogo determino l'isoquanto corrispondente ad un livello di produzione Q = 40.

Graficamente:

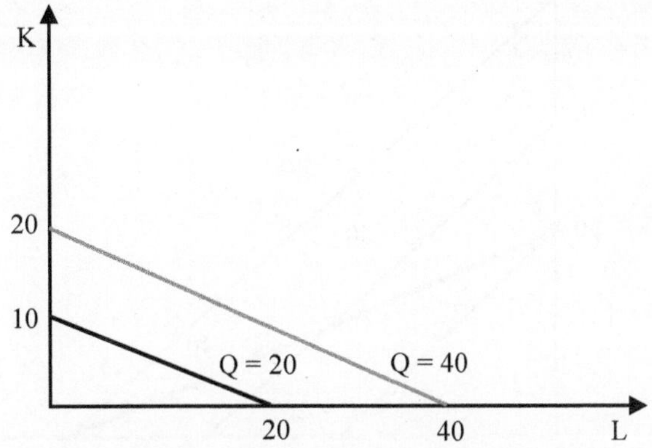

Si tratta di una funzione di produzione lineare, quindi possiede rendimenti di scala costanti. Infatti:

$$Y = f(L, K) = L + 2K$$

$$\mathbf{Y' = f(\lambda L, \lambda K)} = \lambda L + 2\lambda K = \lambda(L + 2K) = \lambda \cdot f(L, K) = \mathbf{\lambda Y} \qquad (\text{con } \lambda > 1).$$

b) L'equazione dell'isocosto è: $C = wL + rK$ ovvero, esplicitando rispetto a K: $K = \frac{C}{r} - \frac{w}{r}L$.

Il rapporto – w/r rappresenta quindi l'inclinazione degli isocosti.

Nel nostro caso, con w = r = 1, gli isocosti hanno inclinazione pari, in valore assoluto, a 1.

Essi sono rappresentati graficamente nella figura sotto riportata:

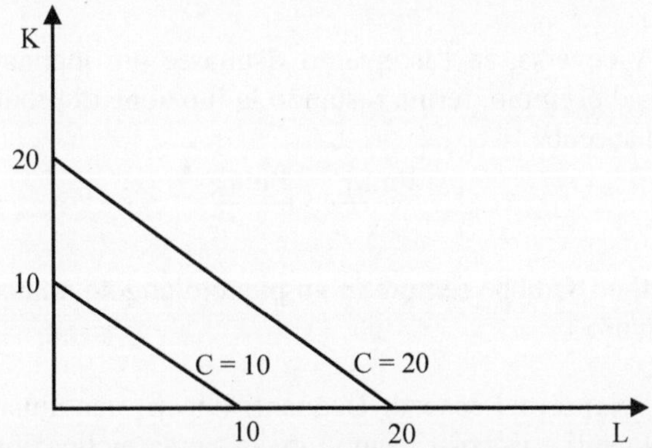

Quindi, ponendo sullo stesso grafico la mappa delle rette di isocosto con l'isoquanto relativo a una produzione di 40 (tracciato in grassetto), si ottiene:

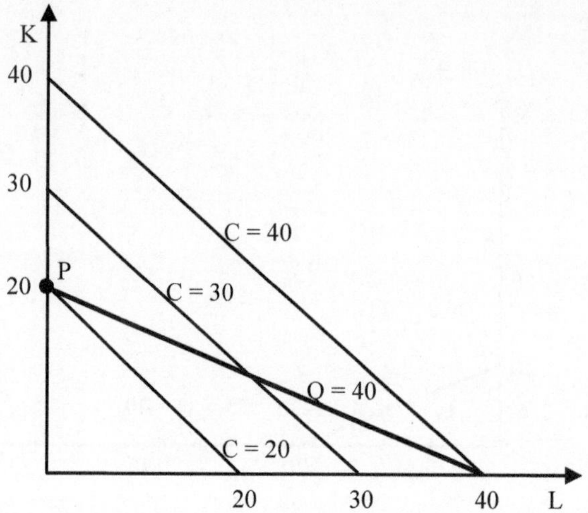

c) Si rileva immediatamente che la combinazione ottima per produrre Q = 40 si trova nel punto P, che è il punto che si trova sull'isoquanto Q = 40 e sull'isocosto più basso. Il punto P ha coordinate L = 0 e K = 20; essendo r = 1, ad esso corrisponde un costo di 20.

Si noti che l'isoquanto è meno inclinato dell'isocosto e dunque scelgo la combinazione P che prevede l'utilizzo del solo capitale.

Infatti:

$$\text{se} \quad \frac{Pma_L}{Pma_K} < \frac{w}{r} \quad \text{ovvero se:} \quad \frac{Pma_L}{w} < \frac{Pma_k}{r}$$

l'ottimo è in un punto d'angolo e comporta il solo utilizzo di K (che è il fattore con maggior produttività marginale ponderata per il costo).

Nota bene: Viceversa, se l'isoquanto risultasse più inclinato dell'isocosto (in questo esercizio ad esempio, ferma restando la funzione di produzione, se si avesse w = 1 e r > 2), si avrebbe:

$$\frac{Pma_L}{w} > \frac{Pma_K}{r}.$$

Il punto di ottimo sarebbe sempre in un punto d'angolo, ma comporterebbe l'impiego del solo lavoro.

Nota bene: Sempre nel caso di isoquanti lineari, una situazione particolare è quella in cui isoquanti e isocosti hanno tutti la stessa inclinazione (nel nostro esercizio, per esempio, con w = 1 e r = 2):

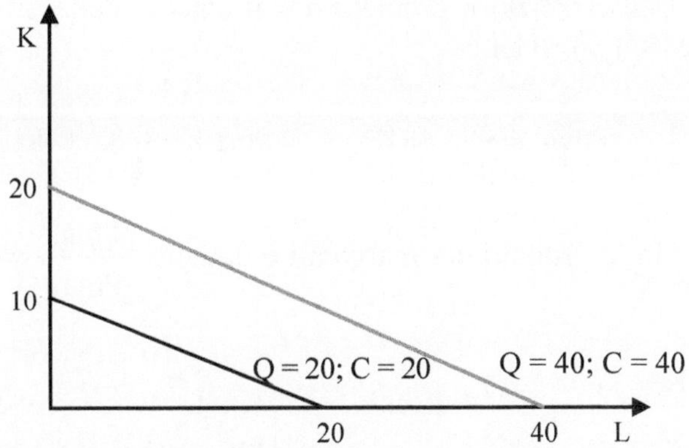

In questo caso qualunque combinazione di L e di K che mi permetta di produrre una certa quantità comporta lo stesso costo. Il produttore è dunque indifferente tra tutti i punti dell'isoquanto.

Poiché con le nuove ipotesi ($w = 1$ e $r = 2$) la pendenza dell'isocosto è la stessa dell'isoquanto (entrambe pari a $-1/2$), vi sono infatti infiniti punti di ottimo (condizione di indeterminatezza).

Come si vede dal grafico, il costo minimo di produzione di $Q = 20$ sarebbe in questo caso sempre pari a $C = 20$, qualunque combinazione venisse scelta.

6.31.

a) Rappresentiamo graficamente il problema:

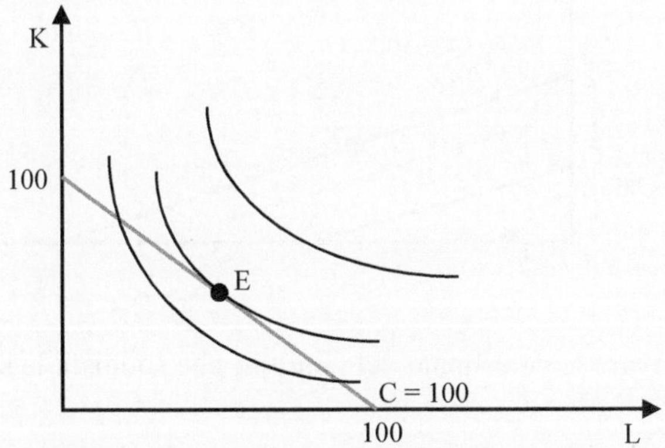

Cerchiamo le coordinate del punto E.

Occorre impostare e risolvere il sistema di equazioni:

$$\begin{cases} SMST_{L,K} = -\dfrac{w}{r} \\ wL + rK = \overline{C} \end{cases} \qquad \begin{cases} \dfrac{Pma_L}{Pma_K} = \dfrac{w}{r} \\ wL + rK = \overline{C} \end{cases}$$

Con i dati dell'esercizio e premettendo il calcolo delle produttività marginali (ovvero del $SMST_{L,K}$), si ha:

$$Pma_L = \frac{1}{4} L^{-\frac{3}{4}} \cdot K^{\frac{1}{4}} \qquad Pma_K = \frac{1}{4} K^{-\frac{3}{4}} \cdot L^{\frac{1}{4}}.$$

Il rapporto tra le produttività marginali è dunque: $\frac{Pma_L}{Pma_K} = \frac{K}{L}$ e il sistema diventa:

$$\begin{cases} \frac{K}{L} = \frac{1}{1} \\ L + K = 100 \end{cases} \quad \text{da cui:} \quad \begin{cases} K = L \\ 2K = 100 \end{cases} \quad \begin{cases} \mathbf{K = 50} \\ \mathbf{L = 50} \end{cases}$$

b) I rendimenti di scala sono decrescenti, perché si tratta di una funzione del tipo Cobb-Douglas, con $\alpha + \beta < 1$.

6.32.

La rappresentazione grafica del problema è:

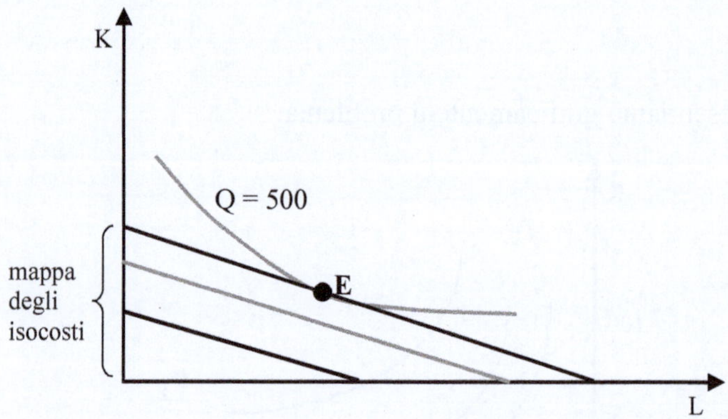

Dobbiamo trovare le coordinate del punto E, che soddisfa le seguenti due caratteristiche:

- si trova sull'isoquanto Q = 500;
- è un punto di tangenza.

Ovvero:

$$\begin{cases} 500 = L^{0,5} \cdot K^{0,5} \\ SMST_{L,K} = -w/r \end{cases}$$

Con i dati dell'esercizio e premettendo il calcolo delle produttività marginali, ovvero del SMST, si ottiene:

$$Pma_L = \frac{1}{2} L^{-\frac{1}{2}} \cdot K^{\frac{1}{2}} \qquad Pma_K = \frac{1}{2} K^{-\frac{1}{2}} \cdot L^{\frac{1}{2}}.$$

Il rapporto tra le produttività marginali è dunque: $\frac{Pma_L}{Pma_K} = \frac{K}{L}$.

Il sistema è quindi:

$$\begin{cases} \frac{K}{L} = \frac{2}{4} = \frac{1}{2} & \rightarrow K = \frac{1}{2} L \\ L^{0,5} \cdot K^{0,5} = 500 & \rightarrow 500 = L^{0,5} \cdot \left(\frac{1}{2} L\right)^{0,5} = L^{0,5} \left(\frac{1}{2}\right)^{0,5} \cdot L^{0,5} \quad \rightarrow L = \frac{500}{\left(\frac{1}{2}\right)^{0,5}} = 707 \end{cases}$$

e quindi:

$$\begin{cases} \mathbf{K = \frac{1}{2} L = 353,5} \\ \mathbf{L = 707} \end{cases}$$

Queste sono le due quantità di fattori produttivi necessarie per ottenere 500 unità di prodotto.

[Prova: $Q = 707^{0,5} \cdot 353,5^{0,5} = 500$ (quantità prodotta)].

Il relativo costo (minimo) di produzione è il seguente:

$$2 \cdot 707 + 4 \cdot 353,5 = 2.828 \quad \text{costo di produzione.}$$

Nota bene: In questo esercizio per trovare la combinazione ottimale (K^*, L^*) occorreva impostare un sistema con la condizione di tangenza e l'equazione dell'isoquanto Q = 500. Nell'esercizio precedente, invece, per trovare la combinazione ottimale (K^*, L^*) occorreva impostare un sistema con la condizione di tangenza e l'equazione dell'isocosto C = 100.

6.33.

Procedendo come sopra, si ottiene:

$$\begin{cases} 500 = L^{0,7} \cdot K^{0,3} \\ SMST_{L,K} = -w/r \end{cases}$$

Con i dati dell'esercizio e premettendo il calcolo delle produttività marginali, ovvero del SMST, si ha:

$$Pma_L = 0,7 L^{-0,3} \cdot K^{0,3} \qquad Pma_K = 0,3 K^{-0,7} \cdot L^{0,7}.$$

Il rapporto tra le produttività marginali è dunque: $\dfrac{Pma_L}{Pma_K} = \dfrac{0,7}{0,3} \cdot \dfrac{K}{L}$ e il sistema diventa:

$$\begin{cases} \dfrac{0,7}{0,3} \cdot \dfrac{K}{L} = \dfrac{2}{4} \quad \rightarrow 2,8K = 0,6L \quad \rightarrow K = \dfrac{3}{14} L \\ L^{0,7} \cdot K^{0,3} = 500 \quad \rightarrow 500 = L^{0,7} \cdot \left(\dfrac{3}{14} L \right)^{0,3} = L^{0,7} \left(\dfrac{3}{14} \right)^{0,3} \cdot L^{0,3} \quad \rightarrow \\ \qquad \rightarrow L = \dfrac{500}{\left(\dfrac{3}{14} \right)^{0,3}} = \dfrac{500}{0,63} = 793,7 \end{cases}$$

e quindi:

$$\begin{cases} \mathbf{K = \dfrac{3}{14} L = 170,1} \\ \mathbf{L = 793,7} \end{cases}$$

Queste sono le due quantità di fattori produttivi necessarie per ottenere 500 unità di prodotto a costo minimo.

[Prova: $Q = 793,7^{0,7} \cdot 170,1^{0,3} = 500$ (quantità prodotta)].

Il relativo costo (minimo) di produzione è il seguente:

$$C = w \cdot L + r \cdot K = 2 \cdot 793,7 + 4 \cdot 170,1 = 2.268 \quad \text{costo di produzione.}$$

6.34.

Nel punto di ottimo E:

$$\frac{Pma_L}{Pma_K} = \frac{w}{r} \quad \text{ovvero:} \quad \frac{Pma_L}{w} = \frac{Pma_K}{r}.$$

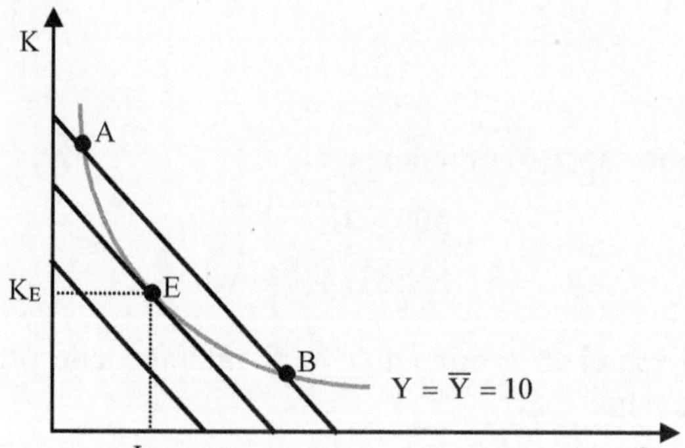

Quindi, spendendo un euro nell'acquisto del fattore L o nell'acquisto del fattore K si ha lo stesso incremento di produzione.

Si immagini infatti di avere un euro in più da spendere:

a) se acquisto L: $\Delta L = \dfrac{1}{w} \rightarrow \Delta Y = Pma_L \cdot \Delta L = \dfrac{Pma_L}{w}$;

b) se acquisto K: $\Delta K = \dfrac{1}{p_K} \rightarrow \Delta Y = Pma_K \cdot \Delta K = \dfrac{Pma_K}{r}$.

In corrispondenza di E si ha in effetti: $\dfrac{Pma_L}{w} = \dfrac{Pma_K}{r}$.

Se così non fosse la scelta effettuata non sarebbe la combinazione migliore. Quindi l'affermazione è sempre vera.

In effetti:

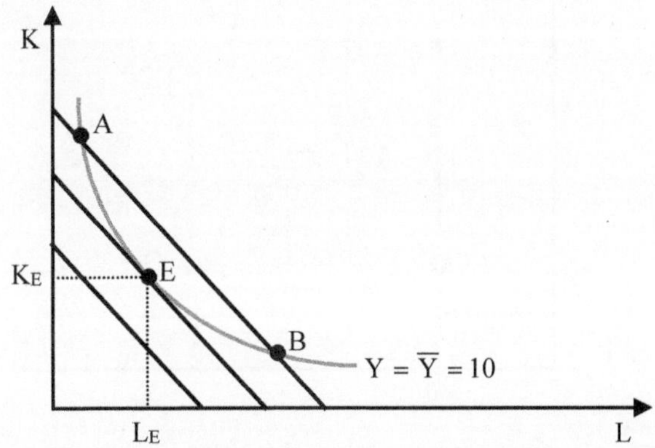

Nel punto A la pendenza dell'isoquanto è superiore a quella dell'isocosto, quindi:

$$\rightarrow \quad \frac{Pma_L}{Pma_K} > \frac{w}{r} \quad \text{ovvero} \quad \frac{Pma_L}{w} > \frac{Pma_K}{r} \quad \rightarrow \quad \text{non è il punto di ottimo.}$$

Mi conviene acquistare più L, che ha una produttività marginale ponderata per il suo costo maggiore, e meno K. In effetti in E si ha più L e meno K rispetto ad A.

Nel punto B la pendenza dell'isoquanto è inferiore a quella dell'isocosto, quindi:

$$\rightarrow \quad \frac{Pma_L}{Pma_K} < \frac{w}{r} \quad \text{ovvero} \quad \frac{Pma_L}{w} < \frac{Pma_K}{r} \quad \rightarrow \quad \text{non è il punto di ottimo.}$$

Mi conviene acquistare più K, che ha una produttività marginale ponderata per il suo costo maggiore, e meno L. In effetti in E si ha più K e meno L rispetto a B.

6.35.

La funzione di produzione è la seguente: Q = min (L/2, K/3).

L'insieme delle coppie (L, K) che formano l'isoquanto Q = 20 è costituito da tutti i punti per cui si verifica che:

$$\frac{L}{2} = 20 \text{ e } \frac{K}{3} \geq 20 \quad \text{cioè} \quad L = 40 \text{ e } K \geq 60$$

oppure:

$$\frac{L}{2} \geq 20 \quad \text{e} \quad \frac{K}{3} = 20 \quad \text{cioè} \quad L \geq 40 \quad \text{e} \quad K = 60.$$

Il corrispondente isoquanto a spigolo sarà pertanto:

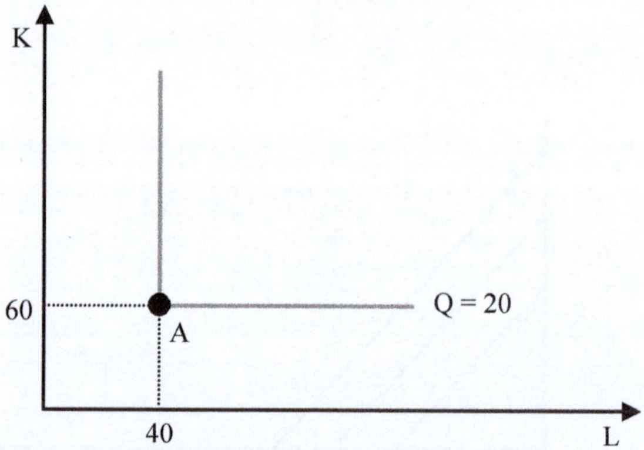

se K = 60 e L = 40 (punto A) produco Q = 20 senza sprechi.

se K = 60 e L > 40 continuo sempre a produrre Q = 20 ma spreco L (tratto orizzontale).

Viceversa, se L = 40 e K > 60 continuo sempre a produrre Q = 20 ma spreco K (tratto verticale).

L'unico punto in cui produco senza spreco è quindi A. Questa è quindi la combinazione meno costosa, qualunque siano w e r.

Con i prezzi unitari dei fattori dati dall'esercizio (w = r = 5) il costo (minimo) sostenuto per produrre 20 unità sarà: CT = 5 · 40 + 5 · 60 = 500.

6.36.

Le rette di isocosto in questo caso hanno equazione:

$$CT = 5L + 5K \quad \text{ovvero} \quad K = \frac{CT}{5} - L.$$

Esse hanno quindi inclinazione pari a – 1.

L'equazione degli isoquanti è invece Q = 2L + 5K, ovvero:

$$5K = Q - 2L \quad \text{e quindi:} \quad K = \frac{Q}{5} - \frac{2}{5}L\,.$$

Gli isoquanti hanno quindi inclinazione pari a – 2/5.

In valore assoluto l'inclinazione degli isocosti supera quindi quella degli isoquanti. Si ha cioè:

$$\frac{w}{r} > \frac{Pma_L}{Pma_K} \quad \text{ovvero:} \quad \frac{Pma_L}{Pma_K} < \frac{w}{r} \quad \text{e quindi:} \quad \frac{Pma_L}{w} < \frac{Pma_K}{r}.$$

In questa circostanza, come noto, la combinazione ottima prevede l'utilizzo del solo fattore capitale.

Si veda la figura:

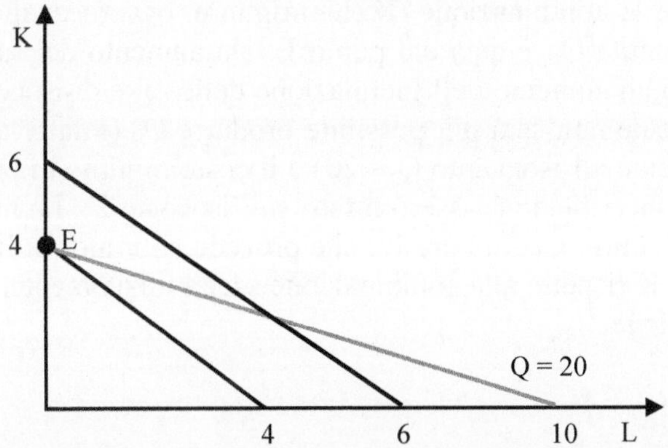

Nota bene: Per determinare le intercette dell'isoquanto ne considero l'equazione 20 = 2L + 5K e pongo K = 0 per trovare l'intercetta orizzontale (20 = 2L e quindi L = 20/2 = 10), ed L = 0 per trovare l'intercetta verticale (20 = 5K e quindi K = 20/5 = 4).

La coppia (L^*, K^*) di minimo costo per la produzione di Q = 20 è quindi (0, 4).
Il costo minimo di produzione di 20 unità di output è quindi CT = 4 · 6 = 24 euro.

6.37.

La rappresentazione grafica del problema è la seguente:

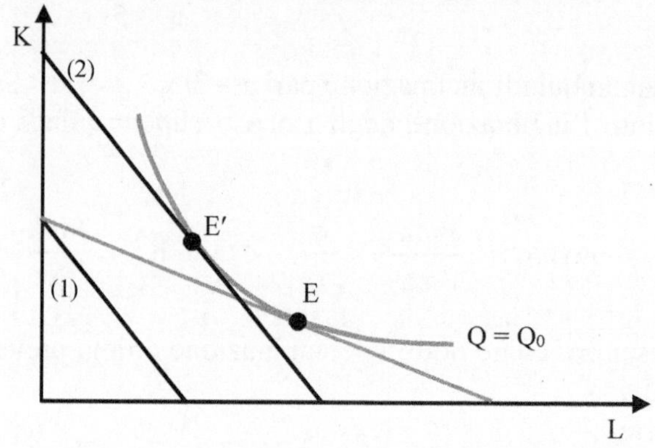

Inizialmente la combinazione (K, L) migliore, ovvero quella meno costosa per produrre la quantità Q_0, è data dal punto E. Un aumento del salario (a parità di r) determina però un aumento dell'inclinazione delle rette di isocosto. Con la somma spesa inizialmente non sarà più possibile produrre Q_0 (infatti la retta di isocosto 1 non è più tangente all'isoquanto Q = 20) e il costo minimo di produzione di Q_0 subirà quindi un incremento (passerò infatti sull'isocosto 2). La nuova combinazione migliore per produrre Q_0 sarà ora E′, che prevede un minor utilizzo di L e un maggior utilizzo di K rispetto alla combinazione scelta inizialmente. Si tratta di un puro effetto sostituzione.

6.38.

No, non è corretto. Per determinare la combinazione ottimale dei due fattori occorre considerare infatti tanto i prezzi dei fattori quanto la tecnologia, ovvero le loro produttività marginali (che dipendono dalla funzione di produzione utilizzata). L'esercizio non fornisce però alcuna informazione su queste ultime.

Così, ad esempio, in presenza di una funzione di produzione Cobb-Douglas, soltanto qualora l'isocosto (che in questo caso avrebbe inclinazione pari a – 1) fosse tangente all'isoquanto nel suo punto medio la combinazione ottimale dei due fattori richiederebbe di impiegarli in eguale ammontare (il che è dunque *possibile*, ma non certo). Qualora però il punto di tangenza fosse diverso dal punto medio degli isocosti le quantità ottimali di impiego dei due fattori non sarebbero uguali.

6.39.

Vi è differenza. Infatti quando si parla di *rendimenti dei fattori decrescenti* ci si riferisce al fatto che aumentando l'impiego di un solo fattore produttivo di una certa percentuale si ottiene un aumento dell'output di una percentuale inferiore.

Il concetto di "*rendimenti di scala decrescenti*" fa invece riferimento al fatto che, aumentando tutti i fattori produttivi di una stessa percentuale, il prodotto totale ottenuto aumenti di una percentuale inferiore.

La differenza sta proprio nel fatto che nel primo caso ci si riferisce a un solo fattore, mentre nel secondo caso si considerano gli effetti della variazione dell'impiego di tutti i fattori. È dunque possibile che, pur in presenza di rendimenti decrescenti dei singoli fattori, i rendimenti di scala non siano decrescenti, ma costanti o addirittura crescenti.

Facciamo un esempio numerico utilizzando una funzione di produzione Cobb-Douglas:

$$Q = f(L, K) = L^{0,5} K^{0,5}.$$

Sia $Q_0 = f(64{,}36) = (64)^{0,5}(36)^{0,5} = 8 \cdot 6 = 48$.

Aumentiamo ora entrambi i fattori produttivi del 10%:

$$Q_1 = f((1{,}1 \cdot 64; 1{,}1 \cdot 36) = f(70{,}4; 39{,}6) = (70{,}4)^{0,5}(39{,}6)^{0,5} = 52{,}8 = 1{,}1 \cdot 48 = 1{,}1 \cdot Q_0.$$

Anche l'output è aumentato del 10% $\rightarrow$ Rendimenti di scala costanti (in effetti $\alpha + \beta = 1$).

Ora supponiamo che L aumenti del 10%, fermo restando K. Si ottiene:

$$Q_2 = f(1{,}1 \cdot 64; 36) = f(70{,}4; 36) = (70{,}4)^{0,5}(36)^{0,5} = 50{,}34 < (1 + 0{,}1) \cdot Q_0.$$

L'aumento dell'output è stato inferiore al 10%. I rendimenti del fattore lavoro sono decrescenti.

6.40.

a) Per l'impresa è ottimale domandare gli input in combinazione tale da avere:

$$Pma_L / Pma_K = w/r.$$

Con i dati dell'esercizio, essendo:

$Pma_L = 2 \cdot \frac{1}{2} L^{-\frac{1}{2}} \cdot K^{\frac{1}{2}}$ e $Pma_K = 2 \cdot \cdot \frac{1}{2} K^{-\frac{1}{2}} \cdot L^{\frac{1}{2}}$, il rapporto tra le produttività marginali diventa: $\frac{Pma_L}{Pma_K} = \frac{K}{L}$.

Essendo inoltre $\frac{w}{r} = \frac{2}{8} = \frac{1}{4}$ la condizione $\frac{Pma_L}{Pma_K} = \frac{w}{r}$ diventa $\frac{K}{L} = \frac{1}{4}$ ovvero $K = \frac{1}{4} \cdot L$.

Questa relazione sta ad indicare che nel lungo periodo l'impresa trova ottimale impiegare una quantità di K pari a un quarto di quella di L.

La funzione di produzione può quindi essere espressa come:

$$Q = 2L^{\frac{1}{2}} \cdot K^{\frac{1}{2}} = 2L^{\frac{1}{2}}\left(\frac{1}{4}L\right)^{\frac{1}{2}} = L.$$

Le quantità ottimali di L e di K sono quindi: $L^* = Q$ e $K^* = \frac{1}{4}Q$.

Sostituendo tali valori nell'espressione di costo $CT_{LP} = 2 \cdot L + 8 \cdot K$, si ottiene la funzione di costo totale di lungo periodo:

$$CT_{LP} = 2 \cdot Q + 8 \cdot \frac{1}{4}Q = 2Q + 2Q = 4Q,$$

da cui si possono ricavare agevolmente le curve dei Cme_{LP} e dei Cma_{LP}:

$$Cme_{LP} = Cma_{LP} = 4.$$

b) Nel breve periodo essendo il K fisso (K = 400) la funzione di produzione diventa:

$$Q = 2L^{\frac{1}{2}} \cdot K^{\frac{1}{2}} = 2L^{\frac{1}{2}}(400)^{\frac{1}{2}} = 40L^{\frac{1}{2}}$$

da cui si ricava $L = \frac{Q^2}{1.600}$.

Sostituendo tale valore nell'espressione di costo $CT_{BP} = 2 \cdot L + 8 \cdot 400$, si ottiene la funzione di costo totale di breve periodo:

$$CT_{BP} = 2 \cdot \frac{Q^2}{1.600} + 3.200 = \frac{Q^2}{800} + 3.200,$$

da cui si possono ricavare agevolmente le curve dei Cme_{BP} e dei Cma_{BP}:

$$Cme_{BP} = \frac{Q}{800} + \frac{3.200}{Q}$$

$$Cma_{BP} = \frac{Q}{400}.$$

6.41.

Rivedendo eventualmente l'esercizio 6.28, si ricordi innanzitutto che:

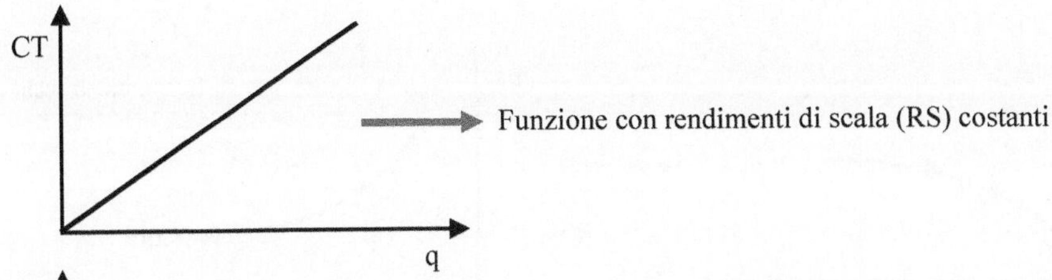

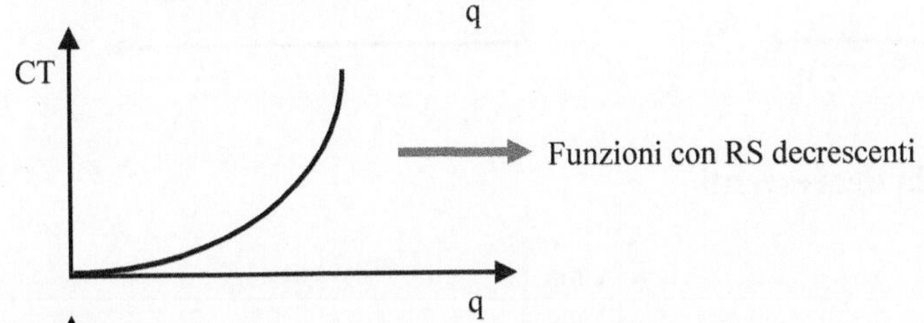

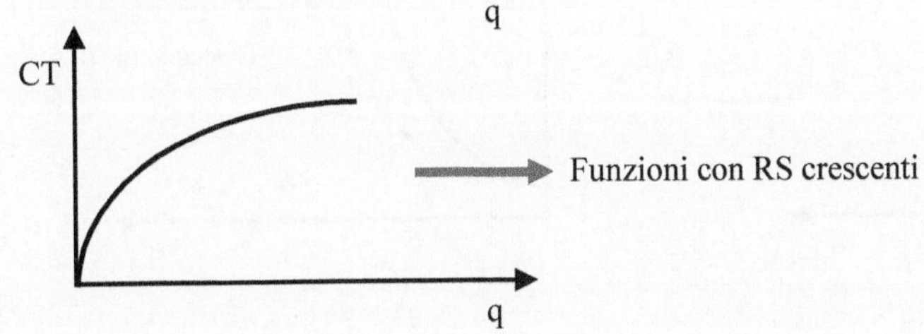

A partire da queste curve, per derivare le curve dei Cma e dei Cme è sufficiente ricordare che:

$\text{Cma} = \dfrac{dCT}{dQ}$ (graficamente si tratta quindi dell'inclinazione della curva dei CT)

$\text{Cme} = \dfrac{CT}{Q}$ (graficamente si tratta quindi dell'inclinazione della congiungente del corrispondente punto sulla curva dei CT con l'origine degli assi).

Si avrà quindi:

Rendimenti di scala costanti:

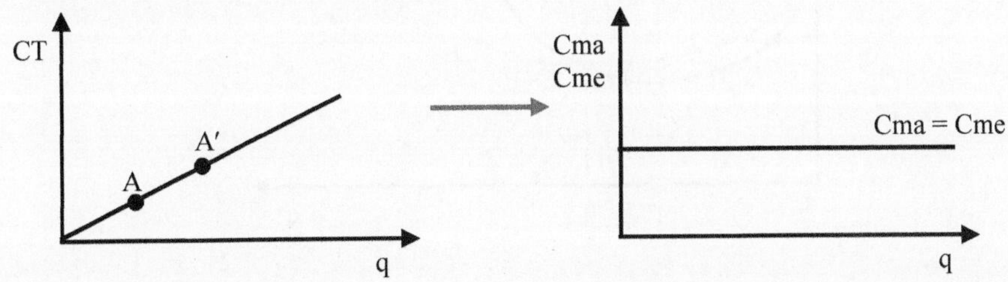

Rendimenti di scala crescenti:

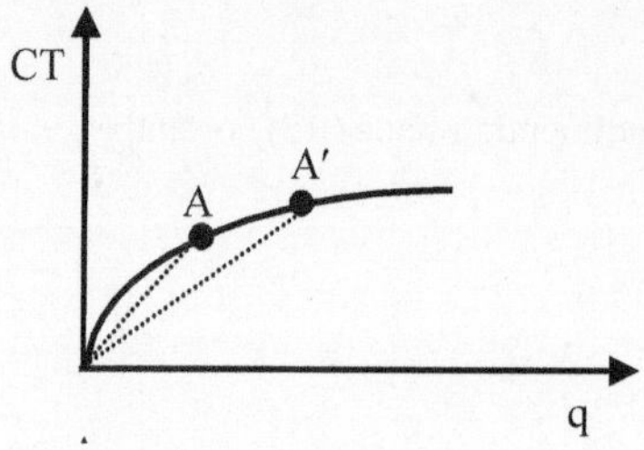

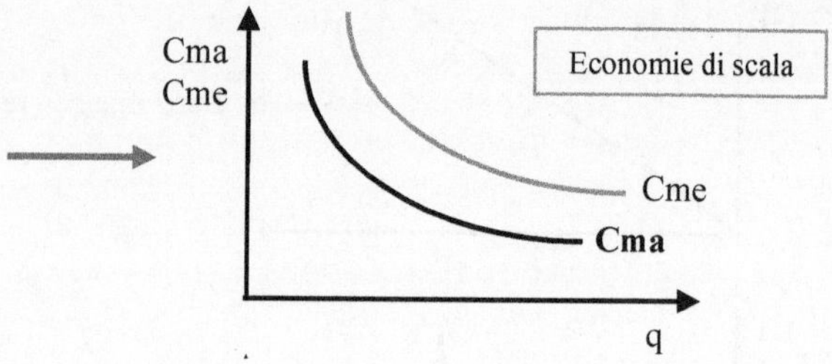

Rendimenti di scala decrescenti:

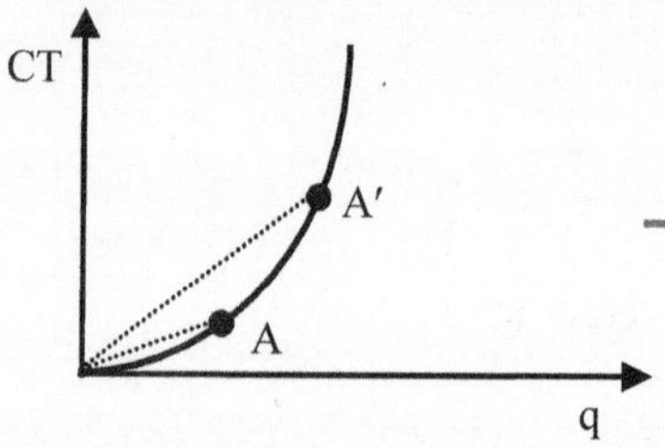

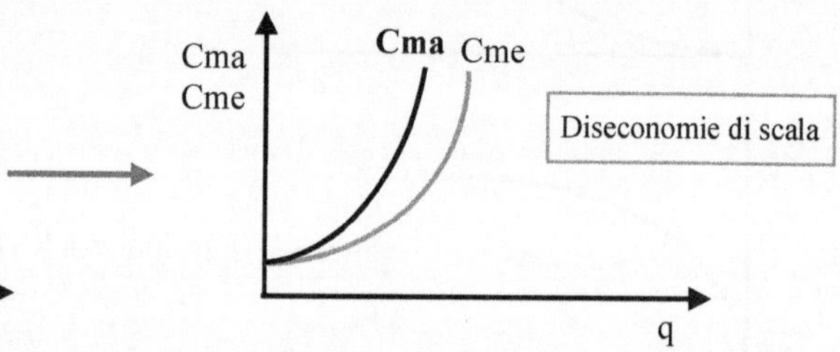

Rendimenti di scala misti: prima crescenti e poi decrescenti

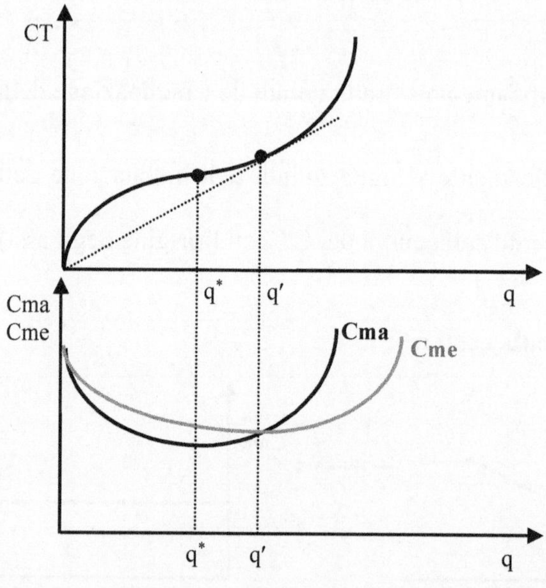

Nota bene: Se in un tratto la curva del Cme è crescente, significa che: Cma > Cme; se in un tratto la curva del Cme è decrescente, allora: Cma < Cme. Quindi la curva del Cma può intersecare la curva del Cme solo nel punto di minimo di quest’ultima.

6.42.

Ricaviamo innanzitutto le curve dei CT_{BP}.

Rendimenti del fattore lavoro costanti: a parità di K (con $K = \overline{K}$) se L aumenta di una certa percentuale allora Y aumenta nella stessa percentuale.

→ Per raddoppiare Y devo raddoppiare L e quindi raddoppiare i costi variabili totali.

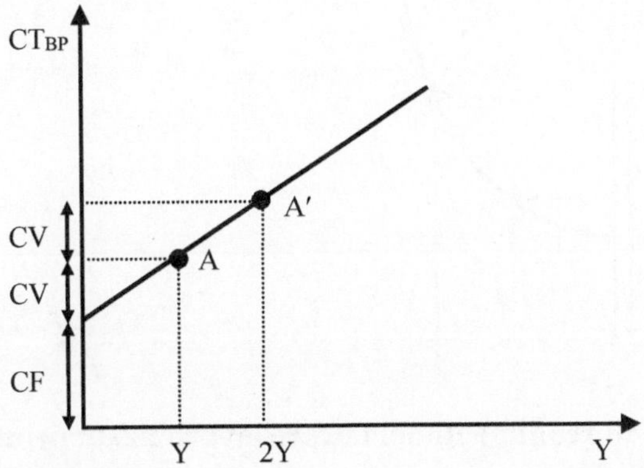

Rendimenti del fattore lavoro crescenti: a parità di K (con $K = \overline{K}$) se L aumenta di una certa percentuale allora Y aumenta in una percentuale maggiore.

→ Per raddoppiare Y devo meno che raddoppiare L e quindi meno che raddoppiare i costi variabili totali.

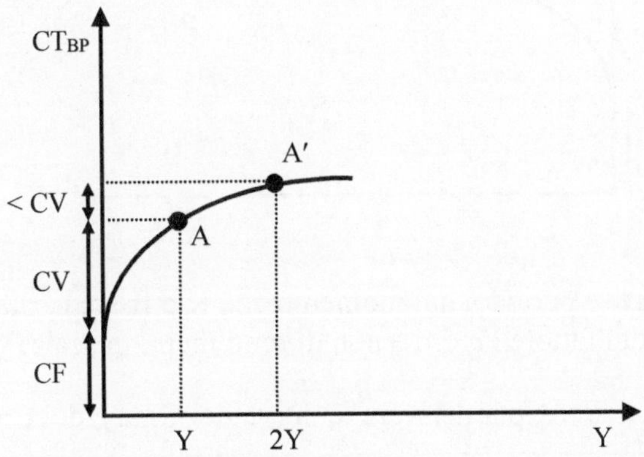

Rendimenti del fattore lavoro decrescenti: a parità di K (con $K = \overline{K}$) se L aumenta di una certa percentuale allora Y aumenta in una percentuale minore.

→ Per raddoppiare Y devo più che raddoppiare L e quindi più che raddoppiare i costi variabili totali.

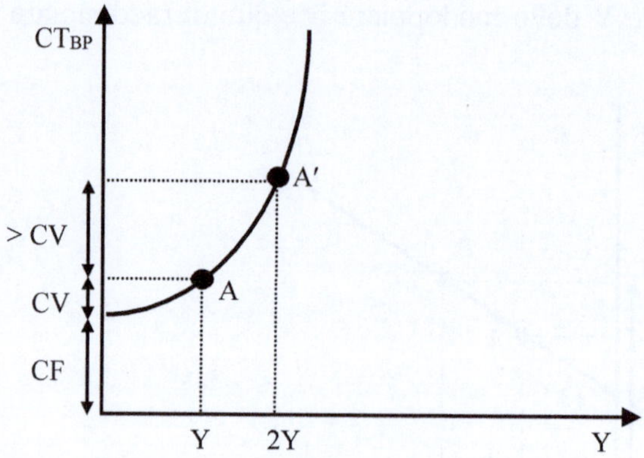

Infine, in presenza di **rendimenti del fattore lavoro misti, prima crescenti e poi decrescenti**:

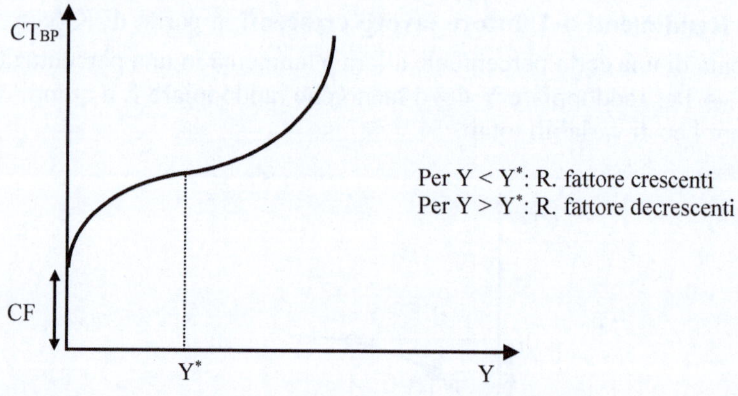

Nota bene: Nel breve periodo, dal momento che K è fisso, parliamo necessariamente di rendimenti del fattore lavoro e non di rendimenti di scala.

A partire da queste curve, per derivare le curve dei Cma e dei Cme è sufficiente ricordare che:

$\text{Cma} = \frac{dCT}{dQ}$ graficamente si tratta quindi dell'inclinazione della curva dei CT;

$\text{Cme} = \frac{CT}{Q}$ graficamente si tratta quindi dell'inclinazione della congiungente del corrispondente punto sulla curva dei CT con l'origine degli assi;

$CVme = \frac{CV}{Q}$ graficamente si tratta quindi dell'inclinazione della congiungente del corrispondente punto sulla curva dei CV (ottenuta dalla curva dei CT meno i CF) con l'origine degli assi.

Si avrà quindi:

Rendimenti del fattore costanti:

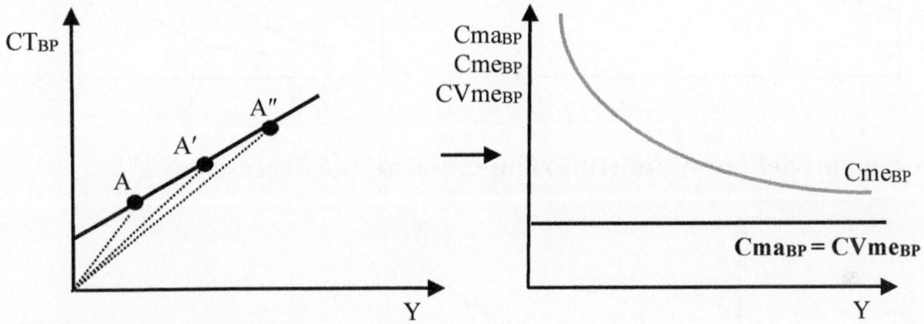

Rendimenti del fattore crescenti:

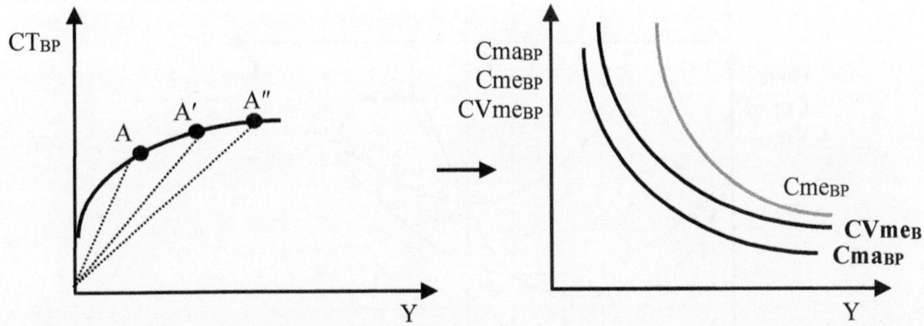

Si osservi che:

$CT_{BP} = CF + CV_{BP}$, e quindi: $CT_{BP}/Y = CF/Y + CV_{BP}/Y$, ovvero: $Cme_{BP} = CF/Y +$ + CVme, e quindi la distanza tra CmeBP e CVme si assottiglia all'aumentare di Y.

Rendimenti del fattore decrescenti:

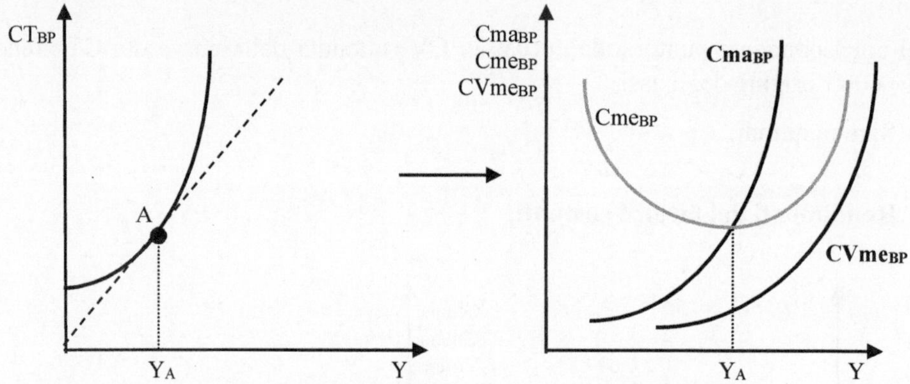

Rendimenti del fattore misti: prima crescenti poi decrescenti

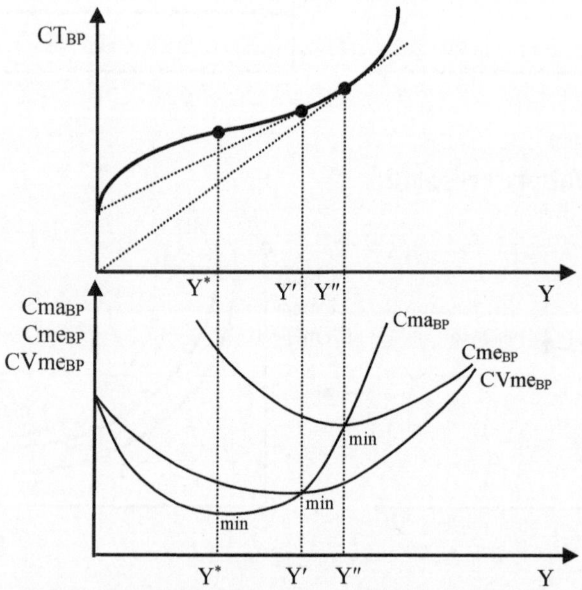

6.43.

Essendo i costi totali (CT) pari alla somma di costi fissi (CF) e costi variabili (CV), si può scrivere:

$$CT = CF + CV.$$

Ora, i costi medi (Cme) risultano pari alla somma dei costi fissi medi (CFme) e dei costi variabili medi (CVme). Infatti:

$$\frac{CT}{q} = \frac{CF}{q} + \frac{CV}{q} \quad \text{ovvero} \quad Cme = CFme + CVme.$$

La distanza tra la curva dei costi medi totali e quella dei costi variabili medi è quindi pari ai costi fissi medi $\left(\frac{CF}{q}\right)$. Questi diminuiscono all'aumentare di q. L'affermazione è quindi falsa.

6.44.

a) La funzione di costo totale è: $CT(q) = q^2 + 4$.
Si ha dunque:

$$Cme = \frac{CT}{q} = \frac{q^2+4}{q} = q + \frac{4}{q}$$

$$CVme = \frac{CV}{q} = \frac{q^2}{q} = q$$

$$Cma = \frac{dCT}{dq} = 2q.$$

Graficamente:

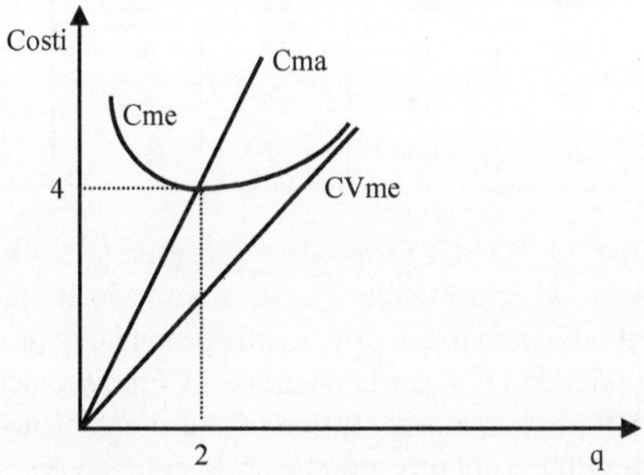

b) Come si vede dal grafico, l'eguaglianza tra costi variabili medi e costi marginali si ha soltanto nell'origine degli assi, ovvero in corrispondenza di un livello di produzione nullo.

c) Ponendo l'uguaglianza tra costi medi totali e costi marginali si ha:

$$q + \frac{4}{q} = 2q \quad \text{da cui:} \quad q = \frac{4}{q} \quad \rightarrow \quad q^2 = 4 \quad \rightarrow \quad q = 2 \text{ (essendo } q > 0\text{).}$$

Nota bene: In corrispondenza di questo livello produttivo i costi medi assumono il loro valore più basso (minimo), pari quindi a:

$$Cme_{min} = q + \frac{4}{q} \text{ calcolato in corrispondenza di } q = 2\text{, ossia : } Cme_{min} = 2 + \frac{4}{2} = 4.$$

Si poteva pertanto rispondere al punto c) anche calcolando il livello di produzione in corrispondenza del quale si ha il minimo dei Cme:

$$\frac{dCme}{dq} = \frac{d\left(q + \frac{4}{q}\right)}{dq} = 1 - \frac{4}{q^2} = 0 \quad \text{ovvero} \quad 1 = \frac{4}{q^2} \quad \rightarrow \quad q^2 = 4 \quad \rightarrow \quad q = 2.$$

(essendo $q > 0$).

6.45.

Presentiamo i risultati nella seguente tabella.

Q	CT	CF	CV	Cma	CVme	CFme	Cme
5	45	40	5	–	1	8	9
6	57	40	17	12	2,83	6,67	9,5
7	70	40	30	13	4,29	5,71	10
8	88	40	48	18	6	5	11
9	108	40	68	20	7,55	4,45	12
10	130	40	90	22	9	4	13

Le prime tre colonne (Q, CT, CF) sono date dall'esercizio. La quarta (CV) può essere ottenuta sottraendo al costo totale il costo fisso. I costi marginali si trovano calcolando l'incremento di costo totale dovuto alla produzione di una unità in più. I CVme si calcolano dividendo i CV per la quantità. I CFme si calcolano dividendo i CF (sempre uguali a 40) per la quantità. Infine i Cme si calcolano dividendo i costi totali per la quantità prodotta (oppure sommando le colonne relative ai CVme e ai CFme). Si tenga conto che alcuni dati sono stati arrotondati.

6.46.

Graficamente si ha la seguente situazione:

a) Essendoci dei costi fissi (infatti, in corrispondenza di Q = 0, i CT > 0) la curva è di breve periodo.

b) Siamo in presenza di soli costi fissi.

c) $\text{Cma} = \dfrac{dCT}{dQ} = 0$.

Nel nostro caso la derivata vale zero per ogni livello di produzione.

d) $\text{Cme} = \dfrac{CT}{Q}$.

Nel nostro caso si tratta di una funzione monotonicamente decrescente.
Graficamente:

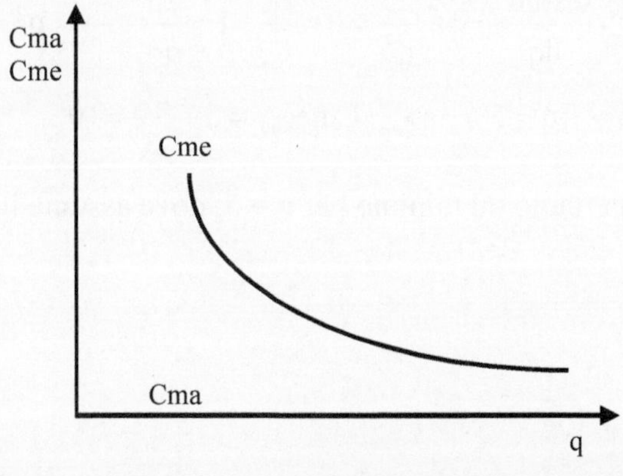

6.47.

Diamo in sequenza i vari risultati richiesti, partendo dalla seguente funzione di costo totale:

costo totale: $CT = q^2 - 2q + 3$

a) costo medio: $Cme = q - 2 + \frac{3}{q}$

(se q = 3, il costo medio è pari a: 3 – 2 + 1 = 2);

b) costo marginale: $Cma = 2q - 2$

(se q = 3, il costo marginale è pari a: 6 – 2 = 4);

c) costo fisso medio: $CFme = \frac{3}{q}$

(se q = 3, il costo fisso medio è pari a 1);

d) costo variabile medio: $CVme = \frac{q^2 - 2q}{q} = q - 2$

(se q = 3 il costo variabile medio è pari a: 3 – 2 = 1).

6.48.

Dobbiamo determinare il punto di minimo della curva del costo medio totale, partendo dalla funzione di costo totale: $CT(q) = q^2 + 25$.

Si ha:

$$Cme = \frac{q^2 + 25}{q} = q + \frac{25}{q}$$

$$Cme_{min} \rightarrow \frac{dCme}{dq} = 1 - \frac{25}{q^2} = 0 \rightarrow 1 = \frac{25}{q^2} \rightarrow q^2 = 25 \rightarrow$$

$$\rightarrow q = 5 \rightarrow Cme_{min} = 5 + \frac{25}{5} = 10 .$$

Il costo medio ha pertanto un minimo per q = 5, dove assume il valore di 10.

7

Concorrenza perfetta

Ipotesi di lavoro:

- Indichiamo con q la quantità prodotta dalla singola impresa;
- indichiamo con Q la quantità prodotta dal totale delle imprese (cioè dal settore, dall'industria);
- riportiamo le quantità sull'asse delle ascisse e i prezzi (o i valori espressi in moneta) sull'asse delle ordinate.

Domande a risposta chiusa

7.1.

In concorrenza perfetta, nel breve periodo, si ha che:

a) l'industria è formata da un numero di imprese molto elevato;

b) le imprese producono prodotti leggermente differenziati e li vendono a prezzi diversi;

c) la curva di domanda della singola impresa è negativamente inclinata;

d) la condizione di profitti nulli è soddisfatta.

7.2.

In concorrenza perfetta la curva dell'offerta dell'impresa coincide con:

a) l'intero tratto decrescente della curva del costo marginale;

b) l'intero tratto crescente della curva del costo marginale;

c) il tratto decrescente della curva del costo marginale, purché inferiore al costo medio variabile;

d) il tratto crescente della curva del costo marginale, purché superiore al costo medio variabile.

7.3.

Un'impresa in concorrenza perfetta massimizza il proprio profitto di breve periodo (che ipotizziamo > 0) producendo un livello di output in corrispondenza del quale:

a) il costo marginale è decrescente;
b) il costo medio è decrescente;
c) il ricavo marginale supera il costo marginale;
d) il costo marginale è crescente.

7.4.

Il seguente grafico mostra le curve dei ricavi totali e dei costi totali di un'impresa in concorrenza perfetta. La retta OP rappresenta:

a) la funzione di costo totale;
b) la funzione di ricavo totale;
c) la curva del costo medio;
d) la curva del costo marginale.

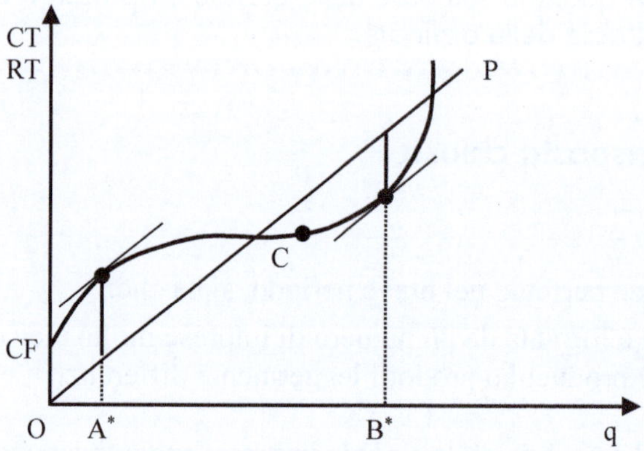

7.5.

Considerando nuovamente il grafico utilizzato al punto precedente, dove sono riportate le funzioni dei CT e dei RT, il massimo profitto per l'impresa si ha:

a) producendo indifferentemente le quantità A^* o B^*, perché in corrispondenza delle due suddette quantità l'inclinazione delle due funzioni è la stessa;
b) producendo A^*;
c) producendo B^*;
d) dal grafico non è possibile stabilire la produzione che massimizza il profitto.

7.6.

Come andrebbe modificato il grafico dell'esercizio 7.4 affinché B^* rappresenti la quantità di equilibrio di lungo periodo? (Si vedano i quattro grafici sotto riportati).

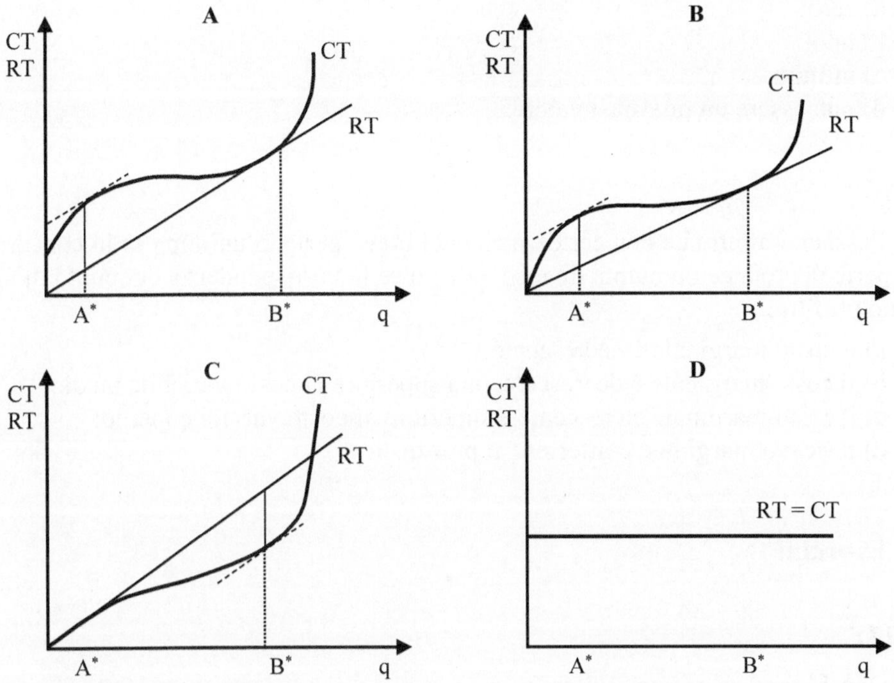

7.7.

Se nel breve periodo il Cme è inferiore al prezzo in corrispondenza del livello di output che massimizza il profitto, un'impresa in concorrenza perfetta:

a) sta realizzando profitti positivi;
b) è una situazione che secondo la teoria non può verificarsi;
c) non vi sono costi fissi medi;
d) il costo medio è minimo.

7.8.

Nel breve periodo un'impresa in concorrenza perfetta che massimizza il profitto sceglierà *sicuramente* il livello nullo di produzione se:

a) i profitti sono negativi;
b) il prezzo è inferiore al costo medio;
c) i ricavi non coprono i costi fissi;
d) il prezzo è inferiore al costo variabile medio.

7.9.

Nel punto in cui un'impresa in concorrenza perfetta massimizza il profitto, l'elasticità della sua curva di domanda (considerata in valore assoluto) è:

a) zero;
b) uno;
c) infinito;
d) può essere un qualsiasi valore.

7.10.

Possiamo affermare con certezza che nel breve periodo un'impresa in concorrenza perfetta produce un output diverso da zero se in corrispondenza del punto di massimo profitto:

a) il costo marginale è decrescente;
b) il costo marginale è decrescente ma superiore al costo variabile medio;
c) il costo marginale è crescente e superiore al costo variabile medio;
d) il ricavo marginale è inferiore al prezzo.

☞ Esercizi

7.11.

Considerate un mercato in cui vige un regime di concorrenza perfetta tra un numero elevato d'imprese, tutte con un'identica funzione dei costi: $C(q) = q^2 + 1$ (dove q è la quantità prodotta). Ipotizzate che la curva di domanda per l'industria sia inizialmente rappresentata dalla funzione: $Q_D = 52 - p$.

a) Calcolate la curva di offerta di breve periodo di ogni impresa.

b) Calcolate la curva di offerta di breve periodo dell'industria, se n imprese operano su quel mercato.

c) Sapendo che il minimo $Cme_{LP} = 2$, calcolate il numero di imprese nell'equilibrio di lungo periodo, data la funzione di domanda iniziale. Qual è il prezzo, l'output di ogni impresa e l'output dell'industria nell'equilibrio di lungo periodo?

7.12.

Un'impresa si trova nella situazione descritta nel grafico. Mostrate:

a) il livello ottimale di produzione;

b) l'area dei profitti (o delle perdite);

c) a tale impresa conviene continuare a produrre? (Considerate sia il breve che il lungo periodo e motivate la vostra risposta).

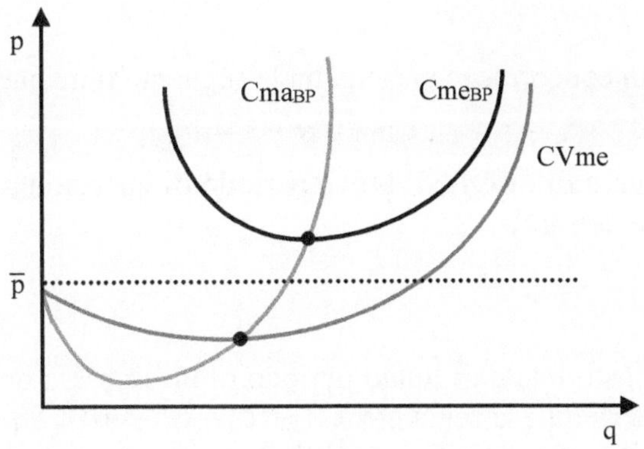

7.13.

Si consideri un mercato nel quale operano 100 imprese, tutte uguali. La singola impresa ha una funzione di offerta di breve periodo pari a: q = 0,5 p. Sapendo che la funzione di domanda di mercato è p = 110 – 0,2Q, trovate il prezzo e la quantità di equilibrio del mercato e rispondete poi alle seguenti domande:

a) Qual è la quantità prodotta da ciascuna impresa?

b) Qual è il ricavo totale di ciascuna impresa?

c) Qual è il livello dei costi variabili e dei costi variabili medi di ciascuna impresa in corrispondenza della quantità di equilibrio?

d) Se i costi fissi di ciascuna impresa sono pari a 15, qual è il profitto di breve periodo di ciascuna impresa? Questo equilibrio è destinato a perdurare nel lungo periodo?

7.14.

Un'impresa opera nel breve periodo in un mercato di concorrenza perfetta. Utilizzando il grafico riportato, mostrate il livello ottimale di produzione e il volume dei profitti. Supponete poi che i costi fissi raddoppino. La quantità prodotta: aumenta, diminuisce o non varia?

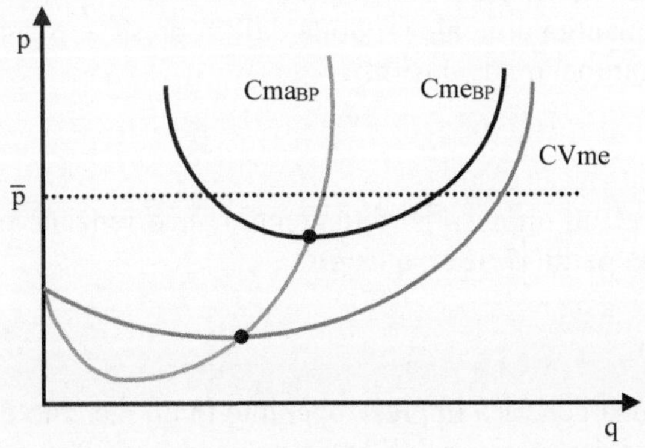

7.15.

Un'impresa in concorrenza perfetta ha la seguente funzione di costo medio:

$$Cme = q + 3 - 4/q.$$

Scrivete la curva di offerta di breve periodo di questa impresa, che persegue la massimizzazione dell'utile.

7.16.

La curva di costo totale di lungo periodo di un'impresa operante in un mercato di concorrenza perfetta è la seguente: $CT_{LP}(q) = q^3 - 4q^2 + 8q$.

Determinate il prezzo minimo a cui l'impresa può vendere il prodotto per poter restare sul mercato nel lungo periodo.

7.17.

Un'impresa opera in un mercato perfettamente concorrenziale.

a) È sempre vero che l'impresa, per offrire una quantità positiva del prodotto, richiede che i profitti siano positivi o nulli?

b) Se la funzione dei costi totali è: $C(q) = 4q^2 + 1.000$, determinate l'ammontare dei profitti massimizzati in corrispondenza di un prezzo pari a 50.

c) Perché non è possibile che l'impresa si trovi in equilibrio nella parte decrescente della curva dei costi marginali?

7.18.

Un'impresa perfettamente concorrenziale ha la seguente curva dei costi totali di breve periodo:

$$C(q) = 2q^2 + 98.$$

Rispondete graficamente e analiticamente alle seguenti domande:

a) Qual è la curva del costo medio (variabile, fisso e totale)?

b) Qual è la curva del costo marginale?

c) Qual è la quantità ottimale prodotta dall'impresa se p = 48?

d) Qual è l'ammontare dei profitti?

7.19.

È vero che per un'impresa perfettamente concorrenziale è sempre meglio produrre, anche se in perdita? Se sì, quando?

7.20.

Si consideri una generica impresa operante in un mercato di concorrenza perfetta, la cui funzione dei costi totali di breve periodo sia: $CT_{BP} = 10 + q + 1,5\ q^2$.

Si determini:

a) la funzione di offerta di breve periodo dell'impresa;

b) la quantità prodotta e i profitti dell'impresa nel caso in cui il mercato abbia fissato un prezzo pari a 1,5;

c) come si modifica la quantità offerta dall'impresa nel caso in cui i costi fissi aumentino passando a 100.

7.21.

Si consideri *un'industria* che opera in condizioni di concorrenza perfetta. Inizialmente siamo in una situazione di equilibrio di lungo periodo.

a) Che cosa succede nel breve e nel lungo periodo se la domanda del bene considerato aumenta?

b) Che cosa avviene al numero delle imprese nel breve periodo? E nel lungo periodo?

c) Che cosa avviene al prezzo del prodotto, alla quantità prodotta dall'insieme delle imprese e alla quantità prodotta da ciascuna impresa, nel breve e nel lungo periodo?

d) Che cosa avviene ai profitti delle singole imprese, nel breve e nel lungo periodo?

7.22.

Un costruttore di automobili considera la sua attività molto concorrenziale, poiché è molto sensibile alla concorrenza dei pochi altri costruttori di automobili operanti sullo stesso mercato. Ogni costruttore intraprende vigorose campagne pubblicitarie per cercare di convincere gli acquirenti potenziali della qualità superiore e dello stile più raffinato delle sue automobili e reagisce molto rapidamente alle iniziative pubblicitarie dei suoi concorrenti.

È questo il significato di concorrenza perfetta secondo gli economisti? Spiegate.

7.23.

Si consideri *un'industria* formata da imprese che operano in condizioni di concorrenza perfetta. Inizialmente siamo in una situazione di equilibrio di lungo periodo.

Verificate analiticamente e graficamente che cosa succede nel breve e nel lungo periodo a seguito dell'imposizione di una tassa di ammontare pari a una unità di moneta per ogni prodotto venduto.

📖 Soluzione

7.1. a)

Le principali caratteristiche di un mercato perfettamente concorrenziale concernono il numero di imprese, molto elevato, la loro dimensione, insignificante rispetto all'intero mercato, e il prodotto, omogeneo. Inoltre non vi sono barriere all'entrata e vi è libero accesso alle informazioni e alla tecnologia. Da queste caratteristiche discende che le imprese non possono influire sul prezzo attraverso le loro decisioni; per ciascuna di esse il prezzo è un dato (comportamento di *price taking*), anche se, naturalmente, esso è influenzato dalle decisioni delle imprese considerate nel loro complesso. La curva di domanda per la singola impresa è quindi una retta orizzontale: al prezzo determinato dal mercato l'impresa può vendere qualsiasi quantità. Essendo le sue dimensioni molto piccole, la quantità immessa sul mercato sarebbe infatti, in ogni caso, irrisoria.

Tra gli esempi più ricorrenti: le edicole, che vendono tutte lo stesso prodotto e allo stesso prezzo; i produttori di grano (o di altri prodotti agricoli), il cui prezzo è fissato anno per anno dal settore; i benzinai, ecc. Quindi la risposta a) è corretta mentre la b) e la c) non lo sono. Infine, con riferimento alla risposta d), ricordiamo che nel breve periodo la singola impresa può conseguire profitti positivi, nulli o negativi (ma comunque inferiori, in valore assoluto, ai costi fissi). Poiché in questa forma di mercato, come si è detto, non esistono barriere all'entrata di nuove imprese, a seconda delle diverse situazioni, nel lungo periodo si avranno nuovi ingressi (se i profitti di breve periodo sono positivi) o uscite (se i profitti di breve periodo sono negativi) fino ad arrivare alla condizione di profitti nulli. Una volta raggiunta questa condizione non vi saranno più incentivi ad entrare/uscire dal mercato e si sarà raggiunto l'equilibrio di lungo periodo. La risposta d) va dunque esclusa, perché nel breve periodo quella riportata non rappresenta alcuna "condizione" prevista dalla teoria.

7.2. d)

La curva di offerta di un'impresa operante in concorrenza perfetta coincide con la parte crescente della funzione dei Cma, purché questa sia superiore a quella dei CVme. Infatti per poter restare in attività nel breve periodo è necessario che si riescano a coprire almeno i costi variabili (quelli fissi sono già stati sostenuti), e quindi l'impresa è disposta a offrire il proprio output soltanto in presenza di prezzi (stabiliti dal mercato) superiori ai CVme. Quindi l'intersezione tra Cma e p (che permette di dedurre la quantità da produrre per massimizzare il profitto di breve periodo) deve avvenire nel tratto crescente dei Cma, che sia anche superiore ai CVme. La risposta corretta è quindi la d).

Riprenderemo questi aspetti in termini più formali in alcuni esercizi successivi.

7.3. d)

La condizione di prim'ordine per massimizzare il profitto di breve periodo è che: Cma = Rma, quindi la risposta c) può essere subito annullata. Ma deve essere verificata anche una seconda condizione, ovvero che il Cma intersechi il Rma (che in concorrenza perfetta coincide con il prezzo) dal basso, ovvero che la funzione dei Cma sia crescente. Quindi la risposta a) è inaccettabile.

Nulla si può dire sulla funzione dei Cme, nel senso che il suo andamento dipende dai costi totali e quindi dalla tecnica produttiva utilizzata. A essere rigorosi, però, si può osservare che, nel punto in cui Cma = Rma, in presenza di un profitto positivo (condizione data dal testo), ci si trova più a destra rispetto al punto di minimo dei Cme. Per questo punto passa infatti la funzione dei Cma, come si può vedere nel grafico sotto riportato. Di conseguenza anche il punto b) va escluso. La risposta corretta è quindi la d), ovvero che il Cma sia crescente.

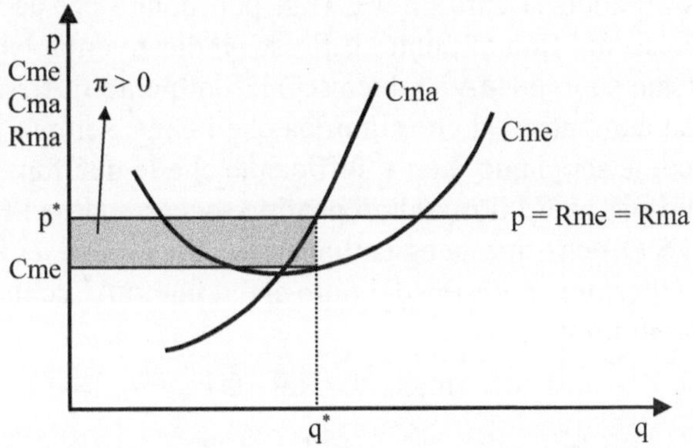

7.4. b)

In concorrenza perfetta il prezzo per la singola impresa è un dato e quindi non cambia in funzione della quantità prodotta e venduta. Quindi il ricavo totale sarà pari a: RT = p · q, dove p è una costante. Poiché sugli assi si trovano, rispettivamente, le quantità (sull'asse delle x) e i valori monetari (costi, ricavi) sull'asse delle y, la funzione dei ricavi totali è costituita da una retta passante per l'origine e avente inclinazione positiva pari a "p". Essa è dunque rappresentata dalla curva OP (risposta b). Possiamo osservare che l'altra curva riportata nel grafico rappresenta la curva dei costi totali. Questi, vista la presenza di costi fissi, sono di breve periodo. Si noti infatti che, anche producendo q = 0, si sosterrebbe un costo fisso pari appunto a CF. Si osservi inoltre che la curva dei CT_{BP} è stata tracciata ipotizzando rendimenti del fattore variabile prima crescenti e poi decrescenti (si riveda eventualmente il capitolo sui costi).

7.5. c)

In corrispondenza dei punti A^* e B^* le due curve (dei costi totali e dei ricavi totali) presentano effettivamente la stessa inclinazione: in quei punti le derivate delle due funzioni sono quindi uguali ($\frac{dRT}{dq} = \frac{dCT}{dq}$ ovvero: Rma = Cma). In entrambi questi punti è quindi soddisfatta la condizione di prim'ordine (C.P.O.) per massimizzare il profitto. Tuttavia, se si ferma la produzione in corrispondenza della quantità A^*, si ottiene la massima perdita e non il massimo profitto, in quanto, in quel punto, è massima la distanza tra la curva dei CT e quella dei RT (si veda il segmento verticale), però con CT > RT. Nel punto B^*, al contrario, è massima la distanza tra la curva dei RT e quella dei CT, misurata anch'essa dal secondo segmento verticale, questa volta però con RT > CT. In questo punto vi è quindi effettivamente il massimo profitto (risposta c).

In effetti, osservando la curva dei CT, si può notare che la sua inclinazione è positiva ma decrescente fino al punto di flesso (indicato dalla lettera C), segno che in quel tratto i Cma sono positivi e decrescenti; dal punto di flesso in poi l'inclinazione riprende ad aumentare, il che significa che i Cma, sempre positivi, diventano crescenti. Ora, come sappiamo, non è sufficiente che le due funzioni dei Cma e dei Rma si eguaglino per avere il massimo profitto; occorre altresì (condizione del secondo ordine, C.S.O.) che questa eguaglianza avvenga in presenza di una curva dei Cma crescente. Ulteriore conferma del fatto che il punto A^* debba essere escluso.

In termini formalizzati:

$$\max_q \pi = RT - CT$$

$$\text{C.P.O.}: \frac{d\pi}{dq} = 0 \quad \text{ovvero} \quad \frac{dRT}{dq} = \frac{dCT}{dq} \quad \text{ovvero} \quad p = Cma$$

$$\text{C.S.O.}: \frac{d^2\pi}{dq^2} < 0 \quad \text{ovvero} \quad \frac{dp}{dq} - \frac{dCma}{dq} < 0$$

$$\text{ovvero} \quad -\frac{dCma}{dq} < 0 \quad \text{ovvero} \quad \text{Cma crescente}.$$

7.6. b)

Il grafico di cui al punto a) riporta una curva dei CT di breve periodo, considerata la presenza di costi fissi, e quindi va escluso. Per lo stesso motivo va escluso il grafico di cui al punto d). Il grafico di cui al punto c) va escluso perché in corrispondenza della quantità di equilibrio (B^*) vi sarebbe un profitto positivo (mentre la teoria afferma che nel lungo periodo il profitto delle singole imprese deve essere nullo). Resta il grafico rappresentato al punto b), nel quale si ha una curva dei CT di lungo periodo che mostra l'assenza di costi fissi e la presenza di profitti nulli in corrispondenza di B^*. La risposta corretta è dunque la b).

7.7. a)

Si tratta della situazione ordinariamente rappresentata per spiegare le scelte di breve periodo, quindi la risposta b) può essere subito esclusa.

In corrispondenza dell'uguaglianza tra Cma e Rma (→ livello di output che massimizza il profitto), se i Cme risultano inferiori al prezzo, effettivamente l'impresa sta realizzando profitti positivi, quindi la risposta a) è corretta.

Si noti infatti che: $\pi = RT - CT = p \cdot q - Cme \cdot q = (p - Cme) \cdot q$ e che, quindi, essendo $q > 0$ (è una quantità, per cui per forza dev'essere positiva), se $Cme < p$ allora $\pi > 0$.

La risposta c) va esclusa perché nel breve periodo i costi fissi sono presenti, e quindi il livello dei Cme (totali) dipenderà anche dalla presenza di CFme.

Infine, per quanto concerne la risposta d), va rilevato che il punto di minimo della funzione dei Cme (date le ipotesi di questo esercizio) si trova più a sinistra rispetto al punto in cui avviene l'intersezione tra Cma e Rma, e che quindi, effettivamente, la funzione dei Cme non può presentare un minimo in quel punto (si riveda il grafico del quesito 7.3). Quindi risulta corretta soltanto la risposta a).

7.8. d)

Nel breve periodo, anche con profitti negativi, è possibile che convenga continuare a produrre. Quindi la risposta a) può subito essere esclusa.

La risposta b) ripropone in altri termini lo stesso concetto; dal fatto che il prezzo sia inferiore al Cme, infatti, possiamo unicamente dedurre che il profitto è negativo (si veda anche l'esercizio 7.17).

Affinché convenga continuare a produrre è invece essenziale che i ricavi coprano almeno i costi variabili: $RT \geq CV$, ovvero che: $\frac{RT}{q} \geq \frac{CV}{q}$, cioè che il prezzo superi i costi variabili medi ($p \geq CVme$), cosicché ogni pezzo prodotto non generi un margine di contribuzione unitario negativo. Se il prezzo non riesce neppure a coprire i costi variabili medi, allora effettivamente è meglio non produrre nulla. Quindi la risposta d) è corretta.

In merito alla presenza di costi fissi, ci limitiamo a ricordare che questi nel breve periodo sono già stati sostenuti, e quindi non è necessario che vengano o meno "coperti" (dai ricavi o da altre variabili). Per cui la risposta c) non è significativa ai fini della fissazione del livello di produzione (purché questo sia ovviamente inferiore alla massima capacità produttiva di breve periodo).

7.9. c)

La curva di domanda di un'impresa operante in concorrenza perfetta è costituita da una retta orizzontale, poiché la vendita dei prodotti (o dei servizi) realizzati può avvenire soltanto al prezzo dato dal mercato. Si tratta quindi di una domanda infinitamente elastica (o ad elasticità infinita): la variazione della quantità risulterebbe infatti infinita rispetto a una pur minima variazione del prezzo. La risposta corretta è quindi la c).

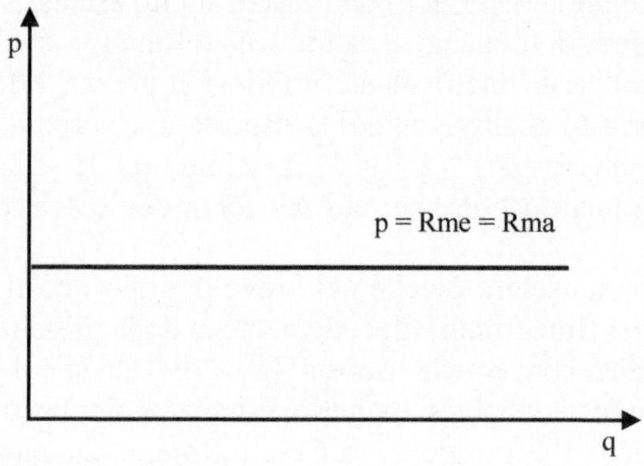

Ricordiamo per completezza che una curva di domanda verticale è caratterizzata da un valore dell'elasticità pari a zero (il prezzo può oscillare liberamente, ma non si ottengono variazioni della quantità), mentre si ha elasticità unitaria (ovvero elasticità pari a uno in valore assoluto) in presenza di curve di domanda aventi la forma di un'iperbole equilatera – e ciò avviene in tutti i punti della curva – oppure di curve di domanda lineari aventi inclinazione negativa, in questo caso però soltanto nel loro punto medio (si rivedano gli esercizi sull'elasticità).

7.10. c)

Per quanto detto in precedenti risposte, per poter raggiungere il massimo profitto occorre che l'intersezione tra la curva dei Cma e quella dei Rma (che in concorrenza perfetta equivale a quella del ricavo medio, ovvero della domanda) avvenga nel tratto crescente della prima, e purché si abbia, in corrispondenza della quantità ottimale così individuata, che il prezzo sia superiore al costo variabile medio. Quindi possono subito essere escluse le risposte a) e b) perché il Cma deve essere crescente e non decrescente e anche la risposta d), perché il Rma è sempre uguale al prezzo (e non inferiore allo stesso), considerato che il prezzo è un dato ed è rappresentato da una retta orizzontale. Si noti che se anche la risposta d) avesse affermato che il Rma è uguale al prezzo, ciò, essendo sempre vero, non avrebbe detto nulla in merito alla quantità che all'impresa conviene produrre.

Resta quindi la risposta c), che soddisfa le condizioni del primo e del second'ordine per la massimizzazione del profitto con la produzione di una quantità q^* positiva.

7.11.

a) La curva di offerta di breve periodo di un'impresa perfettamente concorrenziale coincide con la sua curva di costo marginale, nel tratto crescente di quest'ultima e purché sia superiore o uguale a quella dei *costi variabili medi*. Per risolvere il problema dobbiamo dunque calcolare il Cma e il CVme.

Partendo dalla funzione di costo totale:

$$CT = q^2 + 1$$

ottengo:

$$Cma = 2q$$
$$CVme = q.$$

Riportiamo su un grafico i risultati ottenuti:

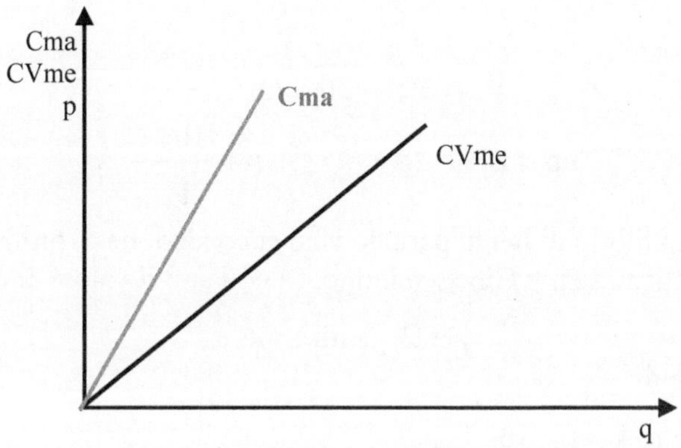

Essendo i Cma sempre crescenti e ovunque maggiori dei CVme, la curva di offerta *di breve periodo* dell'impresa parte dall'origine e coincide *in toto* con la curva dei Cma:

$$p = Cma \quad \text{ovvero} \quad p = 2q.$$

Visto che la curva di offerta (così come quella di domanda) mostra la relazione tra prezzo e quantità, con il nesso causale q = f(p), posso scrivere:

$$q = \frac{1}{2}p \qquad \forall\, p \geq 0.$$

b) La curva di offerta dell'industria si trova sommando le curve di ciascuna (identica) impresa che forma questo mercato. Naturalmente devo esprimere la funzione in modo che la quantità sia funzione del prezzo e non viceversa. Ipotizziamo che esistano n identiche imprese e ricordiamo che:

$$q = \frac{1}{2}p$$

è la curva di offerta per la singola impresa.

Per l'industria si ottiene quindi: $Q = \frac{1}{2}p + \frac{1}{2}p + ... + \frac{1}{2}p$ con n addendi:

$$\rightarrow Q = n \cdot \frac{1}{2}p.$$

c) Per determinare il numero di imprese che operano su quel mercato devo usare le informazioni fornite dalla funzione di domanda.

Sappiamo che, in equilibrio, la quantità domandata deve essere uguale a quella offerta. Perciò pongo la funzione di domanda (data dal testo) uguale a quella di offerta (appena trovata):

$$52 - p = n \cdot \frac{1}{2}p.$$

Cioè:

$$104 - 2p = np$$

$$np = 104 - 2p \qquad n = \frac{104}{p} - 2.$$

Poiché nell'equilibrio di lungo periodo vale la condizione di profitto nullo per ogni impresa, che si ottiene se $p = Cme_{LP}$ minimo, calcoliamo il valore di n sostituendo:

$$p = 2 = \min Cme_{LP}.$$

Si ottiene quindi:

$$n = \frac{104}{p} - 2 = \frac{104}{2} - 2 = 52 - 2 = 50 \text{ (numero di imprese).}$$

Graficamente:

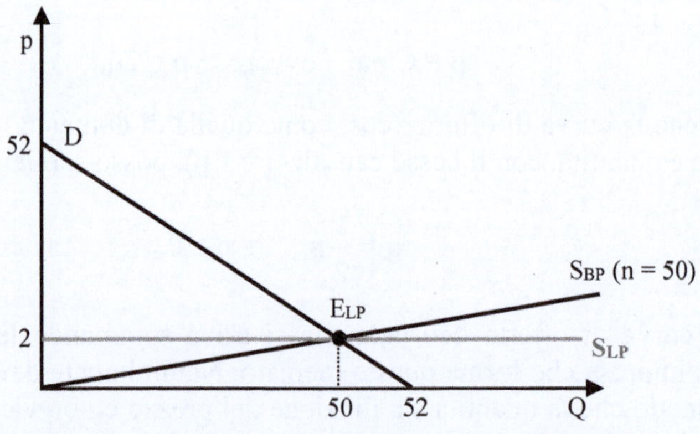

Quindi l'output della singola impresa nel lungo periodo è pari a:

$$q = \frac{1}{2}p = \frac{1}{2}2 = 1$$

mentre l'output dell'industria è pari a: Q = 50.

❖ **Nota:** Il valore Q = 50 si può ottenere sostituendo p = 2 nella funzione di domanda: ($\rightarrow Q_D = 52 - p = 52 - 2 = 50$), oppure moltiplicando per n (= 50) l'offerta della singola impresa, considerato che, per ipotesi del problema, le imprese sono identiche.

7.12.

a) Il livello ottimale di produzione è individuato dall'uguaglianza tra Cma e Rma (q^*).

b) c) Essendo, in corrispondenza di q^*, p < Cme e p > CVme, nel breve periodo l'impresa produce effettivamente la quantità q^* anche se in perdita (se chiudesse, la perdita, pari ai CF, sarebbe ancora maggiore).

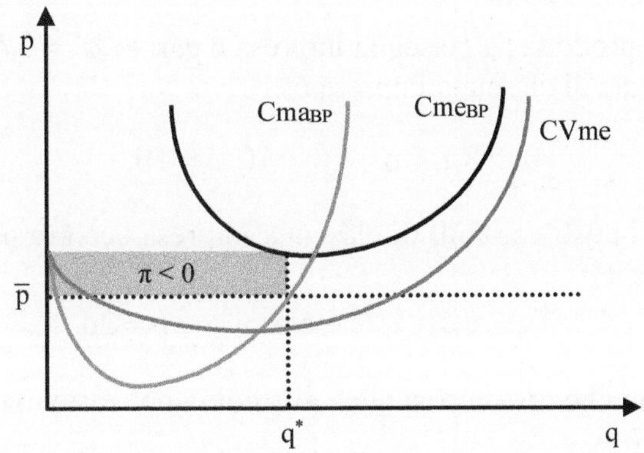

Nel lungo periodo essa però uscirà dal mercato, non riuscendo a coprire i costi totali.

7.13.

Si hanno n = 100 imprese uguali, ciascuna con una curva di offerta di breve periodo pari a: $q = 0{,}5p$.

La quantità offerta totale sarà dunque pari a: $Q_S = 0{,}5p + 0{,}5p + \ldots + 0{,}5p$, con 100 addendi, ovvero: $\mathbf{Q_S = 50\ p}$.

La domanda globale (cioè del mercato) è invece pari a: $p = 110 - 0{,}2\ Q$, ovvero:

$$0{,}2Q = 110 - p, \text{ e quindi: } \mathbf{Q_D = 550 - 5p}.$$

Il punto di equilibrio si ottiene ponendo: $Q_D = Q_S \rightarrow \mathbf{550 - 5p = 50p}$, che dà, una volta risolto:

$$p^* = 10 \quad \text{e} \quad Q^* = 500.$$

Graficamente:

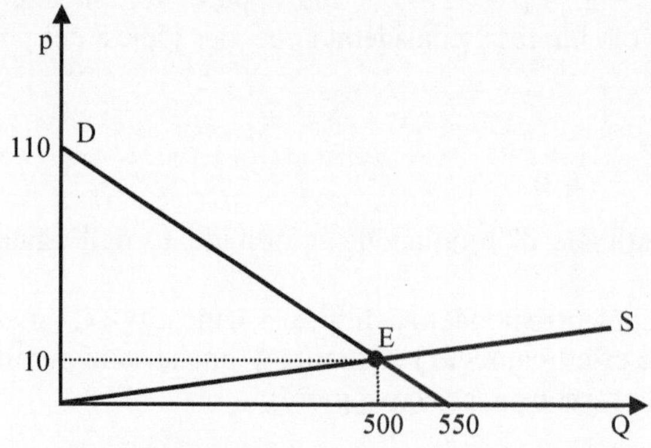

a) La quantità prodotta da ciascuna impresa è pari a: $q^* = 0{,}5 \cdot p^* = 0{,}5 \cdot 10 = 5$.
b) Il ricavo totale di ciascuna impresa è:

$$RT = p^* \cdot q^* = 10 \cdot 5 = 50.$$

c) Per trovare i costi variabili di ciascuna impresa occorre partire dalla curva di offerta individuale:

$$q = 0{,}5p \qquad \text{ovvero} \qquad p = 2q$$

e riflettere sul fatto che essa corrisponde alla curva del costo marginale

$$Cma = 2q.$$

Ora, quale funzione, una volta derivata, dà come risultato "2q"? Non può che essere $CV = q^2$, da cui si ottiene, dividendo per q, la curva dei CVme = q (si noti che l'inclinazione è la metà di quella dei Cma).

Pertanto la funzione dei costi totali sarà: $CT = CV + CF$ ovvero: $CT = q^2 + \overline{CF}$.

In corrispondenza della quantità di equilibrio ($q^* = 5$) il costo variabile è quindi: $CV = (q^*)^2 = 25$ e il costo medio variabile: $CVme = q^* = 5$.

d)

$$\pi = RT - CT = RT - CV - CF = 50 - 25 - 15 = 10.$$

Se tutte le imprese conseguono un utile, nel lungo periodo il mercato sarà interessato da nuovi ingressi, che faranno aumentare l'offerta e ridurre il prezzo. Questo potrà scendere, nel lungo periodo, fino al punto di minimo dei costi medi.

7.14.

Graficamente:

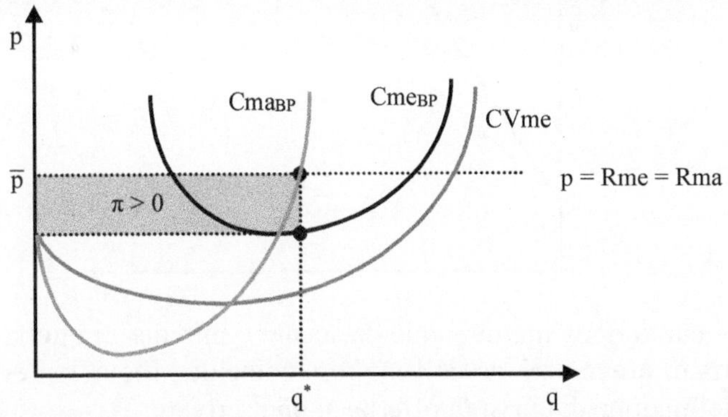

Al livello ottimale di produzione (Cma = p) l'impresa consegue un utile (p > Cme), pari all'area evidenziata.

Se i costi fissi raddoppiano, non vi è alcuna conseguenza sulla curva dei Cma, né su quella dei CVme. Quindi la quantità prodotta nel breve periodo non cambia. Tuttavia aumentano i costi totali; la curva dei Cme si sposta verso l'alto. Ciò ridurrà i profitti, che potrebbero persino diventare negativi (anche nel punto di ottimo) e costringere l'impresa ad uscire dal mercato nel lungo periodo.

7.15.

I costi medi sono dati dalla relazione: $Cme = q + 3 - \frac{4}{q}$.

Per trovare la funzione di offerta occorre conoscere quella del costo marginale e quella dei CVme, per essere certi di considerare solo la curva dei Cma nel suo tratto crescente e superiore a quella dei CVme.

In primo luogo si deve quindi trovare la curva dei costi totali (moltiplicando per q la curva dei costi medi), che risulterà pari a:

$$CT = q^2 + 3q - 4.$$

Di conseguenza:

$$Cma = 2q + 3$$

$$CVme = q + 3.$$

Graficamente:

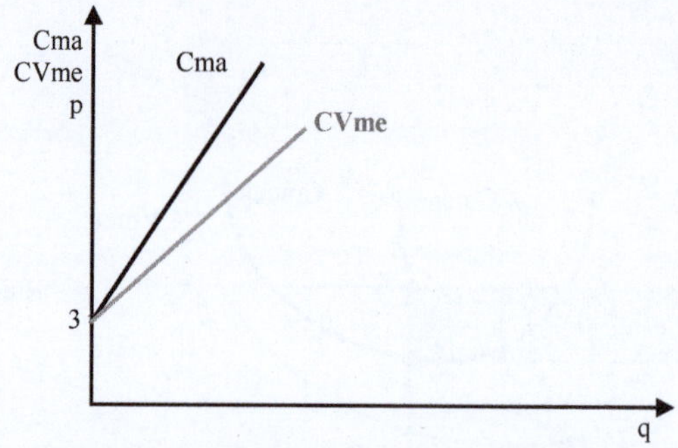

Essendo la curva dei Cma ovunque crescente e più alta di quella dei CVme, la curva di offerta di breve periodo dell'impresa coincide in toto con essa. Quindi, ricordando la definizione di curva di offerta, si può scrivere:

$$p = Cma \quad \text{ovvero:} \quad p = 2q + 3, \quad \text{cioè:} \quad 2q = p - 3 \text{ e quindi:}$$

$$q = \frac{p-3}{2} \qquad \forall\, p \geq 3.$$

7.16.

Siamo nel lungo periodo, come mostra la funzione di costo totale, che non presenta alcuna componente fissa. Nel lungo periodo il prezzo minimo di vendita (p_{min}) è uguale al costo medio minimo di lungo periodo ($\pi = 0$). La funzione del costo medio di lungo periodo è la seguente:

$$Cme_{LP} = q^2 - 4q + 8.$$

Per trovare il suo punto di minimo si deve impostare l'uguaglianza tra costi medi e costi marginali (si ricordi infatti che Cme e Cma si intersecano nel punto minimo dei Cme):

$$Cme = Cma$$

$$Cma_{LP} = 3q^2 - 8q + 8, \text{ da cui:}$$

$$q^2 - 4q + 8 = 3q^2 - 8q + 8$$

$$2q^2 - 4q = 0 \qquad q(2q - 4) = 0 \qquad 2q = 4$$

$$\rightarrow q = 2$$

Il min Cme_{LP} si ha in corrispondenza di q = 2 ed è pari a:

$$\mathbf{min\ Cme_{LP} = p_{min} = 4 - 8 + 8 = 4.}$$

Nota bene: Si poteva anche porre la C.P.O. per avere un Cme minimo:

$$\frac{dCme}{dq} = 0 \qquad \frac{d(q^2 - 4q + 8)}{dq} = 2q - 4 = 0$$

$$\rightarrow q = 2 \rightarrow \min Cme_{LP} = p_{min} = 4 - 8 + 8 = 4.$$

7.17.

a) No, nel breve periodo può operare anche con $\pi < 0$ purché inferiori (in valore assoluto) ai costi fissi (costi che dovrebbe comunque sostenere nel breve periodo, anche se decidesse di chiudere); quindi, nel breve periodo, affinché l'impresa offra una quantità positiva di prodotto è sufficiente che si abbia RT > CV, ovvero $p > CVme$.

Il punto in cui $p = CVme$ è detto *punto di fuga*: se $p < CVme$ l'impresa trova, infatti, conveniente uscire dal mercato.

b) Con la funzione di costo totale: $CT = 4q^2 + 1.000$, determiniamo l'ammontare dei profitti di breve periodo in corrispondenza di un prezzo pari a 50.

$$Cma = p$$

$$8q = 50 \qquad \text{con Cma crescenti} \qquad q = \frac{50}{8} = 6{,}25.$$

Si noti che, essendo:

$$Cme = 4q + \frac{1.000}{q} = 4 \cdot 6{,}25 + \frac{1.000}{6{,}25} = 25 + 160 = 185 \text{ e } CVme = 4q = 4 \cdot 6{,}25 = 25,$$

si ha $CVme < p < Cme$: quindi l'impresa continua a produrre, anche se in perdita. Infatti:

$$\pi = RT - CT = p \cdot q - (CV + CF) = 50 \cdot 6{,}25 - (4 \cdot 6{,}25^2 + 1.000) = -843{,}75.$$

Si ha cioè una perdita, ma si continua comunque a produrre perché, se si smettesse di farlo, si avrebbe una perdita ancora maggiore, pari ai CF = 1.000.

I RT coprono infatti i CV ($p > CVme$).

c) Perché in tal caso si troverebbe nel punto di massima perdita. Infatti:

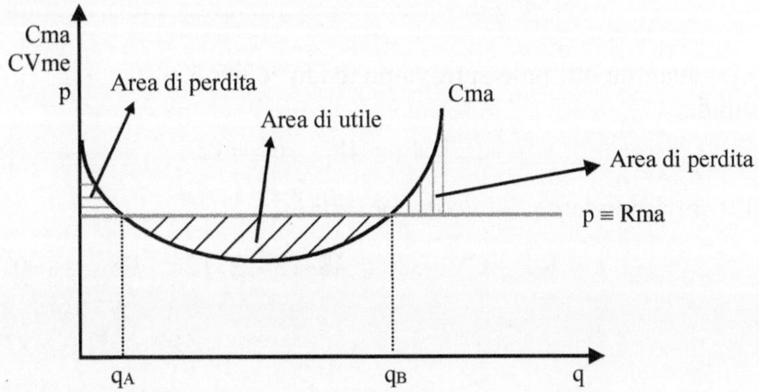

L'eguaglianza p = Cma si ha in corrispondenza della quantità q_A e della quantità q_B. Quale conviene produrre?

Se si produce q_A si ottiene la massima perdita. Infatti fino a q_A i *Cma* superano sempre i *Rma*. Quando comincio ad avere la disuguaglianza favorevole (Cma < Rma) smetto di produrre (!) e questo non ha alcun senso. La quantità che max π è quindi q_B.

Si ricordi che per max π (rispetto a q) occorre che siano verificate due condizioni:

I) Cma = p (Condizione Primo Ordine);
II) la curva Cma sia crescente (Condizione Secondo Ordine).

7.18.

a), b) Le funzioni cercate sono:

$$\text{costo medio} = 2q + \frac{98}{q}$$

$$\text{costo medio variabile} = 2q$$

$$\text{costo medio fisso} = \frac{98}{q}$$

$$\text{costo marginale} = 4q.$$

Graficamente:

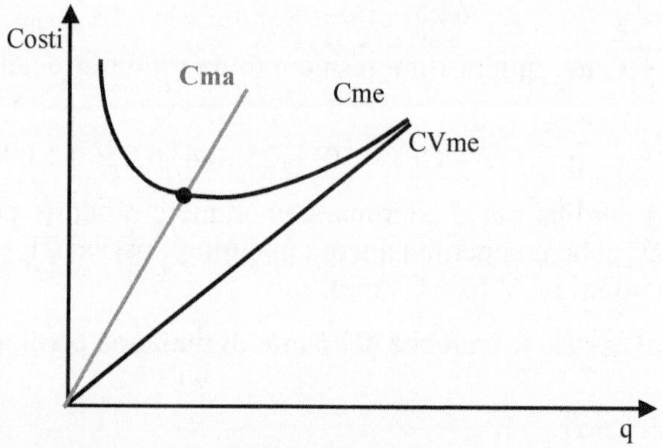

c) La quantità ottimale si trova ponendo: Cma = p.
Quindi:

$$4q = 48 \qquad q^* = 12.$$

d) Il corrispondente livello dei profitti è:

$$\pi = RT - CV - CF = 48 \cdot 12 - 2 \cdot 12^2 - 98 = +190.$$

7.19.

Nel lungo periodo, non essendovi costi fissi, qualsiasi impresa che realizzi perdite potrà scegliere di non produrre più, riducendo le sue perdite a zero. Nessuna impresa troverà quindi conveniente produrre in perdita nel lungo periodo.

Nel breve periodo, se il prezzo del prodotto è superiore ai costi medi variabili, ovvero se RT > CV, l'impresa sceglierà di continuare a produrre, anche sopportando delle perdite.

Questo perché le perdite sarebbero maggiori se scegliesse di non produrre affatto, dovendo comunque sostenere i costi fissi.

Tuttavia, nemmeno nel breve periodo possiamo concludere che l'impresa troverà *sempre* conveniente produrre, anche se in perdita. Conviene infatti cessare di produrre qualora p < CVme, ovvero quando RT < CV, perché in questo caso le perdite conseguite producendo sono maggiori di quelle che si sosterrebbero chiudendo (pari ai costi fissi). In questo caso, infatti, il prezzo è inferiore al cosiddetto "punto di fuga".

7.20.

a) La curva di offerta di breve periodo di un'impresa operante in un mercato di concorrenza perfetta corrisponde al tratto crescente della curva dei costi marginali, purché superiori ai costi medi variabili. Nel nostro caso i costi marginali sono pari a:

$$Cma = 1 + 3q$$

e i costi medi *variabili* (ottenuti dividendo per q la funzione dei costi totali, ma limitatamente alla componente variabile) sono:

$$CVme = 1 + 1{,}5q.$$

La rappresentazione grafica permette di rilevare che la funzione di offerta di breve periodo è data dalla relazione: $p = 1 + 3q$, ma soltanto se $p \geq 1$. Per prezzi inferiori ad 1 l'impresa non produce nulla, poiché non riuscirebbe neppure a coprire i costi variabili di produzione.

Di conseguenza: $q_s = \dfrac{p-1}{3} \quad \forall\, p \geq 1.$

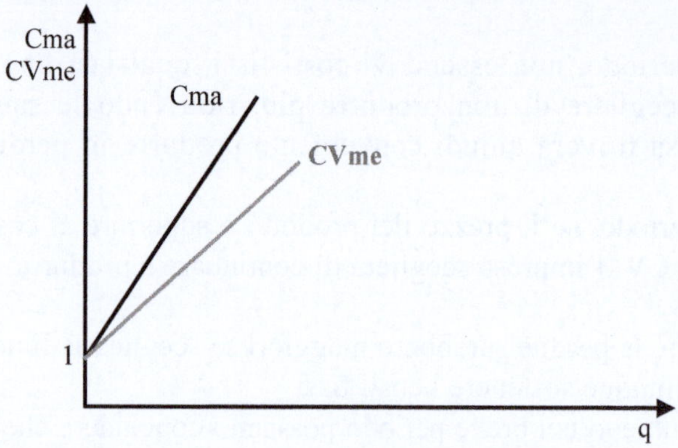

b) Sostituendo p = 1,5 (> 1) nella funzione di offerta di breve periodo (S_{BP}), si ottiene:

$$q_S = \frac{p-1}{3} = \frac{1{,}5-1}{3} = \frac{1}{6}.$$

I profitti dell'impresa sono pertanto:

$$\pi_{BP} = (p \cdot q) - (10 + q + 1{,}5q^2) = (1{,}5 \cdot 1/6) - (10 + 1/6 + 1{,}5 \cdot 1/36) = -9{,}96 \quad (< 0).$$

L'impresa subisce una perdita. Ma le conviene comunque produrre: se non lo facesse perderebbe i costi fissi (già sostenuti) pari a 10.

c) I costi fissi sono ora aumentati a 100. Essendo la curva di S_{BP} determinata dai Cma e dai CVme e non cambiando né gli uni né gli altri, essa non cambia. La quantità ottimale di produzione in corrispondenza di p = 1,5 è sempre $q^* = 1/6$. Ora la perdita è notevolmente salita, aumentando nella stessa misura dei costi fissi (è passata a – 99,96); purtuttavia essa rimane lievemente inferiore ai costi fissi (pari a 100), cosicché l'impresa resterà comunque sul mercato (stiamo sempre considerando il breve periodo). La convenienza a continuare a produrre non è cambiata (p > CVme):

7.21.

In questo esercizio stiamo parlando dell'intero settore, non delle singole imprese. Inizialmente l'equilibrio è nel punto E_0.

a) Se la domanda di mercato del bene considerato aumenta, la relativa curva di domanda si sposta verso destra, come risulta dal grafico seguente. Se l'offerta potesse adeguarsi immediatamente alla domanda, ovvero se per nuove imprese fosse possibile entrare subito sul mercato, si avrebbe un nuovo equilibrio in E_{LP}, senza alcuna variazione dei prezzi. Ma nuove imprese potranno entrare soltanto nel lungo periodo, cosicché nel breve periodo saliranno i prezzi e vi sarà equilibrio in E_{BP}. Con l'entrata di nuove imprese nel lungo periodo si avrà uno spostamento verso il basso della curva di offerta, con il conseguente raggiungimento dell'equilibrio in E_{LP}.

Ecco il grafico a livello di settore (quindi non per la singola impresa):

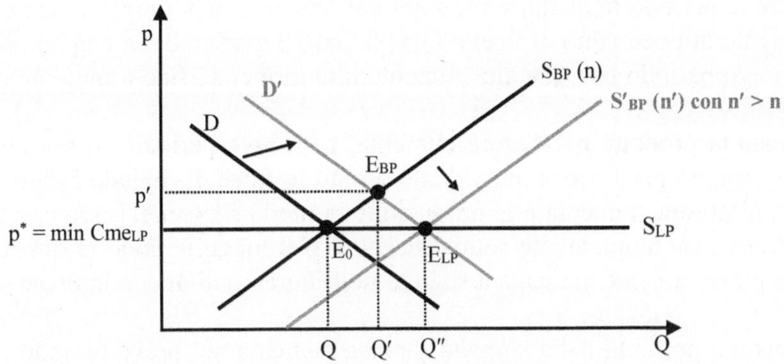

b) Nel breve periodo il numero delle imprese non aumenta, perché il breve periodo si caratterizza per avere uno stock di capitale fisso dato. Nel corso del tempo, però, nuove imprese entreranno a far parte dell'industria, attratte dalla possibilità di realizzare profitti positivi. Infatti il livello dei prezzi di breve periodo è superiore a quello di lungo periodo (con conseguenti profitti temporaneamente positivi) e ciò determina appunto l'ingresso di nuove imprese.

c) Vi è dunque un periodo in cui le imprese iniziali ottengono notevoli profitti in conseguenza dell'aumento del prezzo di mercato del prodotto; ciascuna di esse aumenta la produzione (poiché fissa la quantità ottimale utilizzando l'uguaglianza tra costo marginale e ricavo marginale, quest'ultimo uguale al prezzo, che è aumentato). Tale maggior profitto attirerà nuove imprese, ciò che farà aumentare l'offerta complessiva e avvierà una graduale riduzione dei prezzi, fino all'equilibrio finale. Nel lungo periodo ciascuna impresa tornerà a produrre la quantità inizialmente prodotta (q).

Graficamente, a livello di impresa:

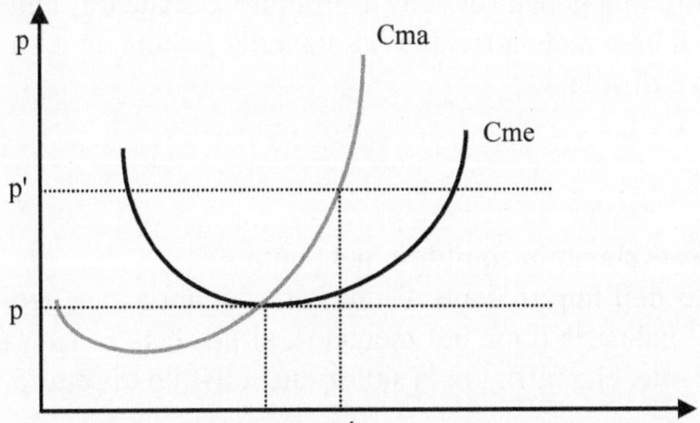

Quindi, riassumendo: nel breve periodo il prezzo aumenta fino a p′, mentre nel lungo periodo il prezzo torna al livello iniziale (= min Cme_{LP}).

Nel breve periodo la quantità prodotta dall'insieme delle imprese aumenta, ma relativamente di poco (fino al livello Q′) [si veda il grafico della pagina precedente]; nel lungo periodo tale quantità aumenta ulteriormente, fino a raggiungere il livello Q″.

La quantità prodotta nel settore aumenta, nel breve periodo, in seguito a una (leggera) maggior produzione individuale (infatti lo stock di capitale è dato, e non è possibile, di norma, aumentare la produzione in modo rilevante, salvo che la capacità produttiva sia ampiamente sottoutilizzata). Nel lungo periodo la quantità prodotta complessivamente aumenta a seguito dell'ingresso di nuove imprese sul mercato.

La quantità prodotta dalla singola impresa aumenta nel breve periodo (q′), ma ritorna al livello iniziale nel lungo periodo.

d) Nel breve periodo i profitti sono positivi, in seguito all'aumento del prezzo (a parità di costi unitari di produzione). Ciò attrae nuove imprese, con conseguente spostamento della curva di offerta verso destra e calo dei prezzi. Fintantoché i profitti resteranno positivi entreranno nuove imprese. Il processo ha termine quando i profitti torneranno ad essere nulli.

7.22.

Il concetto espresso è opposto a quello utilizzato dagli economisti per descrivere il mercato di concorrenza perfetta. Esso infatti descrive un mercato caratterizzato dalla rivalità tra un modesto numero di imprese di grandi dimensioni (molto più simile all'oligopolio).

Il punto di vista dell'economista sottolinea invece l'impersonalità del mercato di concorrenza perfetta, caratterizzato da tanti compratori e venditori del bene, ognuno dei quali è così piccolo rispetto al mercato da non poter influire sul prezzo e non considerare affatto gli altri come concorrenti o rivali. La produzione di tutte le imprese è inoltre omogenea (ovvero il prodotto è standard, uguale per tutti), per cui non c'è tra di esse alcuna rivalità basata sulla pubblicità o su differenze di qualità del prodotto o di stile.

7.23.

Inizialmente siamo in equilibrio nel punto E_0.

A seguito dell'imposizione di una tassa unitaria per ogni quantità prodotta e venduta nell'industria (cioè nel mercato), si presenta la situazione evidenziata dal grafico seguente, che raffigura la situazione a livello di settore:

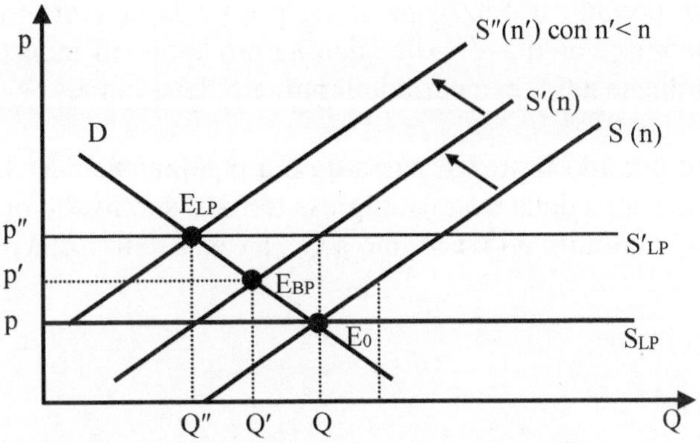

Nel breve periodo l'equilibrio passa dal punto E_0 al punto E_{BP}.
L'equilibrio di lungo periodo è nel punto E_{LP}.
Infatti:

$CT'_{BP} = CT_{BP} + 1 \cdot q$
$Cma'_{BP} = Cma_{BP} + 1$
$CV' = CV + 1 \cdot q$
$CVme' = CVme + 1.$
→ Le curve di offerta di breve periodo (S_{BP}) delle singole imprese e quindi dell'intero settore si spostano verso l'alto di 1 (= ammontare della tassa).

$CT'_{LP} = CT_{LP} + 1 \cdot q$
$Cme'_{LP} = Cme_{LP} + 1$
$\min Cme'_{LP} = \min Cme_{LP} + 1.$
→ Anche la curva di offerta di lungo periodo (S_{LP}) del settore si sposta verso l'alto di 1.

Nel grafico di cui alla pagina precedente la distanza verticale tra le curve S(n) ed S′(n), nonché tra le curve S_{LP} ed S'_{LP}, è pari a 1.

Come si evince dal grafico, nel breve periodo il prezzo aumenta ma meno dell'ammontare della tassa. Ciò determina profitti negativi ($\pi < 0$) e quindi nel lungo periodo la graduale uscita di imprese. La curva di S_{BP} si sposta quindi verso sinistra, fino a raggiungere l'equilibrio di lungo periodo E_{LP}.

A livello di singola impresa:

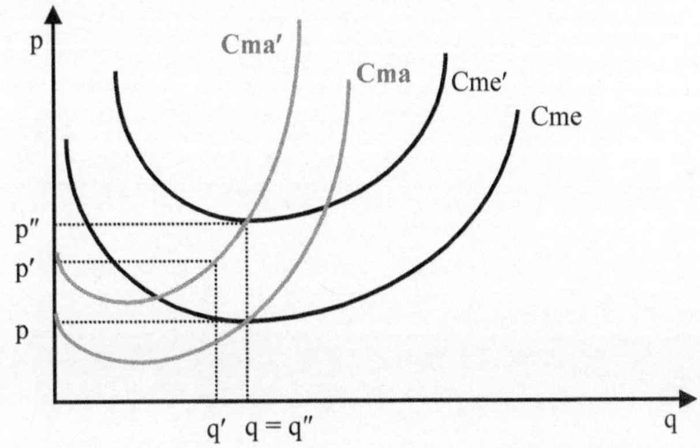

Nel breve periodo il prezzo passa da p a p′: la quantità venduta dalla singola impresa diminuisce da q a q′ → la quantità prodotta dall'industria diminuisce da Q a Q′ (si ricordi che nel breve periodo il numero delle imprese è costante).

Nel lungo periodo il prezzo passa da p a p″ (aumentando dell'ammontare della tassa): la produzione della singola impresa torna al suo livello di partenza (q) → nell'aggregato Q diminuisce invece fino a Q″, a causa dell'uscita di alcune imprese.

8

Monopolio

Ipotesi di lavoro:

- Indichiamo con Q o con q la quantità prodotta (in questo caso impresa e industria coincidono);
- indichiamo con q_1, q_2 ecc. le quantità prodotte dalla singola impresa monopolistica in diversi mercati (la cui somma è pari a Q);
- riportiamo le quantità sull'asse delle ascisse e i prezzi (o i valori espressi in moneta) sull'asse delle ordinate.

Domande a risposta chiusa

8.1.

Per un'impresa che opera in regime di monopolio la curva di domanda:

a) è inclinata verso il basso poiché la quantità domandata aumenta al diminuire del prezzo praticato dall'impresa;

b) è una curva di domanda orizzontale, perfettamente elastica al prezzo di mercato;

c) è uguale al ricavo marginale;

d) è perfettamente anelastica.

8.2.

In un mercato di monopolio quale delle seguenti affermazioni è vera?

a) il ricavo medio è uguale al prezzo;

b) il costo marginale è uguale al prezzo;

c) nel breve periodo il monopolista minimizza il costo medio;

d) il ricavo marginale è costante.

8.3.

In presenza di una curva di domanda lineare inclinata negativamente, il ricavo totale di un'impresa in monopolio sarà crescente quando:

a) l'elasticità della domanda è minore di uno;
b) l'elasticità della domanda è uguale a uno;
c) l'elasticità della domanda è maggiore di uno;
d) l'elasticità della domanda è pari a zero.

8.4.

Il monopolista massimizza il profitto producendo un livello di output in corrispondenza del quale:

a) il prezzo è inferiore al costo marginale;
b) il prezzo è uguale al costo marginale;
c) il prezzo è superiore al costo marginale;
d) il prezzo è uguale al ricavo marginale.

8.5.

Nel punto in cui il monopolista massimizza i profitti:

a) il ricavo marginale è positivo o nullo;
b) il prezzo è superiore al costo marginale;
c) il ricavo marginale è uguale al costo marginale;
d) tutte le precedenti risposte.

8.6.

Un monopolista in grado di discriminare i prezzi su due mercati:

a) pratica lo stesso prezzo su entrambi;
b) vende a un prezzo più basso nel mercato in cui la domanda è più elastica;
c) vende a un prezzo più basso nel mercato in cui la domanda è più rigida;
d) differenzia i prezzi in base ai costi di produzione.

8.7.

A seguito dell'imposizione di una tassa proporzionale alla quantità prodotta, un'impresa operante in condizioni di monopolio deciderà di:

a) ridurre la produzione, mantenendo il prezzo invariato;
b) produrre la stessa quantità di output, che venderà a prezzi più elevati;
c) produrre una minore quantità di output, che venderà a prezzi più elevati;
d) nessuna delle risposte precedenti.

8.8.

In monopolio il livello di output corrispondente al massimo ricavo coincide con quello di massimo profitto:

a) se non ci sono costi fissi;
b) se ci sono solo costi fissi;
c) se i costi marginali sono positivi;
d) nessuna delle precedenti risposte.

8.9.

Dal punto di vista del consumatore, la concorrenza perfetta è una forma di mercato preferibile al monopolio perché:

a) in monopolio si produce di più e si vende a prezzi più alti;
b) in monopolio si produce di meno e si vende a prezzi più bassi;
c) in monopolio si produce di meno e si vende a prezzi più alti;
d) nessuna delle precedenti risposte.

8.10.

Qualunque sia la forma di mercato i profitti debbono essere:

a) uguali a zero nel lungo periodo;
b) non negativi nel lungo periodo;
c) non negativi nel breve periodo;
d) nessuna delle precedenti risposte.

☞ Esercizi

8.11.

Un'impresa operante in regime di monopolio ha osservato che la propria curva di domanda è: $p = 50 - q$.

a) Si raffiguri la curva di domanda, quella del ricavo medio e quella del ricavo marginale.

b) Si calcoli l'elasticità della domanda rispetto al prezzo quando quest'ultimo è uguale a 40 e a 10 (rispettivamente).

c) L'impresa sta vendendo 35 prodotti al giorno. Sta massimizzando i propri profitti?

8.12.

La curva di domanda di un monopolista è: $q = 28 - p$, mentre la curva dei costi totali è:

$$C(q) = 10 + q^2.$$

a) Determinare il livello dei profitti quando questi vengono massimizzati.

b) Se il governo imponesse una tassa pari a 5 (a prescindere dalla quantità prodotta o dagli utili), quale sarebbe il nuovo livello di produzione?

c) Se la curva di domanda fosse stata: $q = 80 - p$ e se il governo avesse introdotto una tassa pari a t per ogni unità venduta, quale valore di t avrebbe determinato una riduzione del 10% dell'output rispetto al caso in cui non esiste alcuna tassazione?

8.13.

La curva di domanda di un monopolista è: $p = 120 - q$.

Per produrre il bene egli sostiene costi fissi pari a 18 e costi variabili *unitari* pari al numero dei prodotti fabbricati.

a) Determinate il livello di output che massimizza i profitti.

b) Quale sarà l'output nel caso in cui il governo imponga una tassa pari a 20 per ogni unità venduta?

8.14.

La curva di domanda di un monopolista è: $q = 6 - 3p$.

Quale prezzo massimizza i suoi ricavi?

8.15.

In un mercato con curva di domanda inversa pari a: $p = 10 - q$, un monopolista produce q con una funzione di costo $C(q) = 2q$.

a) Tracciate graficamente l'equilibrio di questo monopolista, indicando chiaramente la quantità prodotta e il prezzo di vendita.

b) Se il costo marginale raddoppiasse, di quanto aumenterebbe il prezzo di vendita?

8.16.

Sia $q = 8 - 0{,}1p$ la funzione di domanda di un monopolista. Siano i costi totali di lungo periodo dell'impresa pari a: $CT = 10q^2$.

a) Si determini l'equilibrio del monopolista.

b) Quale è il suo profitto?

c) Qual è il mark-up (ricarico) sul Cma?

8.17.

Siano dati i ricavi totali di un'impresa monopolistica: $RT = 5q - q^2$.

Calcolate l'elasticità della domanda rispetto al prezzo nel punto in cui il ricavo marginale è pari a 3.

8.18.

Dite se la seguente frase è vera o falsa e commentate:

"Nel tratto in cui l'elasticità della domanda è minore di uno, il ricavo marginale è negativo".

8.19.

Determinate il prezzo che massimizza i profitti di un monopolista sapendo che l'output prodotto è pari a 1, che l'elasticità della domanda rispetto al prezzo vale – 2 e che la curva di costo totale è: $C(q) = q^2 + 3$.

8.20.

Un monopolista opera su due mercati.

Il primo mercato presenta la curva di domanda $q_1 = 80 - p_1$; il secondo mercato presenta la curva di domanda $q_2 = 100 - p_2$. Il Cma è pari a 10.

a) Determinate la quantità prodotta e il prezzo di vendita nel caso di:

a_1) discriminazione del prezzo;

a_2) non discriminazione del prezzo.

b) Ipotizzando l'assenza di costi fissi, calcolate poi i profitti del monopolista nei due casi.

8.21.

Ipotizzate che la funzione di domanda di un monopolista sia data da $Q = 12 - p$.

Determinate:

a) quale sarebbe il suo RT se egli vendesse 6 unità del suo bene;

b) quale sarebbe il RT del monopolista se egli vendesse 6 unità del suo bene praticando la differenziazione del prezzo di primo grado;

c) quanta parte del surplus del consumatore verrebbe in questo caso accaparrata dal monopolista.

8.22.

La curva di domanda di mercato di un certo bene è: $Q = 20 - p$. I costi di produzione di questo bene sono pari a $CT = 1 + Q^2$.

Determinate:

a) la scelta ottimale di un'impresa monopolistica;

b) la scelta ottimale di un'impresa in concorrenza perfetta;

c) la perdita di benessere sociale che si ha nel passaggio dall'equilibrio di concorrenza perfetta al monopolio (ovvero la perdita netta di monopolio).

🕮 Soluzioni

8.1. a)

Si possono subito escludere le risposte b) e d), in quanto la curva di domanda dell'impresa monopolista coincide con quella del mercato (essendo essa l'unica impresa operante nello stesso), e questa – a parte eccezioni che non vengono precisate dall'esercizio – non è né perfettamente elastica (cioè orizzontale), né perfettamente anelastica (cioè verticale). Il modello teorico classico spiega invece che la curva di domanda è inclinata negativamente, giacché la quantità domandata aumenta al diminuire del prezzo praticato dall'impresa (caratteristica di ogni bene ordinario). Quindi la risposta corretta è la a).

Rileviamo che in questo contesto, ovvero con una curva di domanda (o del ricavo medio) inclinata negativamente, la curva del ricavo marginale è inferiore a quella del ricavo medio (Rma < p): se la quantità aumenta di una unità, i RT non aumentano infatti di un importo pari al prezzo di vendita a cui viene venduta questa quantità, ma di un importo inferiore, giacché devo vendere tutte le unità che già vendevo prima ad un prezzo più basso.

8.2. a)

La risposta a) è sempre vera, qualunque sia il mercato di riferimento. Infatti il ricavo medio equivale al ricavo totale diviso la quantità, quindi: $Rme = RT/q = p \cdot q/q = p$.

Il prezzo può essere costante (come nel caso della concorrenza perfetta), oppure dipendente dalla quantità prodotta (come nel caso delle altre forme di mercato), ma l'uguaglianza tra ricavo medio e prezzo è sempre vera.

Le altre risposte vanno escluse per i motivi che sintetizziamo di seguito:

b) nel monopolio la quantità ottimale da produrre per ottenere il massimo profitto viene sempre fissata in corrispondenza dell'uguaglianza tra Cma e Rma, ma quest'ultimo non è più uguale al ricavo medio (o al prezzo), visto che, in presenza di una curva di domanda sempre decrescente, il Rma < Rme per ogni possibile quantità prodotta;

c) in presenza di una curva dei costi marginali inclinata positivamente, l'incontro tra Cma e Rma (condizione di ottimo) avviene a sinistra rispetto al punto di minimo della funzione dei costi medi, come si può agevolmente verificare dal grafico sottoriportato (da cui risulta che l'impresa consegue profitti positivi):

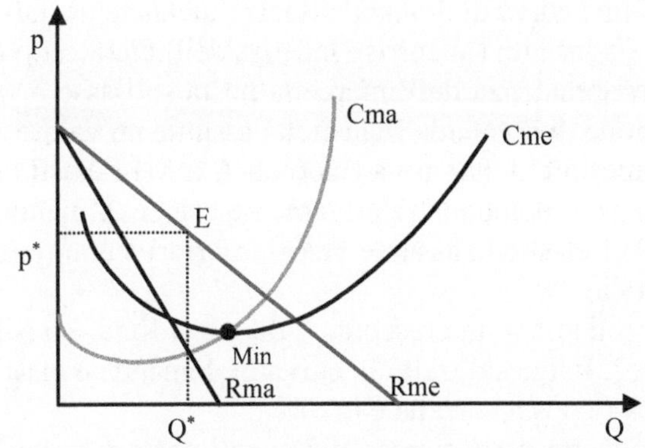

Ricordiamo che la curva dei costi marginali passa nel punto di minimo della funzione dei costi medi (sia di quelli totali, Cme, sia di quelli variabili, CVme): la quantità ottimale q^* si trova a sinistra di questo punto, per cui la risposta deve essere esclusa;

d) anche l'ultima risposta va esclusa perché il Rma è costante solo se lo è il ricavo medio (ovvero se la curva di domanda è orizzontale), circostanza che, per quanto detto (ovvero perché il prezzo cambia al variare della quantità prodotta), non si verifica nel mercato monopolistico.

Nota bene: Nel caso di una curva di domanda lineare inclinata negativamente, anche i Rma sono rappresentati da una curva lineare inclinata negativamente con una inclinazione doppia (in valore assoluto) rispetto a quella del prezzo.

Formalizzando:

sia $p = a - bQ$ la funzione di domanda; quindi $RT = pQ = (a - bQ)Q = aQ - bQ^2$ e $Rma = dRT/dQ = a - 2bQ$.

8.3. c) Partendo dalla funzione di domanda $Q = a - b \cdot p$ la risposta può essere illustrata dal grafico sotto riportato:

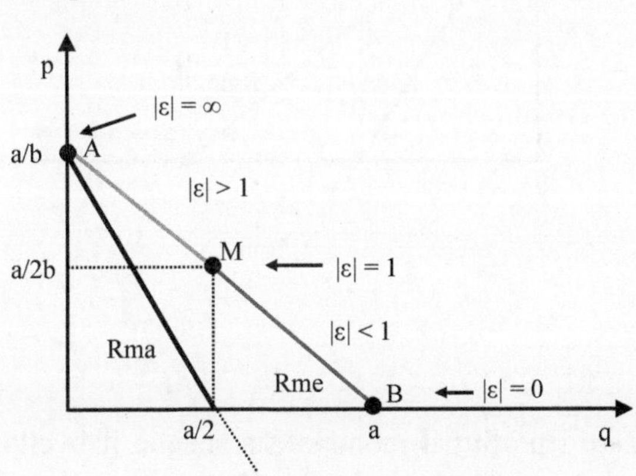

In presenza di una curva di domanda lineare inclinata negativamente, i valori dell'elasticità vanno da infinito (in corrispondenza dell'intercetta posta sull'asse verticale) a zero (in corrispondenza dell'intercetta posta sull'asse orizzontale). Nel punto medio della funzione di domanda l'elasticità assume un valore pari a uno.

Nella parte superiore della curva (cioè da A a M) l'elasticità assume valori superiori a uno (curva di domanda relativamente elastica), mentre nella parte inferiore (cioè da M a B) l'elasticità assume valori inferiori a uno (curva di domanda relativamente anelastica).

Ora, il ricavo totale risulta crescente laddove il Rma è positivo e ciò, in figura, avviene per $q < a/2$. In questo tratto la curva di domanda è elastica.

Quindi, l'unica risposta corretta è la c).

Anche se il concetto verrà ripreso più avanti negli esercizi, si può osservare fin da ora che il massimo dei RT si ha per $q = a/2$, quando il Rma = 0. Per valori inferiori di q il Rma è positivo e quindi i RT sono crescenti; per valori superiori di q il Rma è negativo e quindi i RT sono decrescenti. Si veda il grafico sotto riportato.

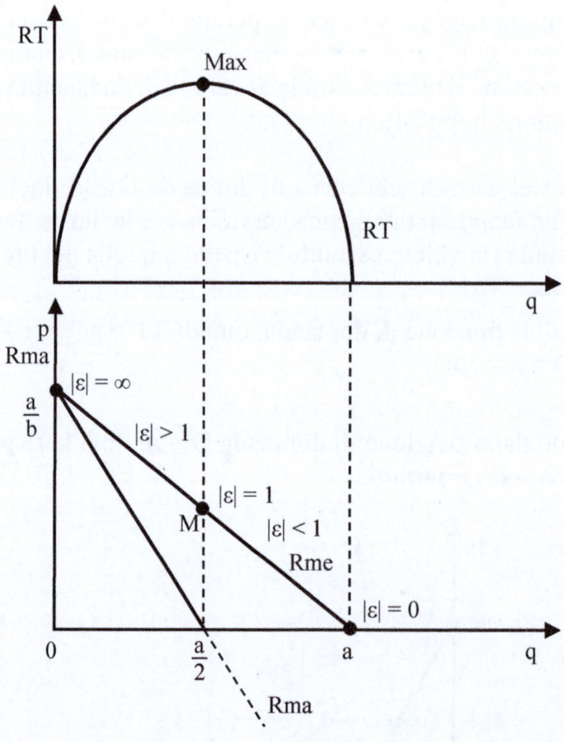

8.4. c)

Per massimizzare i profitti il monopolista sceglie il livello di output in corrispondenza del quale si ha l'eguaglianza tra Cma e Rma. Il monopolista vende poi questa quantità al prezzo che i consumatori sono disposti a pagare per richiedere esattamente questa quantità. Essendo p > Rma, allora avremo anche p > Cma.

Si veda la figura sotto riportata relativa ad una curva di domanda lineare:

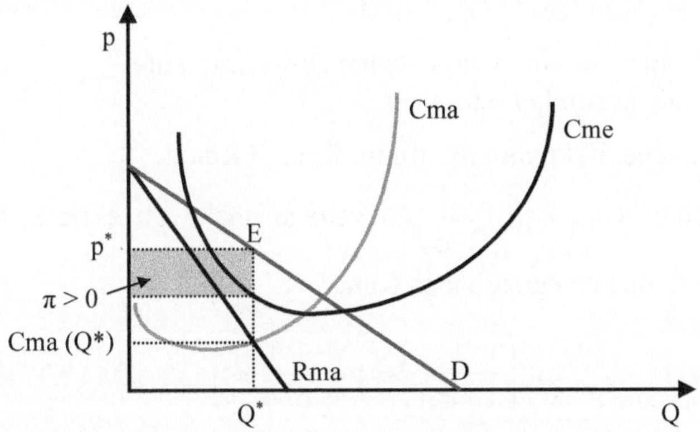

8.5. d)

Sappiamo che il massimo profitto si ottiene producendo la quantità in corrispondenza della quale si ha Cma = Rma. L'affermazione c) è quindi vera.

Dal momento che, ovviamente, il Cma (quindi il costo dell'ultima unità prodotta) non può assumere un valore negativo (altrimenti vorrebbe dire che producendo un'unità in più riduco i costi totali anziché aumentarli), dalla precedente eguaglianza si desume che, nel punto di ottimo, anche il Rma debba essere positivo. Anche l'affermazione a) è quindi vera. Ma lo è anche la b): si veda l'esercizio precedente.

La risposta corretta è quindi la d), che conferma che tutte le precedenti opzioni sono vere.

8.6. b)

La prima risposta è incongruente al concetto di discriminazione dei prezzi, nel senso che se un monopolista intende differenziare i prezzi su diversi mercati, dovrà vendere lo stesso bene a prezzi differenti su tali mercati (e non allo stesso prezzo). Quindi la prima risposta va subito esclusa. Ugualmente da escludere la risposta d), poiché il monopolista produce un solo bene (che poi venderà sui due mercati) e quindi il costo di produzione è identico (tra l'altro, la produzione può avvenire in uno stesso stabilimento anche se poi il bene verrà venduto in mercati diversi).

Riflettiamo ora sulle risposte b) e c). Affinché la differenziazione del prezzo sia vantaggiosa, occorre che i valori dell'elasticità della domanda rispetto al prezzo, nei diversi mercati, siano tra loro differenti. In questo caso il monopolista fisserà un prezzo maggiore nel mercato in cui la curva di domanda è meno elastica: in questo caso, infatti, un aumento del prezzo comporta una riduzione poco significativa della quantità e un aumento complessivo del ricavo totale. Nel mercato con curva di domanda più elastica, invece, il monopolista fisserà un prezzo più basso: una riduzione del prezzo, in questo caso, gli permette infatti di ottenere un significativo incremento della quantità domandata.

Formalizzando, la condizione del prim'ordine (C.P.O.) per massimizzare i profitti sarà:

$Cma = Rma_1$ nel primo mercato e, contemporaneamente:
$Cma = Rma_2$ nel secondo mercato.

Avremo quindi che, nel punto di ottimo, $Rma_1 = Rma_2$.

Ricordando che: $Rma = p\left(1 - \frac{1}{\varepsilon}\right)$ (si vedano anche gli esercizi 8.16 e 8.17), possiamo riscrivere questa eguaglianza come:

$$p_1\left(\frac{1}{1-|\varepsilon_1|}\right) = p_2\left(\frac{1}{1-|\varepsilon_2|}\right).$$

Va da sé che se $|\varepsilon_1| > |\varepsilon_2|$ si deve avere $p_1 < p_2$.

Per quanto detto, la risposta corretta è dunque la b).

8.7. c)

Benché l'effetto descritto in questo quesito venga affrontato in modo più completo e articolato da esercizi proposti successivamente, già in questa sede si può comprendere come l'introduzione di una tassa proporzionale alla quantità prodotta incida sulla funzione dei costi totali e quindi anche su quella dei costi marginali. Questa si sposterà in alto e a sinistra, incontrando la funzione dei ricavi marginali in un nuovo punto, caratterizzato da un output inferiore. Considerato che la curva di domanda è decrescente, anche il prezzo varierà e sarà più elevato rispetto alla situazione di partenza. Per cui il nuovo equilibrio sarà caratterizzato da una quantità inferiore, che sarà venduta a prezzi più elevati. La risposta corretta è quindi la c).

8.8. b) c)

Massimizzare la funzione dei ricavi totali significa, sotto il profilo formale, trovare la quantità per cui si annulla la relativa derivata prima, che è la funzione dei ricavi marginali. Quindi significa porre Rma = 0. Massimizzare i profitti significa invece porre Rma = Cma. Va da sé che le due uguaglianze possono essere contemporaneamente verificate quando vengano a coincidere le espressioni riportate al secondo membro, ovvero quando Cma = 0 (la risposta c) pertanto non è corretta).

Ciò avviene se la funzione dei costi totali è formata soltanto da componenti fisse, ovvero non collegate alla quantità prodotta (la derivata di una costante è pari a zero). Quindi è corretta la risposta b).

8.9. c)

L'equilibrio concorrenziale è il risultato socialmente più desiderabile, mentre il monopolio genera un minor surplus per il consumatore, che viene a disporre di quantità inferiori e acquistabili a prezzi più elevati rispetto all'equilibrio concorrenziale. In presenza di una curva di domanda inclinata negativamente, una minore produzione è compatibile solo con un aumento del prezzo. Ciò permette di escludere le risposte a) e b), nelle quali le due variabili (prezzo e quantità) si muovono nella stessa direzione (entrambe aumentano o entrambe diminuiscono). L'unica risposta corretta è dunque la c).

8.10. b)

Nel breve periodo i profitti possono essere negativi, purché si abbia RT > CV: in questo caso, infatti, l'impresa troverà conveniente continuare a produrre anche se in perdita. Se uscisse dal mercato essa avrebbe, infatti, una perdita ancora maggiore, pari ai CF.

I profitti di lungo periodo sono uguali a zero nei mercati in cui vi è libertà d'entrata, quali la concorrenza perfetta e la concorrenza monopolistica. In questo caso vi sarà, infatti, l'entrata di nuove imprese finché $\pi > 0$ o l'uscita di imprese finché $\pi < 0$.

Qualora, invece, siano presenti delle barriere all'entrata, come accade per l'appunto nel monopolio (e nell'oligopolio, come vedremo in un capitolo successivo), l'impresa già presente sul mercato, proprio perché protetta da queste barriere, può continuare a conseguire $\pi > 0$ anche nel lungo periodo.

Invece nessun produttore accetterà mai di produrre conseguendo nel lungo periodo un profitto negativo: in presenza di $\pi < 0$, infatti, non essendoci nel lungo periodo alcun costo fisso, qualunque produttore preferirà cessare di produrre piuttosto che conseguire perdite all'infinito (vi possono in realtà essere alcune eccezioni, ma queste prendono in considerazione il ruolo delle aspettative degli operatori o di altre variabili che qui vengono ignorate). La risposta corretta è quindi la b).

8.11.

a) Ricordiamo che la curva di domanda di un'impresa corrisponde a quella del ricavo medio (cioè del prezzo): ciò vale per qualunque tipo di mercato. Il ricavo medio è infatti, per definizione: $\text{Rme} = \frac{\text{RT}}{q} = \frac{p \cdot q}{q} = p$ e quindi coincide sempre con il prezzo.

Tuttavia, mentre in concorrenza perfetta il ricavo medio, per la singola impresa, è costante (il prezzo è un dato) e coincide con il ricavo marginale, nel caso del monopolio la curva di domanda per l'impresa (che coincide con quella dell'industria, essendovi un unico produttore) è decrescente, cosicché ricavo medio e ricavo marginale non coincidono.

In presenza di relazioni lineari, la curva del ricavo marginale presenta un'inclinazione doppia rispetto a quella del ricavo medio. Cosicché:

$p = 50 - q$ curva di domanda (o del ricavo medio);

$p = 50 - 2q$ curva del ricavo marginale.

Infatti:

$RT = p(q) \cdot q = (50 - q)q = 50\,q - q^2$, da cui, derivando, si ottiene:

$$\rightarrow Rma = \frac{dRT}{dq} = 50 - 2q.$$

Graficamente:

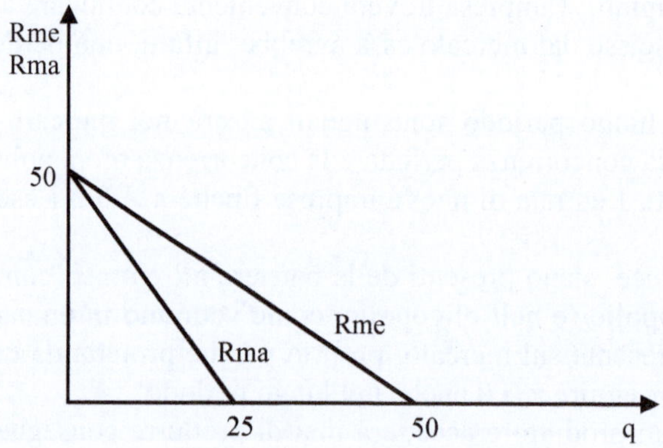

b) Data la curva di domanda, si verifica facilmente che:

se $p = 40 \rightarrow q = 10$

se $p = 10 \rightarrow q = 40$.

Applicando quindi la definizione di elasticità, si ottiene:

$$E = \frac{dq}{dp} \cdot \frac{p}{q} = -1 \cdot \frac{40}{10} = -4$$

e:

$$E = \frac{dq}{dp} \cdot \frac{p}{q} = -1 \cdot \frac{10}{40} = -\frac{1}{4}.$$

❖ **Nota:** Si osservi che la derivata dq/dp (= – 1) corrisponde al coefficiente angolare della funzione lineare della domanda, che va sempre utilizzata, al momento della derivazione, con il nesso causale corretto [ovvero: q = f(p)].

c) Anche in monopolio la produzione che genera il massimo profitto si ottiene ponendo l'uguaglianza tra costo marginale e ricavo marginale: Cma = Rma.

Si noti però che, in corrispondenza a q = 35, il Rma assume il valore di $50 - 2 \cdot 35 = -20$.

Ora, in condizioni di ottimo, nessun produttore produrrà mai una quantità in corrispondenza della quale il Rma < 0. Un Rma negativo significa, infatti, che si è spinta la produzione fino ad un punto in cui l'aumento della quantità, oltre a far aumentare i costi, riduce anche i ricavi. In altre parole sarebbe stato conveniente produrre di meno. Qualsiasi produttore produrrà quindi sempre delle quantità in corrispondenza delle quali il $Rma \geq 0$.

E pertanto:

$$Rma \geq 0 \quad \text{se} \quad 50 - 2q \geq 0 \quad \text{cioè se:} \quad -2q \geq -50 \quad q \leq 25.$$

➔ Quindi il monopolista deve certamente ridurre le vendite.

8.12.

La condizione del prim'ordine (C.P.O.) per la massimizzazione del profitto in funzione della quantità prodotta si verifica quando il costo marginale è uguale al ricavo marginale.

a) max π: Cma = Rma.

Quindi:

$$2q = 28 - 2q \quad \rightarrow \quad 4q = 28 \quad \rightarrow \quad q^* = 7.$$

Il prezzo di vendita può essere facilmente ricavato dalla funzione di domanda: $p^* = 28 - q = 28 - 7 = 21$.

Si ottiene:

$$RT = 7 \cdot 21 = 147$$

$$CT = 10 + 7^2 = 59$$

$$\rightarrow \pi^* = 147 - 59 = 88.$$

b) Se il governo imponesse una tassa pari a 5, l'impresa continuerebbe a produrre q = 7.

La quantità da produrre, infatti, è sempre determinata dalla condizione Cma = Rma e le curve dei Rma e dei Cma non vengono influenzate dalla tassa.

L'impresa realizzerebbe ora un profitto netto pari a 83 (= 88 – 5).

c) – **Senza tassa**:

$$Rme = 80 - q \quad Rma = 80 - 2q$$

$$C.P.O.: Cma = Rma$$

$$2q = 80 - 2q \quad 4q = 80 \quad q^* = 20 \quad e \quad p^* = 60.$$

– **Con la tassa**:

$$Rme' = Rme; \quad Rma' = Rma; \quad Cma' = Cma + t;$$

$$C.P.O.: Cma' = Rma'$$

$$2q + t = 80 - 2q \quad 4q = 80 - t \quad q^{**} = \frac{80 - t}{4} = 20 - \frac{t}{4}.$$

Poiché la quantità prodotta deve scendere del 10% (deve cioè passare da 20 a 18), si può scrivere:

$$20 - \frac{t}{4} = 18 \quad \rightarrow \quad \frac{t}{4} = 2 \quad \rightarrow \quad t = 8.$$

Quindi, introducendo una tassa pari a 8 unità di moneta per ogni unità venduta, si ottiene uno spostamento della curva dei Cma verso l'alto, con conseguente nuovo punto di equilibrio in: q′ = 18 (cioè il 10% in meno di prima) e p′ = 62.

8.13.

a) Riepiloghiamo i diversi dati del problema, pervenendo alle curve del costo totale e del costo marginale.

$$CF = 18$$

$$CVme = q$$

$$CV = q^2$$

$$\rightarrow CT = 18 + q^2$$

$$\rightarrow Cma = 2q.$$

La condizione di prim'ordine per la massimizzazione del profitto è:

$$Cma = Rma.$$

Quindi:

$$2q = 120 - 2q \quad 4q = 120 \quad q^* = 30 \quad \text{livello di output che massimizza i profitti.}$$

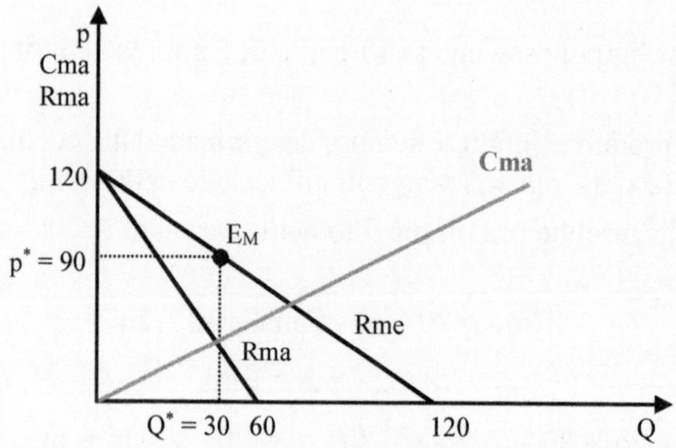

b) L'introduzione di una tassa pari a 20 per ogni unità prodotta comporta che:

$$Cma' = Cma + 20 = 2q + 20.$$

Per ottenere il massimo profitto, quindi, si avrà:

$$Cma' = Rma$$

$$2q + 20 = 120 - 2q \quad 4q = 100 \quad q^{**} = 25.$$

L'introduzione di una tassa ha comportato uno spostamento verso l'alto della curva dei Cma, con conseguente nuovo equilibrio in $p^{**} = 95$ e $q^{**} = 25$.

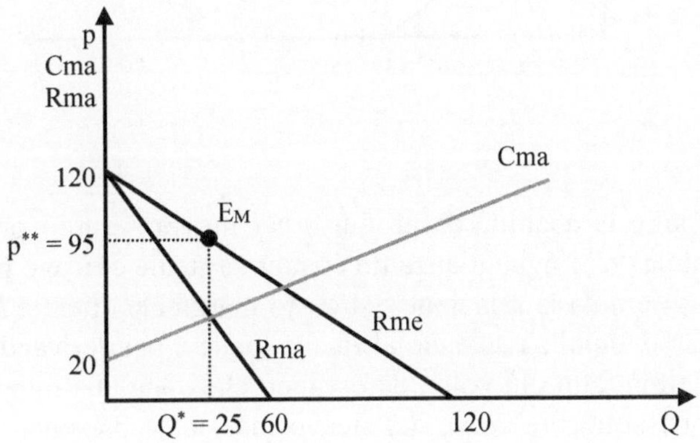

8.14.

I ricavi totali sono massimi quando il ricavo marginale è pari a zero. Infatti:

$$\max_q RT: \text{ C.P.O. } \frac{dRT}{dq} = Rma = 0.$$

Quindi:

$$q = 6 - 3p \rightarrow 3p = 6 - q \rightarrow p = 2 - \frac{1}{3}q \text{ (funzione di domanda inversa)}$$

I ricavi totali sono pari a: $RT = p(q) \cdot q = (2 - 1/3q) \cdot q = 2q - 1/3q^2$.
Derivando ottengo:

$$\rightarrow Rma = 2 - \frac{2}{3}q \quad \text{e quindi:}$$

$$Rma = 0 \rightarrow 2 - \frac{2}{3}q = 0 \rightarrow \frac{2}{3}q = 2 \rightarrow q^* = 3 \rightarrow p^* = 1.$$

Se $p^* = 1$ i ricavi sono dunque massimizzati.

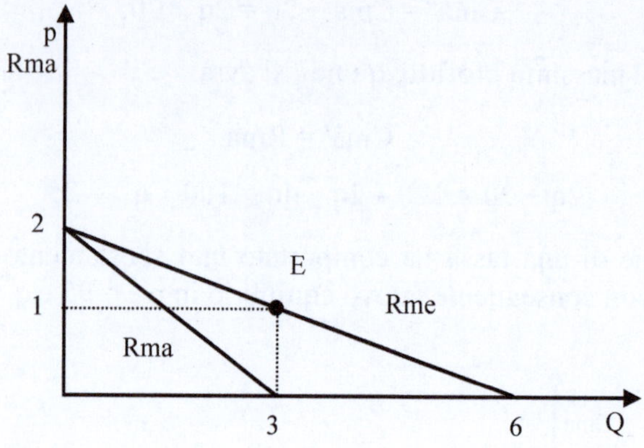

8.15.

a) Nel monopolio la quantità da produrre per massimizzare i profitti si ottiene risolvendo rispetto a "q" l'uguaglianza tra costo marginale e ricavo marginale.

Nel nostro caso è nota la relazione del costo marginale, mentre la relazione del ricavo marginale è ottenibile risalendo al ricavo totale e poi derivando quest'ultimo, oppure, come si è già fatto più volte, osservando che, data una funzione di domanda lineare, la corrispondente curva del ricavo marginale presenta un'inclinazione (negativa) doppia (si veda l'esercizio 8.2):

$$p = 10 - q \qquad RT = 10q - q^2 \qquad Rma = 10 - 2q.$$

Quindi:

$$Cma = 2 \quad \text{e} \quad Rma = 10 - 2q.$$

Uguagliando le due curve si ottiene: $q^* = 4$ e $p^* = 6$.

b) Se il costo marginale raddoppiasse, il nuovo equilibrio sarebbe il seguente:

$$4 = 10 - 2q$$

da cui: $q^{**} = 3$ e $p^{**} = 7$.

Il nuovo prezzo aumenterebbe da 6 a 7, cioè del 16,6%.

Si ricordi che i tassi di variazione sono determinabili usando la relazione $(N_1 - N_0)/N_0$. In questo caso: $(p^{**} - p^*)/p^* = (7 - 6)/6 = 0{,}166$.

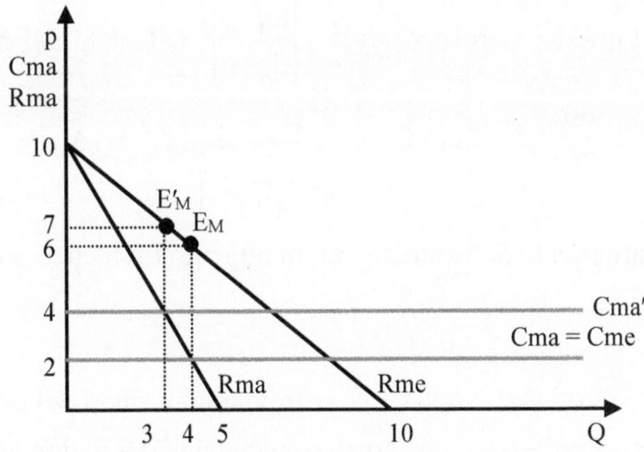

8.16.

Il problema è simile al precedente, per cui diamo soltanto i risultati senza dilungarci nei commenti.

a) Da q = 8 – 0,1p ovvero: 0,1p = 8 – q, trovo: → p = 80 – 10q → Rma = 80 – 20q.

Il Cma = 20q è la derivata prima del costo totale. Il costo medio è pari a CT/q. Quindi: Cme = 10q.

L'uguaglianza tra costo marginale e ricavo marginale permette di ottenere:

$$20q = 80 - 20q \quad \text{ovvero} \quad 40q = 80 \quad \text{da cui:} \quad q^* = 2 \quad \text{e} \quad p^* = 60.$$

b) Il profitto del monopolista è dato da:

$$\pi = RT - CT = (p^* \cdot q^*) - (10\, q^{*2}) = [(2 \cdot 60) - (10 \cdot 2^2)] = 80.$$

c) Il mark-up (che indichiamo con α) rappresenta un ricarico sul costo marginale del monopolista nel punto di ottimo. Ovvero:

$$p = \alpha \cdot Cma, \text{ quindi } \alpha = \frac{p}{Cma}.$$

Calcoliamo pertanto il Cma nel punto di ottimo: Cma = 20 · q^* = 20 · 2 = 40.

Essendo p = 60, si avrà:

$$\alpha = \frac{60}{40} = 1{,}5.$$

Il ricarico è dunque del 50%. (Si osservi che: 1,5 = 1 + 0,5 = 1 + il 50% di 1).

Si noti che, se è data l'elasticità della domanda $|\varepsilon_{q,p}|$ il valore di α può essere determinato dalla relazione: $\alpha = \dfrac{1}{1 - \dfrac{1}{|\varepsilon|}}$.

In effetti, in questo esercizio: $|\varepsilon_{q,p}| = \left|\frac{dq}{dp} . \frac{p}{q}\right|$, calcolata nel punto di ottimo, è pari a: $|\varepsilon_{q,p}| = 0{,}1 \cdot \frac{60}{2} = 3$ e quindi: $\alpha = \frac{1}{1 - \frac{1}{|3|}} = \frac{1}{\frac{2}{3}} = \frac{3}{2} = 1{,}5.$

Si tratta naturalmente dello stesso valore ottenuto dividendo p e Cma.

8.17.

Essendo $RT = 5q - q^2 = (5 - q) \cdot q$, troviamo la curva del ricavo medio:

$\text{Rme} = 5 - q$, che corrisponde alla curva di domanda.

Poiché il $\text{Rma} (= 5 - 2q)$ deve essere uguale a 3, posso scrivere:

$$5 - 2q = 3 \qquad 5 - 3 = 2q \qquad 2 = 2q \qquad \text{da cui:} \quad q = 1 \quad \text{e} \quad p = 4.$$

Devo allora calcolare l'elasticità della domanda rispetto al prezzo in questo punto. Applico la definizione di elasticità[1]:

$$E = \frac{dq}{dp} . \frac{p}{q} = -1 \cdot \frac{4}{1} = -4.$$

Nota bene: Avrei anche potuto usare la seguente relazione (si veda anche l'esercizio 8.18):

$$\text{Rma} = p\left(1 - \frac{1}{|E|}\right) = p\left(1 + \frac{1}{E}\right) \qquad \text{cioè:} \qquad 3 = 4\left(1 + \frac{1}{E}\right)$$

e quindi:

$$3 = 4 + \frac{4}{E} \qquad \frac{4}{E} = -1 \qquad E = -4 \quad \text{cioè:} \quad |E| = 4.$$

8.18.

L'affermazione è vera.

Essendo $\text{Rma} = \frac{dRT}{dq} = \frac{d(p \cdot q)}{dq}$, applicando la regola della derivata di un prodotto si ottiene infatti:

$$\text{Rma} = p + \frac{dp}{dq} \cdot q = p\left(1 + \frac{dp}{dq} \cdot \frac{q}{p}\right) = p\left(1 + \frac{1}{E}\right).$$

---

[1] Qui usiamo la lettera E; altrove abbiamo utilizzato la lettera ε con lo stesso significato.

Tale relazione è sufficiente per verificare che se sostituisco a E un valore inferiore a 1 (essendo il prezzo positivo), il Rma assume un valore negativo.

Si ricordi infatti che il segno effettivo dell'elasticità è negativo, poiché la curva di domanda è solitamente decrescente; se avessimo avuto una curva di domanda crescente – relativa a un bene di Giffen – il testo del problema avrebbe dovuto segnalarlo

Come si è già visto tra elasticità e ricavo marginale esiste la relazione appena vista.:

$$\text{Rma} = p\left(1 + \frac{1}{E}\right)$$

ovvero:

$$\text{Rma} = p\left(1 - \frac{1}{|E|}\right).$$

A un analogo risultato si poteva pervenire per via grafica, ponendo sullo stesso grafico la curva di domanda (che corrisponde alla curva del ricavo medio) e la curva del ricavo marginale. La curva del Rma presenta inclinazione doppia rispetto a quella del Rme e dunque attraversa l'asse delle ascisse in corrispondenza del punto medio della curva di domanda. Sappiamo che in tale punto il valore dell'elasticità della curva è pari a 1 e che al di sotto di tale punto medio il valore dell'elasticità è inferiore a 1. È per altro evidente che in tale tratto la curva del Rma assume effettivamente valori negativi.

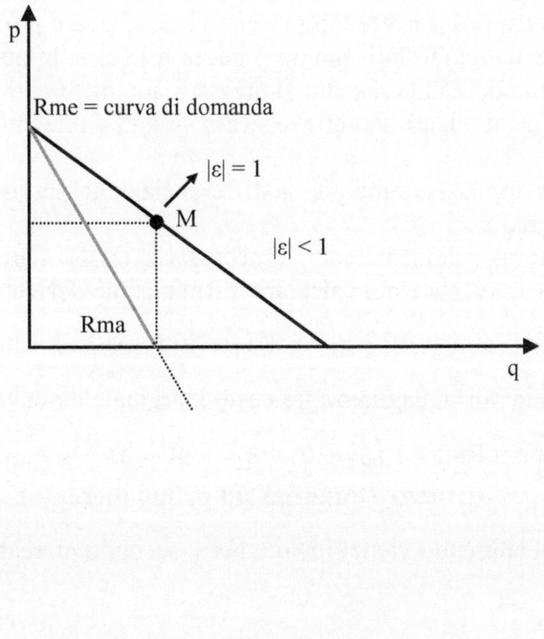

8.19.

Per massimizzare i profitti il costo marginale deve essere uguale al ricavo marginale.

La curva dei *Cma* è Cma = 2q e poiché q = 1 si può scrivere che Cma = 2.

Ricordando la relazione esposta all'esercizio 8.18: $\text{Rma} = \text{p}\left(1 + \frac{1}{\text{E}}\right)$, si ottiene:

$$Cma = Rma \rightarrow 2 = p\left(1 + \frac{1}{-2}\right) = p - \frac{1}{2}p \rightarrow 2 = \text{p} \cdot \frac{1}{2}, \text{ da cui } \text{p} = 4.$$

8.20

Ricordiamo sinteticamente che un monopolista può aumentare i suoi ricavi totali e i suoi profitti, per un dato livello di produzione, praticando una "differenziazione del prezzo".

Con la differenziazione del prezzo di primo grado il monopolista si comporta come se egli vendesse ai consumatori ciascuna unità del bene separatamente e applicasse il prezzo massimo possibile per ogni unità di bene, in base all'andamento della curva di domanda.

Con la differenziazione del prezzo di secondo grado il monopolista stabilisce un prezzo unitario uniforme per una data quantità del bene, un prezzo unitario minore per una data quantità addizionale dello stesso, e così via.

Con la differenziazione del prezzo di terzo grado il monopolista stabilisce prezzi differenti per la stessa merce venduta in mercati differenti. Una condizione necessaria perché essa possa avere luogo è che vi siano due o più mercati che possano essere separati e mantenuti tali. Inoltre è necessario che, in questi mercati, i valori dell'elasticità della domanda rispetto al prezzo siano differenti (se fossero uguali, il prezzo migliore da applicare sarebbe lo stesso su tutti e due i mercati).

a) Ciò premesso, osserviamo che la differenziazione prevista dal presente esercizio è di terzo grado.

Relativamente al primo mercato, è necessario trasformare la funzione di domanda da diretta a inversa e poi calcolare il Rma, come derivata del RT:

$$q_1 = 80 - p_1 \rightarrow p_1 = 80 - q_1 \rightarrow RT_1 = 80q_1 - q_1^2 \rightarrow Rma_1 = 80 - 2q_1.$$

Passiamo quindi all'uguaglianza tra costo marginale e ricavo marginale:

$$\text{Cma} = \text{Rma} \rightarrow 10 = 80 - 2q_1 \rightarrow \mathbf{q_1^* = 35} \quad \textbf{e} \quad \mathbf{p_1^* = 45}$$

(prezzo e quantità sul primo mercato).

Lo stesso procedimento viene ripetuto per il secondo mercato:

$$q_2 = 100 - p_2 \rightarrow p_2 = 100 - q_2 \rightarrow RT_2 = 100q_2 - q_2^2 \rightarrow Rma_2 = 100 - 2q_2 .$$

Calcoliamo anche in questo caso:

$$Cma = Rma \rightarrow 10 = 100 - 2q_2 \rightarrow \mathbf{q_2^* = 45} \quad \mathbf{e} \quad \mathbf{p_1^* = 55}$$

(prezzo e quantità sul secondo mercato).

b) Senza discriminazione, calcoliamo la domanda complessiva, che rappresenta la somma, membro a membro, delle funzioni di domanda dei due mercati:

$$Q = q_1 + q_2 = (80 + 100) - p - p = 180 - 2p \rightarrow Q = 180 - 2p \rightarrow$$
$$\rightarrow p = 90 - 0{,}5Q \rightarrow Rma = 90 - Q .$$

Calcoliamo quindi:

$$Cma = Rma \rightarrow 10 = 90 - Q \rightarrow Q^* = 80 \quad e \quad p^* = 50$$

(prezzo e quantità senza discriminazione).

c) Profitto con discriminazione:

$$\pi = RT_1 + RT_2 - CT = (35 \cdot 45) + (45 \cdot 55) - 10 \cdot (35 + 45) =$$
$$= 1.575 + 2.475 - 800 = 3.250.$$

d) Profitto senza discriminazione:

$$\pi = RT - CT = (80 \cdot 50) - 10 \cdot (80) = 4.000 - 800 = 3.200.$$

Come ci si poteva attendere, il profitto con discriminazione risulta maggiore del profitto conseguibile in assenza di discriminazione.

8.21

Illustriamo la situazione con un grafico:

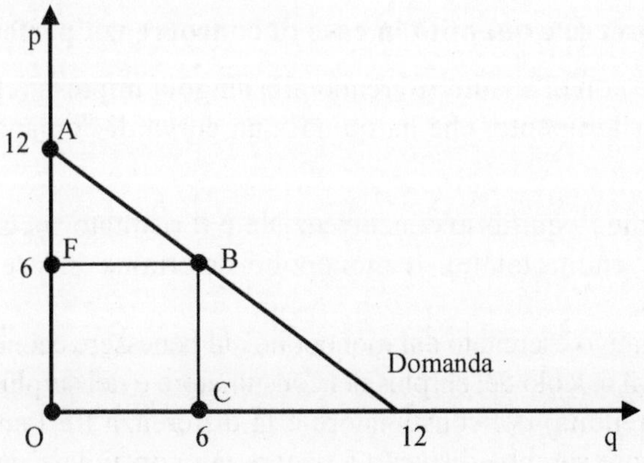

a) Per vendere 6 unità il monopolista dovrebbe praticare un prezzo p = 6. I suoi RT sarebbero quindi RT = 6 · 6 = 36; graficamente sono rappresentati dall'area del rettangolo BCOF.

b) Con una differenziazione del prezzo di primo grado il RT di questo monopolista sarà: RT = area rettangolo BCOF + area triangolo FAB = 36 + (6 · 6)/2 = 54.

c) Questa somma rappresenta la spesa totale massima che i consumatori (posti di fronte a un'offerta del tipo tutto o niente) sono disposti a sostenere per avere 6 unità di questo bene, piuttosto che rinunciare interamente al consumo di esso. Perciò, praticando la differenziazione del prezzo di primo grado, il monopolista può estrarre l'intero surplus del consumatore (in questo caso pari a 18, ovvero all'area del triangolo FAB).

La differenziazione del prezzo di primo grado è rara nel mondo reale. Per praticarla, il monopolista dovrebbe infatti avere una conoscenza esatta della curva di domanda e stabilire esattamente il massimo ammontare che i consumatori sono disposti a pagare per la quantità che egli intende vendere.

8.22

a) Per trovare la scelta ottimale del monopolista trasformiamo innanzitutto la funzione di domanda da diretta a inversa e quindi calcoliamo il Rma:

$$Q = 20 - p \rightarrow p = 20 - Q \rightarrow \text{Rma} = 20 - 2Q\,.$$

Calcoliamo quindi:

$$\text{Cma} = \text{Rma} \rightarrow 2Q = 20 - 2Q \rightarrow \mathbf{Q^* = 5} \quad \mathbf{e} \quad \mathbf{p^* = 15}$$

(prezzo e quantità in caso di monopolio).

b) L'equilibrio di concorrenza perfetta si trova dalla condizione:

$$\text{Cma} = p \rightarrow 2Q = 20 - Q \rightarrow \mathbf{Q^*} = \mathbf{\frac{20}{3}} = \mathbf{6{,}67} \quad \mathbf{e} \quad \mathbf{p^* = 13{,}33}$$

(prezzo e quantità in caso di concorrenza perfetta).

Si osservi che non ci stiamo riferendo alla singola impresa (che ha prezzo dato), ma al settore di riferimento, che ha quindi una curva di domanda inclinata negativamente.

c) Si ricordi che l'equilibrio concorrenziale è il risultato socialmente più desiderabile (massima rendita totale). Il monopolio determina invece una perdita secca per la collettività.

L'impatto negativo esercitato dal monopolio sul benessere economico è direttamente misurabile con il calcolo del surplus del consumatore e del surplus del produttore.

Il surplus (o rendita) del consumatore è la differenza tra l'ammontare massimo che un consumatore sarebbe disposto a pagare per consumare un dato bene e l'ammontare che egli effettivamente paga. Si tratta dell'area compresa tra la curva di domanda e la retta del prezzo. Il surplus si origina perché paghiamo, per ogni unità di un bene, ciò che costa l'ultima unità (il prezzo è un dato ed è uguale per tutte le unità, anche per quelle che i consumatori sarebbero stati disposti ad acquistare a un prezzo più elevato).

La rendita del produttore, invece, è la differenza tra il prezzo pagato al venditore ed il costo da lui sostenuto (il prezzo più basso che egli è disposto ad accettare). Si tratta dell'area compresa tra la curva di offerta individuale e la retta del prezzo (ricordiamo che la curva di offerta rappresenta i costi di produzione).

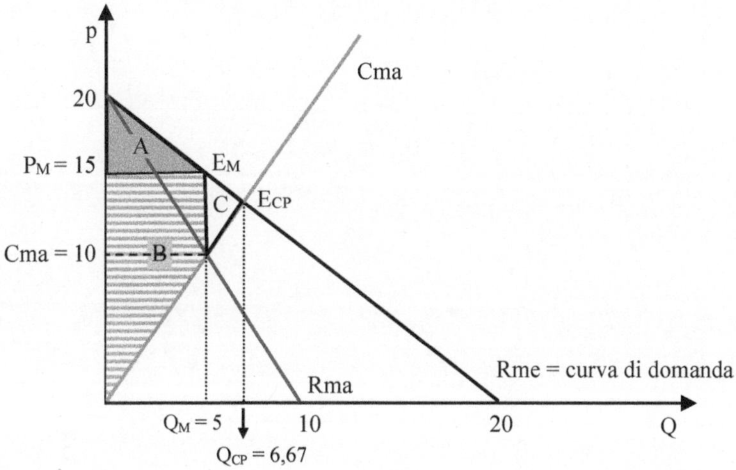

In concorrenza perfetta:

SURPLUS DEL CONSUMATORE = area sotto la curva di domanda e sopra la linea del prezzo P_{CP}.

SURPLUS DEL PRODUTTORE = area sopra la curva dei Cma e sotto la linea del prezzo P_{CP}.

In monopolio:

SURPLUS DEL CONSUMATORE = area A.
SURPLUS DEL PRODUTTORE = area B.

➔ AREA TRIANGOLO C = PERDITA NETTA ASSOCIATA AL MONOPOLIO

Il monopolista produce meno della quantità socialmente efficiente di prodotto → le risorse non vengono allocate in maniera efficiente.

In questo esercizio l'area del triangolo C è data da:

$$\text{Area} = (\text{base} \cdot \text{altezza})/2 = [(6{,}67 - 5)\cdot(15 - 10)]/2 = (1{,}67 \cdot 5)/2 = 4{,}175,$$

essendo i Cma (calcolati in corrispondenza di Q_M) pari a 10.

9

Concorrenza monopolistica

Ipotesi di lavoro:

- Indichiamo con q la quantità prodotta dalla singola impresa;
- indichiamo con Q la quantità prodotta dal totale delle imprese (cioè dal settore, dall'industria);
- riportiamo le quantità sull'asse delle ascisse e i prezzi (o i valori espressi in moneta) sull'asse delle ordinate.

Domande a risposta chiusa

9.1.

Nella concorrenza monopolistica:

a) le imprese realizzano un prodotto (più o meno) diversificato;
b) la curva di domanda per la singola impresa è inclinata negativamente;
c) le imprese sono solitamente molto numerose;
d) non esistono barriere all'entrata di nuove imprese.

9.2.

Nel breve periodo, in un'impresa in concorrenza monopolistica che massimizza il profitto (che ipotizziamo positivo):

a) il prezzo è maggiore del costo marginale;
b) il prezzo è uguale al costo marginale;
c) il prezzo è uguale al ricavo marginale;
d) il prezzo è maggiore del costo medio.

9.3.

Quale delle seguenti condizioni descrive l'equilibrio dell'impresa in concorrenza monopolistica nel lungo periodo?

a) il ricavo medio è uguale al costo medio;

b) la curva di domanda è tangente alla curva di costo medio nel punto di minimo di quest'ultima;

c) il costo marginale è uguale al ricavo marginale;

d) nessuna delle precedenti risposte.

9.4.

Nel lungo periodo, un settore in concorrenza monopolistica è simile a un settore in concorrenza perfetta, in quanto:

a) tutte le imprese realizzano profitti economici nulli;

b) il prezzo è uguale al costo marginale;

c) il costo marginale è uguale al costo medio totale;

d) nessuna delle risposte precedenti.

9.5.

Se un'impresa operante in un mercato di concorrenza monopolistica volesse massimizzare il ricavo totale (anziché gli utili), dovrebbe fissare la produzione nel punto in cui l'elasticità della domanda (ipotizzata lineare decrescente) è, in valore assoluto:

a) zero;

b) maggiore di uno;

c) uguale a uno;

d) infinita.

9.6.

Quando un'impresa in concorrenza monopolistica è in equilibrio di lungo periodo:

a) il costo marginale è maggiore del prezzo;

b) il costo marginale è maggiore del costo medio;

c) il costo marginale è maggiore del ricavo marginale;

d) nessuna delle precedenti risposte.

9.7.

In un mercato di concorrenza monopolistica quale delle seguenti affermazioni è vera:

a) nel breve periodo ogni produttore minimizza il costo medio;

b) nel lungo periodo ogni produttore minimizza il costo medio;

c) il ricavo totale è una retta crescente, con inclinazione costante;

d) nessuna delle risposte precedenti.

9.8.

Quale tra le seguenti situazioni potrebbe rappresentare un mercato di concorrenza monopolistica?

a) unico albergatore di un'isola;
b) parrucchieri di una grande città;
c) produttori di grano della pianura padana;
d) fast food presenti in una grande città.

9.9.

Qualunque sia la forma di mercato, un'impresa massimizza il suo profitto di breve periodo quando:

a) il costo marginale è uguale al prezzo;
b) il costo medio è minimo;
c) il ricavo marginale è uguale al costo marginale;
d) la differenza tra ricavo totale e costo totale è minima.

☞ Esercizi

9.10.

Definite la concorrenza monopolistica e precisate quali caratteristiche la fanno assomigliare al monopolio e quali alla concorrenza perfetta.

9.11.

Un'impresa che operi in un mercato di concorrenza monopolistica e che voglia massimizzare i propri profitti, quanto deve produrre e quale prezzo di vendita deve applicare? Si distingua la situazione di breve periodo da quella di lungo periodo.

9.12.

In un mercato di concorrenza monopolistica un produttore produce secondo la funzione di costo: $C(q) = 3q + 1$. La curva di domanda inversa è $p = 10 - q$.

a) Tracciate graficamente l'equilibrio di breve periodo di questa impresa, indicando chiaramente la quantità prodotta, il prezzo di vendita e il profitto realizzato.

b) Se il costo marginale raddoppia, di quanto aumenterà il prezzo di vendita?

c) Nel lungo periodo il numero delle imprese presenti sul mercato si manterrà costante, aumenterà o diminuirà?

9.13.

Considerate un mercato di concorrenza monopolistica in cui l'impresa rappresentativa ha la seguente funzione di costo totale: $C(q) = q^2 + 2q$.

La funzione inversa di domanda per la singola impresa è: $p = 502 - q$.

a) Determinate la quantità prodotta da ciascuna impresa e il prezzo di vendita applicato.

b) Rappresentate graficamente la situazione di ottimo trovata al punto precedente.

c) L'impresa consegue dei profitti? Pari a quanto?

d) Quanto trovato ai punti precedenti è coerente con la teoria studiata?

9.14.

Per un'impresa in concorrenza monopolistica la curva dei costi di breve periodo è: $C(q) = q^2 + 63$, mentre la curva di domanda è: $p = 28 - q$.

Determinate il livello di output che massimizza il profitto di breve periodo.

Il profitto di breve periodo è positivo?

9.15.

Si consideri un'impresa in concorrenza monopolistica la cui curva dei CT è data da $CT = \frac{q^2}{2} + 100$ e la cui curva di domanda è $p = 60 - \frac{1}{2}q$.

a) Si determini l'equilibrio di breve periodo (quantità prodotta, prezzo di vendita e profitto realizzato).

b) Si determini l'equilibrio di lungo periodo per tale impresa nell'ipotesi che l'entrata di nuove imprese sposti parallelamente la curva di domanda (per semplicità si supponga che i CT si mantengano inalterati tra breve e lungo periodo).

9.16.

In un mercato di concorrenza monopolistica operano n imprese identiche, ciascuna delle quali ha una funzione di CT pari a $CT = 16q + 32$ e una curva di domanda pari a:

$$q = \frac{80}{n} - \frac{1}{2}p.$$

Si determini il numero di imprese in equilibrio sul mercato nel lungo periodo (per semplicità si supponga che i CT si mantengano inalterati tra breve e lungo periodo).

🕮 Soluzione

9.1. a) b) c) d)

Tutte e quattro le risposte sono corrette. Infatti il mercato di concorrenza monopolistica è caratterizzato sia da una componente concorrenziale, dovuta al fatto che le imprese sono solitamente piccole e numerose (risposta c) e che non esistono barriere all'entrata di nuove imprese (risposta d), sia da una componente monopolistica, dovuta al fatto che ogni impresa realizza un prodotto (più o meno) diversificato (risposta a). Questo comporta che i prezzi possano essere scelti abbastanza liberamente e che, di conseguenza, la curva di domanda sia inclinata negativamente (risposta b).

9.2. a) e d)

Si può escludere subito la risposta c), poiché, in presenza di una curva di domanda inclinata negativamente, il ricavo marginale è sempre inferiore al ricavo medio (cioè al prezzo). Poiché la condizione di massimo profitto prevede l'uguaglianza tra Cma e Rma, e poiché il prezzo, come si è appena detto, è maggiore del Rma, esso sarà maggiore anche del Cma. La risposta b) può quindi essere esclusa mentre la risposta a) risulta esatta.

Infine la precisazione fornita dal testo del quesito, ovvero che il profitto di breve periodo è positivo, consente di affermare che anche la risposta d) è vera: infatti, affinché vi sia un profitto positivo, è necessario che il RT sia superiore al CT o, ragionando in termini unitari, che il prezzo sia superiore al costo medio. Quindi risultano esatte le risposte a) e d).

Graficamente:

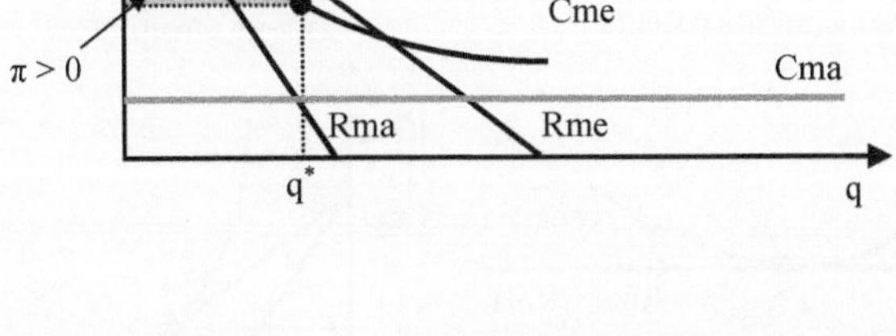

9.3. a) c)

Nel lungo periodo i profitti per le imprese operanti in un regime di concorrenza monopolistica sono nulli. Questo avviene se i RT sono uguali ai CT o, in termini unitari, se il Rme è uguale al Cme $\left(\frac{RT}{q} = \frac{CT}{q}\right)$. Quindi la risposta a) è corretta.

Nell'equilibrio di lungo periodo di concorrenza monopolistica la curva del costo medio è quindi tangente alla curva di domanda. Ma nel punto di tangenza non ci troviamo nel punto di minimo dei costi medi, in quanto questo si trova più a destra, come mostra il grafico sottostante. Si noti che nel punto di minimo i Cme hanno inclinazione nulla. Se l'affermazione b) fosse vera allora anche la curva di domanda dovrebbe avere inclinazione nulla in quel punto, condizione che evidentemente non è verificata. La risposta b) è quindi falsa, mentre la c) è vera. Infatti, anche nel lungo periodo, l'output ottimale si trova in corrispondenza del punto di intersezione tra Cma e Rma.

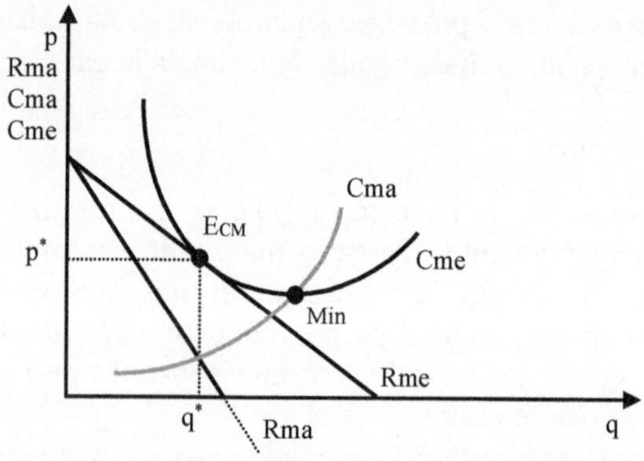

9.4. a)

Solo la prima risposta è corretta: grazie all'assenza di barriere all'entrata di nuove imprese, nella condizione di equilibrio di lungo periodo, tutte le imprese realizzano profitti uguali a zero. Questo avviene sia in concorrenza perfetta che in concorrenza monopolistica.

La risposta b) invece non è corretta: p = Cma solo in concorrenza perfetta (dove Cma = Rma e Rma = p) ma non in concorrenza monopolistica (dove Cma = Rma e Rma < p). Ugualmente dicasi per la risposta c): l'affermazione è valida in concorrenza perfetta (equilibrio di lungo periodo), ma non in concorrenza monopolistica. A questo proposito si veda la differenza tra i due equilibri di lungo periodo illustrati nel grafico sottostante.

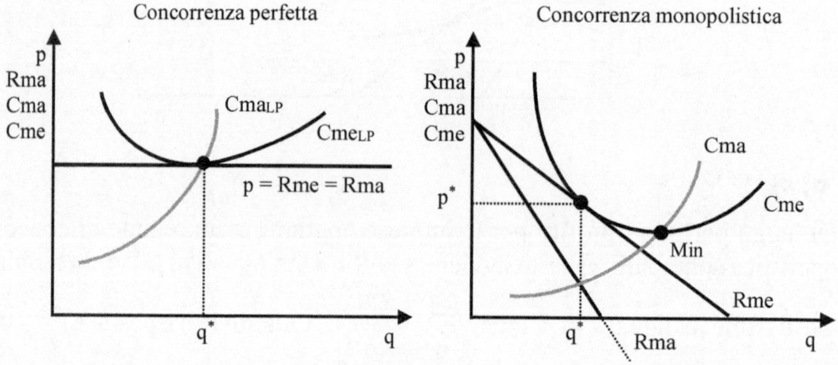

9.5. c)

Valgono le stesse considerazioni viste a proposito dell'elasticità della domanda di un'impresa che opera in regime di monopolio. Una curva di domanda lineare ha elasticità pari a infinito nell'intercetta con l'asse verticale; maggiore di 1 tra questa intercetta e il punto medio; pari a 1 nel punto medio; inferiore a 1 tra il punto medio e l'intercetta sull'asse orizzontale; 0 nell'intercetta con l'asse orizzontale.

In corrispondenza del punto medio il Rma è pari a zero e questo significa che la curva del ricavo totale presenta un punto stazionario (nel nostro caso, un massimo). Quindi l'impresa, per massimizzare le vendite, dovrà fermare la produzione in corrispondenza del punto M, in cui l'elasticità della domanda (ipotizzata lineare) è pari in valore assoluto a 1 (risposta c).

Graficamente:

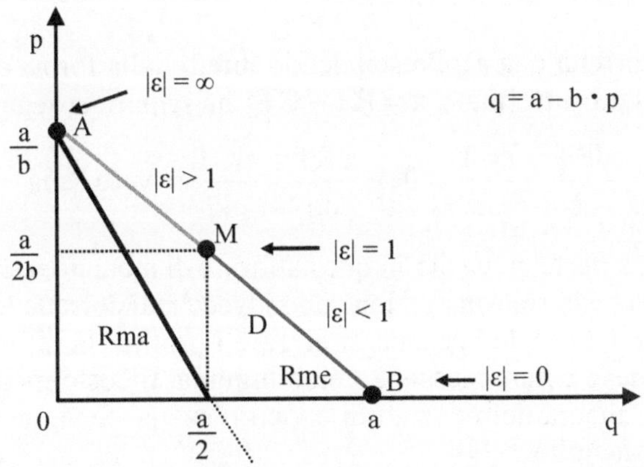

9.6. d)

Riprendendo in considerazione il grafico riportato al quesito n. 3, si può facilmente vedere che nessuna delle risposte soddisfa le condizioni di equilibrio di lungo periodo. L'unica risposta corretta è dunque la d).

9.7. d)

In concorrenza monopolistica l'output ottimale non corrisponde al minimo della curva dei Cme né nel breve né nel lungo periodo. Quindi vanno subito escluse le risposte a) e b). Inoltre, utilizzando una curva di domanda inclinata negativamente (quindi con prezzi non costanti), il ricavo totale non può essere una retta con inclinazione costante, che implicherebbe un prezzo fisso [ovvero $RT = p \cdot q$, mentre in realtà si ha: $RT = p(q) \cdot q$]. Quindi anche la risposta c) va esclusa. Di conseguenza, nessuna delle affermazioni precedenti è vera (risposta d).

9.8. b) d)

La situazione descritta al punto a) è tipica di una situazione di monopolio, mentre quella del punto c) rappresenta uno dei classici esempi di mercato perfettamente concorrenziale. Per il prodotto differenziato che possono offrire e per la libertà di fissare abbastanza liberamente i prezzi, possono invece appartenere a un mercato di concorrenza monopolistica le situazioni descritte ai punti b) e d). Infatti sia i parrucchieri che i fast food di una grande città sono verosimilmente piuttosto numerosi, hanno una loro clientela e possono, attraverso la variabile prezzo, operare concorrenzialmente rispetto agli altri. Se il loro numero non fosse elevatissimo, vi potrebbero essere le condizioni per la creazione di un mercato oligopolistico, ma il fatto che il quesito sottolinei "grande città" fa pensare a un numero molto rilevante di imprese.

9.9. c)

La risposta corretta è la c). Prescindendo infatti dalla forma di mercato, la massimizzazione del profitto [$\max_q \pi = RT - CT$] ha sempre la seguente C.P.O.:

$$\frac{d\pi}{dq} = \frac{dRT}{dq} - \frac{dCT}{dq} = 0 \rightarrow \frac{dRT}{dq} = \frac{dCT}{dq} \text{ ovvero } Rma = Cma.$$

In concorrenza perfetta, e solo in questa forma di mercato, essendo p = Rma, sarebbe corretta anche la riposta a). Non sono invece mai corrette le risposte b) e d).

In particolare si noti che, per massimizzare i profitti, la differenza tra RT e CT (con RT > CT) deve essere massima e non minima. Il costo medio non è poi minimo, a eccezione ancora del mercato di concorrenza perfetta, qualora nel breve periodo il profitto sia nullo.

9.10.

Nella concorrenza monopolistica vi sono molti venditori di un prodotto (più o meno) diversificato. Questa forma di mercato è piuttosto comune e può essere infatti utilizzata in svariate tipologie di situazioni reali: dai negozi alimentari ai parrucchieri, dai fast food alle farmacie, dalle imprese artigianali agli studi dei professionisti.

Non vi sono barriere all'entrata, né particolari esigenze tecnologiche (di tipo dimensionale) che possano impedire l'accesso a imprese di piccola dimensione. Ogni impresa è *price maker*, quindi può fissare autonomamente il prezzo del prodotto, in base a una propria curva di domanda (inclinata negativamente).

La componente concorrenziale è rappresentata dal fatto che in un'industria in concorrenza monopolistica (così come in un settore perfettamente concorrenziale) vi è un grande numero di piccole imprese, con piena libertà d'entrata nel mercato. La componente monopolistica consiste nel fatto che i numerosi venditori dell'industria vendono un prodotto diversificato invece che omogeneo, ovvero adottano tecniche di vendita differenti, scelgono diverse strategie pubblicitarie, ecc., cosicché finiscono per possedere una propria clientela che, per abitudine, comodità, ecc., preferisce servirsi presso una specifica impresa piuttosto che presso un'altra.

9.11.

Nel **breve periodo** l'impresa operante in un mercato di concorrenza monopolistica che voglia massimizzare i profitti deve fissare la produzione in corrispondenza della quantità per cui è verificata l'uguaglianza tra costo marginale e ricavo marginale. Naturalmente nel breve periodo si possono ottenere utili (o perdite), ciò che determinerà l'ingresso (o l'uscita) di imprese nel (dal) mercato nel lungo periodo.

Nel grafico sotto illustrato si ha una situazione in cui $\pi > 0$.

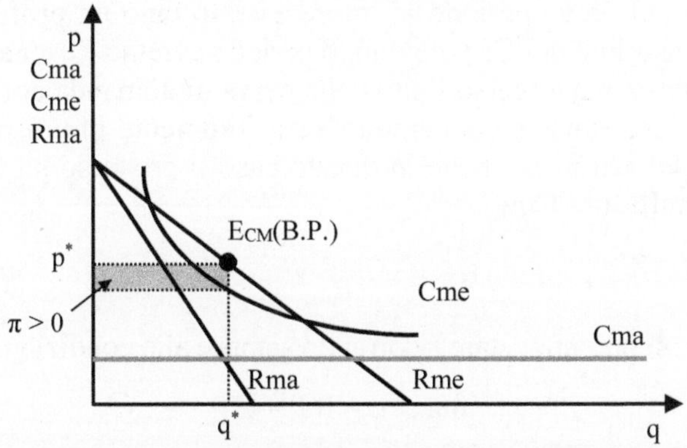

La situazione di **lungo periodo** è invece sempre caratterizzata da un profitto nullo. L'impresa produce sempre la quantità (q^*) in corrispondenza della quale Cma = Rma. Essendo però $\pi = 0$, per $q = q^*$ si verifica l'uguaglianza tra p^* e Cme.

Graficamente:

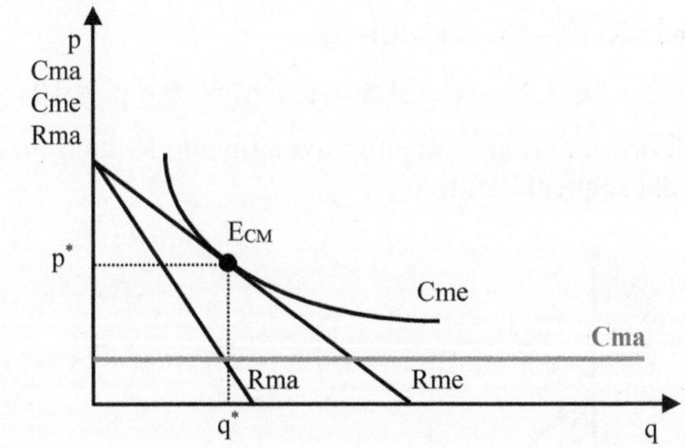

Il passaggio da un equilibrio di breve periodo a un equilibrio di lungo periodo è dovuto all'entrata/uscita di imprese nel/dal mercato (si ricordi che in questa forma di mercato vi è assoluta libertà di entrata).

Così, se nel breve periodo, come raffigurato in figura, le imprese realizzano un profitto positivo, nel lungo periodo ci si dovrà attendere l'entrata di nuove imprese. Questi profitti extra attirano infatti nuovi operatori economici (per esempio nuovi fast food che vedono la possibilità di fare degli ottimi affari nella medesima città). Siccome non ci sono barriere all'entrata nel settore, la curva di domanda per i prodotti della singola impresa si sposta a sinistra (i fast food già esistenti perderanno una parte dei loro clienti dopo l'apertura di altri locali). Tale movimento continua fino alla scomparsa del profitto (equilibrio a lungo termine = extra profitti nulli). Quindi il processo ha termine quando p = Cme.

Dal punto di vista analitico, infatti, la curva dei costi medi (Cme) diverrà tangente alla curva di domanda (o dei Rme), a seguito dello spostamento verso il basso di quest'ultima.

Viceversa, se nel breve periodo le imprese realizzano un profitto negativo (ma minore in valore assoluto dei CF), nel lungo periodo avremo l'uscita di alcune imprese e, quindi, lo spostamento verso l'alto della curva di domanda dell'impresa rappresentativa (le imprese rimaste venderanno verosimilmente più di prima, a parità di domanda totale del settore). Anche in questo caso il processo ha termine quando i profitti saranno nulli (p = Cme).

9.12.

a) Il problema si può impostare ricorrendo sempre alle condizioni di prim'ordine:

$$\max_q \pi = RT - CT$$

$$\text{C.P.O.} \frac{d\pi}{dq} = 0 \quad \rightarrow \quad \frac{dRT}{dq} - \frac{dCT}{dq} = 0 \quad \rightarrow \quad Rma - Cma = 0 \quad \rightarrow \quad Rma = Cma.$$

Dalla funzione di costo totale, CT = 3q + 1, si desume che Cma = 3. Dalla funzione di domanda si ottiene invece la relazione del ricavo marginale: Rma = = 10 – 2q.

Quindi, ponendo Rma = Cma, si ottiene:

$$10 - 2q = 3 \rightarrow 2q = 7 \rightarrow \mathbf{q^* = 3{,}5} \quad \text{e} \quad \mathbf{p^*} = 10 - q^* = 10 - 3{,}5 = \mathbf{6{,}5}.$$

L'equilibrio di breve periodo, ottenuto uguagliando le due funzioni sopra definite, è evidenziato dal seguente grafico:

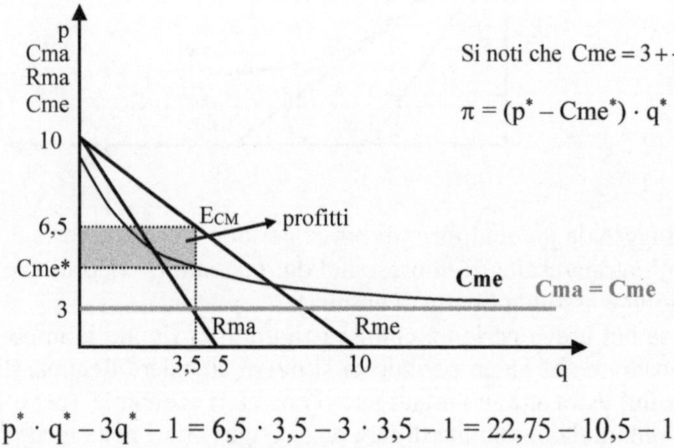

$$\pi^* = RT - CT = p^* \cdot q^* - 3q^* - 1 = 6{,}5 \cdot 3{,}5 - 3 \cdot 3{,}5 - 1 = 22{,}75 - 10{,}5 - 1 = 11{,}25.$$

b) Se il costo marginale raddoppiasse, il nuovo equilibrio di breve periodo diventerebbe:

$$Cma' = Rma \rightarrow 6 = 10 - 2q \quad \text{da cui:} \quad \mathbf{q^{**} = 2} \quad \mathbf{e} \quad \mathbf{p^{**} = 8}.$$

Il prezzo aumenterebbe da 6,5 a 8 e il profitto diventerebbe:

$$\pi^{**} = RT - CT = p^{**} \cdot q^{**} - 3q^{**} - 1 = 8 \cdot 2 - 3 \cdot 2 - 1 = 16 - 6 - 1 = 9.$$

c) Nel lungo periodo, poiché $\pi_{BP} > 0$, nuove imprese entreranno nel mercato, finché il profitto di ogni impresa (ipotizzando le stesse uguali tra loro) sarà pari a zero.

9.13.

a) L'impresa persegue l'obiettivo della massimizzazione del profitto producendo la quantità in corrispondenza della quale: Cma = Rma. In questo esercizio:

$$Cma = 2q + 2 \quad e \quad Rma = 502 - 2q$$

$$\rightarrow 2q + 2 = 502 - 2q \rightarrow 4q = 500 \rightarrow \mathbf{q^* = 125} \ \text{e} \ \mathbf{p^*} = 502 - q^* = 502 - 125 = \mathbf{377}.$$

b) Tale equilibrio può essere rappresentato graficamente come segue:

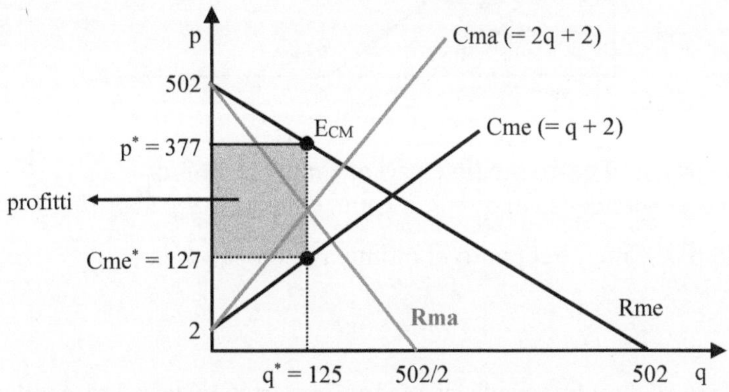

c) Essendo in corrispondenza di q^* il prezzo maggiore del Cme, i profitti sono senz'altro positivi. In particolare essi risultano pari a:

$$\pi = (p^* - Cme^*) \cdot q^*$$

dove Cme^* rappresenta il Cme calcolato in corrispondenza di q^*, ovvero:

$$Cme^* = q^* + 2 = 125 + 2 = 127$$

$$\pi^* = (p^* - Cme^*) \cdot q^* = (377 - 127) \cdot 125 = 31.250.$$

d) La funzione dei costi utilizzata nell'esercizio non presenta una componente fissa, ma solo una componente variabile (legata quindi alla quantità). Siamo quindi un una situazione di lungo periodo. Ora, però, nel lungo periodo, in un mercato di concorrenza monopolistica, i profitti dovrebbero essere nulli. Quanto trovato al punto precedente ($\pi > 0$) non è quindi coerente con quanto affermato dalla teoria.

9.14.

Determiniamo il livello di output che massimizza il profitto.
La condizione del prim'ordine prevede che: Cma = Rma.
Essendo:

$$Cma = 2q \qquad Rma = 28 - 2q$$

si ha:

$$4q = 28 \quad \text{da cui:} \quad q^* = 7 \quad e \quad p^* = 21.$$

Graficamente:

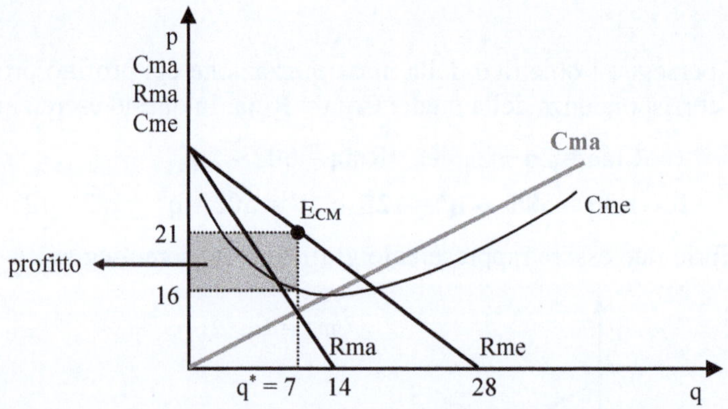

In questo esercizio il costo medio è pari a: Cme = q + 63/q.
Valutato in corrispondenza di $q^* = 7$, il Cme^* è pari a: 7 + 63/7 = 7 + 9 = 16.

➔ Essendo $p^* > Cme^*$, nel punto di ottimo avremo $\pi_{BP} > 0$.

9.15.

a) L'equilibrio di breve periodo si ottiene impostando la solita condizione del prim'ordine, ovvero: Cma = Rma. Derivando la funzione dei costi totali, si ottiene: Cma = q, mentre trovando la funzione dei ricavi totali (RT = 60q – ½ q^2) e derivandola, si ottiene:

$$Rma = 60 - q.$$

Nel punto di ottimo si ha quindi: Cma = Rma e quindi: q = 60 – q, che permette di ottenere: $q^* = 30$.

In corrispondenza di questo punto, $p^* = 45$ e $\pi^* = RT - CT = 45 \cdot 30 - (900/2 + 100) = 800$ (> 0).

Del resto, in corrispondenza di $q^* = 30$ e $p^* = 45$, i Cme risultano pari a:

$$Cme = q/2 + 100/q = 15 + 3{,}33 = 18{,}33.$$

Il profitto unitario è quindi positivo e pari a 45 – 18,33 = 26,67, da cui si ottiene un profitto totale pari a 800.

b) Nell'equilibrio di lungo periodo si deve invece avere:

$$\begin{cases} Cma = Rma & (1) \\ p = Cme & (2) \end{cases}$$

Se l'entrata di nuove imprese sposta parallelamente la curva di domanda, essa risulterà pari a

$$p = N - \frac{1}{2}q$$

dove N è una funzione del numero n di imprese presenti sul mercato: N = f(n).

Con i dati dell'esercizio la condizione (1), Cma = Rma, può quindi essere riscritta come: q = N – q, mentre la condizione (2), p = Cme, diventa: $N - \frac{1}{2}q = \frac{q}{2} + \frac{100}{q}$.

Il sistema diventa quindi:

$$\begin{cases} q = N - q \quad \rightarrow 2q = N \\ N - \frac{1}{2}q = \frac{q}{2} + \frac{100}{q} \quad \rightarrow 2q - \frac{1}{2}q = \frac{1}{2}q + \frac{100}{q} \quad \rightarrow 2q - q = \frac{100}{q} \quad \rightarrow q = \frac{100}{q} \rightarrow q^2 = 100 \quad \rightarrow q = 10 \end{cases}$$

Ovvero:

$$\begin{cases} N = 2q = 20 \\ q = 10 \end{cases}$$

La curva di domanda nel lungo periodo ha quindi equazione: $p = 20 - \frac{1}{2}q$, per cui $p^* = 20 - \frac{1}{2}q^* = 20 - 5 = 15$.

Graficamente:

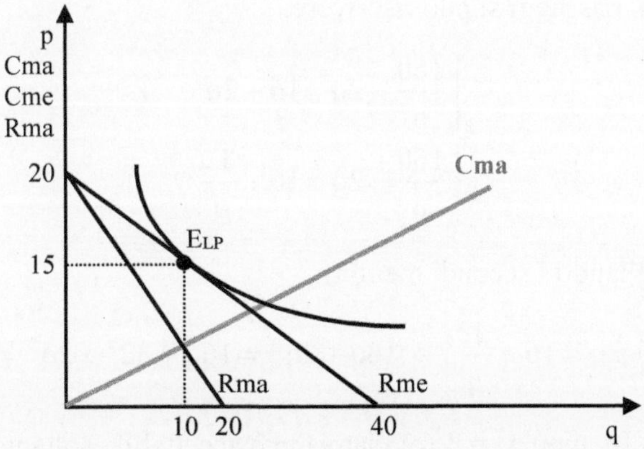

Si può verificare che in corrispondenza di $q^* = 10$ il Cme è effettivamente pari a 15, esattamente come il prezzo. Quindi il profitto unitario (e, di conseguenza, quello globale) è esattamente pari a zero.

9.16.

Nell'equilibrio di lungo periodo si deve avere:

$$\begin{cases} Cma = Rma & (1) \\ p = Cme & (2) \end{cases}$$

Con i dati dell'esercizio si ha:

$$Cma = 16$$

$$Rma = \frac{160}{n} - 4q.$$

Si noti infatti che, essendo:

$$q = \frac{80}{n} - \frac{1}{2}p \rightarrow p = \frac{160}{n} - 2q \rightarrow RT = \frac{160}{n} \cdot q - 2q^2 \rightarrow Rma = \frac{160}{n} - 4q.$$

Inoltre $Cme = 16 + \frac{32}{q}$.

Con questi dati il sistema diventa:

$$\begin{cases} 16 = \frac{160}{n} - 4q \\ \frac{160}{n} - 2q = 16 + \frac{32}{q} \end{cases}$$

Con opportuni passaggi si può riscrivere:

$$\begin{cases} \frac{160}{n} - 2q = 16 + 2q \\ \frac{160}{n} - 2q = 16 + \frac{32}{q} \end{cases}$$

Da cui, uguagliando i secondi membri:

$$16 + 2q = 16 + \frac{32}{q} \rightarrow 16q + 2q^2 = 16q + 32 \rightarrow 2q^2 = 32.$$

E quindi $q^2 = 16$, cioè $q^* = 4$ (ovviamente è accettabile soltanto la soluzione positiva).

Sostituendo q^* nella prima (o nella seconda) relazione si ottiene il valore di n^*:

$$\frac{160}{n} - 2 \cdot 4 = 16 + 2 \cdot 4 \rightarrow \frac{160}{n} = 32 \rightarrow n^* = \frac{160}{32} = 5.$$

Sostituendo quindi n^* e q^* nella funzione di domanda inversa si ottiene il valore di p^*:

$$p^* = \frac{160}{n^*} - 2 \cdot q^* = \frac{160}{5} - 2 \cdot 4 = 32 - 8 = 24.$$

L'equilibrio di lungo periodo prevede pertanto la presenza di $n^* = 5$ imprese, ciascuna delle quali produce $q^* = 4$ prodotti, che vengono venduti al prezzo $p^* = 24$. Anche il Cme assume quest'ultimo valore quando $q^* = 4$, ciò che conferma che il profitto è uguale a zero.

10

Teoria dei giochi (cenni)

Ipotesi di lavoro:

- Si considerano solo giochi in cui si fronteggiano due giocatori, ciascuno dei quali dispone di due strategie pure;
- nelle caselle delle "matrici dei payoff" l'esito per il giocatore A è segnato per primo, l'esito per il giocatore B è segnato per secondo;
- i giocatori conoscono le mosse di cui dispongono e gli esiti (payoff) di tutte le possibili combinazioni delle loro mosse;
- i giocatori (salvo eccezioni indicate nel testo) decidono e attuano simultaneamente la propria mossa;
- i giocatori non possono comunicare preventivamente tra di loro né allacciare accordi vincolanti.

Domande a risposta chiusa

10.1.

Nel caso di due giocatori e di un numero finito di strategie, la matrice dei payoff:

a) ha sempre quattro stati di natura, ovvero quattro caselle in cui vengono riportati gli esiti che derivano dalle possibili scelte dei concorrenti;

b) ha un numero di caselle pari al quadrato del numero delle strategie;

c) ha un numero di caselle pari al numero dei giocatori;

d) nessuna delle precedenti risposte.

10.2.

Si ha una strategia dominante per A quando:

a) il giocatore A dispone di una scelta strategica ottima, qualunque sia la mossa dell'altro giocatore;

b) il giocatore A è a conoscenza delle mosse dell'avversario B;

c) il giocatore B è a conoscenza delle mosse dell'avversario A;

d) nessuna delle precedenti risposte.

10.3.

Nell'equilibrio di Nash:

a) ciascun giocatore compie la scelta ottima, data la scelta dell'altro giocatore;

b) solo il primo giocatore compie la scelta ottima, data la scelta dell'altro giocatore;

c) solo il secondo giocatore compie la scelta ottima, data la scelta del primo giocatore;

d) il primo giocatore fa sempre una scelta migliore del secondo.

☞ Esercizi

10.4.

Si consideri il gioco a due persone, con due strategie per ogni giocatore, descritto dalla seguente matrice dei payoff. Il giocatore A deve scrivere Alto o Basso su un foglietto; il giocatore B deve scrivere Destra o Sinistra su un altro foglietto.

GIOCATORE A		GIOCATORE B	
		Sinistra	Destra
	Alto	1, 2	0, 1
	Basso	2, 1	1, 0

Esiste una strategia dominante per il giocatore A? E per il giocatore B? Quale sarà l'equilibrio del gioco?

10.5.

L'impresa A e l'impresa B devono decidere se fare o meno pubblicità ai loro prodotti. Il gioco è descritto dalla seguente matrice dei payoff:

IMPRESA A		IMPRESA B	
		Fa pubblicità	Non fa pubblicità
	Fa pubblicità	10, 5	15, 0
	Non fa pubblicità	6, 8	10, 2

Esiste una strategia dominante per l'impresa A? E per l'impresa B? Quale sarà l'equilibrio del gioco?

10.6.

Nel gioco dell'esercizio precedente sono cambiati i payoff associati ad ogni combinazione di strategie. La nuova matrice dei payoff è la seguente:

IMPRESA A		IMPRESA B	
		Fa pubblicità	Non fa pubblicità
	Fa pubblicità	10, 5	15, 0
	Non fa pubblicità	6, 8	20, 2

Esiste una strategia dominante per l'impresa A? E per l'impresa B? Quale sarà l'equilibrio del gioco?

10.7.

Si consideri il gioco a due persone, con due strategie per ogni giocatore, descritto dalla seguente matrice dei payoff. Il giocatore A deve scrivere Alto o Basso su un foglietto; il giocatore B deve scrivere Destra o Sinistra su un altro foglietto.

GIOCATORE A		GIOCATORE B	
		Sinistra	Destra
	Alto	2, 1	0, 0
	Basso	0, 0	1, 2

Si mostri che in questo gioco esistono due equilibri di Nash.

10.8.

Due imprese produttrici di cereali per la prima colazione affrontano un mercato in cui possono essere introdotte con successo due nuove varianti di cereali, purché ciascuna variante venga introdotta soltanto da una impresa. Ciascuna delle due imprese ha risorse sufficienti per introdurre soltanto un nuovo prodotto. Si costruisca la matrice dei payoff.

Esiste un equilibrio a strategia dominante per questo gioco? Ed esiste un equilibrio di Nash?

10.9.

Si consideri il gioco a due persone, con due strategie per ogni giocatore, descritto dalla seguente matrice dei payoff. Il giocatore A deve scrivere Alto o Basso su un foglietto; il giocatore B deve scrivere Destra o Sinistra su un altro foglietto.

		GIOCATORE B	
GIOCATORE A		Sinistra	Destra
	Alto	0, 0	0, – 1
	Basso	1, 0	– 1, 30

Mostrate che in questo gioco non esiste un equilibrio a strategia dominante né un equilibrio di Nash.

10.10.

Due ladri sono catturati dalla polizia e trovati in possesso di refurtiva. Vengono interrogati separatamente cosicchè ciascuno dei due non sa che cosa stia rispondendo l'altro. Se entrambi negano di aver commesso il fatto, essi resteranno in carcere un anno. Se uno accusa l'altro mentre l'altro nega, chi è accusato resta in carcere 6 anni mentre l'altro esce subito dal carcere. Se entrambi si accusano reciprocamente rimangono in carcere 3 anni ciascuno.

Si costruisca la matrice dei payoff e si dica se in questo gioco esista un equilibrio a strategia dominante o un equilibrio di Nash. Tale equilibrio è Pareto-efficiente?

10.11.

Albert e Victoria sono compagni di camera in un college universitario. Entrambi preferiscono che la stanza sia in ordine, ma a nessuno dei due piace fare le pulizie. Se fanno le pulizie insieme, ciascuno dei due ottiene un payoff uguale a 5; se uno pulisce e l'altro no, l'utilità di chi fa le pulizie è uguale a 0 e quella di chi non le fa è uguale a 8; se nessuno dei due mette in ordine la stanza, l'utilità di entrambi è pari a 1.

a) Si costruisca la matrice dei payoff corrispondenti alle strategie "Pulire" e "Non pulire".

b) In questo gioco si raggiunge un equilibrio? Di che tipo?

10.12.

Si consideri il caso di due imprese, A e B, le quali debbano decidere se entrare o non entrare nel mercato di un determinato bene. Se una sola di esse entra, avrà profitti pari a 100, mentre se entrano entrambe, riporteranno ambedue perdite per una valore pari a 5. L'impresa che rimane fuori dal mercato non riporta né perdite né profitti.

a) Si imposti la matrice dei payoff e, ipotizzando che le due imprese debbano decidere simultaneamente se entrare o non entrare, si individui l'equilibrio del gioco.

b) Supponendo ora che l'impresa B sia in grado di scegliere la propria strategia prima che la scelga l'impresa A, si indichi qual è l'equilibrio in questo caso.

c) Ipotizzando che un organismo governativo decida di assegnare un sussidio pari a 10 all'impresa A qualora questa entri nel mercato e che l'impresa B decida per prima, come si modificano la matrice dei payoff e l'equilibrio?

10.13.

Roger e Michelle amano uscire insieme, ma preferiscono spettacoli di genere completamente diverso. A Roger piacciono gli incontri di catch nel fango, mentre Michelle adora l'opera lirica.

Costruite la matrice dei payoff nell'ipotesi che **Roger e Michelle vogliano soprattutto uscire insieme** (e che quindi assegnino un'importanza comunque secondaria allo spettacolo).

In questo caso qual è l'equilibrio del gioco?

10.14.

Modificate la matrice dei payoff costruita nell'esercizio precedente ipotizzando ora **che Roger e Michelle diano una importanza secondaria al fatto di uscire insieme** (rispetto all'importanza assegnata allo spettacolo). In questo caso qual è l'equilibrio del gioco?

🕮 Soluzioni

10.1. b)

Se ogni giocatore può adottare lo stesso numero di strategie del concorrente, condizione non generalizzabile in assoluto ma senz'altro valida per la nostra modellizzazione, la matrice dei payoff sarà una matrice quadrata (quindi con uno stesso numero di righe e di colonne). Il numero delle caselle del payoff sarà perciò uguale al quadrato del numero di strategie. Nel caso semplificato, con due sole strategie, avremo quindi quattro caselle. La risposta corretta è la b).

10.2. a)

Se il giocatore A dispone di una strategia dominante allora la sua scelta ottimale è la stessa a prescindere dalle azioni dell'avversario. Nel modello classico della teoria dei giochi i giocatori non hanno la possibilità di comunicare e di accordarsi tra loro, quindi A non può essere alla conoscenza delle mosse di B e viceversa (ciascuno può solo *ipotizzare* le mosse altrui), e quindi le risposte b) e c) devono essere escluse. La risposta corretta è la a).

10.3. a)

Se siamo nella condizione designata come "Equilibrio di Nash" allora ciascun giocatore compie la propria scelta ottima, data la scelta dell'altro giocatore. Come dire che la scelta di A è ottima, data la scelta di B, e la scelta di B è pure ottima, data la scelta di A. Un equilibrio di Nash può essere interpretato come una coppia di aspettative sulla scelta di ciascun giocatore tali che, anche quando la scelta dell'avversario fosse nota, nessuno dei due giocatori vorrebbe cambiare la propria. Quindi la risposta corretta è soltanto la a).

10.4.

Ad A conviene scrivere Basso: qualunque cosa scriva l'altro giocatore il suo payoff è maggiore che se scrivesse Alto. Se il giocatore B scrivesse Sinistra, A, scrivendo Basso, avrebbe un payoff di 2 invece che di 1. Se invece il giocatore B scrivesse Destra, A, scrivendo Basso, avrebbe un payoff di 1 invece che niente.

Si ricordi che nelle caselle dalla matrice il primo numero è il payoff del giocatore A mentre il secondo numero è il payoff del giocatore B.

Per il giocatore A scrivere Basso è quindi una strategia dominante. Si ricordi che una strategia dominante è una scelta strategica ottima, quale che sia la mossa dell'altro giocatore.

Esiste una strategia dominante anche per il giocatore B: essa è scrivere Sinistra. Se il giocatore A scrivesse Alto, B, scrivendo Sinistra, avrebbe un payoff di 2 invece che di 1. Se invece il giocatore A scrivesse Basso, B, scrivendo Sinistra, avrebbe un payoff di 1 invece che niente.

La soluzione del gioco è quindi (Basso, Sinistra): un equilibrio con strategie dominanti.

10.5.

Per l'impresa A esiste una strategia dominante: fare pubblicità.

Qualunque cosa faccia l'impresa B il payoff dell'impresa A è maggiore se essa fa pubblicità piuttosto che se non la fa. Se l'impresa B facesse pubblicità, l'impresa A, facendo pubblicità, conseguirebbe un payoff di 10 invece che di 6. Se l'impresa B non facesse pubblicità, l'impresa A, facendo pubblicità, conseguirebbe un payoff di 15 invece che di 10.

Anche per l'impresa B esiste una strategia dominante: fare pubblicità.

Qualunque cosa faccia l'impresa A il payoff dell'impresa B è maggiore se essa fa pubblicità piuttosto che se non la fa. Se l'impresa A facesse pubblicità, l'impresa B, facendo pubblicità, conseguirebbe un payoff di 5 invece che di 0. Se l'impresa A non facesse pubblicità, l'impresa B, facendo pubblicità, conseguirebbe un payoff di 8 invece che di 2.

La soluzione del gioco è quindi un equilibrio con strategie dominanti dove entrambe le imprese fanno pubblicità.

10.6.

L'impresa A non ha più una strategia dominante: la sua decisione ottimale dipende da ciò che fa l'impresa B. Se B fa pubblicità, all'impresa A conviene fare pubblicità (consegue un payoff di 10 invece che di 6); se B non fa pubblicità, all'impresa A non conviene fare pubblicità (consegue un payoff di 20 invece che di 15).

L'impresa B, invece, ha una strategia dominante: fare pubblicità.

Supponiamo ora che entrambe le imprese prendano le loro decisioni simultaneamente. Che cosa dovrebbe fare l'impresa A? Sapendo che B, avendo una strategia dominante, farà pubblicità, l'impresa A farà pubblicità anch'essa.

In equilibrio entrambe le imprese faranno quindi pubblicità.

10.7.

In questo gioco **non esiste una strategia dominante per il giocatore A**. La scelta ottima di A dipende infatti da quello che egli ritiene farà B. Se B scrive Sinistra ad A conviene scrivere Alto (2 > 0); se B scrive Destra ad A conviene scrivere Basso (1 > 0).

Non esiste nemmeno una strategia dominante per il giocatore B. La scelta ottima di B dipende infatti da quello che egli ritiene farà A. Se A scrive Alto a B conviene scrivere Sinistra (1 > 0); se A scrive Basso a B conviene scrivere Destra (2 > 0).

In questo gioco, quindi, non esiste un equilibrio con strategie dominanti.

Possiamo allora vedere se in questo gioco esiste un equilibrio di Nash (o più di uno). Si ricordi che un **equilibrio di Nash** è un equilibrio in cui ciascun giocatore compie la scelta ottima, data la scelta dell'altro giocatore (la scelta di A è ottima data la scelta di B e la scelta di B è ottima data la scelta di A).

Un equilibrio di Nash può essere interpretato come una coppia di aspettative sulla scelta di ciascun giocatore tali che, anche quando la scelta dell'avversario fosse nota, nessuno dei due giocatori vorrebbe cambiare la propria.

In questo gioco esistono in effetti **due equilibri di Nash**: (Alto, Sinistra) e (Basso, Destra).

Vediamo perché. Esaminiamo innanzitutto (Alto, Sinistra).

Se B scrive Sinistra, per A è ottimale scrivere Alto? Sì (2 > 0).

Se A scrive Alto, per B è ottimale scrivere Sinistra? Sì (1 > 0).

(Alto, Sinistra) rappresenta effettivamente un equilibrio di Nash.
Lo stesso discorso vale per (Basso, Destra).
Se B scrive Destra, per A è ottimale scrivere Basso? Sì (1 > 0).
Se A scrive Basso, per B è ottimale scrivere Destra? Sì (2 > 0).
(Basso, Destra) è quindi anch'esso un equilibrio di Nash.

10.8.

Un esempio di matrice dei payoff coerente con quanto indicato nel testo dell'esercizio è il seguente:

IMPRESA A		IMPRESA B	
		Friabili	Dolci
	Friabili	– 5, – 5	10, 10
	Dolci	10, 10	– 5, – 5

I payoff della matrice sono stati scelti in questo modo.

Se tutte e due le imprese scelgono lo stesso tipo di prodotto (tutte e due Friabili o tutte e due Dolci), esse conseguiranno un payoff negativo. Il testo ci dice infatti che le due varianti di cereali possono essere introdotte con successo soltanto se una sola delle due imprese decide di produrlo.

Tra tutti i payoff negativi si è scelto arbitrariamente (– 5, – 5) ipotizzando che la situazione delle due imprese sia simmetrica.

Nelle altre due caselle (Dolci, Friabili) e (Friabili, Dolci), invece, le due imprese producono due varianti diverse e i loro payoff saranno quindi positivi. Tra tutti i payoff positivi abbiamo scelto arbitrariamente (10, 10) ancora ipotizzando che la situazione delle due imprese sia simmetrica.

Detto questo è evidente che né per A né per B esiste una strategia dominante: conviene infatti sempre fare cosa non fa l'altro. Esistono in effetti due equilibri di Nash: (Dolci, Friabili) e (Friabili, Dolci). Con i payoff inseriti le due imprese sono indifferenti tra di essi; hanno però tutto l'interesse a coordinarsi tra di loro in modo da sceglierne uno dei due.

10.9.

In questo gioco non esiste una strategia dominante né per A né per B.

Se B scrive Sinistra, ad A conviene scrivere Basso (1 > 0); se B scrive Destra, ad A conviene scrivere Alto (0 > – 1).

Lo stesso vale per B. Se A scrive Alto, a B conviene scrivere Sinistra (0 > – 1); se A scrive Basso, a B conviene scrivere Destra (30 > 0).

Non esiste nemmeno un equilibrio di Nash: in nessuna delle quattro caselle, infatti, tutti e due i giocatori fanno la cosa migliore per loro, data la scelta dell'altro giocatore.

Esaminiamole una ad una:

– (Alto, Sinistra) non è un equilibrio di Nash perché data la scelta di B (Sinistra) la scelta di A (Alto) non è ottimale;
– (Basso, Sinistra) non è un equilibrio di Nash perché data la scelta di A (Basso) la scelta di B (Sinistra) non è ottimale;
– (Alto, Destra) non è un equilibrio di Nash perché data la scelta di A (Alto) la scelta di B (Destra) non è ottimale;
– (Basso, Destra) non è un equilibrio di Nash perché data la scelta di B (Destra) la scelta di A (Basso) non è ottimale.

10.10.

La matrice dei payoff coerente con l'enunciato dell'esercizio è la seguente:

		GIOCATORE B	
GICATORE A		Accusare	Negare
	Accusare	– 3, – 3	0, – 6
	Negare	– 6, 0	– 1, – 1

La situazione illustrata è il cosiddetto "Dilemma del prigioniero". L'equilibrio di Nash (equilibrio con strategie dominanti) di questo gioco non è Pareto-efficiente.

Si ricordi che con *EFFICIENZA PARETIANA* si intende l'impossibilità da parte di ciascun agente di migliorare la propria posizione senza peggiorare quella di qualcun altro.

In questo gioco ciascun giocatore ha una strategia dominante: qualunque cosa faccia l'altro la propria mossa migliore è accusare. Si finisce così, però, con l'accusarsi a vicenda rimanendo in carcere per tre anni, quando, invece, se ci si fosse messi d'accordo, si sarebbe potuto stare in carcere solo un anno. Il problema è che non vi è alcuna possibilità di accordarsi in maniera credibile. Una volta da soli, ciascuno avrà infatti l'incentivo a tradire l'altro, accusandolo.

10.11.

a) La matrice dei payoff coerente con l'enunciato dell'esercizio è la seguente:

ALBERT	VICTORIA	
	Pulire	Non pulire
Pulire	5, 5	0, 8
Non pulire	8, 0	1, 1

b) Se Victoria sceglie di fare le pulizie, Albert ottiene una soddisfazione maggiore se sceglie di non pulire (8 > 5). Inoltre, anche se Victoria decide di non fare le pulizie, Albert ottiene comunque un payoff più elevato scegliendo di non pulire (1 > 0). Perciò, "Non pulire" costituisce per Albert la strategia dominante.

Un ragionamento analogo dimostra che, indipendentemente dalla scelta di Albert, Victoria consegue un payoff più elevato se sceglie la strategia "Non pulire" (8 > 5 se Albert pulisce; 1 > 0 se Albert non pulisce).

Pertanto, questo gioco ammette un equilibrio con strategie dominanti costituito dalla coppia di strategie: (Non pulire, Non pulire).

È interessante notare che ciò è vero anche se la soddisfazione dei due giocatori potrebbe essere maggiore se entrambi scegliessero la strategia "Pulire". L'equilibrio del gioco non è, cioè, Pareto-efficiente. Si tratta di un altro esempio di dilemma del prigioniero.

Per paura di essere gli unici a pulire (ricevendo così un payoff nullo), si finisce con il non pulire entrambi.

10.12.

a) La matrice dei payoff coerente con l'enunciato dell'esercizio è la seguente:

IMPRESA A	IMPRESA B	
	Entrare	Non entrare
Entrare	– 5, – 5	100, 0
Non entrare	0, 100	0, 0

Questo gioco presenta due equilibri di Nash:

1. A entra e B non entra (dato che B non entra, la cosa migliore che A possa fare è entrare, e dato che A entra, la cosa migliore che B possa fare è non entrare);

2. B entra e A non entra (dato che B entra, la cosa migliore che A possa fare è non entrare, e dato che A non entra, la cosa migliore che B possa fare è entrare).

b) Chiaramente se l'impresa B è in grado di scegliere la propria strategia prima che la scelga l'impresa A, essa, dei due equilibri di Nash individuati al punto precedente, sceglierà quello in cui B entra e A sta fuori (100 > 0).

c) La nuova matrice dei payoff diventa:

		IMPRESA B	
IMPRESA A		Entrare	Non entrare
	Entrare	+ 5, – 5	110, 0
	Non entrare	0, 100	0, 0

Se B entra, A entra (5 > 0) e B finisce con un payoff di – 5.
Se B non entra, A entra (110 > 0) e B finisce con un payoff di 0.
Chiaramente 0 > – 5, per cui B non entra e A entra.
Un piccolo intervento di politica economica ha completamente modificato l'esito del gioco.

10.13.

Un esempio di matrice dei payoff coerente con la situazione descritta nel testo dell'esercizio è la seguente:

		MICHELLE (2)	
ROGER (1)		Catch	Opera
	Catch	10, 5	1, 1
	Opera	0, 0	5, 10

Se vanno entrambi a vedere un incontro di catch, la soddisfazione di Roger, che va a vedere il suo spettacolo preferito insieme a Michelle, è massima (per esempio 10) mentre quella di Michelle, che va sì con Roger ma a vedere uno spettacolo che non le piace, è minore (5 < 10).

Possiamo ipotizzare che la situazione sia simmetrica qualora vadano entrambi all'opera: in questo caso sarà Michelle ad essere al settimo cielo (10) e Roger un po' meno (5).

Se vanno da soli (ciascuno per proprio conto) a vedere lo spettacolo che più piace a ciascuno di essi (Roger al catch e Michelle all'opera), avranno una soddisfazione ancora inferiore, perché, come dice il testo dell'esercizio, per loro è soprattutto importante uscire insieme. Qualsiasi payoff inferiore a 5 (qui 1) descriverebbe quindi bene la situazione. Si noti che abbiamo continuato a ipotizzare una situazione uguale per i due giocatori (i payoff sono tutti e due uguali a 1).

Nella situazione in cui vanno entrambi da soli a vedere lo spettacolo "sbagliato", i loro payoff sarebbero nulli o negativi (qui entrambi pari a 0).

Ora, ovviamente, non esiste una strategia dominante né per Roger né per Michelle: conviene infatti fare cosa fa l'altro.

Si hanno invece due equilibri di Nash: (Opera, Opera) e (Catch, Catch).

10.14.

La matrice dei payoff può essere modificata nel modo seguente:

		MICHELLE (2)	
ROGER (1)		Catch	Opera
	Catch	10, 5	6, 6
	Opera	0, 0	5, 10

L'unica casella di cui si sono modificati i payoff è quella in cui Roger va al catch e Michelle va all'opera. Se è più importante cosa si va a vedere del fatto di essere da soli o accompagnati, i payoff relativi a questa situazione devono essere > 5 (payoff che si ha se si va a vedere insieme lo spettacolo che non interessa). Qui si è messo 6 per entrambi, ipotizzando sempre che la situazione sia simmetrica. A meno che non abbiano litigato, tale payoff sarà poi < 10 (payoff che si ha se si va a vedere insieme lo spettacolo che piace). In questo caso sia Roger che Michelle hanno una strategia dominante: andare a vedere, rispettivamente, il catch e l'opera.

Ne discende che Roger andrà a vedere il catch e Michelle l'opera.

11

Oligopolio

Ipotesi di lavoro:

- Indichiamo con q la quantità prodotta dalla singola impresa;
- indichiamo con Q la quantità prodotta dal totale delle imprese (cioè dal settore, dall'industria);
- riportiamo le quantità sull'asse delle ascisse e i prezzi (o i valori espressi in moneta) sull'asse delle ordinate.

Domande a risposta chiusa

11.1.

Quale fra le seguenti industrie si avvicina di più alla definizione classica di oligopolio?

a) l'industria delle sigarette;
a) i distributori di benzina di una città;
a) i negozi di parrucchiere di una città;
a) i coltivatori di grano della pianura padana.

11.2.

Riferendovi al modello di Cournot, valutate quale delle seguenti affermazioni è vera:

a) i duopolisti non riconoscono la loro interdipendenza;
b) ogni duopolista assume che l'altro manterrà costante la sua produzione;
c) ogni duopolista assume che l'altro diminuirà il prezzo di vendita per produrre di più;
d) la soluzione prevista dal modello è stabile.

11.3.

Nel caso di concorrenza alla Bertrand, ogni impresa suppone che:

a) le altre imprese mantengano fissa la produzione;
b) le altre imprese mantengano fisso il prezzo;
c) le altre imprese abbiano gli stessi costi;
d) nessuna delle precedenti risposte.

11.4.

Quale tra i seguenti punti rappresenta un equilibrio di Cournot nel livello di output?

a) il punto nel quale la funzione di reazione di ogni impresa raggiunge il massimo;
b) il punto nel quale la funzione di reazione di ogni impresa interseca la curva del ricavo marginale dell'impresa stessa;
c) il punto di intersezione delle curve di reazione;
d) nessuna delle precedenti risposte.

11.5.

Nel caso in cui le imprese colludano, quale delle seguenti affermazioni è vera?

a) esse massimizzano i profitti globali, producendo di meno e vendendo a un prezzo superiore rispetto a un equilibrio non cooperativo;
b) esse massimizzano i profitti globali, producendo di più rispetto a un equilibrio non cooperativo, per vendere e guadagnare di più;
c) esse minimizzano i costi di produzione;
d) nessuna delle precedenti risposte.

11.6.

Riprendendo il quesito di cui al punto precedente, il cartello sottoscritto dalle imprese:

a) genera un equilibrio stabile, perché ogni impresa ha un vantaggio a rispettare gli accordi;
b) genera un equilibrio instabile, poiché ciascuna impresa è portata, nel tempo, a non rispettare gli accordi;
c) genera un equilibrio stabile, perché ogni impresa, cercando di accrescere il proprio profitto, porterà a incrementare anche il profitto generale del settore;
d) nessuna delle risposte precedenti.

11.7.

Si consideri un mercato nel quale esistono solo due imprese. Supponiamo che l'impresa 1 sia un leader e l'impresa 2 un follower nel senso di Stackelberg. Quale delle seguenti affermazioni è corretta?

a) l'impresa 1 sceglie un livello di output che massimizza il profitto, senza prestare attenzione a quello che fa l'impresa 2;

b) l'impresa 1 produce il livello di output in corrispondenza del quale le funzioni di reazione delle due imprese si intersecano;

c) l'impresa 1 fissa un livello di output che massimizza il suo profitto, tenendo conto della quantità che verrà prodotta dall'impresa 2;

d) nessuna delle risposte precedenti.

11.8.

Quale, tra i seguenti risultati, viene spiegato dal modello della domanda ad angolo (o di Sweezy)?

a) la notevole rigidità di prezzo dei mercati oligopolistici, anche in presenza di variazioni dei costi;

b) l'adozione di prezzi differenti da parte di imprese con gli stessi costi marginali;

c) la realizzazione di prodotti omogenei da parte di tutte le imprese;

d) nessuna delle precedenti risposte.

11.9.

Il modello della curva di domanda ad angolo:

a) ipotizza che se un'impresa aumenta il proprio prezzo di vendita, anche le altre imprese lo faranno;

b) spiega perché ogni impresa manterrà costante il prezzo corrente a prescindere da ciò che faranno le rivali;

c) spiega perché l'equilibrio di prezzo è rigido ma non come si determina il prezzo;

d) assume che ogni impresa sappia che la propria curva di domanda è più elastica per le riduzioni che non per gli aumenti del prezzo.

11.10.

In un duopolio alla Bertrand l'impresa Alfa sostiene costi totali a pari a CT(q) = = 100q, mentre l'impresa Beta sostiene costi totali pari a CT(q) = 50q. Si può affermare con certezza che:

a) l'impresa Alfa applicherà un prezzo doppio rispetto a quello di Beta perché i costi marginali di Alfa sono doppi rispetto a quelli di Beta;

b) solo l'impresa Beta resterà sul mercato imponendo un prezzo di poco inferiore a 100;

c) solo l'impresa Alfa resterà sul mercato imponendo un prezzo pari a 100;

d) nessuna delle precedenti risposte.

11.11.

Quale delle seguenti condizioni è richiesta perché sia raggiunto l'equilibrio di Cournot:

a) l'inclinazione della curva di reazione dell'impresa leader è maggiore dell'inclinazione della curva di reazione dell'impresa follower;
b) le due imprese producono lo stesso livello di output;
c) ciascuna impresa ritiene che le decisioni di produzione dell'altra non cambino;
d) nessuna delle risposte precedenti.

11.12.

Se le imprese del duopolio di Cournot hanno funzioni di reazione diverse:

a) non esiste equilibrio stabile;
b) le due imprese producono lo stesso livello di output;
c) le due imprese producono un diverso livello di output;
d) nessuna delle risposte precedenti.

11.13.

Confrontando un mercato di duopolio in equilibrio di Cournot con un duopolio collusivo, si dimostra che nell'equilibrio di Cournot l'output totale è:

a) minore e il prezzo è più alto;
b) maggiore e il prezzo è più alto;
c) minore e il prezzo è più basso;
d) maggiore e il prezzo è più basso.

☞ Esercizi

11.14.

Definite sinteticamente l'oligopolio, individuandone la caratteristica solitamente ritenuta più importante.

11.15.

Due imprese si trovano di fronte a una curva di domanda di mercato pari a:

$$p = 5 - 3Q, \quad \text{dove} \quad Q = q_1 + q_2.$$

Entrambe hanno Cma costanti e pari a 2.

a) Trovate la funzione di reazione di ciascuna impresa secondo il modello di Cournot.

b) Determinate le quantità prodotte da ciascuna impresa e il prezzo di equilibrio di Cournot.

c) Quale sarebbe stato l'equilibrio se il mercato fosse stato di concorrenza perfetta?

d) Quale sarebbe stato l'equilibrio se il mercato fosse stato di monopolio?

11.16.

In un piccolo paese la funzione di domanda del vino è: $p = 480 - 0{,}2 \cdot Q$.

Esistono due produttori identici che costituiscono un duopolio e che hanno Cma costanti e pari a 45. Determinate la quantità di vino prodotta da ciascuno dei due produttori secondo il modello di equilibrio di Cournot e il prezzo di vendita.

Illustrate la situazione graficamente.

11.17.

Due imprese si trovano di fronte ad una curva di domanda di mercato pari a $p = 100 - 0{,}5Q$.

Le funzioni dei costi totali dei duopolisti sono:

$$CT_1 = 5q_1 \quad \text{e} \quad CT_2 = 0{,}5\, q_2^2.$$

a) Trovate la funzione di reazione di ciascuna impresa secondo il modello di Cournot.

b) Determinate le quantità prodotte da ciascuna impresa, il prezzo di equilibrio del mercato e i profitti realizzati dalle due imprese nell'equilibrio di Cournot.

c) Come si modificherebbero le risposte date ai punti precedenti se venisse introdotta una imposta pari a 2 euro per unità di prodotto?

d) E se l'imposta fosse fissa e pari a 200 euro?

11.18.

In un mercato sono presenti due oligopolisti che si fronteggiano *à la Cournot*. I costi sono nulli per entrambi i produttori mentre la curva di domanda di mercato è:

$$Q = 96 - 4p.$$

a) Si determini prezzo, quantità vendute e profitti realizzati nell'equilibrio del mercato.

b) Ipotizzando l'entrata di una terza impresa si calcoli nuovamente prezzo, quantità vendute e profitti realizzati nell'equilibrio del mercato.

11.19.

In un mercato sono presenti due oligopolisti che si fronteggiano *à la Cournot*.

I costi sono nulli per entrambi i produttori, mentre la curva di domanda inversa di mercato è:

$$p = 30 - Q.$$

a) Si determini prezzo, quantità vendute e profitti realizzati nell'equilibrio di Cournot del mercato.

b) Si determini prezzo, quantità vendute e profitti realizzati nel caso in cui le due imprese formino un cartello.

c) Si mostri come il cartello del punto b) sia intrinsecamente instabile, avendo ciascuna delle due imprese un incentivo a non rispettare gli accordi. Si illustri il risultato con una matrice dei payoff e si discuta l'equilibrio del gioco.

11.20.

La domanda di un mercato è pari a $Q = 200 - 2p$.

Vi sono due produttori, i cui costi totali sono rispettivamente: $CT_1 = 10q_1$ e $CT_2 = 1/4\, q_2^2$.

Calcolate il prezzo di mercato e le quantità di equilibrio nell'ipotesi di collusione tra i produttori.

11.21.

Si consideri un duopolio con funzione di domanda inversa pari a: $p = a - b \cdot Q$. I costi delle due imprese siano per semplicità nulli.

a) Si calcoli il livello di produzione delle due imprese, il prezzo di mercato e i profitti conseguiti da ciascun produttore nel caso di duopolio di Cournot.

b) Si calcoli il livello di produzione delle due imprese, il prezzo di mercato e i profitti conseguiti da ciascun produttore nel caso di duopolio di Stackelberg, con la prima impresa che agisce come leader e la seconda impresa che agisce come follower.

c) Confrontate i risultati ottenuti ai due punti precedenti.

11.22.

In una località vi sono due soli panettieri, A e B, che producono lo stesso tipo di pane. Il panettiere A ha un Cma costante pari a 1 euro per forma di pane; il panettiere B ha un Cma costante pari a 2 euro per forma di pane. I costi fissi sono pari a zero (CF = 0) per entrambi.

La funzione di domanda del pane in questo mercato è: $p = 6 - 0{,}01Q$.

Il panettiere B si sveglia sempre un'ora prima di A e quindi mette il suo pane nel forno un'ora prima di A.

a) In quale tipo di mercato operano A e B? Per quale ragione?

b) Sapendo che la curva di reazione di A è $q_A = 250 - 0{,}5q_B$, calcolate la quantità ottima prodotta nel mercato e il prezzo di vendita del pane.

11.23.

Due imprese operanti in un mercato, per un prodotto omogeneo, la cui curva di domanda è pari a $Q = 20 - p$, competono alla Bertrand. I costi totali di produzione sono $CT = 12 \cdot q$ per ciascuna impresa. Si commenti l'equilibrio che emerge su tale mercato. Qual è la perdita di benessere per la collettività?

11.24.

Si ripeta l'esercizio precedente ipotizzando, però, che i CT delle due imprese non siano più uguali tra di loro. In particolare, sia: $CT_1 = 12q_1$ e $CT_2 = 8q_2$.

11.25.

Si consideri un'impresa che pratica un prezzo p^* e che si trova di fronte a una funzione di domanda inversa pari a $p' = 800 - q$ per aumenti di prezzo, e a una funzione di domanda inversa pari a $p'' = 1.000 - 2q$ per riduzioni di prezzo. La funzione del costo totale dell'impresa è $CT = 250q$.

a) Determinate il prezzo praticato p^* e la corrispondente quantità prodotta q^*.

b) Verificate se la combinazione (q^*, p^*) così trovata è di equilibrio.

c) Determinate se la combinazione (q^*, p^*) precedentemente trovata è di equilibrio per l'impresa se la funzione del CT fosse:

c_1) $CT = 350q$;

c_2) $CT = 450q$.

11.26.

In un mercato duopolistico alla Cournot le due imprese vendono prodotti differenziati e usano come variabile strategica il prezzo. In altri termini ogni impresa sceglie il prezzo del proprio prodotto considerando come un dato il prezzo dell'altra impresa. Le due imprese scelgono simultaneamente e indipendentemente il prezzo da praticare. Ciascun duopolista ha $CF = 20$ e $CV = 0$, e ha di fronte la stessa curva di domanda:

domanda dell'impresa 1: $q_1 = 12 - 2P_1 + P_2$;
domanda dell'impresa 2: $q_2 = 12 - 2P_2 + P_1$.

Determinate le funzioni di reazione delle due imprese, nonché i livelli di prezzo, di produzione e di profitto di equilibrio.

11.27.

Con i dati dell'esercizio precedente calcolate prezzi, quantità prodotte e profitti nel caso di equilibrio collusivo. Si tratta ancora di un equilibrio di Nash? Quali implicazioni ne derivano? Commentate la vostra risposta illustrandola con una matrice dei payoff.

11.28.

Sempre con i dati dell'esercizio 11.26) determinate prezzi, quantità e profitti di equilibrio nell'ipotesi che le due imprese non agiscano contemporaneamente, bensì l'impresa 1 agisca per prima e l'impresa 2 per seconda.

11.29.

In un mercato duopolistico con differenziazione del prodotto le imprese 1 e 2 hanno rispettivamente le seguenti funzioni di domanda:

$$q_1 = 100 - 2P_1 + P_2$$

$$q_1 = 200 - 2P_2 + P_1$$

e le seguenti funzioni di costo totale:

$$CT_1 = 5q_1 \quad \text{e} \quad CT_2 = 2q_2.$$

a) Determinate le funzioni di reazione delle due imprese, i livelli di prezzo e di produzione di equilibrio.

b) Assumendo di poter imporre un'imposta sul produttore del bene 1 pari a t per unità prodotta, determinate il valore di t che assicura l'uguaglianza dei prezzi di equilibrio dei due beni.

11.30.

Si supponga che un'industria sia caratterizzata dalla presenza di un'impresa di grandi dimensioni che domina il mercato e da numerose piccole imprese tra di loro in condizioni di concorrenza perfetta.

a) Illustrate il processo attraverso il quale si determinano il prezzo di equilibrio e la ripartizione della produzione tra l'impresa di grandi dimensioni e quelle di piccole dimensioni.

b) Note la curva di domanda del mercato: $Q = 50 - 0{,}3P$, la funzione di costo totale dell'impresa dominante (id): $CT_{id} = 50 + 40Q_{id}$ e la curva di offerta complessiva delle piccole imprese: $Q = 0{,}2P$, determinate:

- la curva di domanda dell'impresa dominante;
- la quantità prodotta dall'impresa dominante;
- il prezzo;
- la quantità complessivamente domandata e l'offerta delle piccole imprese.

🕮 Soluzioni

11.1. a)

Nell'oligopolio i produttori sono un numero di imprese piuttosto limitato che realizzano un prodotto differenziato, di cui possono scegliere il prezzo; l'ingresso nel mercato presenta solitamente barriere all'entrata (legate in primo luogo alla presenza di economie di scala). Non appartengono a un mercato oligopolistico i distributori di benzina, che erogano un prodotto omogeneo e a prezzo imposto; né i coltivatori di grano, molto numerosi e anch'essi caratterizzati da un prodotto omogeneo e da un prezzo imposto dal mercato. In questi due casi si tratta piuttosto di mercati perfettamente concorrenziali. I parrucchieri di una città rappresentano invece il classico esempio di concorrenza monopolistica, visto che il prodotto può essere più o meno differenziato e il prezzo abbastanza libero. Rimane l'industria delle sigarette, che, effettivamente, per le ragioni anzidette, rappresenta un mercato oligopolistico (pochi grandi produttori, prezzi non imposti, presenza di barriere all'entrata e di possibili cartelli tra le imprese).

11.2. b)

Nel modello di Cournot ciascuna delle due imprese riconosce l'importanza delle decisioni prese dall'altra nel determinare la propria strategia migliore e determina il proprio livello di produzione ottimale assumendo, in particolare, che l'altra manterrà costante la sua produzione. Quindi la risposta corretta è la b). Il fatto poi che l'equilibrio di Cournot sia o meno un equilibrio stabile (ovvero che, partendo da un punto non di equilibrio, si tenda o meno a questo) dipende dall'inclinazione relativa delle due curve di reazione (si vedano i grafici sottostanti). In assenza di ulteriori informazioni non possiamo dunque dire se la soluzione prevista dal modello sia stabile o meno, per cui la risposta d) va esclusa.

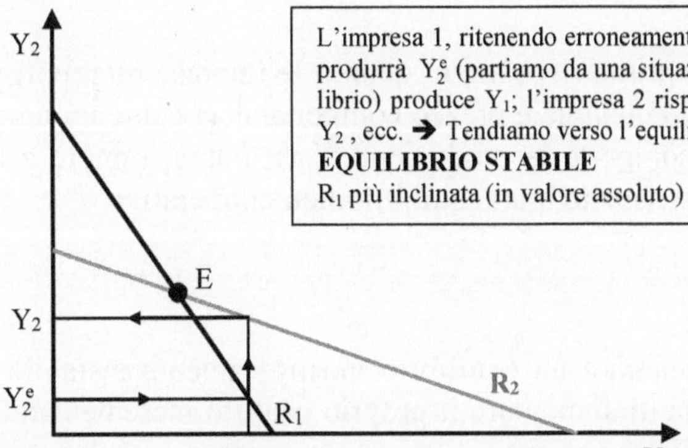

L'impresa 1, ritenendo erroneamente che l'impresa 2 produrrà Y_2^e (partiamo da una situazione non di equilibrio) produce Y_1; l'impresa 2 risponde producendo Y_2, ecc. ➔ Tendiamo verso l'equilibrio.
EQUILIBRIO STABILE
R_1 più inclinata (in valore assoluto) di R_2

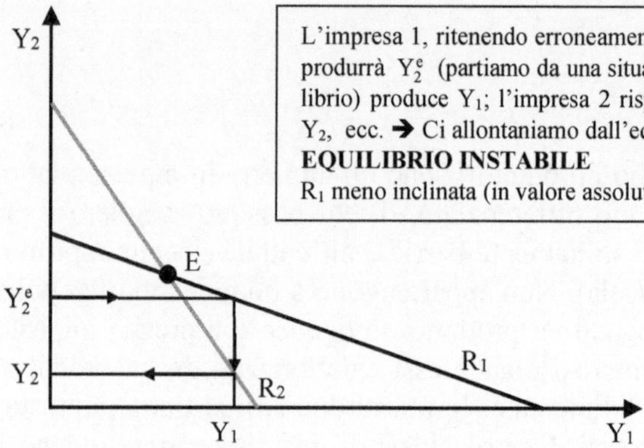

L'impresa 1, ritenendo erroneamente che l'impresa 2 produrrà Y_2^e (partiamo da una situazione non di equilibrio) produce Y_1; l'impresa 2 risponde producendo Y_2, ecc. ➔ Ci allontaniamo dall'equilibrio.
EQUILIBRIO INSTABILE
R_1 meno inclinata (in valore assoluto) di R_2

11.3. b)

Il modello di Bertrand ipotizza che, nel determinare il livello di prezzo ottimale, ogni impresa assuma che l'altra tenga costante il suo prezzo (invece della sua quantità, come in Cournot). Quindi la risposta corretta è la b). Le altre risposte possono essere escluse.

11.4. c)

Per quanto concerne il livello di output, il punto di equilibrio nel modello di Cournot è dato dal punto di intersezione tra le due curve di reazione. Si tratta, infatti, dell'unico punto in cui le aspettative di ciascuna delle due imprese sul livello produttivo dell'altra risultano verificate. Nota la quantità prodotta sul mercato, il prezzo di equilibrio può quindi essere determinato dalla funzione di domanda. La risposta corretta è quindi la c).

11.5. a)

È corretta la prima risposta, in quanto le imprese oligopolistiche che colludono tra di loro fissano quantità e prezzo comportandosi come un'unica impresa monopolistica. Questo comporta la produzione di un output minore e l'applicazione di un prezzo superiore rispetto a un equilibrio non cooperativo.

11.6. b)

Si viene a generare un equilibrio intrinsecamente instabile in quanto ciascuna impresa è tentata di aumentare il proprio profitto incrementando unilateralmente il proprio livello di produzione.

Si tratta di un esempio del cosiddetto "dilemma del prigioniero": se tutte le imprese rispettassero gli accordi, esse massimizzerebbero il profitto globale, ma non potendo rischiare di essere le uniche a farlo, finiscono col non rispettarli e col percepire, quindi, dei profitti inferiori. Per quanto detto, la risposta corretta è la b).

11.7. c)

Nell'equilibrio di Stackelberg l'impresa 1 (leader) sceglie la quantità da produrre in modo da massimizzare i suoi profitti, tenendo conto della risposta in termini di quantità prodotta dall'impresa 2 (follower). Quello del leader è, in altre parole, un problema di massimizzazione (del profitto) vincolato dalla funzione di reazione dell'impresa follower. L'impresa leader non può ignorare il comportamento della follower perché questo concorrerà alla determinazione del livello del prezzo di mercato. La risposta corretta è, quindi, la c).

Si ricordi infine che i livelli di output in corrispondenza dei quali le funzioni di reazione delle due imprese si intersecano definiscono l'equilibrio di Cournot.

11.8. a)

Una delle caratteristiche del modello della curva di domanda ad angolo è che, in corrispondenza del punto in cui cambia l'inclinazione della domanda, ovvero dell'equilibrio del mercato, la sottostante curva del Rma presenta un tratto verticale più o meno esteso. Se i costi marginali delle imprese aumentano o diminuiscono, intersecando però la curva del Rma sempre in questo tratto verticale, non vi sono conseguenze né in termini di quantità prodotta né in termini di prezzi di mercato; l'equilibrio cioè non cambia (si veda il grafico seguente).

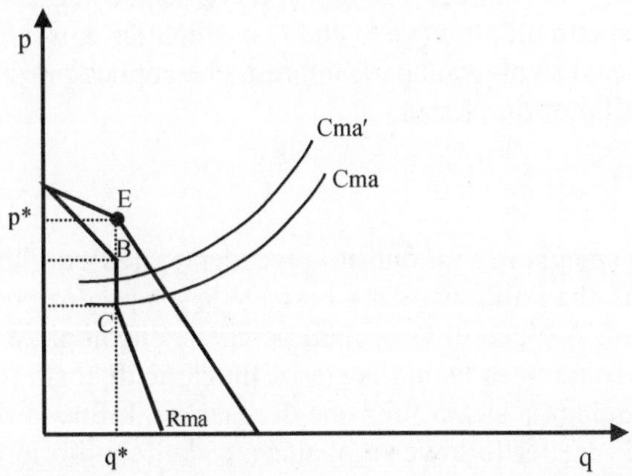

Viene così spiegata la notevole rigidità di prezzo che caratterizza i mercati oligopolistici. Quindi la risposta corretta è la a).

11.9. c)

La proposizione a) è falsa perché in questo modello si ipotizza che, se un'impresa aumenta il proprio prezzo di vendita, le altre imprese mantengano inalterato il loro; la proposizione b) è anch'essa falsa perché il modello ipotizza che se un'impresa riduce il prezzo, le altre la imitino.

La proposizione c), come spiegato nel quesito precedente, è vera. Infine la proposizione d) è falsa, perché la curva di domanda è meno elastica per le riduzioni di prezzo che per gli aumenti: se un'impresa riduce il proprio prezzo di vendita, ipotizzando il modello che anche le altre imprese lo facciano, essa riesce a registrare aumenti tutto sommato contenuti di domanda. Viceversa se l'impresa aumenta il proprio prezzo di vendita, ipotizzando il modello che le altre imprese non facciano altrettanto, essa registrerà drastiche riduzioni di domanda.

11.10. b)

Nel modello di Bertrand ogni impresa tende a offrire il bene a un prezzo di vendita leggermente più basso rispetto all'altra, al fine di conquistare così l'intero mercato. Più precisamente, ciascuna impresa tende a ridurre il prezzo di vendita del bene a un livello appena inferiore rispetto a quello dell'altra impresa, purché il prezzo sia comunque superiore o uguale al costo medio (ovvero si abbia $\pi \geq 0$). Con i dati forniti dal quesito, è quindi sufficiente che l'impresa Beta venda il bene a un prezzo leggermente inferiore a 100 per estromettere dal mercato l'impresa Alfa, che se continuasse a produrre realizzerebbe delle perdite. Per quanto detto, la risposta corretta è la b). Le risposte a) e c) possono essere escluse, in quanto l'impresa che sostiene costi di produzione più elevati non si trova nella condizione né di applicare un prezzo doppio rispetto all'altra (visto che i consumatori agiscono in modo razionale e, a parità di bene, si rivolgeranno all'impresa che applica prezzi inferiori) né di imporre al mercato il proprio prezzo.

11.11. c)

Come è stato spiegato in un quesito precedente, nell'equilibrio di Cournot ogni duopolista assume che l'altro manterrà costante la sua produzione. La risposta corretta è dunque la c). L'opzione b) va esclusa perché le due imprese producono lo stesso livello di output soltanto se hanno la stessa funzione di costo (che non è un'ipotesi del problema) e quindi la stessa funzione di reazione. Infine la risposta a) va esclusa perché il modello leader/follower è analizzato dall'equilibrio di Stackelberg, non da quello di Cournot (si vedano a questo proposito i problemi 11.21 e 11.22).

11.12. c)

Quando le due imprese che costituiscono il duopolio alla Cournot hanno le stesse funzioni di costo, esse operano secondo due funzioni di reazione simmetriche (cioè uguali nella forma e nei coefficienti ma a variabili scambiate); questo comporta che le quantità ottimali per le due imprese siano le stesse. Viceversa, se le due imprese hanno funzioni di costo diverse, esse avranno curve di reazione differenti che, messe a sistema, origineranno quantità ottimali differenti. Quindi la risposta corretta è la c).

11.13. d)

Nel duopolio collusivo le due imprese si accordano per operare come se fossero una sola impresa che opera in condizioni monopolistiche. Va da sé che, così facendo, esse finiscono col produrre una quantità inferiore ad un prezzo più alto (la curva di domanda di mercato ha inclinazione negativa!) rispetto a quanto farebbero nell'equilibrio di Cournot. La risposta corretta è quindi la d).

11.14.

L'oligopolio è una forma di organizzazione del mercato in cui vi sono pochi venditori di un bene. Se il prodotto è omogeneo si ha un oligopolio puro; se il prodotto è diversificato si parla di oligopolio differenziato. È la forma di mercato più diffusa nel settore manifatturiero delle economie moderne e sorge soprattutto in presenza di rendimenti di scala crescenti (economie di scala), caratteristica tipica dei settori industriali (in particolare nel settore delle fonti energetiche e delle materie prime – dato l'elevato costo dei brevetti e delle franchigie governative – e dell'industria pesante). Esistono quindi notevoli barriere all'entrata.

La caratteristica più importante che contraddistingue l'oligopolio dalle altre strutture di mercato è l'*interdipendenza* dei risultati (il livello dei profitti di ogni impresa dipende da ciò che essa fa ma anche da ciò che fanno le altre imprese), da cui discende l'*interdipendenza strategica* (la strategia migliore di ogni impresa dipende dalle aspettative che essa ha sul comportamento delle altre imprese). Questa interdipendenza è la naturale conseguenza del fatto che vi sono poche imprese: quando una di esse varia il suo prezzo (o intraprende una campagna pubblicitaria o introduce sul mercato un nuovo modello) varieranno anche le curve di domanda degli altri oligopolisti e, con esse, le loro risposte ottimali.

11.15.

a) L'impresa 1: sceglie q_1 in modo da max π_1 prendendo q_2 come un dato:

$$\text{C.P.O.: } Rma_1 = Cma_1 = 2.$$

$$\text{Essendo: } RT_1 = p \cdot q_1 = \left[5 - 3\left(\overbrace{q_1 + q_2}^{Q}\right)\right] q_1 = 5q_1 - 3q_1^2 - 3q_1q_2$$

$$\rightarrow Rma_1 = 5 - 6q_1 - 3q_2 = 2 \rightarrow 6q_1 = 3 - 3q_2$$

$$\rightarrow q_1 = \frac{3 - 3q_2}{6} \rightarrow \boxed{\mathbf{q_1 = \frac{1}{2} - \frac{1}{2}q_2}}$$ **Curva di reazione dell'impresa 1**.

Procedendo in modo analogo per l'impresa 2 si ottiene:

$$\boxed{\mathbf{q_2 = \frac{1}{2} - \frac{1}{2} q_1}}$$ **Curva di reazione dell'impresa 2**.

Senza effettuare i calcoli siamo infatti in grado di anticipare che, avendo le due imprese le stesse funzioni di costo, le curve di reazione risulteranno simmetriche.

b) Mettendo a sistema le due funzioni di reazione si ha:

$$\begin{cases} q_1 = \frac{1}{2} - \frac{1}{2} q_2 \rightarrow q_1 = \frac{1}{2} - \frac{1}{2}\left(\frac{1}{2} - \frac{1}{2} q_1\right) \rightarrow q_1 = \frac{1}{2} - \frac{1}{4} + \frac{1}{4} q_1 \rightarrow \frac{3}{4} q_1 = \frac{1}{4} \rightarrow q_1^* = \frac{1}{3} \\ q_2 = \frac{1}{2} - \frac{1}{2} q_1 \end{cases}$$

$$\begin{cases} q_1^* = \frac{1}{3} \\ q_2^* = \frac{1}{2} - \frac{1}{2} q_1^* \rightarrow q_2^* = \frac{1}{2} - \frac{1}{2} \cdot \frac{1}{3} = \frac{1}{2} - \frac{1}{6} = \frac{3-1}{6} = \frac{2}{6} = \frac{1}{3} \end{cases}$$

Si ha quindi:

$$\left[\begin{array}{l} \mathbf{Q^* = q_1^* + q_2^* = \frac{2}{3}} \\ \mathbf{p^*} = 5 - 3Q^* = 5 - 3 \cdot \frac{2}{3} = 5 - 2 = \mathbf{3} \end{array}\right].$$

Si noti che $q_1^* = q_2^*$. Questo è un risultato che vale tutte le volte in cui le funzioni di reazione delle due imprese sono simmetriche e che quindi può, in questi casi, essere anticipato per trovare più agevolmente le quantità di produzione delle due imprese. Si veda anche l'esercizio successivo.

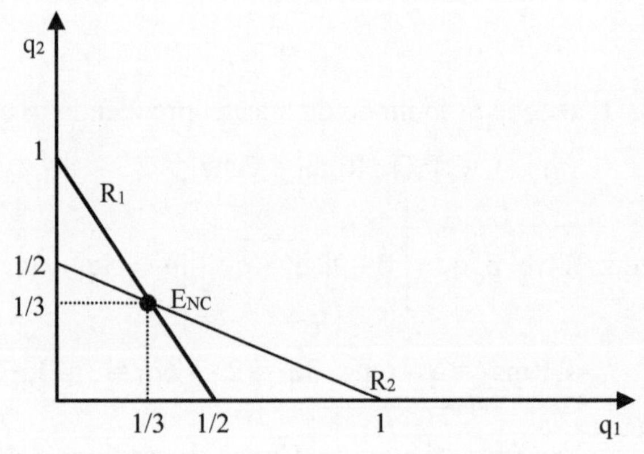

c) In concorrenza perfetta la condizione di equilibrio del mercato è: p = Cma = 2. Quindi:

$$5 - 3Q = 2 \qquad 3 = 3Q$$

che dà:

$$\begin{bmatrix} \mathbf{Q = 1} \\ \mathbf{p = 2} \end{bmatrix}.$$

Rispetto al duopolio di Cournot, in concorrenza perfetta si produce di più e si vende a un prezzo più basso.

d) In monopolio l'equilibrio è dato da:

$$Cma = Rma.$$

Poiché:

$RT = (5 - 3Q)Q = 5Q - 3Q^2$, il ricavo marginale è: $Rma = 5 - 6Q$ e pertanto:

$$5 - 6Q = 2 \;\rightarrow -6Q = -3 \;\rightarrow Q = \frac{1}{2},$$

da cui: $p = 5 - 3Q = 5 - 3 \cdot \frac{1}{2} = 3{,}5.$

L'equilibrio di monopolio è dato da: $\left[\mathbf{Q = \frac{1}{2}; p = 3{,}5}\right]$.

Rispetto al duopolio di Cournot, in monopolio si produrrebbe ancora di meno e si venderebbe a un prezzo ancora più alto.

11.16.

L'impresa 1: sceglie q_1 in modo da max π_1 prendendo q_2 come un dato:

$$C.P.O.: Rma_1 = Cma_1 = 45.$$

Essendo: $RT_1 = p \cdot q_1 = \left[480 - 0{,}2\left(\overbrace{q_1 + q_2}^{Q}\right)\right] q_1 = 480q_1 - 0{,}2q_1^2 - 0{,}2q_1q_2$

$$\rightarrow Rma_1 = 480 - 0{,}4q_1 - 0{,}2q_2 = 45 \rightarrow 0{,}4q_1 = 435 - 0{,}2q_2$$

da cui:

$$\rightarrow \boxed{\mathbf{q_1 = \frac{435 - 0{,}2q_2}{0{,}4}}}$$ **Curva di reazione dell'impresa 1.**

Procedendo in modo analogo per l'impresa 2 si ottiene:

$$\boxed{q_2 = \frac{435 - 0,2q_1}{0,4}}$$ **Curva di reazione dell'impresa 2.**

Si noti che la simmetricità delle funzioni di reazione è dovuta al fatto che le due imprese hanno le stesse funzioni di costo.

Per determinare l'equilibrio di Cournot si devono mettere a sistema le due funzioni di reazione.

In questo caso però si può trovare più velocemente la soluzione. Essendo le funzioni di costo dei duopolisti identiche, in Cournot avremo infatti $q_1^* = q_2^*$ (stessa quantità prodotta dalle due imprese). Si può quindi sfruttare questa ulteriore informazione per sveltire i calcoli:

$$\rightarrow 0,4q_1 = 435 - 0,2q_2 \ \rightarrow 0,4q_1 = 435 - 0,2q_1 \ \rightarrow 0,6q_1 = 435,$$

da cui: $\mathbf{q_1^*} = \frac{435}{0,6} = \mathbf{725 = q_2^*}$.

Essendo quindi: $Q^* = q_1^* + q_2^* = 725 + 725 = 1.450$

si ricava $\mathbf{p^*} = 480 - 0,2Q^* = 480 - 0,2 \cdot (1.450) = 480 - 290 = \mathbf{190}$.

Graficamente:

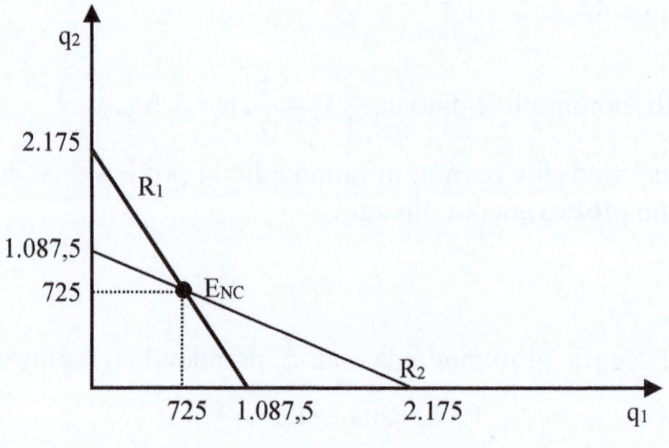

11.17.

a) L'impresa 1: sceglie q_1 in modo da max π_1 prendendo q_2 come un dato:

$$\text{C.P.O.: } Rma_1 = Cma_1 = 5.$$

Essendo: $RT_1 = p \cdot q_1 = \left[100 - 0,5\left(\overbrace{q_1 + q_2}^{Q}\right)\right] q_1 = 100q_1 - 0,5q_1^2 - 0,5q_1q_2$.

Si può così calcolare il ricavo marginale: $Rma_1 = 100 - q_1 - 0,5q_2 = 5$, da cui:

$\rightarrow$ $\boxed{q_1 = 95 - 0,5q_2}$ **Curva di reazione dell'impresa 1.**

Procediamo in modo analogo per l'impresa 2.

L'impresa 2: sceglie q_2 in modo da max π_2 prendendo q_1 come un dato:

$$\text{C.P.O.: } Rma_2 = Cma_2 = q_2.$$

Essendo: $RT_2 = p \cdot q_2 = \left[100 - 0,5\left(\overbrace{q_1 + q_2}^{Q}\right)\right] q_2 = 100q_2 - 0,5q_2^2 - 0,5q_1q_2$.

Troviamo il ricavo marginale: $Rma_2 = 100 - q_2 - 0,5q_1 = q_2 \rightarrow 2q_2 = 100 - 0,5q_1$, da cui:

$$\rightarrow \boxed{\mathbf{q_2 = 50 - 0,25q_1}} \text{ **Curva di reazione dell'impresa 2**.}$$

Si noti che, non essendo le curve dei CT uguali, le curve di reazione delle due imprese non sono simmetriche.

b) Mettendo a sistema le due funzioni di reazione si ha:

$$\begin{cases} q_1 = 95 - \frac{1}{2}q_2 \rightarrow q_1 = 95 - \frac{1}{2}\left(50 - \frac{1}{4}q_1\right) \rightarrow q_1 = 95 - 25 + \frac{1}{8}q_1 \rightarrow \frac{7}{8}q_1 = 70 \rightarrow \\ \rightarrow q_1^* = \frac{8}{7} \cdot 70 = 80 \\ q_2 = 50 - \frac{1}{4}q_1 \end{cases}$$

$$\begin{cases} \mathbf{q_1^* = 80} \\ \mathbf{q_2^*} = 50 - \frac{1}{4}q_1^* \rightarrow q_2^* = 50 - \frac{1}{4} \cdot 80 = 50 - 20 = \mathbf{30} \end{cases}$$

L'equilibrio di Cournot è quindi:

$$\begin{bmatrix} \mathbf{Q^* = q_1^* + q_2^* = 80 + 30 = 110} \\ \mathbf{p^*} = 100 - \frac{1}{2}Q^* = 100 - \frac{1}{2} \cdot 110 = 100 - 55 = \mathbf{45} \end{bmatrix} \text{ Equilibrio di Cournot.}$$

Il livello di profitto conseguito dalle due imprese sarà quindi:

$$\boldsymbol{\pi_1} = RT_1 - CT_1 = p^* \cdot q_1^* - 5q_1^* = 45 \cdot 80 - 5 \cdot 80 = \mathbf{3.200}$$

$$\boldsymbol{\pi_2} = RT_2 - CT_2 = p^* \cdot q_2^* - 0,5q_2^{2*} =$$
$$= 45 \cdot 30 - 0,5 \cdot 30^2 = 1.350 - 0,5 \cdot 900 = \mathbf{900}.$$

c) I costi totali delle due imprese si modificherebbero in questo modo:

$$CT_1 = 5q_1 + 2q_1 = 7q_1 \quad \text{e} \quad CT_2 = 0,5\,q_2^2 + 2q_2.$$

Occorre quindi rifare tutti i calcoli.

L'impresa 1: sceglie q_1 in modo da max π_1 prendendo q_2 come un dato:

C.P.O.: $Rma_1 = Cma_1 = 7$.

Il Rma_1 è già stato calcolato:

$$\rightarrow Rma_1 = 100 - q_1 - 0{,}5q_2 = 7$$

$$\rightarrow \boxed{q_1 = 93 - 0{,}5q_2} \text{ **Curva di reazione dell'impresa 1**.}$$

L'impresa 2: sceglie q_2 in modo da max π_2 prendendo q_1 come un dato:

C.P.O.: $Rma_2 = Cma_2 = q_2 + 2$.

Il Rma_2 è già stato calcolato:

$$\rightarrow Rma_2 = 100 - q_2 - 0{,}5q_1 = q_2 + 2 \rightarrow 2q_2 = 98 - 0{,}5q_1$$

$$\rightarrow \boxed{q_2 = 49 - 0{,}25q_1} \text{ **Curva di reazione dell'impresa 2**.}$$

Mettendo a sistema le due funzioni di reazione si ha:

$$\begin{cases} q_1 = 93 - \frac{1}{2}q_2 \rightarrow q_1 = 93 - \frac{1}{2}\left(49 - \frac{1}{4}q_1\right) \rightarrow q_1 = 93 - 24{,}5 + \frac{1}{8}q_1 \rightarrow \frac{7}{8}q_1 = 68{,}5 \rightarrow \\ \rightarrow q_1^* = \frac{8}{7} \cdot 68{,}5 = 78{,}29 \\ q_2 = 49 - \frac{1}{4}q_1 \end{cases}$$

$$\begin{cases} q_1^* = 78{,}29 \\ q_2^* = 49 - \frac{1}{4}q_1^* \rightarrow q_2^* = 49 - \frac{1}{4} \cdot 78{,}29 = 49 - 19{,}57 = 29{,}43 \end{cases}$$

L'equilibrio di Cournot è quindi:

$$\begin{bmatrix} \mathbf{Q^* = q_1^* + q_2^* = 78{,}29 + 29{,}43 = 107{,}72} \\ \mathbf{p^*} = 100 - \frac{1}{2}Q^* = 100 - \frac{1}{2} \cdot 107{,}72 = 100 - 53{,}86 = \mathbf{46{,}14} \end{bmatrix} \text{ Equilibrio di Cournot.}$$

Il livello di profitto conseguito dalle due imprese sarà quindi:

$$\boldsymbol{\pi_1} = RT_1 - CT_1 = p^* \cdot q_1^* - 7q_1^* = 46{,}14 \cdot 78{,}29 - 7 \cdot 78{,}29 = \mathbf{3.064{,}27}$$

$$\boldsymbol{\pi_2} = RT_2 - CT_2 = p^* \cdot q_2^* - 0{,}5q_2^{2*} - 2q^* = 46{,}14 \cdot 29{,}43 - 0{,}5 \cdot (29{,}43)^2 - 2 \cdot 29{,}43 =$$
$$= 1.357{,}90 - 0{,}5 \cdot 866{,}12 - 58{,}86 = 1.357{,}90 - 433{,}06 - 58{,}86 = \mathbf{865{,}98}.$$

d) Nel caso di introduzione di una tassa fissa, invece, non cambiando i Cma, prezzo e quantità prodotte non varierebbero. I profitti si ridurrebbero, invece, dell'ammontare della tassa:

$$\boldsymbol{\pi_1} = RT_1 - CT_1 = p^* \cdot q_1^* - 5q_1^* - 200 = 45 \cdot 80 - 5 \cdot 80 - 200 =$$
$$= 3.600 - 400 - 200 = \mathbf{3.000}$$

$$\boldsymbol{\pi_2} = RT_2 - CT_2 = p^* \cdot q_2^* - 0{,}5q_2^{2*} - 200 = 45 \cdot 30 - 0{,}5 \cdot 30^2 - 200 =$$
$$= 1.350 - 0{,}5 \cdot 900 = 900 - 200 = \mathbf{700}.$$

11.18.

a) L'impresa 1: sceglie q_1 in modo da max π_1 prendendo q_2 come un dato:

$$\text{C.P.O.: } Rma_1 = Cma_1 = 0.$$

[Si noti che da Q = 96 – 4p possiamo ricavare: $p = \frac{96}{4} - \frac{1}{4}Q$, ovvero: $p = 24 - \frac{1}{4}Q$].

$$\text{Essendo: } RT_1 = p \cdot q_1 = \left[24 - \frac{1}{4}\left(\overbrace{q_1 + q_2}^{Q}\right)\right] q_1 = 24q_1 - \frac{1}{4}q_1^2 - \frac{1}{4}q_1 q_2$$

$$\rightarrow Rma_1 = 24 - \frac{1}{2}q_1 - \frac{1}{4}q_2 = 0.$$

da cui:

$$\boxed{\mathbf{q_1 = 48 - \frac{1}{2}q_2}} \quad \textbf{Curva di reazione dell'impresa 1.}$$

Procedendo in modo analogo per l'impresa 2 si ottiene:

$$\boxed{\mathbf{q_2 = 48 - \frac{1}{2}q_1}} \quad \textbf{Curva di reazione dell'impresa 2.}$$

Si noti che la simmetricità della funzione di reazione è dovuta al fatto che le due imprese hanno le stesse funzioni di costo. Per questa stessa ragione si avrà $q_1^* = q_2^*$ (stessa quantità prodotta dalle due imprese). Si può quindi sfruttare questa ulteriore informazione per sveltire i calcoli:

$$\rightarrow q_1 = 48 - \frac{1}{2}q_2 = 48 - \frac{1}{2}q_1 \rightarrow \frac{3}{2}q_1 = 48 \rightarrow \mathbf{q_1^* = q_2^*} = \frac{48 \cdot 2}{3} = \mathbf{32}.$$

Essendo quindi: $Q^* = q_1^* + q_2^* = 32 + 32 = 64$.

Si ricava: $\mathbf{p}^* = 24 - \frac{1}{4}Q^* = 24 - \frac{1}{4}(64) = 24 - 16 = \mathbf{8}$.

Si ha quindi:

$$\boldsymbol{\pi_1 = \pi_2} = RT_1 - CT_1 = p^* \cdot q_1^* = 8 \cdot 32 = \mathbf{256}.$$

b) Con tre imprese.

L'impresa 1: sceglie q_1 in modo da max π_1 prendendo q_2 e q_3 come dati:

C.P.O.: $Rma_1 = Cma_1 = 0$.

Essendo:

$$RT_1 = p \cdot q_1 = \left[24 - \frac{1}{4}\left(\overbrace{q_1 + q_2 + q_3}^{Q}\right)\right] q_1 = 24q_1 - \frac{1}{4}q_1^2 - \frac{1}{4}q_1q_2 - \frac{1}{4}q_1q_3$$

$$\rightarrow Rma_1 = 24 - \frac{1}{2}q_1 - \frac{1}{4}q_2 - \frac{1}{4}q_3 = 0$$

$$\rightarrow \boxed{\mathbf{q_1 = 48 - \frac{1}{2}q_2 - \frac{1}{2}q_3}} \quad \textbf{Curva di reazione dell'impresa 1}.$$

Essendo i CT delle tre imprese uguali, in equilibrio avremo: $q_1^* = q_2^* = q_3^*$ (stessa quantità prodotta dalle tre imprese). Si può quindi sfruttare questa ulteriore informazione per sveltire i calcoli:

$$\rightarrow q_1 = 48 - \frac{1}{2}q_2 - \frac{1}{2}q_3 = 48 - \frac{1}{2}q_1 - \frac{1}{2}q_1 \rightarrow 2q_1 = 48 \rightarrow \mathbf{q_1^* = q_2^* = q_3^*} = \frac{48}{2} = \mathbf{24}.$$

Essendo quindi: $Q^* = q_1^* + q_2^* + q_3^* = 24 + 24 + 24 = 72$.

Si ricava: $\mathbf{p}^* = 24 - \frac{1}{4}Q^* = 24 - \frac{1}{4}(72) = 24 - 18 = \mathbf{6}$.

Si ha quindi:

$$\boldsymbol{\pi_1 = \pi_2 = \pi_3} = RT_1 - CT_1 = p^* \cdot q_1^* = 6 \cdot 24 = \mathbf{144}.$$

La produzione totale è maggiore e il prezzo minore rispetto al caso precedente. Ogni impresa sta producendo di meno con profitti più bassi.

Il modello di Cournot può infatti essere generalizzato in modo da coprire tutti i casi che vanno dalla presenza di una sola impresa (monopolio) a infinite imprese (concorrenza perfetta).

Al crescere del numero delle imprese, la produzione totale tende a raggiungere il livello di concorrenza perfetta, mentre la produzione individuale tende a essere insignificante, ossia l'ingresso di nuove imprese avrà un effetto sempre meno rilevante sulla quantità totale e sul prezzo del bene.

11.19.

a) Per l'**impresa 1**:

$$\max_{q_1} \pi_1 = RT_1 - CT_1(q_1)$$

$$\text{C.P.O.: } Rma_1 = Cma_1 = 0 \rightarrow Rma_1 = 0.$$

Con i dati del problema:

$$RT_1 = (30 - Q) \cdot q_1 = (30 - q_1 - q_2) \cdot q_1 = 30q_1 - q_1^2 - q_2 q_1, \quad \text{e quindi:}$$

$$Rma_1 = 30 - 2q_1 - q_2 = 0$$

da cui:

$$2q_1 = 30 - q_2 \rightarrow \boxed{\mathbf{q_1 = 15 - \frac{1}{2}q_2}}$$ **Curva di reazione impresa 1**.

Essendo i costi uguali per le due imprese, avremo:

$$\boxed{\mathbf{q_2 = 15 - \frac{1}{2}q_1}}$$ **Curva di reazione impresa 2**.

Graficamente:

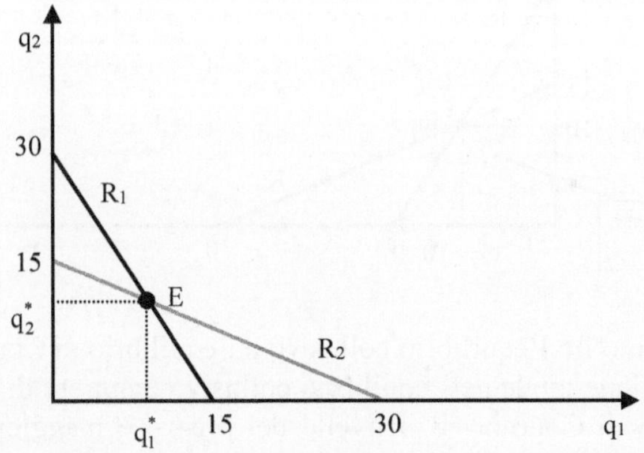

Con costi uguali avremo: $q_1^* = q_2^*$, per cui:

$$q_1^* = 15 - \frac{1}{2}q_2^* \rightarrow q_2^* = 15 - \frac{1}{2}q_1^* \rightarrow \frac{3}{2}q_1^* = 15 \rightarrow \mathbf{q_1^* = q_2^* = 10}.$$

Quindi: $Q^* = q_1^* + q_2^* = 10 + 10 = 20$ e $\mathbf{p}^* = 30 - Q^* = 30 - 20 = \mathbf{10}$.
Di conseguenza:

$$\boldsymbol{\pi_1 = \pi_2} = RT_1 - CT_1 = p^* \cdot q_1^* = 10 \cdot 10 = \mathbf{100}.$$

b) Se le imprese colludessero, si comporterebbero come un monopolista:

$$\rightarrow \max \pi$$

$$\text{C.P.O.: Rma} = \text{Cma} = 0 \rightarrow \text{Rma} = 0$$

$$RT = p(Q) \cdot Q = (30 - Q) \cdot Q = 30Q - Q^2$$

$$Rma = 30 - 2Q = 0$$

$$Q = 15 \rightarrow \mathbf{q_1 + q_2 = 15}$$

$$\mathbf{p} = 30 - 15 = \mathbf{15}$$

$$\boldsymbol{\pi} = 15 \cdot 15 = \mathbf{225}.$$

Se le imprese concordano di spartire in parti uguali i profitti, si ha:

$$\rightarrow q_1 = q_2 = 7{,}5 \quad \text{e} \quad \pi_1 = \pi_2 = 112{,}5.$$

Rispetto all'equilibrio di Cournot le imprese producono meno e realizzano profitti più elevati.

Graficamente:

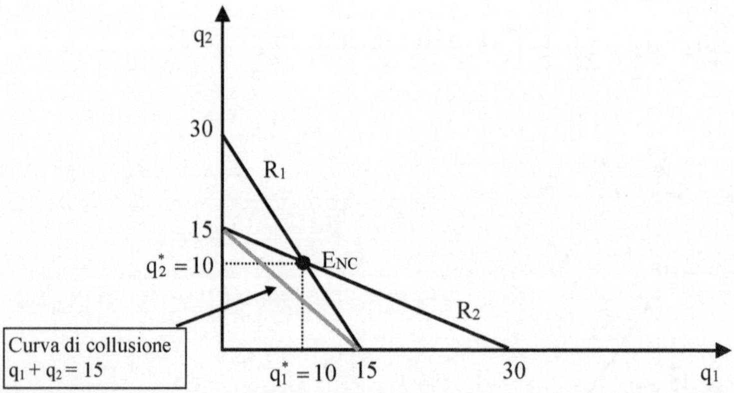

Da un confronto fra l'equilibrio collusivo e l'equilibrio di Cournot emerge che il livello di produzione totale nell'equilibrio collusivo è minore di quello conseguibile nell'equilibrio di Cournot ed il livello del prezzo è maggiore di quello che si consegue nell'equilibrio di Cournot.

I profitti totali nell'equilibrio collusivo sono maggiori di quelli che si ottengono nell'equilibrio di Cournot.

Le imprese oligopolistiche nell'equilibrio collusivo fissano, infatti, quantità e prezzo comportandosi come un'unica impresa monopolista.

Tuttavia ogni impresa troverà conveniente deviare dall'accordo aumentando la propria quota di mercato e danneggiando i concorrenti (si veda il punto c).

c) Una volta costituito il cartello ciascuna impresa può decidere di produrre secondo le quote di produzione stabilite dall'accordo ($q_1^* = q_2^* = 7{,}5$) o aumentare arbitrariamente il suo livello di produzione.

I payoff delle diverse strategie sono descritti nella seguente matrice:

		Impresa 2	
		Coopera ($q_2 = 7{,}5$)	Non coopera ($q_2 = 10$)
Impresa 1	Coopera ($q_1 = 7{,}5$)	112,5; 112,5	93,75; 125
	Non coopera ($q_1 = 10$)	125; 93,75	100; 100

Se entrambe le imprese cooperano, ossia rispettano l'accordo ($q_1^* = q_2^* = 7{,}5$), realizzano entrambe un profitto pari a 112,5 euro. Se tutte e due non cooperano e si comportano secondo il modello di Cournot ($q_1^* = q_2^* = 10$) realizzano entrambe un profitto pari a 100 euro.

Se la prima coopera ($q_1^* = 7{,}5$) e la seconda no ($q_2^* = 10$) la prima realizzerà un profitto pari a $\pi_1 = 93{,}75$ mentre la seconda realizzerà un profitto pari a $\pi_2 = 125$ (viceversa avviene se a cooperare è la seconda impresa e a non rispettare gli accordi è la prima).

Avremo infatti:

$$Q^* = q_1^* + q_2^* = 7{,}5 + 10 = 17{,}5 \quad \text{e} \quad p^* = 30 - Q^* = 30 - 17{,}5 = 12{,}5.$$

Quindi:

$$\pi_1 = RT_1 - CT_1 = p^* \cdot q_1^* = 12{,}5 \cdot 7{,}5 = 93{,}75$$

$$\pi_2 = RT_2 - CT_2 = p^* \cdot q_2^* = 12{,}5 \cdot 10 = 125\,.$$

Costruita la matrice dei payoff si può notare come per entrambe le imprese la strategia dominante sia "non cooperare". Ciascuna delle imprese è tentata di accrescere il proprio profitto incrementando unilateralmente il proprio livello di produzione. L'equilibrio del gioco è quindi: (Non coopera, Non coopera), malgrado questa sia una situazione Pareto inefficiente.

Si tratta di un esempio del dilemma del prigioniero: le imprese starebbero meglio se colludessero, ma non potendo rischiare di essere le uniche a rispettare l'accordo, finiscono nell'equilibrio di Counot. Nessuna di esse, d'altra parte, ha modo di promettere di mantenere il patto in maniera credibile.

Il cartello è quindi intrinsecamente instabile; gli aderenti devono essere in grado di controllare in maniera tempestiva l'operato degli altri giocatori e di mettere in piedi dei meccanismi di sanzionamento dei comportamenti non cooperativi (ad esempio guerre dei prezzi).

11.20.

Se le imprese colludono si comportano come un monopolista:

$$\rightarrow \max \pi = RT - CT_1 - CT_2 = p\,(q_1 + q_2) - 10q_1 - 1/4\, q_2^2 =$$
$$= (100 - 1/2q_1 - 1/2q_2)\,(q_1 + q_2) - 10q_1 - 1/4\, q_2^2.$$

Da $Q = 200 - 2p$ si ricava infatti: $p = 100 - 1/2Q = 100 - 1/2q_1 - 1/2q_2$.
Si vuole quindi massimizzare il profitto come segue:

$$\max \pi = (100 - 1/2q_1 - 1/2q_2)\,(q_1 + q_2) - 10q_1 - 1/4\, q_2^2.$$

Applicando la formula della derivata di un prodotto ($Dxy = x'y + xy'$) si ottiene:

$$\text{C.P.O.:}\ \frac{d\pi}{dq_1} = -\frac{1}{2}(q_1 + q_2) + \left(100 - \frac{1}{2}q_1 - \frac{1}{2}q_2\right) - 10 = 0 \rightarrow$$
$$\rightarrow -q_1 - q_2 + 90 = 0$$

$$\frac{d\pi}{dq_2} = -\frac{1}{2}(q_1 + q_2) + \left(100 - \frac{1}{2}q_1 - \frac{1}{2}q_2\right) - \frac{1}{2}q_2 = 0 \rightarrow$$
$$\rightarrow -q_1 - \frac{3}{2}q_2 + 100 = 0.$$

Risolvendo il sistema:

$$\begin{cases} q_1 + q_2 = 90 \rightarrow q_1 = 90 - q_2 \\ q_1 + \frac{3}{2}q_2 = 100 \end{cases} \rightarrow 90 - q_2 + \frac{3}{2}q_2 = 100 \rightarrow \frac{1}{2}q_2 = 10 \rightarrow \mathbf{q_2 = 20}$$

che permette di trovare subito $\mathbf{q_1} = 90 - 20 = \mathbf{70}$.
E quindi, essendo $Q^* = q_1^* + q_2^* = 70 + 20 = 90$,

$$\mathbf{p} = 100 - \frac{1}{2}Q^* = 100 - \frac{1}{2}90 = \mathbf{55}.$$

11.21.

a) L'impresa 1:

$$\max_{q_1} \pi_1 = RT_1 - CT_1(q_1)$$

$$\text{C.P.O.: } Rma_1 = Cma_1 = 0 \rightarrow Rma_1 = 0$$

$$RT_1 = (a - b \cdot Q) \cdot q_1 = (a - b \cdot q_1 - b \cdot q_2) \cdot q_1 = a \cdot q_1 - b \cdot q_1^2 - b \cdot q_2 \cdot q_1$$

$$Rma_1 = a - 2bq_1 - bq_2 = 0$$

$$2bq_1 = a - bq_2 \rightarrow \boxed{\mathbf{q_1 = \frac{a}{2b} - \frac{1}{2}q_2}}$$ **Curva di reazione impresa 1**.

Essendo i costi per le due imprese uguali avremo:

$$\boxed{\mathbf{q_2 = \frac{a}{2b} - \frac{1}{2} q_1}}$$ **Curva di reazione impresa 2.**

Graficamente:

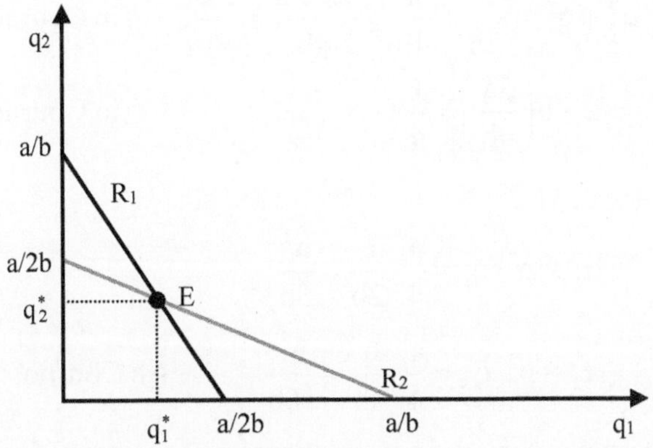

Essendo in questo esercizio i costi delle due imprese uguali in equilibrio avremo $q_1^* = q_2^*$.

La risoluzione risulta quindi semplificata:

$$q_1 = \frac{a}{2b} - \frac{1}{2} q_2 = \frac{a}{2b} - \frac{1}{2} q_1 \rightarrow \frac{3}{2} q_1 = \frac{a}{2b} \rightarrow \mathbf{q_1^* = q_2^* = \frac{a}{3b}}.$$

$$\text{Quindi } Q^* = q_1^* + q_2^* = \frac{2a}{3b} \text{ e } \mathbf{p}^* = a - b \cdot Q^* = a - b\left(\frac{2a}{3b}\right) = \mathbf{\frac{1}{3} a}$$

$$\boldsymbol{\pi_1^* = \pi_2^*} = \frac{a}{3} \cdot \frac{a}{3b} = \mathbf{\frac{a^2}{9b}}.$$

b) Passiamo ora all'equilibrio di Stackelberg.

L'azienda LEADER deve scegliere q_1 sapendo che l'impresa 2 risponderà secondo la sua funzione di reazione.

Si tratta quindi di un problema di massimizzazione vincolata ovvero:

$$\begin{cases} \max\limits_{q_1} \pi_1 = [a - b(q_1 + q_2)] q_1 \\ q_2 = \dfrac{a}{2b} - \dfrac{1}{2} q_1 \end{cases}$$

$$\rightarrow \max_{q_1} \pi_1 = a q_1 - b q_1^2 - b q_1 \left(\frac{a}{2b} - \frac{1}{2} q_1 \right) = a q_1 - b q_1^2 - \frac{a}{2} q_1 + \frac{b}{2} q_1^2 = \frac{a}{2} q_1 - \frac{b}{2} q_1^2$$

$$\text{C.P.O.}: \frac{d\pi_1}{dq_1} = 0 \rightarrow \frac{a}{2} - bq_1 = 0 \quad \rightarrow \mathbf{q_1^* = \frac{a}{2b}} \qquad (\text{in Cournot: } q_1^* = \frac{a}{3b})$$

$$\rightarrow \mathbf{q_2^*} = \frac{a}{2b} - \frac{1}{2}q_1^* = \frac{a}{2b} - \frac{1}{2}\cdot\frac{a}{2b} = \frac{a}{2b} - \frac{a}{4b} = \mathbf{\frac{a}{4b}} \qquad (\text{in Cournot}: q_2^* = \frac{a}{3b}).$$

$$\text{Quindi } Q^* = q_1^* + q_2^* = \frac{a}{2b} + \frac{a}{4b} = \frac{2a+a}{4b} = \frac{3a}{4b} \qquad (\text{in Cournot}: Q^* = \frac{2a}{3b})$$

$$\text{e } \mathbf{p^*} = a - b\cdot Q^* = a - b\left(\frac{3a}{4b}\right) = \mathbf{\frac{1}{4}a} \qquad (\text{in Cournot}: p^* = \frac{1}{3}a).$$

Da ciò si ottiene:

$$\boldsymbol{\pi_1^*} = p^*\cdot q_1^* = \frac{a}{4}\cdot\frac{a}{2b} = \mathbf{\frac{a^2}{8b}}$$

$$\boldsymbol{\pi_2^*} = p^*\cdot q_2^* = \frac{a}{4}\cdot\frac{a}{4b} = \mathbf{\frac{a^2}{16b}} \qquad (\text{in Cournot}: \pi_1^* = \pi_2^* = \frac{a^2}{9b}).$$

c) QUINDI IN STACKELBERG, RISPETTO A COURNOT:
– l'impresa LEADER produce di più;
– l'impresa FOLLOWER produce di meno.

In questo esempio la produzione complessiva nel modello di Cournot è inferiore, e quindi il prezzo è superiore, ma non è detto che sia sempre così.

Infine i profitti del leader sono maggiori mentre quelli del follower sono minori nel duopolio alla Stackelberg rispetto al duopolio alla Cournot.

Graficamente:

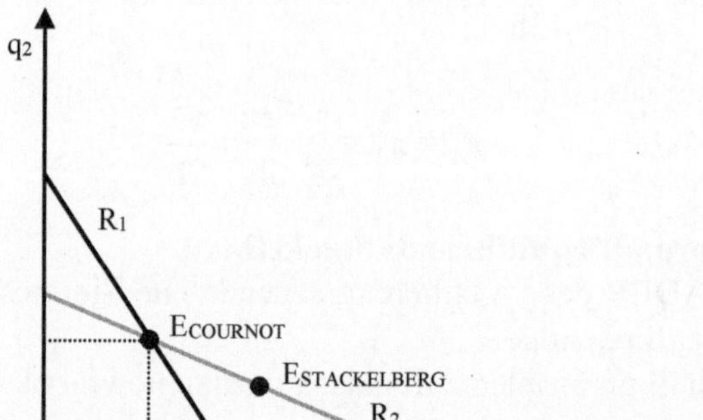

11.22.

a) Il panettiere A può sempre sapere quanto pane ha nel forno B e B è al corrente del fatto che A lo possa sapere. Si può pertanto considerare B come un *leader* e A come un *follower* nel senso di Stackelberg.

Ovviamente si tratta di un mercato di tipo oligopolistico e in particolare duopolistico.

b) Problema del leader: scegliere q_B in modo da max $\pi_B = RT_B - CT_B$ con vincolo: $q_A = 250 - 0{,}5 \cdot q_B$.

$$C.P.O.: Rma_B = Cma_B = 2.$$

Partendo da:

$RT_B = p \cdot q_B = (6 - 0{,}01 \cdot q_A - 0{,}01 \cdot q_B) \cdot q_B = [6 - 0{,}01(250 - 0{,}5 \cdot q_B) - 0{,}01 \cdot q_B] \cdot q_B =$
$= (6 - 2{,}5 + 0{,}005q_B - 0{,}01q_B)q_B = (3{,}5 - 0{,}005q_B)q_B = 3{,}5q_B - 0{,}005\,q_B^2$, si ottiene:

$$\rightarrow Rma_B = 3{,}5 - 0{,}01q_B = 2 \quad \rightarrow 0{,}01q_B = 1{,}5$$

$$\rightarrow \mathbf{q_B^*} = \frac{1{,}5}{0{,}01} = \mathbf{150.}$$

Ora possiamo riprendere la funzione di reazione già utilizzata prima e trovare così q_A.

$$\mathbf{q_A^*} = 250 - 0{,}5 \cdot q_B^* = 250 - 0{,}5 \cdot 150 = \mathbf{175}.$$

Quindi:

$$Q^* = q_A^* + q_B^* = 150 + 175 = 325.$$

Possiamo ora trovare il prezzo di vendita del pane, considerando la funzione di domanda (dell'intero mercato) fornita dall'esercizio:

$$\mathbf{p^*} = 6 - 0{,}01 \cdot Q^* = 6 - 0{,}01 \cdot 325 = \mathbf{2{,}75}.$$

11.23.

Se due imprese identiche operano in un duopolio alla Bertrand, esse fisseranno entrambe un prezzo pari al Cme. In questo esercizio Cma = Cme = 12 per entrambi i produttori e quindi $p^* = 12$.

La quantità di produzione totale sarà quindi $Q^* = 20 - p^* = 20 - 12 = 8$ e verrà prodotta per metà da ciascun produttore. I profitti per entrambe le imprese saranno pari a:

$$\pi^* = p^* \cdot Q^* - 12q^* = 12 \cdot 4 - 12 \cdot 4 = 0.$$

Quindi, proprio come in concorrenza perfetta, i profitti sono pari a zero ($\pi = 0$).

Si noti che nessuno dei due produttori ha incentivo a modificare il prezzo: se lo alzasse perderebbe tutti i clienti a favore dell'altro; se lo abbassasse si accaparrebbe tutta la domanda ma realizzerebbe profitti negativi.

Si noti inoltre che, dal momento che l'equilibrio coincide con quello di concorrenza perfetta, la perdita di benessere della collettività è nulla.

11.24.

In questo nuovo caso le due imprese non sono più ugualmente efficienti. Il prezzo più basso praticabile dalla prima impresa è sempre 12 mentre la seconda impresa può praticare un prezzo inferiore (può abbassarlo fino a 8). La seconda impresa fisserà quindi un prezzo $p = 12 - \varepsilon$ (con ε piccolo a piacere).

In questo modo si accaparrerà tutta la domanda: $q_2 = 20 - p + \varepsilon = 8 + \varepsilon$.

I profitti della seconda impresa saranno quindi poco meno di 32 ($= 12 \cdot 8 - 8 \cdot 8 = 32$, trascurando gli effetti di ε). La prima impresa uscirà dal mercato.

11.25.

Si noti che la combinazione (q^*, p^*) non è altro che la coordinata del punto di intersezione E delle due curve di domanda $p'(q)$ e $p''(q)$.

Si veda la figura sottostante:

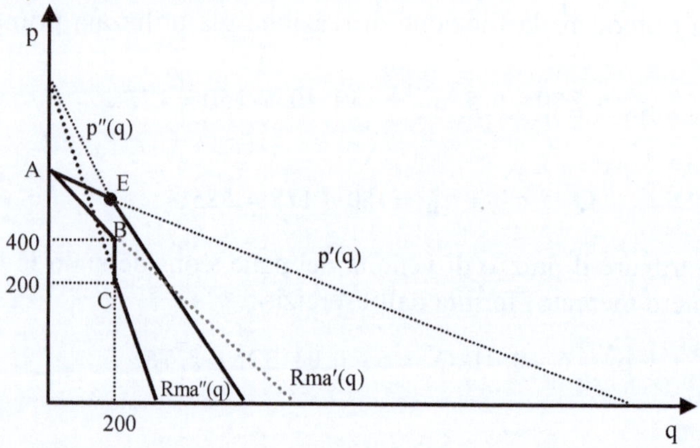

a) Per calcolare tale punto si risolve l'equazione $p'(q) = p''(q)$, ovvero: $800 - q = 1.000 - 2q$, da cui si ricava $q^* = 200$ e $p^* = 600$.

b) Per stabilire se la combinazione trovata (200, 600) sia di equilibrio o meno occorre vedere se i Cma dell'impresa intersecano il Rma nel tratto BC. Se questo fosse vero il punto E sarebbe il punto di equilibrio dell'impresa; altrimenti non lo sarebbe.

L'ordinata del punto C non è altro che il Rma″ corrispondente alla curva $p''(q)$ e calcolato per $q^* = 200$; l'ordinata del punto B non è altro che il Rma′ corrispondente alla curva $p'(q)$ e calcolato per $q^* = 200$.

Si ha quindi :

$$p' = 800 - q \rightarrow Rma' = 800 - 2q \rightarrow Rma'(200) = 800 - 2 \cdot 200 = 400;$$

$$p'' = 1.000 - 2q \rightarrow Rma'' = 1.000 - 4q \rightarrow Rma''(200) = 1.000 - 4 \cdot 200 = 200.$$

Essendo i $CT = 250q \rightarrow Cma = 250$ e quindi, essendo $200 < 250 < 400$, E è il punto di equilibrio dell'impresa.

c) Con CT = 350q → Cma = 350 e quindi, essendo 200 < 350 < 400, E è il punto di equilibrio dell'impresa.

Con CT = 450q → Cma = 450 e quindi, essendo 450 > 400, E non è il punto di equilibrio dell'impresa.

11.26.

Se entrambe le imprese scelgono simultaneamente i loro prezzi, si può usare il modello di Nash per determinare l'equilibrio.

Ciascuna impresa sceglierà il proprio prezzo, accettando come dato il prezzo dell'impresa concorrente.

Impresa 1:

$$\max_{P_1} \pi_1 = RT_1 - CT_1 = P_1(12 - 2P_1 + \overline{P}_2) - 20 = 12P_1 - 2P_1^2 + P_1\overline{P}_2 - 20.$$

$$\text{C.P.O.:} \quad \frac{\partial \pi_1}{\partial P_1} = 0 \rightarrow 12 - 4P_1 + P_2 = 0 \rightarrow 4P_1 = 12 + P_2 \rightarrow \boxed{\mathbf{P_1 = 3 + \frac{1}{4}P_2}}$$

Curva di reazione dell'impresa 1.

Analogamente per l'**impresa 2**:

$$\max_{P_2} \pi_2 = RT_2 - CT_2 = P_2(12 - 2P_2 + \overline{P}_1) - 20 = 12P_2 - 2P_2^2 + P_2\overline{P}_1 - 20.$$

$$\text{C.P.O.:} \quad \frac{\partial \pi_2}{\partial P_2} = 0 \rightarrow 12 - 4P_2 + P_1 = 0 \rightarrow 4P_2 = 12 + P_1 \rightarrow \boxed{\mathbf{P_2 = 3 + \frac{1}{4}P_1}}$$

Curva di reazione dell'impresa 2.

Si noti che, avendo le due imprese gli stessi costi e le stesse curve di domanda, le due curve di reazione risultano simmetriche.

Mettendo a sistema le due curve di reazione:

$$\begin{cases} P_1 = 3 + \frac{1}{4}P_2 \\ P_2 = 3 + \frac{1}{4}P_1 \end{cases} \qquad \begin{cases} P_1 = 3 + \frac{1}{4}\left(3 + \frac{1}{4}P_1\right) = 3 + \frac{3}{4} + \frac{1}{16}P_1 \\ P_2 = 3 + \frac{1}{4}P_1 \end{cases}$$

$$\text{da cui:} \quad \begin{cases} P_1 = \frac{15}{4} \cdot \frac{16}{15} = 4 \\ P_2 = 3 + \frac{1}{4}P_1 = 3 + \frac{1}{4} \cdot 4 = 4 \end{cases}$$

Trovo quindi:

$$\begin{cases} \mathbf{P_1 = 4} \\ \mathbf{P_2 = 4} \end{cases}$$

che è un **Equilibrio di Nash**.

Si noti che, avendo le due imprese gli stessi costi e le stesse curve di domanda, si ha $P_1 = P_2$.

Si tratta di un risultato che poteva essere anticipato al fine di semplificare i calcoli.

$$\mathbf{q_1} = 12 - 2P_1 + P_2 = 12 - 2 \cdot 4 + 4 = 12 - \mathbf{8} + 4 = \mathbf{8}$$

$$\mathbf{q_2} = 12 - 2P_2 + P_1 = 12 - 2 \cdot 4 + 4 = 12 - \mathbf{8} + 4 = \mathbf{8}$$

$$RT_1 = RT_2 = \mathbf{8} \cdot 4 = 32.$$

$$\rightarrow \boldsymbol{\pi_1 = \pi_2 = 12}.$$

Poiché ciascuna delle due imprese fa il meglio che può, dato il prezzo che è stato scelto dall'impresa concorrente, nessuna delle due imprese ha un incentivo a variare il proprio prezzo.

Graficamente:

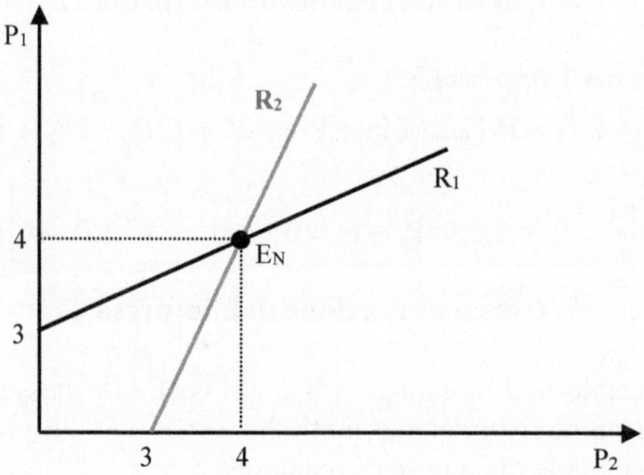

11.27.

Se le imprese colludessero, scegliendo lo stesso P, si avrebbe:

$$\max_P \pi = \pi_1 + \pi_2 = (P \cdot Q_1 - 20) + (P \cdot Q_2 - 20) =$$

$$= [P(12 - 2P + P) - 20] + [P(12 - 2P + P) - 20] = 24P - 2P^2 - 40.$$

$$\text{C.P.O.: } \frac{\partial \pi}{\partial P} = 0 \rightarrow 24 - 4P = 0 \rightarrow$$

$$\mathbf{P = 6} \rightarrow \mathbf{Q_1 = Q_2} = 12 - P = \mathbf{6} \rightarrow RT_1 = RT_2 = 36 \rightarrow \boldsymbol{\pi_1 = \pi_2 = 16}.$$

(**Equilibrio collusivo**).

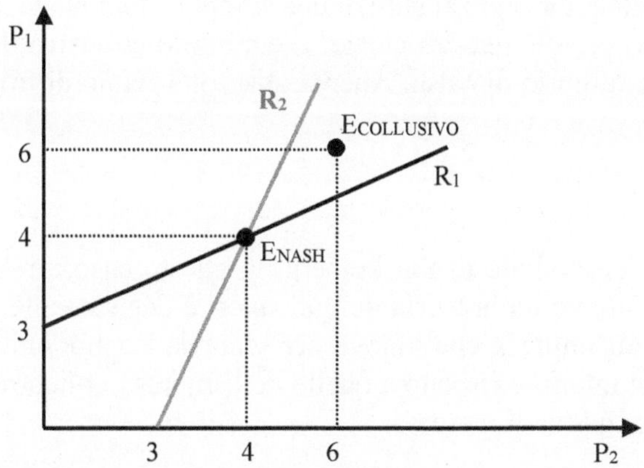

Formando un cartello gli oligopolisti si comportano congiuntamente come un monopolista: scelgono il prezzo che massimizza il profitto congiunto e si dividono poi tra loro tale profitto.

Si tratta però di una situazione intrinsecamente instabile: i contraenti sono sempre tentati di non stare ai patti → dato il comportamento degli altri, ciascuna impresa migliorerebbe la propria situazione scegliendo un prezzo più basso.

Con i dati di questo esercizio, se l'impresa 1 non sta ai patti ma applica un prezzo più basso ($P_1 = 4$), mentre l'impresa 2 applica il prezzo collusivo ($P_2 = 6$), si ha:

$$\pi_1 = RT_1 - CT_1 = P_1q_1 - 20 = 4[12 - (2 \cdot 4) + 6] - 20 = 4 \cdot 10 - 20 = 20$$

→ π_1 è maggiore

$$\pi_2 = RT_2 - CT_2 = P_2q_2 - 20 = 6[12 - (2 \cdot 6) + 4] - 20 = 6 \cdot 4 - 20 = 24 - 20 = 4$$

→ π_2 è minore

Qualora fosse l'impresa 2 a non stare ai patti ma ad applicare un prezzo più basso ($P_2 = 4$), mentre l'impresa 1 applica il prezzo collusivo ($P_1 = 6$), si verrebbe a creare una situazione simmetrica. La matrice dei payoff risulta pertanto:

		Impresa 2	
		Coopera ($P_2 = 6$)	Defeziona ($P_2 = 4$)
Impresa 1	Coopera ($P_1 = 6$)	(16, 16)	(4, 20)
	Defeziona ($P_1 = 4$)	(20, 4)	(12, 12)

Defezionare (cioè non stare ai patti) è una strategia dominante, ma l'equilibrio che così si determina non è Pareto-efficiente. L'equilibrio collusivo, benché Pareto-efficiente, non è un equilibrio di Nash. Ancora una volta siamo di fronte al dilemma del prigioniero.

11.28.

A differenza del modello di Stackelberg, in questo caso, se "si muove" per primi (linguaggio mutuato dalla teoria dei giochi) si è decisamente svantaggiati. Questo perché si dà all'impresa che muove per seconda l'opportunità di vendere ad un prezzo lievemente inferiore rispetto a quello dell'impresa concorrente, conquistando così una maggiore quota di mercato.

Impresa 1:

$$\max_{P_1} \pi_1 = RT_1 - CT_1 = P_1(12 - 2P_1 + \overline{P}_2) - 20 = 12P_1 - 2P_1^2 + P_1\overline{P}_2 - 20.$$

Con vincolo:

$$P_2 = 3 + \frac{1}{4}P_1 \quad \textbf{Curva di reazione dell'impresa 2}$$

➔ sostituendo il vincolo nella funzione da massimizzare:

$$\max_{P_1} \pi_1 = 12P_1 - 2P_1^2 + P_1\left(3 + \frac{1}{4}P_1\right) - 20 = 15P_1 - \frac{7}{4}P_1^2 - 20$$

$$\text{C.P.O.: } \frac{\partial \pi_1}{\partial P_1} = 0 \rightarrow 15 - 2 \cdot \frac{7}{4}P_1 = 0 \rightarrow 15 - \frac{7}{2}P_1 = 0$$

$$\rightarrow \mathbf{P_1 = 30/7 = 4{,}29}$$

$$\rightarrow \mathbf{P_2 = 4{,}07};$$

da cui:

$$\mathbf{q_1} = 12 - 2P_1 + P_2 = 12 - 2 \cdot 4{,}29 + 4{,}07 = 12 - 8{,}58 + 4{,}07 = \mathbf{7{,}49}$$

$$\mathbf{q_2} = 12 - 2P_2 + P_1 = 12 - 2 \cdot 4{,}07 + 4{,}29 = 12 - 8{,}14 + 4{,}29 = \mathbf{8{,}15}$$

$$\rightarrow RT_1 = 4{,}29 \cdot 7{,}49 = 32{,}13 \rightarrow \boldsymbol{\pi_1 = 12{,}13}$$

$$\rightarrow RT_2 = 4{,}07 \cdot 8{,}15 = 33{,}17 \rightarrow \boldsymbol{\pi_2 = 13{,}17}.$$

11.29.

a) Se entrambe le imprese scelgono simultaneamente i loro prezzi, si può usare il modello di Nash per determinare l'equilibrio.

Ciascuna impresa sceglierà il proprio prezzo, accettando come fisso il prezzo dell'impresa concorrente.

Impresa 1:

$$\max_{P_1} \pi_1 = RT_1 - CT_1 = P_1 q_1 - 5q_1 = (P_1 - 5)\cdot q_1 = (P_1 - 5)(100 - 2P_1 + \overline{P}_2)$$

Applicando la derivata di un prodotto (Dxy = x′y + xy′), si ha:

$$\text{C.P.O.: } \frac{\partial \pi_1}{\partial P_1} = 0 \rightarrow 100 - 2P_1 + P_2 - 2(P_1 - 5) = 110 - 4P_1 + P_2 = 0 \rightarrow 4P_1 = 110 + P_2$$

$$\rightarrow \boxed{\mathbf{P_1 = 27{,}5 + \frac{1}{4}P_2}}$$ **Curva di reazione dell'impresa 1.**

Analogamente per l'**impresa 2**:

$$\max_{P_2} \pi_2 = RT_2 - CT_2 = P_2 q_2 - 2q_2 = (P_2 - 2)\cdot q_2 = (P_2 - 2)(200 - 2P_2 + \overline{P}_1)$$

Anche in questo caso svolgendo la derivata di un prodotto (Dxy = x′y + xy′) si ha:

$$\text{C.P.O.: } \frac{\partial \pi_2}{\partial P_2} = 0 \rightarrow 200 - 2P_2 + P_1 - 2(P_2 - 2) = 204 - 4P_2 + P_1 = 0$$

$$\rightarrow 4P_2 = 204 + P_1$$

$$\rightarrow \boxed{\mathbf{P_2 = 51 + \frac{1}{4}P_1}}$$ **Curva di reazione dell'impresa 2.**

Mettendo a sistema le due curve di reazione:

$$\begin{cases} P_1 = 27{,}5 + \frac{1}{4}P_2 \\ P_2 = 51 + \frac{1}{4}P_1 \end{cases} \rightarrow \begin{cases} P_1 = 27{,}5 + \frac{1}{4}\left(51 + \frac{1}{4}P_1\right) = 27{,}5 + \frac{51}{4} + \frac{1}{16}P_1 \\ P_2 = 51 + \frac{1}{4}P_1 \end{cases}$$

$$\begin{cases} \frac{15}{16}P_1 = 27{,}5 + 12{,}75 \rightarrow P_1 = 40{,}25 \cdot \frac{16}{15} = 42{,}93 \\ P_2 = 51 + \frac{1}{4}P_1 \end{cases}$$

Da cui si trova $P_2 = 61{,}73$.

$$\begin{cases} \mathbf{P_1 = 42{,}93} \\ \mathbf{P_2 = 61{,}73} \end{cases}$$

Si tratta di un equilibrio di Nash.

$$\rightarrow \mathbf{q_1} = 100 - 2P_1 + P_2 = 100 - 2\cdot 42{,}93 + 61{,}73 = 100 - 85{,}86 + 61{,}73 = \mathbf{75{,}87}$$

$$\rightarrow \mathbf{q_2} = 200 - 2P_2 + P_1 = 200 - 2\cdot 61{,}73 + 42{,}93 = 200 - 123{,}46 + 42{,}93 = \mathbf{119{,}47}.$$

Graficamente:

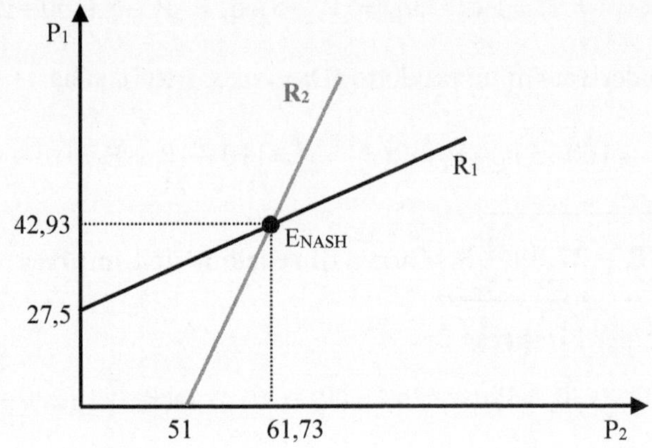

b) Con l'introduzione della tassa i costi totali dell'impresa 1 diventerebbero:

$$CT_1 = 5q_1 + tq_1.$$

La sua curva di reazione sarebbe quindi:

Impresa 1:

$$\max_{P_1} \pi_1 = RT_1 - CT_1 = P_1q_1 - 5q_1 - tq_1 = (P_1 - 5 - t)\cdot q_1 = (P_1 - 5 - t)(100 - 2P_1 + \overline{P}_2)$$

$$\text{C.P.O.}: \frac{\partial \pi_1}{\partial P_1} = 0 \rightarrow 100 - 2P_1 + P_2 - 2(P_1 - 5 - t) = 110 + 2t - 4P_1 + P_2 = 0$$

$$\rightarrow 4P_1 = 110 + 2t + P_2$$

$$\boxed{\mathbf{P_1 = \frac{110 + 2t}{4} + \frac{1}{4}P_2}}$$ **Nuova curva di reazione dell'impresa 1**.

Ricordando che la curva di reazione dell'impresa 2 è: $P_2 = 51 + \frac{1}{4}P_1$ e che, affinchè in equilibrio si abbia $P_1 = P_2$, le due funzioni di reazione devono essere simmetriche, possiamo determinare t impostando la seguente equazione:

$$\frac{110 + 2t}{4} = 51 \rightarrow 110 + 2t = 51\cdot 4 \rightarrow 2t = 204 - 110 = 94 \rightarrow t = 47.$$

Imponendo una tassa pari a 47 euro per unità prodotta alla prima impresa, avremo $P_1 = P_2$ e più precisamente:

$$P_1 = 51 + \frac{1}{4}P_2 = 51 + \frac{1}{4}P_1 \rightarrow \frac{3}{4}P_1 = 51 \quad \rightarrow P_1 = P_2 = \frac{51\cdot 4}{3} = 68.$$

11.30.

a) L'impresa dominante, quando prende le sue decisioni sul prezzo e sull'output, tiene conto delle reazioni delle altre imprese, mentre queste, quando stabiliscono il loro comportamento, assumono come dato il prezzo dell'impresa dominante (→ leadership di prezzo).

L'impresa dominante innanzitutto ricava la sua curva di domanda come differenza tra la quantità domandata dal mercato e la quantità offerta dalle imprese concorrenziali.

Graficamente:

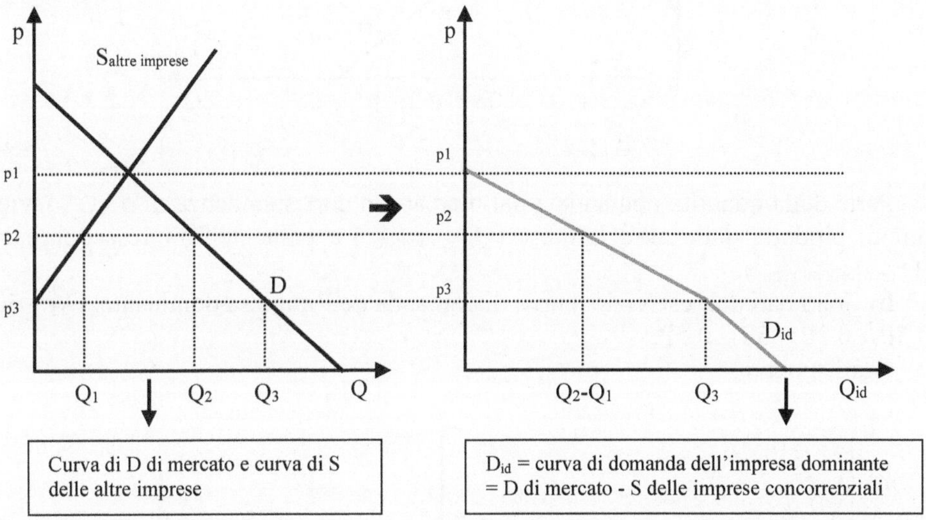

L'impresa dominante, partendo dalla sua curva di D_{id}, fissa p^* in modo da massimizzare i profitti:

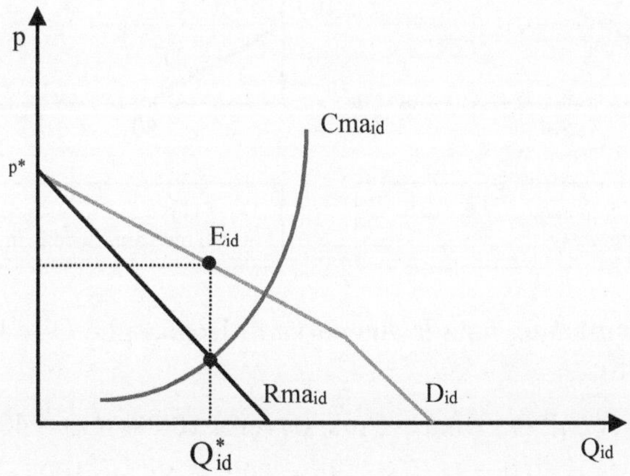

Le altre imprese prendono quindi p^* come un dato:

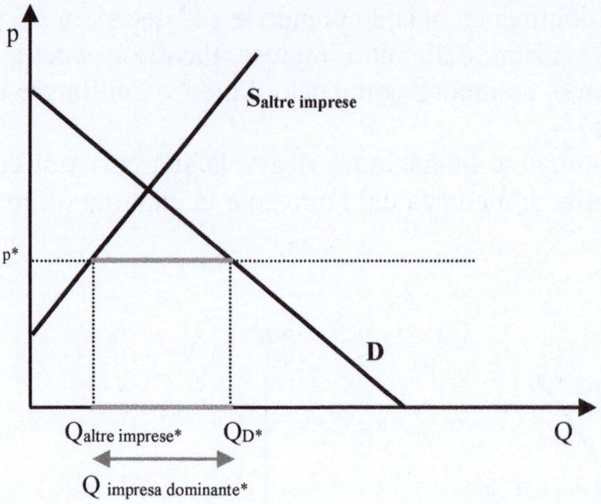

Parte della quantità domandata dal mercato in corrispondenza di p^* (Q^*_D) viene quindi prodotta dalle altre imprese ($Q_{altre\ imprese}^*$) e parte dall'impresa dominante ($Q_{impresa\ dominante}^*$).

b) Con i dati dell'esercizio: curva di domanda dell'impresa dominante: $Q_{id} = 50 - 0{,}3P - 0{,}2P = 50 - 0{,}5P$.

Graficamente:

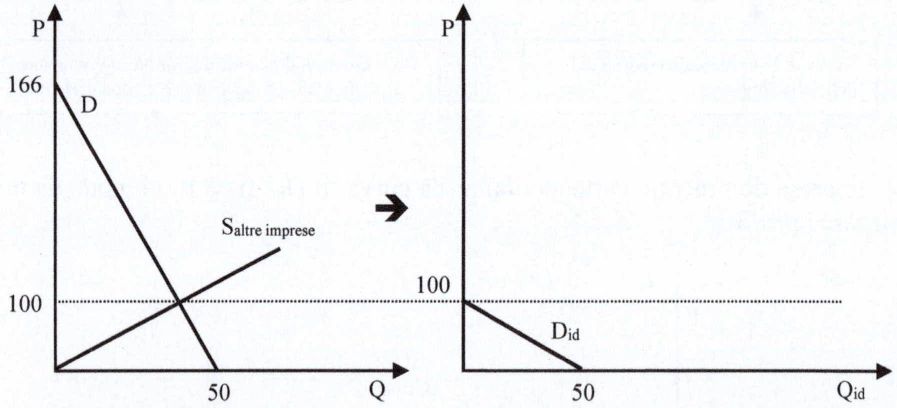

Curva di D di mercato e curva di S delle altre imprese

D_{id} = curva di domanda dell'impresa dominante = D di mercato - S delle imprese concorrenziali

L'impresa dominante, nota la sua curva di D_{id}, sceglie Q^* e P^* in modo da massimizzare i profitti:

$$\text{C.P.O.: Rma} = \text{Cma, ovvero: } 100 - 4Q_{id} = 40$$

$$\rightarrow Q^*_{id} = 60/4 = 15 \quad \text{e} \quad P^* = 100 - 2Q^*_{id} = 100 - 30 = 70.$$

Dalla funzione di domanda $Q_{id} = 50 - 0{,}5P$ si è passati infatti alla curva di domanda inversa:

$$P = 100 - 2Q_{id}$$

e quindi dei ricavi marginali: $Rma = 100 - 4Q_{id}$.

Essendo $CT_{id} = 50 + 40Q_{id}$, si ha inoltre $Cma_{id} = 40$.

Graficamente:

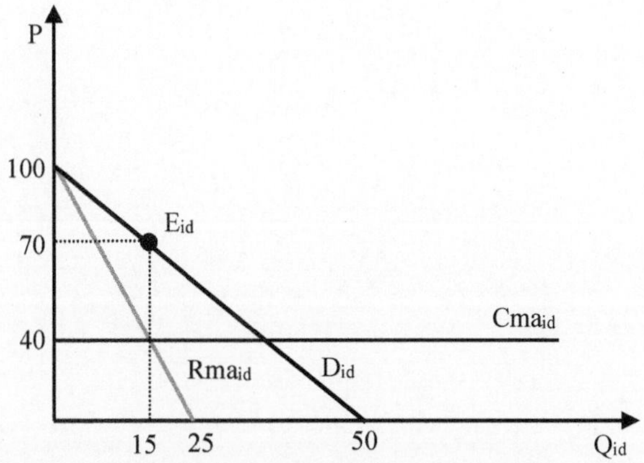

Le altre imprese prendono $P^* = 70$ come un dato e producono:

$$Q_{altre\ imprese} = 0{,}2P^* = 0{,}2 \cdot 70 = 14.$$

La produzione complessiva è quindi $Q^* = Q_{altreimprese}^{\ *} + Q^*_{id} = 14 + 15 = 29$.

In effetti la quantità complessiva domandata dal mercato in corrispondenza di $P^* = 70$ è proprio 29. Infatti: $Q^* = 50 - 0{,}3P^* = 50 - 21 = 29$.

Graficamente:

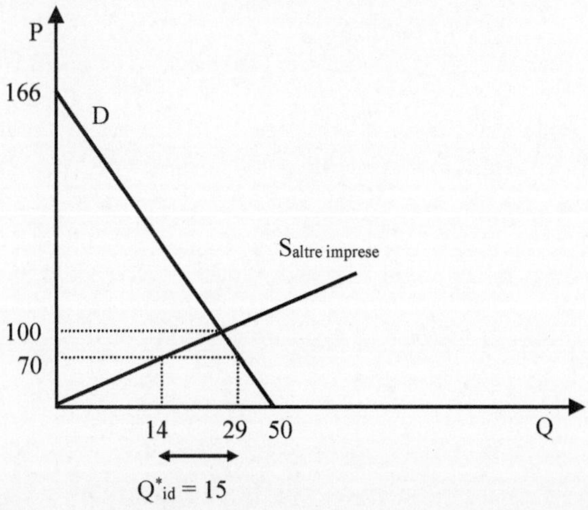

12

Mercato dei fattori produttivi

Ipotesi di lavoro:

- Con w indichiamo il salario e con L l'input di lavoro;
- con r indichiamo il prezzo del capitale e con K l'input di capitale;
- D_L e S_L rappresentano, rispettivamente, la domanda e l'offerta di lavoro;
- con Pma_L indichiamo la produttività marginale del lavoro (pari a dq/dL);
- con Pme_L indichiamo la produttività media del lavoro (pari a q/L);
- con $RmaP_L$ indichiamo il ricavo marginale del prodotto del lavoro (pari a dRT/dL), con Cma_L il costo marginale del lavoro (dCT/dL) e con Cma_K il costo marginale del capitale (dCT/dK);
- con q o Q indichiamo la quantità prodotta dall'impresa.

Domande a risposta chiusa

12.1.

Se il lavoro (L) è l'unico fattore variabile per un'impresa perfettamente concorrenziale (p, w dati) e se la tecnologia è caratterizzata da rendimenti del fattore lavoro sempre decrescenti, la curva di domanda dell'impresa per il fattore L in funzione di w (salario nominale) è data:

a) dalla curva della Pma_L espressa in valore, ovvero da: $p \cdot Pma_L$;
b) dalla curva della Pma_L espressa in quantità di prodotto;
c) dalla curva dei costi totali;
d) nessuna delle risposte precedenti.

12.2.

Quando la curva di offerta del fattore variabile lavoro (S_L), a livello settoriale (cioè non per la singola impresa), è inclinata positivamente, la quantità ottimale di L^*:

a) è fissata indipendentemente dal prezzo del lavoro (cioè da w);
b) è determinata soltanto dalla curva di domanda del fattore variabile (D_L);

c) è determinata dall'intersezione della domanda e dell'offerta, ma ciò non vale per quanto concerne la determinazione del prezzo di equilibro del fattore;

d) è determinata dall'intersezione della domanda e dell'offerta, e ciò vale anche per quanto concerne la determinazione del prezzo di equilibro del fattore.

12.3.

Quando la curva di offerta del fattore variabile lavoro ha elasticità pari a zero rispetto al prezzo dello stesso fattore:

a) non si può avere alcun punto di equilibrio tra domanda e offerta;

b) la curva di domanda determina da sola il prezzo di equilibrio;

c) la curva di domanda deve essere necessariamente orizzontale;

d) nessuno dei casi precedenti.

12.4.

Se la curva del prodotto medio del lavoro in valore (= p · Pme_L) è positiva e decrescente, la curva della produttività marginale del lavoro in valore (= p · Pma_L) è:

a) positiva ma sempre inferiore a quella del prodotto medio del lavoro;

b) positiva e superiore a quella del prodotto medio del lavoro;

c) positiva o negativa, ma sempre inferiore a quella del prodotto medio del lavoro;

d) sempre negativa, e quindi inferiore a quella del prodotto medio del lavoro.

12.5.

Se in un determinato Paese viene introdotto un livello minimo salariale, l'equilibrio tra domanda di lavoro (ipotizzata sempre decrescente rispetto al salario) e offerta di lavoro (ipotizzata sempre crescente rispetto al salario) risente di tale introduzione:

a) quando il prezzo di equilibrio è superiore al minimo salariale, e si genera disoccupazione;

b) quando il prezzo di equilibrio è inferiore al minimo salariale, ma non vi sono effetti sull'occupazione;

c) quando il prezzo di equilibrio è inferiore al minimo salariale, e si genera nuova occupazione;

d) quando il prezzo di equilibrio è inferiore al minimo salariale, e si genera disoccupazione.

12.6.

Per un'impresa che opera su mercati non perfettamente concorrenziali (né per il prodotto né per il fattore lavoro, che è l'unico fattore variabile), l'output che le permette di massimizzare il profitto coincide:

a) con il punto d'intersezione tra Cma_L e Pma_L;

b) con il punto d'intersezione tra Cma_L e valore della Pma_L, espresso dalla formula: p · PmaL;

c) con il punto d'intersezione tra Cma_L e valore della Pma_L, espresso dalla formula: Rma · Pma_L;

d) con il punto di minimo del Cme.

☞ Esercizi

12.7.

L'unico fattore produttivo di un'impresa è il lavoro. La funzione di produzione è la seguente: $q = \frac{1}{2} \cdot \sqrt{L}$.

I mercati sono perfettamente concorrenziali, con un prezzo del prodotto pari a 40 euro e un salario pari a 1.000 euro. L'impresa intende massimizzare i profitti.

a) Qual è la quantità di lavoro L domandata dall'impresa?

b) Se i costi fissi dell'impresa sono CF = 50, a quanto ammonta il profitto dell'impresa?

12.8.

Commentate la seguente affermazione: "In un mercato perfettamente concorrenziale per il prodotto, affinché la domanda del fattore produttivo lavoro sia positiva nel breve periodo, occorre che il valore della produttività media del lavoro sia almeno uguale al suo costo w".

12.9.

Si consideri un'impresa che vende il suo output in un mercato concorrenziale. La funzione di produzione di breve periodo è: $Q = 30 \cdot \sqrt{L} + \overline{K}$.

Siano inoltre:

$$p = 1; \quad w = 1{,}5; \quad K = 10.$$

a) Determinate la quantità di lavoro L^* domandata dall'impresa.

b) Supponete ora che l'impresa sia monopolista nel mercato dell'output. Supponendo che l'elasticità della domanda del bene prodotto dall'impresa sia $|\varepsilon| = 2$, determinate la quantità di lavoro L^* domandata dall'impresa.

12.10.

Un'impresa è monopsonistica sul mercato locale del lavoro.

La sua funzione di produzione di breve periodo è:

$$Q = 12 \cdot \log L + \overline{K}.$$

Siano inoltre: $p = 1$ e $K = 10$.
La funzione di offerta di lavoro nel mercato locale è: $L = w - 2$.

a) Determinate la quantità di lavoro L^* domandata dall'impresa.

b) Supponete ora che l'impresa sia concorrenziale sul mercato del lavoro. Determinate la quantità di lavoro L^* domandata da questa impresa se $w = 4$.

c) Illustrate i punti precedenti con un grafico.

12.11.

Un'impresa che opera su un mercato di concorrenza perfetta ha la seguente funzione di produzione di breve periodo:

$$Q = K^{\frac{1}{4}} L^{\frac{1}{2}}.$$

Determinate la funzione di domanda di lavoro D_L di breve periodo dell'impresa nell'ipotesi che $K = 16$.

12.12.

Considerate un'impresa monopolista che fronteggia una curva di domanda per il suo prodotto pari a: $Q = 60 - p$.

La funzione di produzione del monopolista sia:

$$Q = L^{\frac{1}{2}}.$$

Il mercato del lavoro è perfettamente concorrenziale.

Determinate la funzione di domanda di lavoro D_L dell'impresa.

12.13.

Considerate un'impresa monopolista che fronteggia una curva di domanda per il suo prodotto pari a: $p = 100 - 2 \cdot Q$.

La funzione di produzione del monopolista sia: $Q = 2 \cdot L$

Il mercato del lavoro è perfettamente concorrenziale e $w = 4$.

a) Determinate la quantità di lavoro L^* domandata dall'impresa.

b) Quale quantità di lavoro impiegherebbe un'industria concorrenziale se tutte le imprese del settore presentassero la stessa funzione di produzione?

c) Illustrate i punti precedenti con un grafico.

12.14.

Un gelataio ha la funzione di produzione giornaliera illustrata nella tabella che segue. Il salario di equilibrio di un lavoratore è di 80 euro al giorno e il prezzo di una coppetta di gelato è di 2 euro.

Lavoratori	Coppette di gelato
0	0
1	110
2	200
3	270
4	300
5	320
6	330

Quanti lavoratori dovrebbe assumere il gelataio?

12.15.

Esaminate il seguente grafico, relativo a un'impresa che opera nel breve periodo in condizioni di concorrenza perfetta sia sul mercato del lavoro che su quello dell'output:

a) Se il salario fosse pari a w^*, quale sarebbe il livello ottimo del fattore lavoro che l'impresa desidererebbe domandare?

b) Se il salario fosse pari a w', quale sarebbe il livello ottimo del fattore lavoro che l'impresa desidererebbe domandare?

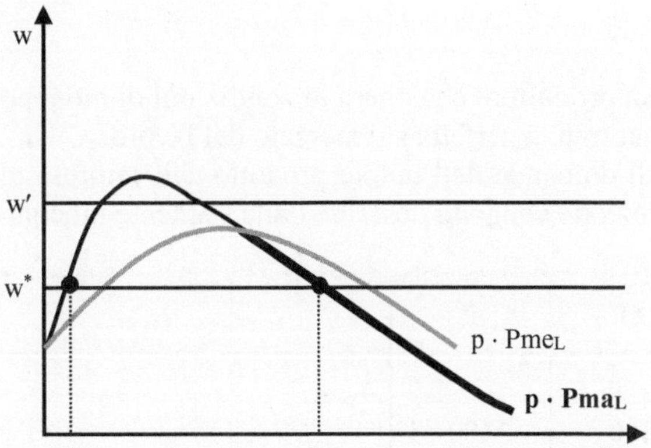

12.16.

Si consideri un produttore che opera in condizioni di concorrenza perfetta sul mercato del prodotto e di monopsonio sul mercato del lavoro. La funzione di produzione dell'impresa di cui sopra e il salario unitario che essa deve corrispondere in corrispondenza dei diversi livelli di lavoro sono descritti dalla seguente tabella:

L	Q	w				
0	0	–				
1	10	5				
2	19	5,5				
3	27	6				
4	33	6,5				
5	38	7				
6	42	7,5				
7	45	8				
8	47	8,5				
9	48	9				
10	48	9,5				

a) Se p (= prezzo dell'output) = 2, quanto lavoro domanderà questo produttore? Al fine di rispondere a questa domanda completate la tabella con tutti i dati che ritenete necessari.

b) In corrispondenza di quale prezzo dell'output questo produttore assumerebbe 10 lavoratori? Motivate la vostra risposta.

12.17.

Considerate un produttore che opera in condizioni di monopolio sul mercato del prodotto e di concorrenza perfetta sul mercato del lavoro.

La funzione di domanda dell'output prodotto dall'impresa di cui sopra e la sua funzione di produzione vengono descritte dalla seguente tabella:

L	Q	P				
0	0	–				
1	100	180				
2	180	166				
3	250	154				
4	310	144				
5	360	134				
6	400	130				
7	430	125				

Segue

L	Q	P				
8	450	120				
9	460	100				
10	465	80				

a) Se w (= salario) = 250, quanto lavoro domanderà questo produttore? Al fine di rispondere a questa domanda completate la tabella con tutti i dati che ritenete necessari.

b) Per quale valore salariale questo produttore assumerebbe 10 lavoratori? E 9 lavoratori? Motivate la vostra risposta.

12.18.

In un certo Paese la domanda di mercato del fattore lavoro è pari a: $D_L = 45 - w$, mentre l'offerta di lavoro è: $S_L = 8w$.

a) Determinate l'equilibrio di mercato.

b) Supponete ora che il governo imponga un pavimento al salario: w non può essere minore di un livello esogeno $\overline{w}$. Come cambia l'equilibrio?

12.19.

La tecnologia di un'impresa è descritta dalla funzione di produzione: $Q = K + L$.

L'impresa opera nel mercato del prodotto in condizioni di monopolio e sul mercato dei fattori come monopsonista.

La funzione inversa di domanda del prodotto è: $p = 12 - Q$.

La curva di offerta del lavoro è $L = w$, mentre la curva di offerta del capitale è: $K = r$.

Determinate:

a) la quantità del fattore produttivo L impiegata nel breve periodo ipotizzando $\overline{K} = 4$;

b) il livello di produzione di breve periodo (Q^*_{BP});

c) le quantità di K e di L impiegate nel lungo periodo e il corrispondente livello di produzione (Q^*_{LP}).

🕮 Soluzione

12.1. a)

L'impresa domanda lavoro in modo da $\max_L \pi = RT - CT$.

La C.P.O. è che: $RmaP_L = Cma_L$; se l'impresa è perfettamente concorrenziale sul mercato del lavoro e sul mercato del prodotto, si ha che: $RmaP_L = p \cdot Pma_L$ e $Cma_L = w$ e quindi $w = p \cdot Pma_L$.

Si noti che in presenza di rendimenti del fattore lavoro decrescenti la C.S.O. (Pma_L decrescente) è sempre verificata; la domanda di lavoro espressa in funzione di w (salario nominale) coincide, quindi, in questo caso, con tutta la curva della Pma_L espressa in valore, ovvero con $p \cdot Pma_L$.

Se la domanda di lavoro viene invece espressa in funzione di w/p (salario reale), essa, sempre in presenza di rendimenti del fattore lavoro decrescenti, coincide con tutta la curva della Pma_L (si ha infatti $w/p = Pma_L$). Quindi la risposta corretta è la a).

12.2. d)

L'equilibrio sul mercato di un determinato fattore produttivo (formato sia dal prezzo che dalla quantità dello stesso), si ottiene in corrispondenza dell'intersezione tra la curva di domanda e la curva di offerta dello stesso fattore. Quindi la risposta corretta è la d).

12.3. b)

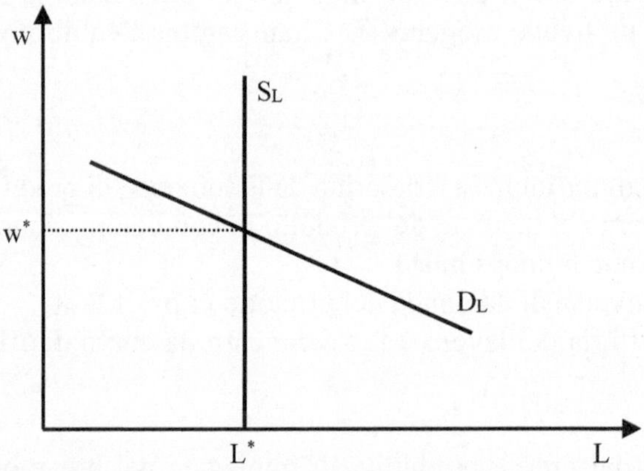

Una curva di offerta con elasticità pari a zero è perfettamente verticale. Quindi la quantità offerta del fattore lavoro è fissa, quanto meno nel breve periodo (nel lungo periodo si può pensare a movimenti migratori di forza lavoro, a variazioni demografiche di tipo strutturale, a corsi di formazione o di avviamento professionale ecc.). Il prezzo di equilibrio sarà quindi fissato dal livello della curva di domanda (ipotizzando che questa sia inclinata negativamente oppure sia orizzontale), che intersecherà quella di offerta in un dato punto della stessa. Per questo la risposta corretta è la b).

Per quanto concerne il punto c), non è affatto detto che la curva di domanda sia in questo caso orizzontale; in ogni caso, anche in questa circostanza non verrebbe modificato il senso della risposta data al punto b).

12.4. c)

Sappiamo che un valore medio decresce quando il valore marginale corrispondente è inferiore a tale valore medio. Quindi la risposta b) può essere subito esclusa. Va esclusa anche la risposta d), perché la Pma_L può diventare negativa, ma non può esserlo *sempre* (se così fosse, sarebbe negativa anche la Pme_L). Resta da scegliere tra le risposte a) e c). La a) va esclusa perché la curva della Pma_L può anche diventare negativa (ciò avviene quando l'assunzione di un nuovo lavoratore genera un calo del prodotto totale, per esempio perché questi intralcia gli altri nei movimenti, dato uno spazio di lavoro ristretto), quindi non è detto che sia sempre positiva. La risposta corretta è quindi la c). Si veda il seguente grafico, dove si è ipotizzato, per semplicità, di avere a che fare con curve lineari.

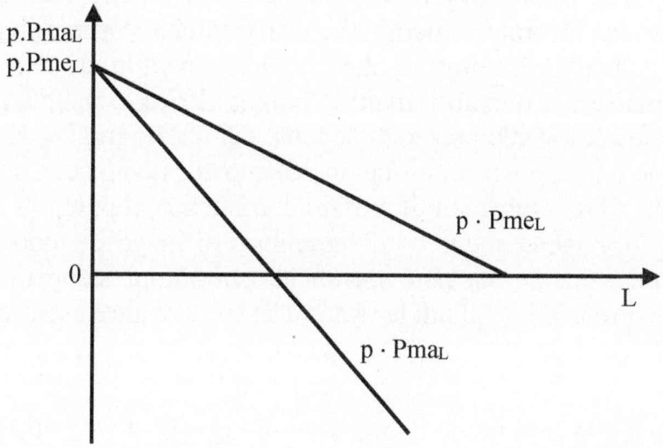

12.5. d)

Basta realizzare un semplice grafico (si veda a questo proposito anche l'esercizio 12.18) per rendersi conto che la risposta corretta è la d).

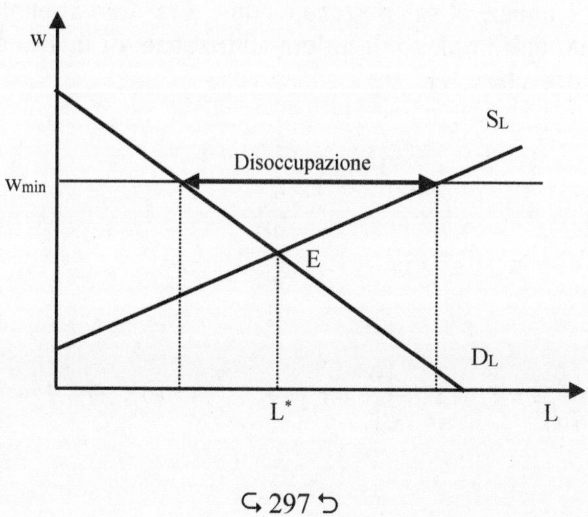

La risposta a) va esclusa, perché se il prezzo di equilibrio di mercato è superiore al minimo introdotto a livello istituzionale, tale introduzione non ha alcuna conseguenza. La risposta b) va invece esclusa perché gli effetti sull'occupazione sono presenti, così come va esclusa la c) perché non si genera nuova occupazione, ma un certo livello di disoccupazione. Infatti, al salario istituzionale, superiore a quello di mercato, la quantità di lavoro offerta (funzione positiva del salario) è superiore a quella domandata (funzione negativa del salario). La loro differenza costituisce la quantità di disoccupazione involontaria conseguente al provvedimento.

12.6. c)

La risposta a) va esclusa perché la Pma_L è espressa in quantità di prodotto, mentre il Cma_L è espresso in unità monetarie. Perché l'uguaglianza abbia senso è necessario che la Pma_L sia espressa in valore, ovvero che sia moltiplicata per il ricavo marginale del prodotto realizzato dal lavoratore marginale, in modo che l'espressione possa essere confrontata con il Cma_L. Dal momento che l'impresa opera in un mercato non perfettamente concorrenziale per quanto riguarda l'output, il ricavo marginale del prodotto venduto non coincide con il suo prezzo di vendita. Per questo motivo la risposta b) non è corretta, mentre lo è la risposta c). Infine ricordiamo che non è detto che la quantità di output che consente di massimizzare il profitto corrisponda al punto in cui la curva del Cme è minimo. Ciò avviene soltanto nell'equilibrio di lungo periodo di concorrenza perfetta. In questo esercizio viene però specificato che l'impresa opera su mercati non perfettamente concorrenziali, e quindi la risposta d) va senz'altro esclusa.

12.7.

a) L'impresa sceglie L in modo da max $\pi = \overline{p} \cdot Q - \overline{w} \cdot L$ – costi fissi.

La C.P.O. è che il $RmaP_L$ sia uguale al Cma_L:

$$\frac{d\pi}{dL} = 0 \rightarrow p \cdot \frac{dQ}{dL} - w = 0 \rightarrow p \cdot Pma_L = w.$$

La C.S.O. (PmaL decrescente) è sempre verificata con i dati di questo esercizio.

L'impresa domanda lavoro fino al punto in cui il valore della produzione marginale del lavoro è uguale al salario (che è come dire: fino al punto in cui il ricavo marginale generato dall'impiego di un'ora addizionale di lavoro è uguale al costo marginale di tale ora, che è w).

Essendo:

$$Pma_L = \frac{1}{4} \cdot L^{-1/2}$$

$$p = 40$$

$$w = 1$$

si ha:

$$40 \cdot \frac{1}{4\sqrt{L}} = 1 \;\rightarrow\; \frac{10}{\sqrt{L}} = 1 \;\rightarrow\; \sqrt{L} = 10 \;\rightarrow\; L^* = 100.$$

b) Sostituendo L = 10 nella funzione di produzione, si ottiene la quantità prodotta dall'impresa:

$$Q = \frac{1}{2} \cdot \sqrt{L} = \frac{1}{2} \cdot 10 = 5.$$

Si ha quindi:

$$RT = p \cdot Q = 40 \cdot 5 = 200$$

$$CV = w \cdot L = 1 \cdot 100 = 100$$

$$CF = 50,$$

per cui il profitto giornaliero è:

$$\pi = 200 - 100 - 50 = 50.$$

12.8.

Affinché la domanda del fattore produttivo L sia positiva nel breve periodo occorre che almeno i costi variabili di produzione (cioè $w \cdot L$, supponendo che vi sia un solo fattore produttivo variabile impiegato e cioè il lavoro) risultino coperti dai ricavi di vendita del prodotto. In un mercato perfettamente concorrenziale per il prodotto, si ha:

$$p \cdot Q \geq w \cdot L \quad \text{cioè:} \quad p \cdot Q/L \geq w \quad \text{ovvero} \quad p \cdot Pme_L \geq w.$$

Ora, la parte sinistra dell'ultima disuguaglianza rappresenta la produttività media del lavoro in valore. L'affermazione è dunque vera.

12.9.

a) L'impresa sceglie L in modo da max $\pi = \overline{p} \cdot Q - \overline{w} \cdot L -$ costi fissi.

Anche in questo caso impostiamo le condizioni del prim'ordine per la massimizzazione del profitto come segue:

$$\text{C.P.O.: } \frac{d\pi}{dL} = 0 \rightarrow p \cdot \frac{dQ}{dL} - w = 0 \rightarrow p \cdot Pma_L = w.$$

Essendo:

$$Pma_L = \frac{dQ}{dL} = \frac{1}{2} \cdot 30 \cdot L^{-\frac{1}{2}} = \frac{15}{\sqrt{L}}$$

$$\text{allora: } 1 \cdot \frac{15}{\sqrt{L}} = 1{,}5 \quad \rightarrow \sqrt{L} = \frac{15}{1{,}5} = 10 \quad \rightarrow L^* = 100.$$

$L^* = 100$ è quindi la quantità domandata dall'impresa perfettamente concorrenziale. Si noti che anche in questo esercizio la C.S.O. è sempre verificata.

b) Se l'impresa fosse monopolista nel mercato dell'output, essa sceglierebbe sempre L in modo da max $\pi = p(Q) \cdot Q - \overline{w} \cdot L -$ costi fissi.

Si tratta della stessa espressione di prima, con la differenza che qui il prezzo non è più un dato ma è funzione di Q. (Attenzione: derivata di un prodotto).

$$\text{C.P.O.: } \frac{d\pi}{dL} = 0 \rightarrow p \cdot \frac{dQ}{dL} + \frac{dp}{dQ}\frac{dQ}{dL}Q - w = 0 \rightarrow p \cdot Pma_L + \frac{dp}{dQ}Q \cdot Pma_L = w.$$

Ovvero:

$$\left(p + \frac{dp}{dQ} \cdot Q\right) \cdot Pma_L = w \quad \rightarrow \quad p\left(1 + \frac{dp}{dQ} \cdot \frac{Q}{p}\right) \cdot Pma_L = w$$

$$\rightarrow \quad p\left(1 + \frac{1}{\varepsilon}\right) Pma_L = w \quad \rightarrow \quad p\left(1 - \frac{1}{|\varepsilon|}\right) Pma_L = w.$$

Essendo: $p = 1$; $|\varepsilon| = 2$; $Pma_L = \frac{15}{\sqrt{L}}$ sostituendo si ottiene:

$$1\left(1 - \frac{1}{2}\right) \cdot \frac{15}{\sqrt{L}} = 1{,}5 \quad \rightarrow \quad \frac{1}{2} \cdot \frac{15}{\sqrt{L}} = 1{,}5 \quad \rightarrow \quad \frac{7{,}5}{\sqrt{L}} = 1{,}5$$

$$\sqrt{L} = \frac{7{,}5}{1{,}5} = 5 \quad \rightarrow \quad L^* = 25.$$

$L^* = 25$ è quindi la quantità domandata dall'impresa monopolista.

Dal momento che l'impresa monopolista produce di meno di un'impresa perfettamente concorrenziale che si trovi ad operare nelle stesse condizioni, essa domanda meno lavoro.

12.10.

a) Un'impresa monopsonistica sul mercato del lavoro e concorrente perfetto sul mercato dell'output può massimizzare i suoi profitti come segue:

$$\max_L \pi = \bar{p} \cdot Q - w(L) \cdot L - \text{ costi fissi.}$$

$$\text{C.P.O.: } \frac{d\pi}{dL} = 0 \rightarrow p \cdot \frac{dQ}{dL} - w - \frac{dw}{dL}L = 0 \rightarrow p \cdot Pma_L = w + \frac{dw}{dL}L.$$

Calcolando e sostituendo, si ottiene:

$$Pma_L = \frac{dQ}{dL} = \frac{12}{L}$$

$$L = w - 2 \rightarrow w = L + 2; \ \frac{dw}{dL} = 1.$$

e quindi $w + \frac{dw}{dL} \cdot L = L + 2 + L = 2 + 2L.$

Alternativamente il Cma_L poteva essere calcolato derivando rispetto a L il costo totale del lavoro (CT_L):

$$CT_L = w \cdot L = (L+2)L = L^2 + 2L$$

$$\rightarrow Cma_L = \frac{dCT_L}{dL} = 2L + 2.$$

La C.P.O. diventa perciò:

$$p \cdot \frac{12}{L} = L + 2 + L \rightarrow 1 \cdot \frac{12}{L} = 2L + 2 \rightarrow \frac{12}{L} = 2L + 2 \rightarrow$$

$$12 = 2\,L^2 + 2L \rightarrow 2L^2 + 2L - 12 = 0.$$

Si tratta di un'equazione di secondo grado le cui radici possono essere trovate con la formula:

$$L_{1,2} = \frac{-b \pm \sqrt{b^2 - 4ac}}{2a} = \frac{-2 \pm \sqrt{4+96}}{4} \rightarrow L_1 = 2 \text{ e } L_2 = -3.$$

$\rightarrow L^* = 2$, non avendo l'altra soluzione alcun significato economico,
$\rightarrow w = L^* + 2 = 4$.

Quindi, per l'impresa perfettamente concorrenziale sul mercato del prodotto e monopsonistica sul mercato del lavoro, l'equilibrio si ha in: $L^* = 2$ e $w^* = 4$.

b) Un'impresa perfettamente concorrenziale sui due mercati (del prodotto e del lavoro) massimizza il profitto come segue:

$$\max_L \pi = \overline{p} \cdot Q - \overline{w} \cdot L - \text{ costi fissi.}$$

$$\text{C.P.O.: } \frac{d\pi}{dL} = 0 \rightarrow p \cdot \frac{dQ}{dl} - w = 0 \rightarrow p \cdot Pma_L = w, \text{ ovvero: } \frac{12}{L} = 4 \rightarrow L^* = 3.$$

Quindi, per l'impresa perfettamente concorrenziale sui due mercati, l'equilibrio si ha per w = 4 (dato) ed $L^* = 3$.

c) Graficamente:

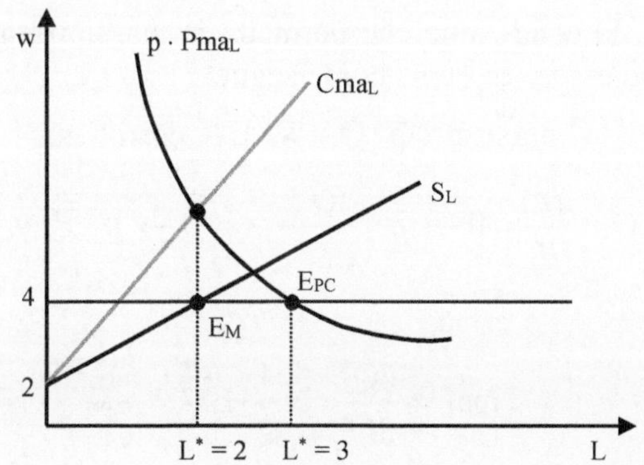

La quantità di lavoro domandata dall'impresa monopsonistica L^* si trova in corrispondenza del punto di intersezione tra la curva della Pma_L in valore (= $p \cdot Pma_L$ che, in questo esercizio, è pari a un'iperbole, nella forma: $p \cdot Pma_L = 12/L$) e la curva del costo marginale del lavoro ($Cma_L = dCT/dL$; in monopsonio: $w + (dw/dL) \cdot L$; in questo esercizio: $Cma_L = 2 + 2L$).

Si tracciano quindi queste curve sul grafico, si trova il loro punto di intersezione e quindi L^*. Il salario che l'impresa deve pagare se vuole domandare L^* lavoratori lo si legge sulla curva di S_L (qui è pari a: $S_L = 2 + L$), che deve quindi essere anch'essa disegnata. Si è quindi trovato l'equilibrio del monopsonista, E_M. Si noti che, in questo esercizio, la curva di S_L e la curva di Cma_L sono entrambe lineari, con eguale intercetta verticale pari a 2 ed inclinazione pari a 1 e a 2, rispettivamente.

La quantità di lavoro domandata dall'impresa perfettamente concorrenziale sui due mercati si trova, invece, in corrispondenza del punto di intersezione tra la curva della Pma_L in valore (sempre la stessa, perché le due imprese sono entrambe perfettamente concorrenziali sul mercato dell'output) e la curva del costo marginale del lavoro che, per un'impresa concorrenziale sul mercato del lavoro, è orizzontale al livello dato dal mercato. Si trovano così $L^{*\prime}$ e l'equilibrio E_{PC}.

Nota bene: Se la curva di S_L è lineare, la curva del Cma_L è anch'essa lineare con la stessa intercetta verticale ed inclinazione doppia. Dimostriamolo:

$S_L \rightarrow w = a + b \cdot L$ funzione lineare con intercetta verticale = a e coefficiente angolare = b.

Quindi:

$$CT_{LAVORO} = w \cdot L = (a + b \cdot L) \cdot L = aL + bL^2.$$

$Cma_L = dCT_{LAVORO}/dL = a + 2b \cdot L$, funzione lineare con intercetta verticale = a e coefficiente angolare = 2b.

Si tratta di un risultato che può essere di grande aiuto nella costruzione dei grafici.

12.11.

Come al solito, la condizione che permette la massimizzazione del profitto rispetto al lavoro può essere espressa come segue:

$$\max_L \pi = \overline{p} \cdot Q - \overline{w} \cdot L - \text{costi fissi}$$

$$\text{C.P.O.: } \frac{d\pi}{dL} = 0 \rightarrow p \cdot \frac{dQ}{dL} - w = 0 \rightarrow p \cdot Pma_L = w.$$

Essendo:

$$Pma_L = \frac{dQ}{dL} = 2 \cdot \frac{1}{2} \cdot L^{-\frac{1}{2}} = \frac{1}{\sqrt{L}}$$

la C.P.O. diventa:

$$\frac{p}{\sqrt{L}} = w \quad \rightarrow \sqrt{L} = \frac{p}{w} \quad \rightarrow L = \left(\frac{p}{w}\right)^2.$$

Questa è la funzione di domanda di lavoro D_L di breve periodo dell'impresa.
Si noti come in questo esercizio non si sia trovato un valore puntuale di L, ma la funzione di domanda di lavoro D_L.

12.12.

L'impresa massimizza il proprio profitto come segue:

$$\max_L \pi = p(Q) \cdot Q - \overline{w} \cdot L - \text{ costi fissi}$$

$$\text{C.P.O.: } \frac{d\pi}{dL} = 0 \rightarrow p \cdot \frac{dQ}{dL} + \frac{dp}{dQ}\frac{dQ}{dL}Q - w = 0 \rightarrow \left(p + \frac{dp}{dQ}Q\right) \cdot Pma_L = w$$

$$\rightarrow Rma \cdot Pma_L = w.$$

In questo esercizio:

$$(60 - 2 \cdot Q) \cdot \frac{1}{2} \cdot L^{-\frac{1}{2}} = w$$

$$\left(60 - 2 \cdot L^{\frac{1}{2}}\right) \cdot \frac{1}{2} \cdot L^{-\frac{1}{2}} = w$$

$$\rightarrow \frac{30}{\sqrt{L}} - 1 = w \quad \rightarrow \frac{30}{\sqrt{L}} = w + 1 \quad \rightarrow \sqrt{L} = \frac{30}{w+1}$$

$$\rightarrow L = \left(\frac{30}{w+1}\right)^2$$ curva di domanda di lavoro del monopolista.

12.13.

a) L'ipotesi prevede la presenza di un'impresa monopolista, che massimizza il profitto come segue:

$$\max_L \pi = p(Q) \cdot Q - \overline{w} \cdot L - \text{ costi fissi}$$

$$\text{C.P.O.: } \frac{d\pi}{dL} = 0 \rightarrow p \cdot \frac{dQ}{dL} + \frac{dp}{dQ}\frac{dQ}{dL}Q - w = 0 \rightarrow \left(p + \frac{dp}{dQ}Q\right) Pma_L = w$$

$$\rightarrow Rma \cdot Pma_L = w.$$

In questo esercizio:

$$(100 - 4Q) \cdot 2 = 4 \rightarrow (100 - 8L) \cdot 2 = 4 \rightarrow 100 - 8L = 2 \rightarrow$$
$$\rightarrow 8L = 98 \rightarrow L^* = 98/8 = 12{,}25$$
$$Q^* = 2L^* = 24{,}5$$
$$\rightarrow p^* = 100 - 2 \cdot (24{,}5) = 51.$$

b) Se invece si trattasse di un'industria perfettamente concorrenziale:

$$\max_L \pi = \overline{p} \cdot Q - \overline{w} \cdot L - \text{ costi fissi}$$

$$\text{C.P.O.: } \frac{d\pi}{dL} = 0 \rightarrow p \cdot \frac{dQ}{dL} - w = 0 \rightarrow p \cdot Pma_L = w.$$

In questo esercizio:

$$(100 - 2Q) \cdot 2 = 4 \rightarrow (100 - 4L) \cdot 2 = 4 \rightarrow 100 - 4L = 2$$
$$\rightarrow 4L = 98 \rightarrow L^* = 98/4 = 24{,}5$$

da cui:

$$\rightarrow Q^* = 2L^* = 49$$
$$\rightarrow p^* = 100 - 2 \cdot 49 = 2.$$

c) Graficamente:

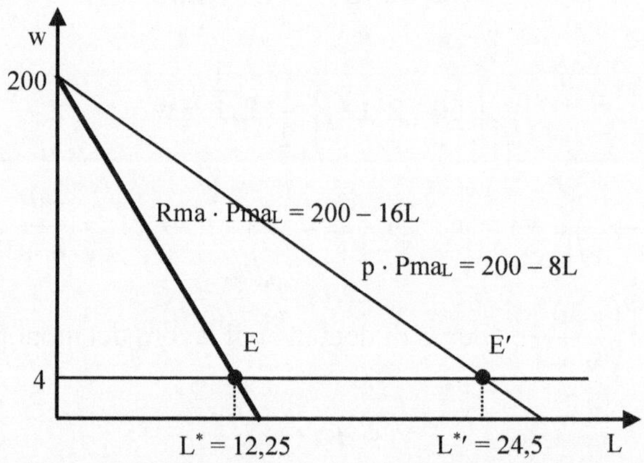

Dove: E = equilibrio monopolista ed E′ = equilibrio di un'industria perfettamente concorrenziale.

12.14.

Il gelataio in questione rappresenta un'impresa perfettamente concorrenziale sia sul mercato del prodotto che sul mercato del lavoro (w e p sono entrambi dati).

In presenza di Pma_L decrescente egli dovrà quindi assumere un numero di lavoratori in corrispondenza del quale $p \cdot Pma_L = w$. In questo esercizio la Pma_L non può essere calcolata partendo da una funzione di produzione, che non ci viene data, ma deve essere desunta dai dati contenuti nella tabella.

Si possono in effetti svolgere questi calcoli:

Lavoratori	**Coppette di gelato**	**Pma_L**	**$p \cdot Pma_L$**
0	0	–	–
1	110	110	220
2	200	90	180
3	270	70	140
4	300	30	60
5	320	20	40
6	330	10	20

Il primo lavoratore produce 110 coppette: la sua produttività è quindi pari a 110, mentre la sua produttività in valore è pari a: $2 \cdot 110 = 220$.

Il secondo lavoratore fa aumentare la produzione da 110 a 200 coppette: la sua produttività è quindi pari a 90 (= 200 – 110), mentre la sua produttività in valore è pari a: $2 \cdot 90 = 180$.

Il terzo lavoratore fa aumentare la produzione da 200 a 270 coppette: la sua produttività è quindi pari a 70 (= 270 – 200), mentre la sua produttività in valore è pari a: $2 \cdot 70 = 140$.

E così via.

Ora, essendo $w = 80$, si può vedere che: $L^* = 3$.

Si noti che, essendo in questo caso le variazioni non continue ma discrete, per nessun numero di lavoratori si realizza esattamente l'eguaglianza: $p \cdot Pma_L = w$. Il gelataio continuerà quindi ad assumere lavoratori fino a quando $p \cdot Pma_L > w$, mentre, ovviamente, non assumerà nessun lavoratore che costi di più di quanto renda, per il quale, cioè, il salario sia maggiore del ricavo marginale del prodotto del suo lavoro.

Si noti inoltre che, in questo esercizio, la Pma_L è decrescente. La condizione del secondo ordine relativa al problema di massimizzazione dei profitti è quindi verificata. Si veda anche il prossimo esercizio.

12.15.

a) Nel caso di un'impresa perfettamente concorrenziale la condizione di massimo profitto è la seguente:

$$\max_L \pi = \overline{p} \cdot Q - \overline{w} \cdot L - \text{ costi fissi}$$

$$\text{C.P.O.: } \frac{d\pi}{dL} = 0 \rightarrow p \cdot \frac{dQ}{dL} - w = 0 \rightarrow p \cdot Pma_L = w$$

$$\text{C.S.O.: } \frac{d^2\pi}{dL^2} \leq 0 \rightarrow \frac{dpPma_L}{dL} \leq 0 \rightarrow p \cdot \frac{dPma_L}{dL} \leq 0.$$

Essendo $p > 0$, allora $\frac{dPma_L}{dL} \leq 0$: la Pma_L deve quindi essere decrescente all'aumentare di L.

Con $w = w^*$ la condizione del primo ordine risulta verificata in due punti (per $L = L_1$ e per $L = L_2$). In corrispondenza di L_1 si avrà però la massima perdita (Pma_L crescente), mentre in corrispondenza di L_2 si avrà il massimo profitto (Pma_L decrescente).

In termini più intuitivi, analizzando il grafico si nota subito che non conviene assumere solo L_1 lavoratori: per tutti i lavoratori compresi tra L_1 e L_2, infatti, la produttività marginale del lavoro in valore risulta superiore al salario. L'assunzione di questi lavoratori determinerà quindi sicuramente un aumento dei profitti. Se Pma_L fosse sempre crescente l'impresa massimizzerebbe i profitti ingrandendosi all'infinito!

b) Per $w = w'$ all'impresa non converrebbe produrre: la sua domanda di lavoro sarebbe quindi pari a zero. Si ricordi infatti che, affinché ad una impresa convenga produrre nel breve periodo, occorre che $RT \geq CV$, ovvero che $p \cdot Q \geq w \cdot L$, ovvero ancora che $p \cdot Q/L \geq w$. Ora questa condizione di permanenza sul mercato ($w \leq p \cdot Pme_L$) non è verificata per $w = w'$.

Da quanto detto in questo esercizio si desume che gli unici punti sulla curva $p \cdot Pma_L$ (produttività marginale in valore) che sono importanti per la decisione di assunzione dell'impresa sono quelli che si trovano sulla parte della curva inclinata negativamente, sotto il punto di intersezione tra $p \cdot Pma_L$ e $p \cdot Pme_L$. È questo tratto della curva $p \cdot Pma_L$ che costituisce la D_L dell'impresa perfettamente concorrenziale. Per questo motivo questo tratto è stato evidenziato nel grafico.

Si noti che nel grafico sopra riportato si ipotizza che i rendimenti del fattore lavoro siano inizialmente crescenti per poi diventare decrescenti. In tutti gli esercizi finora proposti i rendimenti del fattore lavoro erano, invece, sempre decrescenti. La C.S.O. risultava, quindi, sempre rispettata essendo la Pma_L sempre decrescente. In quei casi la domanda di lavoro in termini nominali coincideva quindi con l'intera curva della Pma_L in valore (= $p.Pma_L$).

Si ricordi inoltre che: se la curva marginale sta sopra la curva media, quest'ultima sarà crescente; viceversa, se la curva marginale sta sotto la curva media, quest'ultima sarà decrescente. Ne consegue che la curva marginale interseca la curva media nel punto di massimo di quest'ultima.

12.16.

L'impresa massimizza il profitto rispetto alla quantità di lavoro se:

$$\max_L \pi = RT - CT$$

$$\text{C.P.O.}: \frac{d\pi}{dL} = 0 \rightarrow \frac{dRT}{dL} = \frac{dCT}{dL} \qquad \text{ovvero:} \quad RmaP_L = Cma_L.$$

Si noti come questa condizione sia vera per tutte le imprese. A seconda del tipo di mercato dell'output e del lavoro in cui l'impresa si trova ad operare cambierà, invece, la relazione che esprime il $RmaP_L$ e il Cma_L.

In questo esercizio, essendo l'impresa perfettamente concorrenziale sul mercato del prodotto, avremo $RmaP_L = p \cdot Pma_L$. Dal momento che l'impresa è monopsonista sul mercato del lavoro avremo inoltre $Cma_L = w + (dw/dL) \cdot L$.

a) Qui non ci vengono date le funzioni di produzione e di offerta di lavoro da cui ricavare, rispettivamente, la Pma_L e il Cma_L. Queste grandezze possono però essere ricavate facilmente dai dati contenuti nella tabella. Possiamo infatti completare la tabella data in questo modo:

L	**Q**	**w**	**Pma$_L$**	**p.Pma$_L$**	**CT$_L$**	**Cma$_L$**
0	0	–	0	–	–	–
1	10	5	10	20	5	5
2	19	5,5	9	18	11	6
3	27	6	8	16	18	7
4	33	6,5	6	12	26	8
5	38	7	5	10	35	9
6	42	7,5	4	8	45	10
7	45	8	3	6	56	11
8	47	8,5	2	4	68	12
9	48	9	1	2	81	13
10	48	9,5	0	0	95	14

Calcoliamo la Pma_L in corrispondenza di ogni numero di lavoratori come differenza tra la quantità prodotta con quel numero di lavoratori e la quantità prodotta con un lavoratore in meno; la moltiplichiamo quindi per il prezzo e troviamo $p \cdot Pma_L$.

Per calcolare il Cma_L procediamo nel modo seguente.

Il Cma_L è definito come la variazione dei costi dell'impresa conseguenti all'assunzione di un lavoratore in più. Calcoliamo allora i CT_L dell'impresa sostenuti con

$L = 1, 2, \ldots 10$ lavoratori. La variazione tra un livello dei CT_L e quello precedente rappresenta, quindi, proprio il Cma_L dell'ultimo lavoratore assunto.

In presenza di un solo lavoratore i $CT_L = 5$: questo è pertanto il Cma_L del primo lavoratore.

Passando da 1 lavoratore a 2 lavoratori i CT_L aumentano da 5 a 11: il Cma_L del secondo lavoratore è quindi pari a 6 (= 11 – 5).

Passando da 2 lavoratori a 3 lavoratori i CT_L aumentano da 11 a 18: il Cma_L del terzo lavoratore è quindi pari a 7 (= 18 – 11).

E così via per tutti i lavoratori.

Per trovare L^* domandato dall'impresa occorre, quindi, cercare il numero di lavoratori in corrispondenza del quale si ha: $p \cdot Pma_L = Cma_L$. Come è facilmente individuabile dall'ispezione della tabella, ciò non avviene per nessun numero di lavoratori. Ciò non sorprende essendo in questo esercizio le variazioni discrete e non continue. L'impresa assumerà quindi $L^* = 5$ lavoratori (non conviene assumere più lavoratori perché avremmo $p \cdot Pma_L < Cma_L$; d'altra parte non conviene assumerne di meno perché fino a $L^* = 5$ si ha $p \cdot Pma_L > Cma_L$).

b) Notiamo che l'assunzione del decimo lavoratore non comporta un aumento dell'output. Il decimo lavoratore ha cioè una Pma_L nulla. L'impresa non assumerà quindi mai 10 lavoratori, non importa quanto alto possa essere il prezzo dell'output.

12.17.

L'impresa massimizza il proprio profitto come segue:

$$\max_L \pi = RT - CT$$

$$\text{C.P.O.}: \frac{d\pi}{dL} = 0 \rightarrow \frac{dRT}{dL} = \frac{dCT}{dL} \quad \text{ovvero:} \quad RmaP_L = Cma_L.$$

a) In questo esercizio, essendo l'impresa monopolista sul mercato del prodotto, avremo:

$$RmaP_L = Rma \cdot Pma_L.$$

Dal momento che l'impresa è concorrente perfetto sul mercato del lavoro, avremo inoltre:

$$Cma_L = w = 250.$$

In questo esercizio non ci vengono date le funzioni di produzione e di domanda dell'output da cui ricavare, rispettivamente, la Pma_L e il Rma. Possiamo però procedere in altro modo.

Il $RmaP_L$ è definito come la variazione dei ricavi dell'impresa conseguente all'assunzione di un lavoratore in più. Possiamo allora procedere in questo modo: calcoliamo i RT dell'impresa ottenibili con $L = 1, 2, \ldots 10$ lavoratori. La variazione tra un livello dei RT e quello precedente rappresenta, quindi, proprio il $RmaP_L$ dell'ultimo lavoratore assunto.

Si vedano i calcoli in tabella:

L	Q	P	RT	$RmaP_L$
0	0	–		
1	100	180	18.000	18.000
2	180	166	29.880	11.880
3	250	154	38.500	8.620
4	310	144	44.640	6.140
5	360	134	48.240	3.600
6	400	130	52.000	3.760
7	430	125	53.750	1.750
8	450	120	54.000	250
9	460	100	46.000	– 8.000
10	465	80	37.200	– 8.800

In presenza di un solo lavoratore i RT = 18.000; questo è pertanto il $RmaP_L$ del primo lavoratore.

Passando da 1 lavoratore a 2 lavoratori i RT aumentano da 18.000 a 29.880: il $RmaP_L$ del secondo lavoratore è quindi pari a 11.880 (= 29.880 – 18.000).

Passando da 2 lavoratori a 3 lavoratori i RT aumentano da 29.880 a 38.500: il $RmaP_L$ del terzo lavoratore è quindi pari a 8.620 (= 38.500 – 29.880).

E così via per tutti i lavoratori.

Per trovare L^* domandato dall'impresa occorre, quindi, cercare il numero di lavoratori in corrispondenza del quale si ha: $RmaP_L = Cma_L = 250$. Ciò avviene per $L^* = 8$ lavoratori.

b) Notiamo che in corrispondenza del nono e del decimo lavoratore i $RmaP_L$ sono negativi. L'impresa non assumerà quindi mai più di 8 lavoratori, non importa quanto basso possa essere il salario.

12.18.

a) Dobbiamo innanzitutto impostare l'eguaglianza:

$$D_L = S_L \quad \text{ovvero} \quad 45 - w = 8w,$$

da cui si ricava: $45 = 9w \rightarrow w = 5$ e $D_L = S_L = L = 40$.

Graficamente:

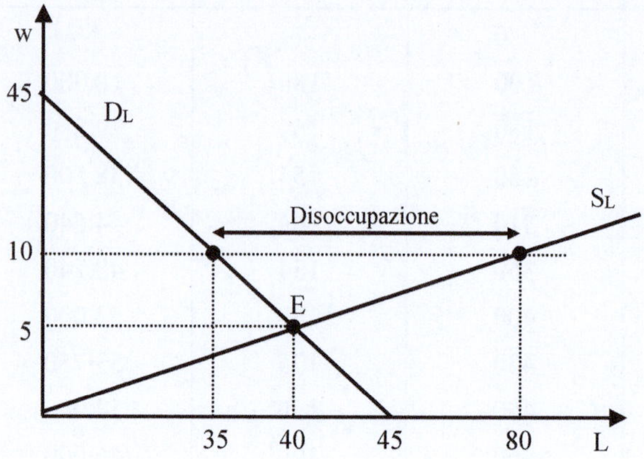

b) Se il livello del pavimento salariale è fissato a un valore minore di 5, tale vincolo non è rilevante e l'equilibrio rimane nel punto E.

Per qualsiasi altro valore del tetto ($w > 5$) si verrebbe invece a creare un eccesso di offerta di lavoro: ci sarebbero più lavoratori disposti a lavorare che lavoratori domandati dalle imprese ($S_L > D_L$). Si creerebbe quindi disoccupazione involontaria: non tutti i lavoratori disposti a lavorare per quel salario troverebbero infatti un lavoro. Tanto più alto è il tetto, tanto più alto è il livello di disoccupazione (la forbice tra le due curve, infatti, aumenta all'aumentare del salario).

Così, per esempio, in corrispondenza di $w' = 10$, si avrebbe:

$$S_L = 8w' = 80 \quad \text{e} \quad D_L = 45 - w' = 45 - 10 = 35.$$

Per quel salario 80 lavoratori vorrebbero lavorare, 35 troverebbero un lavoro e 45 (= 80 – 35) rimarrebbero disoccupati.

12.19.

a) e **b)** Si ha un'impresa monopolista per il prodotto e monopsonista nel mercato dei fattori. Nel breve periodo vale la relazione:

$$\max_L \pi = p(q) \cdot Q - w(L) \cdot L - \text{costi fissi}$$

$$\text{C.P.O.: } \frac{d\pi}{dL} = 0 \rightarrow p \cdot \frac{dQ}{dL} + \frac{dP}{dQ}\frac{dQ}{dL} Q - w - \frac{dw}{dL} L = 0 \rightarrow$$

$$\rightarrow Rma \cdot Pma_L = w + \frac{dw}{dL} L.$$

Essendo, nel nostro esercizio:

a) $Pma_L = 1$

b) Rma = 12 – 2Q, essendo la funzione di domanda inversa: p = 12 – Q.

c) Cma_L = 2L essendo l'S_L pari a: L = w e, quindi, la funzione di S_L inversa: w = L.

La C.P.O. diventa:

$$(12 - 2Q) \cdot 1 = 2L.$$

Sostituendo a Q la funzione di breve periodo (Q = 4 + L), si possono trovare: il livello di equilibrio di breve periodo e la quantità prodotta.

$$12 - 2(4 + L) = 2L \rightarrow 12 - 8 - 2L = 2L \rightarrow 4L = 4 \rightarrow L^*_{BP} = 1 \rightarrow$$

$$\rightarrow Q^*_{BP} = 4 + L_{BP} = 4 + 1 = 5.$$

c) Nel lungo periodo anche il capitale (K) diventa un fattore variabile, per cui l'impresa:

$$\max_{L,K} \pi = p(Q) \cdot Q - w(L) \cdot L - r(K) \cdot K$$

$$\text{C.P.O.: } \frac{d\pi}{dL} = 0 \rightarrow p \cdot \frac{dQ}{dL} + \frac{dP}{dQ}\frac{dQ}{dL} Q - w - \frac{dw}{dL} L = 0 \rightarrow$$

$$\rightarrow Rma \cdot Pma_L = w + \frac{dw}{dL} L.$$

e anche: $\frac{d\pi}{dK} = 0 \rightarrow p \cdot \frac{dQ}{dK} + \frac{dP}{dQ}\frac{dQ}{dK} Q - r - \frac{dr}{dK} K = 0 \rightarrow Rma \cdot Pma_K = r + \frac{dr}{dK} K.$

Ora, essendo, nel nostro esercizio:

a) Pma_L = 1 e Pma_K = 1;
b) Rma = 12 – 2Q, essendo la funzione di domanda inversa: p = 12 – q;
c) Cma_L = 2L essendo l'S_L pari a L = w e, quindi, la funzione di S_L inversa: w = L;
d) Cma_K = 2K essendo l'S_K pari a K = r e, quindi, la funzione di S_K inversa: r = K.

Le C.P.O. diventano:

$$\begin{cases} Cma_L = Rma \cdot Pma_L \\ Cma_K = Rma \cdot Pma_K \end{cases} \rightarrow \begin{cases} 2L = 12 - 2Q \\ 2K = 12 - 2Q \end{cases}$$

Sostituendo a Q la funzione di lungo periodo (Q = K + L) si ha:

$$\begin{cases} 2L = 12 - 2(K + L) \\ 2K = 12 - 2(K + L) \end{cases} \rightarrow \begin{cases} L = 6 - K - L \\ K = 6 - K - L \end{cases} \rightarrow \begin{cases} 2L = 6 - K \\ 2K = 6 - L \end{cases} \rightarrow \begin{cases} L = \dfrac{6 - K}{2} \\ L = 6 \end{cases}$$

$$\rightarrow \begin{cases} \dfrac{6 - K}{2} = 6 - 2K \rightarrow 6 - K = 12 - 4K \rightarrow 3K = 6 \rightarrow K^*_{LP} = 2 \\ L = 6 - 2K \rightarrow L^*_{Lp} = 6 - 2K^* = 6 - 4 = 2 \end{cases}$$

Nel lungo periodo il livello di produzione sarà dunque pari a:

$$Q^*_{LP} = K^*_{LP} + L^*_{LP} = 2 + 2 = 4.$$

Si noti che detto livello di produzione risulta inferiore a quello di breve.

13

Equilibrio di mercato. Tasse, sussidi, prezzi massimi e minimi. Surplus del produttore e del consumatore

Ipotesi di lavoro:

- Q_D e Q_S indicano, rispettivamente, la quantità domandata e la quantità offerta nel mercato;
- con Q maiuscola indichiamo le quantità prodotte o consumate a livello di mercato, con q minuscola quelle prodotte dalla singola impresa;
- S_C e S_P indicano, rispettivamente, il surplus del consumatore e il surplus del produttore. S_{TOT} è invece il surplus totale della collettività;

Domande a risposta chiusa

13.1.

In un mercato, che era in equilibrio, si stabilisce un nuovo equilibrio in cui la quantità scambiata aumenta e il prezzo di equilibrio diminuisce. Quale delle seguenti variazioni può aver causato il cambiamento?

a) diminuzione dei costi di produzione;
b) aumento del reddito dei consumatori;
c) cambiamento dei gusti dei consumatori;
d) comparsa sul mercato di beni sostituti.

13.2.

In presenza di un eccesso di offerta positivo, in assenza di vincoli esterni, il mercato tenderà a riportarsi in equilibrio perché:

a) i venditori rivendono l'eccedenza al mercato nero per ottenere entrate extra;
b) la domanda aumenterà automaticamente, in risposta all'eccedenza di beni;
c) l'offerta diminuisce in risposta all'eccedenza di beni;
d) il prezzo scende, causando una diminuzione della quantità offerta e un aumen-

to della quantità domandata, finché la quantità domandata uguaglierà la quantità offerta.

13.3.

La domanda di un bene è perfettamente inelastica e la curva di offerta è positivamente inclinata. Se viene imposta una tassa sulla produzione di quel bene:

a) la tassa sarà pagata interamente dai produttori;
b) la tassa sarà pagata interamente dai consumatori;
c) la tassa sarà pagata in parti uguali da produttori e da consumatori;
d) la tassa sarà pagata soprattutto dai consumatori.

13.4.

Se viene imposta una tassa sulla produzione di un bene il cui mercato è in equilibrio, in quale dei casi seguenti il prezzo pagato dai consumatori non varia?

a) se la curva di offerta è perfettamente inelastica;
b) se la curva di domanda è perfettamente inelastica;
c) se la curva di domanda è infinitamente elastica;
d) nessuna delle precedenti risposte.

13.5.

In presenza di un eccesso di domanda positivo, il mercato tenderà a riportarsi in equilibrio in quanto:

a) l'offerta aumenta perché le imprese saranno incentivate a produrre di più;
b) la domanda diminuisce automaticamente;
c) il prezzo aumenta, causando una diminuzione della quantità domandata e un aumento della quantità offerta, finché la quantità domandata uguaglia la quantità offerta;
d) nessuna delle precedenti risposte.

13.6.

Se un determinato prodotto alimentare viene domandato in maniera superiore a prima (per esempio perché se ne scoprono nuove proprietà salutari) e, contemporaneamente, viene introdotta una nuova tecnologia, migliore della precedente, adatta alla raccolta/produzione dello stesso, si può affermare con certezza che:

a) la quantità scambiata sul mercato aumenta;
b) il prezzo di equilibrio rimane immutato;
c) la quantità scambiata sul mercato rimane immutata;
d) nessuna delle precedenti risposte.

13.7.

Si può affermare con certezza che l'introduzione di un livello massimo di prezzo, inferiore al livello di equilibrio che si avrebbe altrimenti sul mercato:

a) favorisce sempre i consumatori;
b) favorisce sempre i produttori;
c) crea una qualche forma di razionamento del mercato (code, discriminazione, mercato nero o altro);
d) nessuna delle precedenti risposte.

☞ Esercizi

13.8.

Le funzioni $Q_D = 3.000 - 2p$ e $Q_S = -500 + 3p$ rappresentano rispettivamente, le funzioni di domanda e di offerta di un bene.

a) Calcolate prezzo e quantità di equilibrio del mercato.
b) Rappresentate graficamente l'equilibrio di mercato.
c) Determinate il livello di prezzo minimo affinchè esista una offerta di mercato.
d) Determinate l'eccesso di domanda corrispondente al prezzo $p = 500$ e l'eccesso di offerta corrispondente al prezzo $p = 1.000$.

13.9.

Siano date la funzione di domanda $Q_D = 70 - p$ e la funzione di offerta $Q_S = -10 + p$.

a) Calcolate prezzo e quantità di equilibrio del mercato.
b) Rappresentate graficamente l'equilibrio di mercato.
c) Calcolate il surplus del consumatore, il surplus del produttore e il surplus totale nella situazione di equilibrio.

13.10.

Siano date la funzione di domanda $Q_D = 100 - 4p$ e la funzione di offerta $Q_S = 60 + p$.

a) Calcolate prezzo e quantità di equilibrio del mercato.
b) Determinate l'effetto sulla posizione di equilibrio di un'imposta unitaria $t = 5$ *sugli acquisti* e rappresentate graficamente il nuovo equilibrio di mercato.
c) Determinate l'effetto sulla posizione di equilibrio di cui al punto a) di un'imposta unitaria $t = 5$ *sulle vendite* e rappresentate graficamente il nuovo equilibrio di mercato.
d) Calcolate il gettito che incassa lo Stato e su chi ha inciso di più l'imposta.

13.11.

Siano date la funzione di domanda $Q_D = 100 - 4p$ e la funzione di offerta $Q_S = = 60 + p$.

a) Calcolate prezzo e quantità di equilibrio del mercato.

b) Determinate l'effetto sulla posizione di equilibrio di un'imposta proporzionale del 20% sulle vendite e rappresentate graficamente il nuovo equilibrio di mercato.

13.12.

Nel mercato del bene A la curva di domanda è $Q_D = 10$, mentre la curva di offerta è $Q_S = 2p + 6$. Il governo impone una tassa sul bene A con lo scopo di ricavare un gettito pari a 1.000. Di quanto deve essere la tassa per unità di bene?

13.13.

Siano date la funzione di domanda $Q_D = 80 - 3p$ e la funzione di offerta $Q_S = = 4 + p$.

a) Calcolate prezzo e quantità di equilibrio del mercato.

b) Determinate l'effetto sulla posizione di equilibrio di un sussidio alla produzione $s = 1$ e rappresentate graficamente il nuovo equilibrio di mercato.

13.14.

Si considerino i mercati dei due beni A e B. Le funzioni di domanda e di offerta siano rispettivamente:

$$Q_D^A = 100 - 3p \qquad Q_S^A = -10 + 2p$$

$$Q_D^B = 80 - p \qquad Q_S^B = -40 + p.$$

Supponiamo che il governo decida di versare un sussidio $s = 5$ per ogni unità prodotta del bene A. Quale imposta unitaria t sulle vendite del bene B deve essere introdotta affinché il bilancio del governo rimanga in pareggio?

13.15.

Si consideri un mercato nel quale la curva di domanda inversa è: $p = 10 - 0{,}5 \cdot Q_D$, mentre la curva di offerta è inelastica e pari a $Q_S = 6$.

Il governo impone una tassa $t = 2$ per unità venduta sui produttori. Si stabilisca come cambia l'equilibrio, chi viene danneggiato dalla tassa e a quanto ammonta il gettito fiscale.

13.16.

Si consideri un mercato nel quale la curva di domanda è perfettamente elastica ed è pari a: $Q_D = b$, mentre la funzione inversa di offerta è: $p = a \cdot Q_S$, dove a e b sono parametri incogniti.

Si stabilisca il valore di tali parametri sapendo che, se viene introdotto un sussidio alla produzione $s = 5$ per ogni unità di bene scambiato, l'equilibrio di mercato sarà in corrispondenza dei valori della quantità scambiata $Q_{E'} = 10$ e del prezzo pagato dai consumatori $p_D = 10$.

13.17.

Si consideri un mercato nel quale la curva di domanda è inelastica e pari a $Q_D = 8$, mentre la curva di offerta è pari a: $Q_S = -2 + p$.

Il governo impone una tassa sui produttori pari a $t = 5$ per unità venduta. Si stabilisca come cambia l'equilibrio, chi viene danneggiato dalla tassa e a quanto ammonta il gettito fiscale.

13.18.

Siano date la funzione di domanda $Q_D = 100 - p$ e la funzione di offerta $Q_S = -20 + 2p$.

a) Calcolate l'equilibrio del mercato e rappresentatelo graficamente.

Ipotizzate ora che venga introdotta una tassa $t = 20$ su ogni unità scambiata.

b) Quali sono gli effetti sull'equilibrio di mercato e sul benessere della collettività?

13.19.

Siano date la funzione di domanda $Q_D = 80 - p$ e la funzione di offerta $Q_S = 3p$.

a) Calcolate l'equilibrio del mercato e rappresentatelo graficamente.

Ipotizzate ora che venga introdotto un sussidio $s = 10$ su ogni unità scambiata.

b) Quali sono gli effetti sull'equilibrio di mercato e sul benessere della collettività?

13.20.

Si utilizzi un grafico di domanda e offerta (si considerino per semplicità curve lineari) per mostrare cosa accade al prezzo e alla quantità di equilibrio quando l'offerta di mercato aumenta. Quali sono i fattori che possono determinare un aumento dell'offerta?

13.21.

Si utilizzi un grafico di domanda e offerta (si considerino per semplicità curve lineari) per mostrare cosa accade al prezzo e alla quantità di equilibrio quando la domanda di mercato aumenta.

Quali sono i fattori che possono determinare un aumento della domanda?

13.22.

Siano date la funzione di domanda $Q_D = 80 - p$ e la funzione di offerta $Q_S = -20 + p$.

a) Calcolate l'equilibrio del mercato e rappresentatelo graficamente.

Supponete ora che lo Stato introduca un prezzo massimo $p_{max} = p' = 30$.

b) Calcolate il nuovo equilibrio del mercato e rappresentatelo graficamente.

c) Calcolate gli effetti sul benessere della collettività rispetto al caso di non imposizione del prezzo massimo, nell'ipotesi che il surplus del consumatore sia massimizzato.

13.23.

Siano date la funzione di domanda $Q_D = 46 - p$ e la funzione di offerta $Q_S = -2 + 2p$.

a) Calcolate l'equilibrio del mercato e rappresentatelo graficamente.

Supponete ora che lo Stato introduca un prezzo minimo $p_{min} = p' = 20$.

b) Calcolate il nuovo equilibrio del mercato e rappresentatelo graficamente.

c) Calcolate gli effetti sul benessere della collettività rispetto al caso di non imposizione del prezzo minimo, nell'ipotesi che il surplus del produttore sia massimizzato.

d) Come si modificherebbero le vostre risposte qualora il prezzo minimo imposto fosse $p_{min} = p'' = 10$?

13.24.

Il mercato italiano del bene A è caratterizzato dalla seguente curva di domanda: $Q_D = 30 - p$ e dalla seguente curva di offerta: $Q_S = -3 + 2p$.

a) Calcolate l'equilibrio del mercato e rappresentatelo graficamente.

Supponete ora che si renda disponibile una curva di offerta estera del bene, pari a $p' = 5$.

b) Calcolate il nuovo equilibrio del mercato e rappresentatelo graficamente.

c) Calcolate il guadagno di benessere della collettività.

Supponete infine che venga introdotto un dazio pari a $d = 1$ per unità di bene importata.

d) Calcolate il nuovo equilibrio di mercato e rappresentatelo graficamente.

e) Calcolate la perdita di benessere rispetto al caso di non imposizione del dazio.

13.25.

Un mercato è composto da 10.000 individui identici, ciascuno con una funzione di domanda relativa al bene X data dalla relazione: q = 12 – 2p e da 1.000 produttori identici del bene X, ciascuno con una curva di offerta data da q = 20p.

a) Determinate la funzione di domanda e di offerta del mercato, il prezzo e la quantità d'equilibrio.

Ipotizzate ora che, a causa di un incremento nei redditi dei consumatori, la curva di domanda individuale passi a q = 14 – 2p e che, grazie a una nuova tecnologia produttiva, la nuova curva di offerta del mercato passi a: Q = 40.000 + 20.000 p.

b) Determinate il nuovo equilibrio.

🕮 Soluzioni

13.1. a)

Nel grafico sottostante viene rappresentato l'equilibrio iniziale:

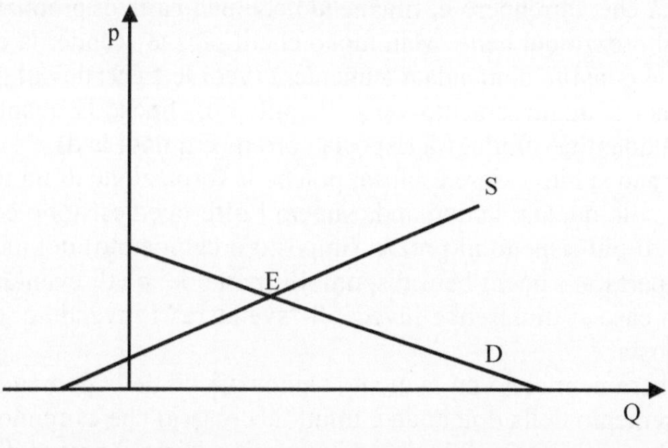

Partendo da questo grafico si può notare che qualsiasi spostamento della curva di domanda genererebbe variazioni dello stesso segno di Q e di p (un aumento o una diminuzione di entrambi). Non è quindi uno spostamento della domanda a poter generare il nuovo equilibrio. Le risposte b) c) e d) vanno pertanto escluse.

La risposta a) fa riferimento a una diminuzione dei costi di produzione. In questo caso la curva di offerta si sposta in basso e a destra; l'intersezione con la curva di domanda (inclinata negativamente) avverrà quindi in un punto caratterizzato da una quantità superiore e da un prezzo inferiore, il che corrisponde esattamente a quanto previsto dal quesito. La risposta corretta è quindi la a).

13.2. d)

La situazione è descritta nella figura sottostante:

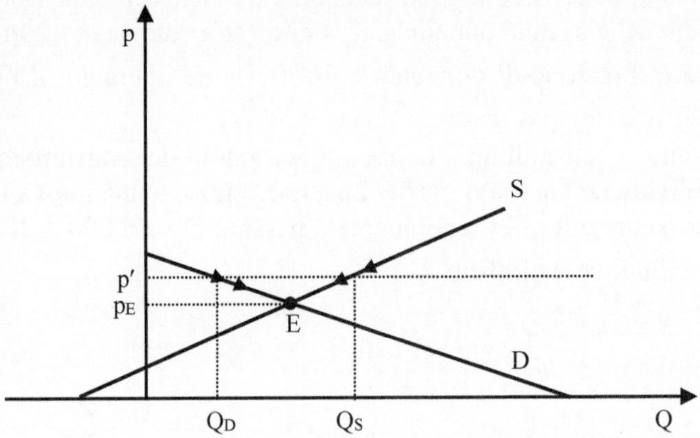

In presenza di un prezzo superiore al prezzo di equilibrio ($p' > p_E$ in figura) sul mercato si avrà un'eccedenza di offerta. Se il mercato può funzionare liberamente, tale eccedenza porterà a una diminuzione del prezzo: i produttori non riusciranno a vendere la quantità che vorrebbero e, rimanendo con una parte di produzione invenduta, ridurranno il prezzo del bene. Man mano che il prezzo scende, la quantità offerta diminuirà e la quantità domandata aumenterà (vedi le freccette sul grafico, che indicano il percorso di aggiustamento verso l'equilibrio), finché la quantità domandata uguaglierà la quantità offerta. La risposta corretta è quindi la d).

La risposta a) può subito essere esclusa, poiché la formazione di un mercato nero può verificarsi solo quando la domanda supera l'offerta ed esistono consumatori disposti a pagare di più rispetto al prezzo (imposto o calmierato) del mercato ufficiale, pur di accaparrarsi i pochi beni disponibili (parte dei quali eventualmente ricettati). In questo caso si tratterebbe invece di "svendere" l'invenduto, circostanza praticamente opposta.

Non si verificherà nemmeno un aumento "automatico" della domanda: affinchè si realizzi un incremento della domanda è infatti necessario che cambino i gusti dei consumatori o aumenti il prezzo di beni sostituti o diminuisca il prezzo di beni complementi o aumenti il numero dei consumatori ecc. In questo esercizio non si accenna ad alcuna di queste variazioni, cosicché anche l'opzione b) deve essere esclusa.

In modo analogo l'offerta non diminuisce subito in maniera automatica, ma solo in conseguenza della riduzione del prezzo che avvia il processo di aggiustamento. Anche la risposta c) deve quindi essere esclusa.

13.3. b)

Graficamente:

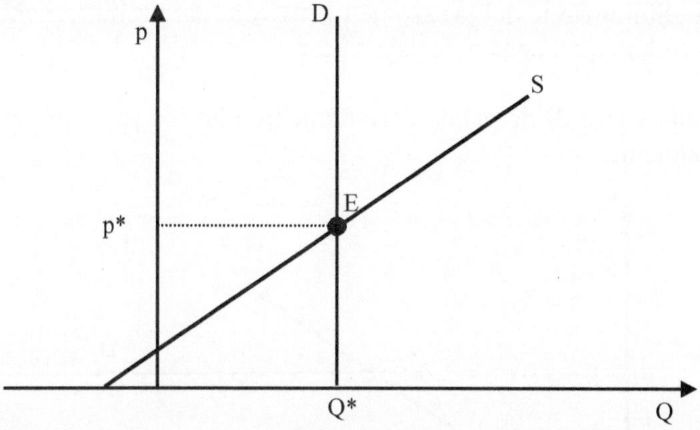

Qualunque sia la tassa, la quantità scambiata sarà sempre Q*. Per continuare a produrre questa quantità i venditori dovranno continuare a ricevere sempre lo stesso prezzo netto. La tassa sarà quindi pagata interamente dai consumatori che sono disposti a pagare qualunque prezzo per acquistare quel bene.

Si noti infatti che, essendo $\varepsilon_D = 0$, la frazione di traslazione (FT), ovvero la percentuale dell'imposta "traslata" sui consumatori risulterà pari a:

$$FT = \frac{\varepsilon_S}{\varepsilon_S - \varepsilon_D} = 1.$$

13.4. a) c)

Escludiamo subito la risposta b): nell'esercizio precedente si è infatti visto che, in presenza di una curva di domanda perfettamente inelastica, la tassa viene pagata interamente dai consumatori.

Se la curva di offerta è perfettamente inelastica si ha, invece, la situazione illustrata in figura:

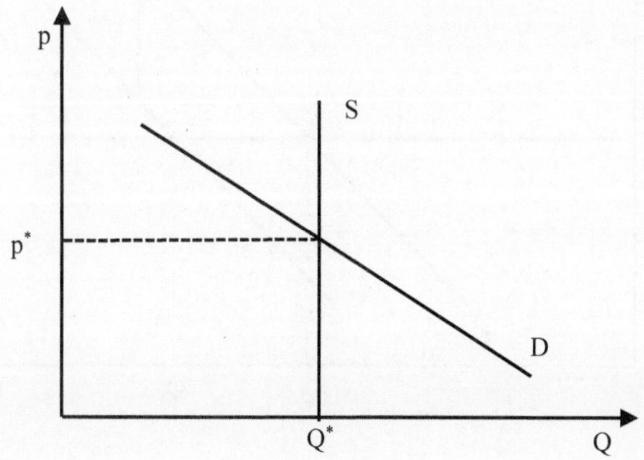

Qualunque sia la tassa, la quantità scambiata sarà sempre Q*. Per continuare ad acquistare questa quantità i consumatori dovranno continuare a pagare sempre lo stesso prezzo. Il prezzo da essi pagato, quindi, non varierà e la tassa si tradurrà interamente in una diminuzione del prezzo netto ricevuto dai produttori che sono invece disposti a vendere quel bene a qualsiasi prezzo.

Nel caso di una curva di domanda perfettamente elastica (cioè orizzontale), la situazione è la seguente:

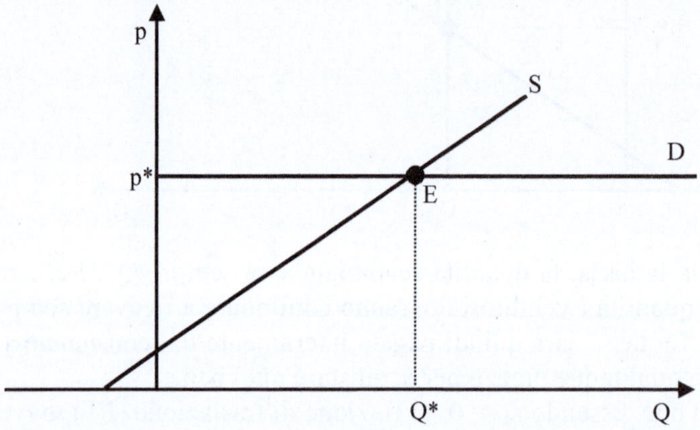

Anche in questo caso i consumatori non sono disposti a pagare un prezzo superiore a p* e la tassa viene interamente pagata dai produttori. Si noti che, in questo caso, la quantità scambiata sul mercato dopo l'imposizione della tassa diminuirà: a causa del maggior costo legato all'introduzione dell'imposta la curva di offerta si sposterà infatti verso sinistra.

Si veda il grafico seguente:

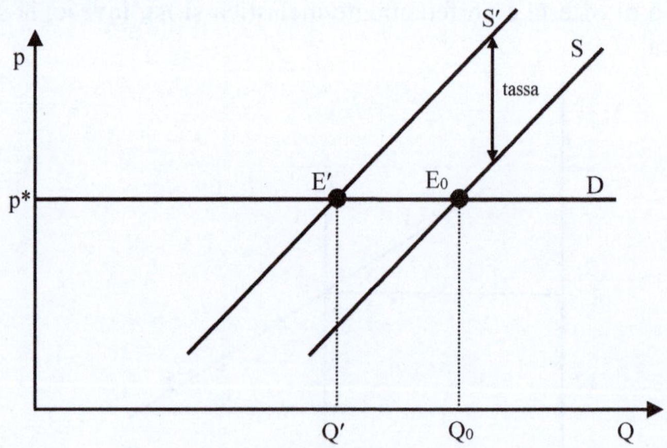

13.5. c)

La situazione è descritta nel grafico sottostante:

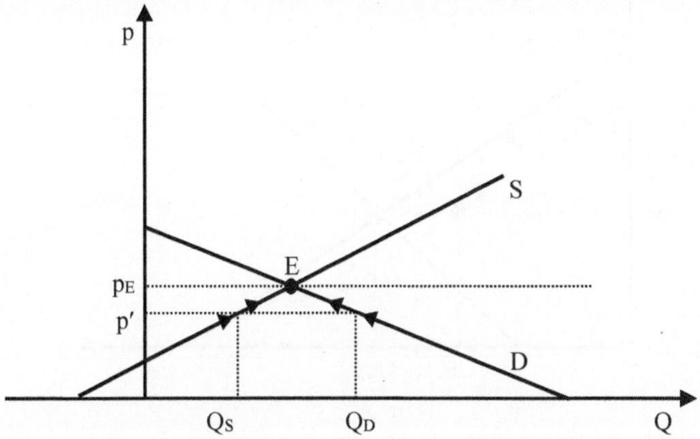

In presenza di un prezzo inferiore al prezzo di equilibrio ($p' < p_E$ in figura) sul mercato si avrà un'eccedenza di domanda. Se il mercato può funzionare liberamente, tale eccedenza porterà a un aumento del prezzo: i consumatori, non riuscendo ad acquistare la quantità che vorrebbero a quel prezzo, saranno disposti a farlo a un prezzo superiore. Man mano che il prezzo aumenta, la quantità domandata diminuirà e la quantità offerta aumenterà (vedi le freccette sul grafico, che indicano il percorso di aggiustamento verso l'equilibrio), finché la quantità domandata uguaglierà la quantità offerta. La risposta corretta è quindi la c).

L'offerta non aumenta subito in maniera automatica (in corrispondenza del prezzo p' le imprese desiderano produrre la quantità Q_S e non di più), ma solo in conseguenza dell'aumento del prezzo che avvia il processo di aggiustamento. La risposta a) deve quindi essere esclusa.

Non si verificherà nemmeno una riduzione "automatica" della domanda: affinchè si realizzi una riduzione della domanda è infatti necessario che cambino i gusti dei consumatori o diminuisca il prezzo di beni sostituti o aumenti il prezzo di beni complementi o diminuisca il numero dei consumatori ecc. In questo esercizio non si accenna ad alcuna di queste variazioni, cosicché anche l'opzione b) deve essere esclusa.

13.6. a)

Un aumento della domanda comporta uno spostamento della relativa curva verso destra, mentre l'introduzione di una tecnologia migliore, determinando una riduzione dei costi di produzione, determina uno spostamento verso destra della curva di offerta.

Graficamente la situazione è quindi quella descritta nella figura sottostante:

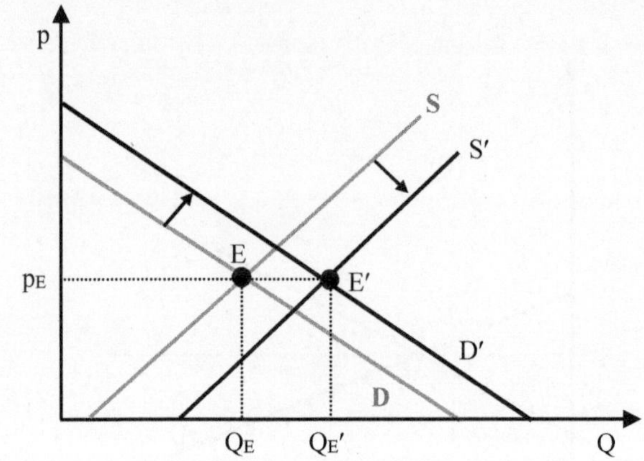

Mentre siamo sicuri che la quantità scambiata sul mercato aumenterà, non siamo in grado di dire con certezza come varierà il prezzo di equilibrio. Questo infatti aumenterà se lo spostamento della domanda risulta più ampio dello spostamento dell'offerta, diminuirà in caso contrario, mentre rimarrà costante (come rappresentato in figura) solo se i due spostamenti sono stati identici. La risposta corretta è quindi la a).

13.7. c)

Graficamente la situazione è quella descritta nella figura sottostante:

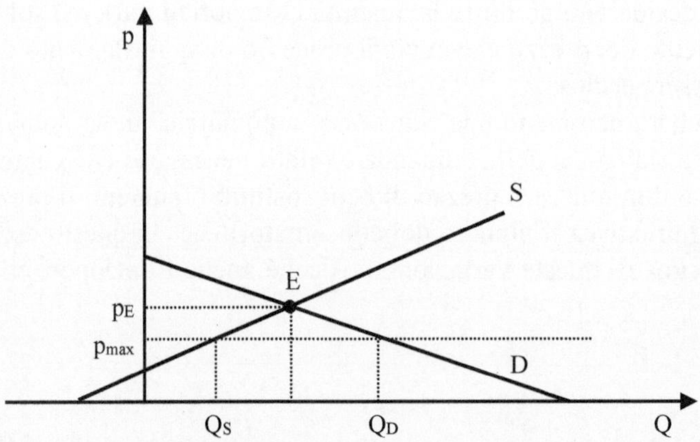

Se il prezzo massimo introdotto fosse stato superiore o uguale a quello di equilibrio, di fatto non si sarebbero avute conseguenze a livello di prezzo e quantità scambiata.

Qui però, essendo $p_{max} < p_E$, l'imposizione di questo prezzo massimo determina un nuovo equilibrio del mercato: in corrispondenza di p_{max} avremo, in particolare, un eccesso di domanda.

Ora, rispetto alla situazione senza imposizione di un prezzo massimo, essendo il prezzo ricevuto dai produttori diminuito, il loro surplus sicuramente diminuirà.

Quanto al surplus dei consumatori, non siamo invece in grado di dire con sicurezza se esso aumenterà o diminuirà in quanto, se è vero che il prezzo da essi pagato è ora inferiore, è anche vero che essi non potranno più acquistare tutta la quantità desiderata e questo potrebbe, in realtà, farli stare peggio.

Visto che il prezzo imposto genera un gap tra domanda e offerta, il consumo del bene sarà sicuramente in qualche modo razionato. Potrebbero così riuscire ad acquistare il bene i consumatori arrivati per primi (code) o preferiti dai venditori su base soggettiva (discriminazione). Si potrebbe poi anche formare un mercato nero, in cui il bene viene scambiato a prezzi più elevati. La risposta corretta è quindi la c).

13.8.

a) L'equilibrio del mercato si ha quando:

$$Q_D = Q_S$$

$$3.000 - 2p = -500 + 3p \rightarrow 3.500 = 5p \rightarrow p_E = 3.500/5 = 700.$$

La quantità di equilibrio Q_E può quindi essere ricavata indifferentemente dalla funzione di domanda o dalla funzione di offerta.

Per esempio: $Q_E = 3.000 - 2p_E = 3.000 - 2 \cdot 700 = 3.000 - 1.400 = 1.600$.

b) Graficamente:

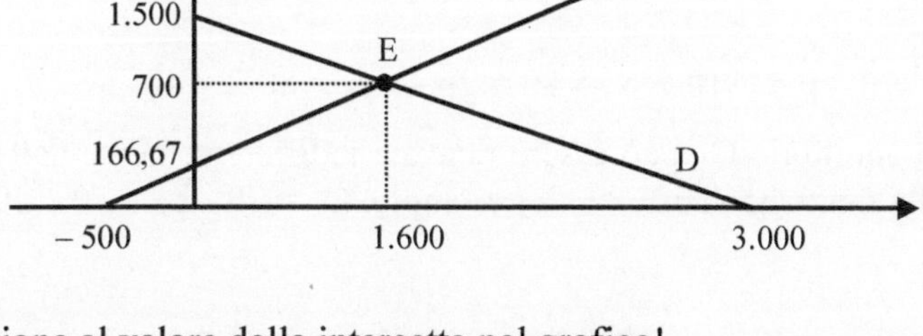

Attenzione al valore delle intercette nel grafico!

L'intercetta orizzontale della curva di domanda si trova ponendo p = 0 nella sua equazione: $Q_D = 3.000 - 2p = 3.000 - 2 \cdot 0 = 3.000$.

L'intercetta verticale della curva di domanda si trova ponendo Q = 0 nella sua equazione:

$$Q_D = 3.000 - 2p = 0 \rightarrow p = 3.000/2 = 1.500.$$

L'intercetta orizzontale della curva di offerta si trova ponendo p = 0 nella sua equazione:

$$Q_S = -500 + 3p = -500.$$

L'intercetta verticale della curva di offerta si trova ponendo Q = 0 nella sua equazione:

$$Q_S = -500 + 3p = 0 \rightarrow p = 500/3 = 166{,}67.$$

c) Dal grafico risulta chiaramente che sul mercato vi è offerta del bene per qualsiasi prezzo superiore a una data soglia ($p > 166{,}67$).

d) Essendo $p' = 500 < p_E$, in corrispondenza di p' avremo un eccesso di domanda.

La quantità domandata sarà infatti:

$Q'_D = 3.000 - 2p' = 3.000 - 2 \cdot 500 = 3.000 - - 1.000 = 2.000,$

mentre la quantità offerta sarà

$Q'_S = -500 + 3p' = -500 + 3 \cdot 500 = = -500 + 1.500 = 1.000.$

L'eccesso di domanda sarà quindi pari a: $Q'_D - Q'_S = 1.000$.

Essendo invece $p'' = 1.000 > p_E$, in corrispondenza di p'' avremo un eccesso di offerta.

La quantità domandata sarà infatti:

$$Q''_D = 3.000 - 2p'' = 3.000 - 2 \cdot 1.000 = 3.000 - 2.000 = 1.000,$$

mentre la quantità offerta sarà:

$$Q''_S = -500 + 3p'' = -500 + 3 \cdot 1.000 = -500 + 3.000 = 2.500.$$

L'eccesso di offerta sarà quindi pari a: $Q''_S - Q''_D = 1.500$.

13.9.

a) L'equilibrio del mercato si ha quando:

$$Q_D = Q_S$$

$$70 - p = -10 + p \rightarrow 80 = 2p \rightarrow p_E = 80/2 = 40.$$

La quantità di equilibrio Q_E può essere ricavata indifferentemente dalla funzione di domanda o dalla funzione di offerta. Per esempio: $Q_E = 70 - p_E = 70 - 40 = 30$.

b) Graficamente:

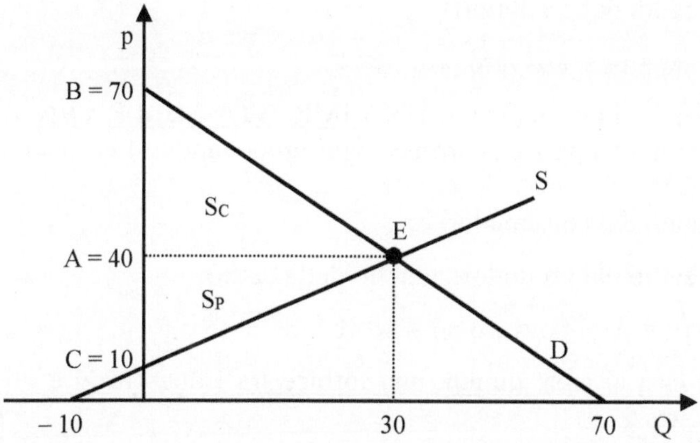

c) Il surplus del consumatore si calcola considerando la curva di domanda (che misura la disponibilità a pagare dei consumatori) e il prezzo pagato dai consumatori: il surplus è la differenza tra il prezzo che un consumatore è disposto a pagare e il prezzo effettivamente pagato e può essere calcolato come l'area compresa tra la curva di domanda e la retta del prezzo. Nel grafico il surplus del consumatore (S_C) è uguale all'area del triangolo ABE = $(30 \cdot 30)/2 = 450$.

Il surplus del produttore si calcola considerando la curva di offerta e il prezzo incassato dai produttori: il surplus è la differenza tra il prezzo minimo che un produttore è disposto ad accettare e il prezzo effettivamente incassato e può essere calcolato come l'area compresa tra la curva di offerta e la retta del prezzo. Nel grafico il surplus del produttore (S_P) è uguale all'area del triangolo CAE = $(30 \cdot 30)/2 = 450$.

Il surplus totale (S_{TOT}) è la somma del surplus del consumatore e del surplus del produttore. Per cui: $S_{TOT} = S_C + S_P = 450 + 450 = 900$.

13.10.

a) L'equilibrio del mercato si ha quando:

$$Q_D = Q_S$$

$$100 - 4p = 60 + p \rightarrow 40 = 5p \rightarrow p_E = 40/5 = 8.$$

La quantità di equilibrio Q_E può essere ricavata indifferentemente dalla funzione di domanda o dalla funzione di offerta. Per esempio: $Q_E = 60 + p_E = 60 + 8 = 68$.

b e c) Gli effetti sulla posizione di equilibrio di una imposta unitaria sono gli stessi sia che essa sia sugli acquisti sia che essa sia sulle vendite.

L'imposizione di una <u>IMPOSTA SUGLI ACQUISTI</u> (imposta versata dai consumatori pari a t euro per ogni unità acquistata) introduce una differenza tra

p_D (prezzo pagato dai consumatori comprensivo della tassa) e

p_S (prezzo ricevuto dai produttori).

In particolare $p_D = p_S + t$ ovvero $p_D - p_S = t$

In modo analogo l'imposizione di UNA IMPOSTA SULLE VENDITE (imposta versata dai produttori pari a t euro per ogni unità venduta) introduce una differenza tra

p_D (prezzo pagato dai consumatori) e

p_S (prezzo ricevuto dai produttori al netto della tassa).

In particolare $p_S = p_D - t$ ovvero $p_D - p_S = t$

In entrambi i casi si crea, quindi, una forbice tra i due prezzi e gli effetti sul mercato sono gli stessi.

Il comportamento dei consumatori sarà sempre determinato dal prezzo p_D da essi pagato (sia che questo venga corrisposto interamente ai produttori sia che venga corrisposto in parte ai produttori e in parte sotto forma di imposta):

$Q_D = Q_D(p_D)$ (LA QUANTITÀ DOMANDATA È FUNZIONE DI p_D).

Il comportamento dei produttori sarà sempre determinato dal prezzo p_S da essi ricevuto (al netto della tassa).

$Q_S = Q_S(p_S)$ (LA QUANTITÀ OFFERTA È FUNZIONE DI p_S).

In equilibrio si avrà poi, sempre, evidentemente: $\boldsymbol{Q_D = Q_S}$

Graficamente si ha quindi:

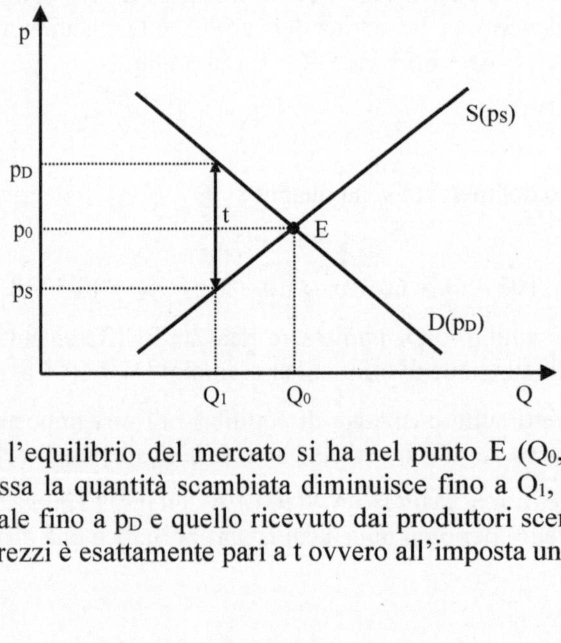

Senza la tassa l'equilibrio del mercato si ha nel punto E (Q_0, p_0); dopo l'imposizione della tassa la quantità scambiata diminuisce fino a Q_1, il prezzo pagato dai consumatori sale fino a p_D e quello ricevuto dai produttori scende fino a p_S. La forbice tra i due prezzi è esattamente pari a t ovvero all'imposta unitaria.

Con i dati di questo esercizio si ha pertanto:

(1) $p_D - p_S = t = 5$ ovvero $p_D = p_S + 5$;

(2) $Q_D = 100 - 4p_D$ (per i consumatori risulta rilevante p_D, ovvero il prezzo totale da essi corrisposto, comprensivo della tassa);

(3) $Q_S = 60 + p_S$ (per i produttori risulta rilevante p_S, ovvero il prezzo da essi ricevuto).

Il nuovo equilibrio del mercato si ha quando:

$$Q_D = Q_S$$

$$100 - 4p_D = 60 + p_S \quad \text{ovvero}$$

$$100 - 4 \cdot (p_S + 5) = 60 + p_S$$

$$80 - 4p_S = 60 + p_S \rightarrow 20 = 5p_S \rightarrow \mathbf{p_S = 20/5 = 4}$$

(prezzo netto ricevuto dai produttori)

e $\mathbf{p_D} = p_S + 5 = 4 + 5 = \mathbf{9}$ (prezzo pagato dai consumatori, non importa se tutto ai produttori o in parte ai produttori, in parte all'erario).

A questo punto la nuova quantità di equilibrio $Q_{E'}$ può essere ricavata indifferentemente dalla funzione di domanda o dalla funzione di offerta. Per esempio:

$Q_{E'} = 60 + p_{E'} = 60 + 4 = 64$.

Graficamente:

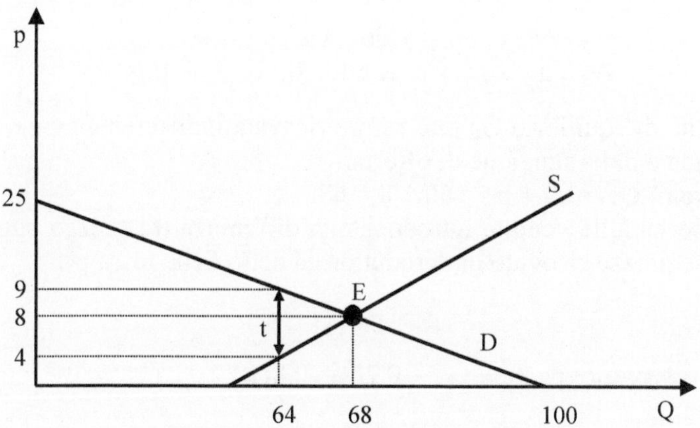

d) Il gettito fiscale è pari a $t \cdot Q_{E'} = 5 \cdot 64 = 320$.

La percentuale della tassa pagata dai consumatori (I_C) è:

$$I_C = \frac{9-8}{5} = \frac{1}{5} = 0{,}20, \text{ ovvero il } 20\%$$

mentre la percentuale della tassa pagata dai produttori (I_P) è sempre:

$$I_P = \frac{8-4}{5} = \frac{4}{5} = 0{,}80 \text{ ovvero l'80\%.}$$

Al fine di determinare la nuova configurazione di equilibrio del mercato il fatto che siano i consumatori a versare fisicamente l'imposta all'erario o piuttosto i produttori non ha alcuna rilevanza. L'incidenza della tassa sui consumatori e sui produttori è invece determinata dall'elasticità relativa delle loro funzioni di domanda e di offerta.

L'onere fiscale ricade più pesantemente sulla componente del mercato relativamente meno elastica ovvero meno sensibile alle variazioni di prezzo.

La frazione di traslazione (FT) ovvero la percentuale dell'imposta "traslata" sui consumatori è infatti pari a: $FT = \frac{\varepsilon_S}{\varepsilon_S - \varepsilon_D}$, dove ε_S e ε_D sono rispettivamente l'elasticità dell'offerta e della domanda.

Nel nostro caso: $FT = \frac{0{,}118}{0{,}118-(-0{,}471)}$ (*) $= 0{,}2 = 20\%$ che corrisponde a quanto è stato ottenuto poco fa.

13.11.

a) L'equilibrio del mercato si ha quando:

$$Q_D = Q_S$$

$$100 - 4p = 60 + p \rightarrow 40 = 5p \rightarrow \mathbf{p_E} = 40/5 = 8.$$

La quantità di equilibrio Q_E può essere ricavata indifferentemente dalla funzione di domanda o dalla funzione di offerta.

Per esempio: $\mathbf{Q_E} = 60 + p_E = 60 + 8 = \mathbf{68}$.

b) L'imposta sulle vendite introduce una differenza tra prezzo pagato dai consumatori p_D e prezzo ricevuto dai produttori al netto della tassa p_S:

$$p_S = p_D \cdot (1 - t).$$

In questo esercizio: $p_S = p_D \cdot (1 - 0{,}20) = 0{,}8p_D$.

Si ha quindi:

(1) $Q_D = 100 - 4p_D$ (per i consumatori risulta rilevante p_D, ovvero il prezzo da loro corrisposto);

(*) $\varepsilon_S = \frac{\Delta Q}{\Delta p} \cdot \frac{p}{Q} = -\frac{4}{4} \cdot \frac{8}{68} = 0{,}118$

$\varepsilon_D = \frac{\Delta Q}{\Delta p} \cdot \frac{p}{Q} = -\frac{4}{1} \cdot \frac{8}{68} = -0{,}471$

(2) $Q_S = 60 + p_S$ (per i produttori risulta rilevante p_S, ovvero il prezzo da essi ricevuto al netto della tassa);

(3) $p_S = 0{,}8p_D$.

Il nuovo equilibrio del mercato si ha quando:

$$Q_D = Q_S$$

$$100 - 4p_D = 60 + p_S \qquad \text{ovvero:}$$

$$100 - 4p_D = 60 + 0{,}8p_D \rightarrow 40 = 4{,}8p_D \rightarrow \mathbf{p_D} = 40/4{,}8 = \mathbf{8{,}33}$$

(prezzo pagato dai consumatori)

e $\mathbf{p_S} = 0{,}8p_D = \mathbf{6{,}67}$ (prezzo ricevuto dai produttori al netto della tassa).

La quantità di equilibrio $Q_{E'}$ può essere ricavata indifferentemente dalla funzione di domanda o dalla funzione di offerta. Per esempio: $Q_{E'} = 60 + p_S = 60 + 0{,}8\,p_{E'} = \mathbf{66{,}67}$.

Graficamente:

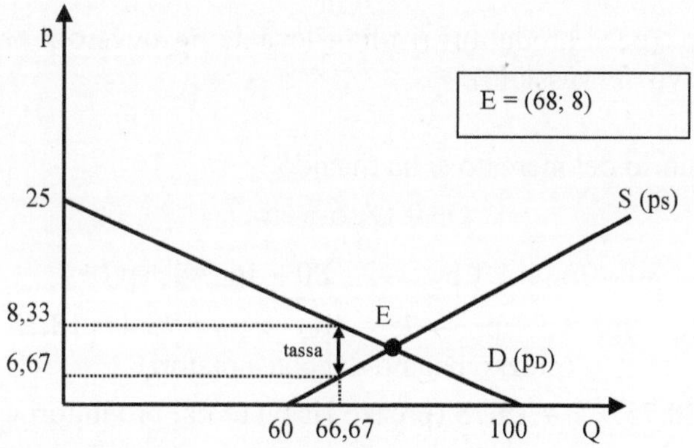

13.12.

Graficamente:

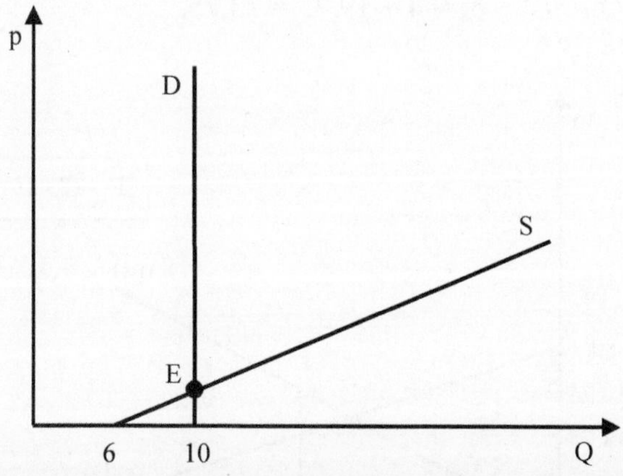

Qualunque sia la tassa, la quantità scambiata è sempre pari a 10. Per avere un gettito di 1.000 la tassa deve quindi essere t = 100 per unità di prodotto.

13.13.

a) L'equilibrio del mercato si ha quando:

$$Q_D = Q_S$$

$$80 - 3p = 4 + p \rightarrow 76 = 4p \rightarrow \mathbf{p_E = 19.}$$

La quantità di equilibrio Q_E può essere ricavata indifferentemente dalla funzione di domanda o dalla funzione di offerta. Per esempio: $\mathbf{Q_E} = 4 + p_E = 4 + 19 = \mathbf{23.}$

b) Il sussidio alla produzione introduce una differenza tra prezzo pagato dai consumatori p_D e prezzo ricevuto dai produttori comprensivo del sussidio p_S:

$$p_S = p_D + s.$$

In questo esercizio $p_S = p_D + 1$.

Si ha quindi:

(1) $Q_D = 80 - 3p_D$ (per i consumatori risulta rilevante p_D, ovvero il prezzo da loro corrisposto);

(2) $Q_S = 4 + p_S$ (per i produttori risulta rilevante p_S, ovvero il prezzo da essi ricevuto comprensivo del sussidio);

(3) $p_S = p_D + 1$.

Il nuovo equilibrio del mercato si ha quando:

$$Q_D = Q_S \text{ ovvero:}$$

$$80 - 3p_D = 4 + p_S \quad \rightarrow \quad 80 - 3p_D = 4 + p_D + 1$$

$$80 - 3p_D = 5 + p_D \rightarrow 75 = 4p_D \rightarrow \mathbf{p_D} = 75/4 = \mathbf{18{,}75}$$

(prezzo pagato dai consumatori)

e $\mathbf{p_S} = p_D + 1 = 18{,}75 + 1 = \mathbf{19{,}75}$ (prezzo ricevuto dai produttori comprensivo del sussidio).

La quantità di equilibrio $Q_{E'}$ può essere ricavata indifferentemente dalla funzione di domanda o dalla funzione di offerta.

Per esempio: $Q_{E'} = 4 + p_S = 4 + 19{,}75 = \mathbf{23{,}75}$.

Graficamente:

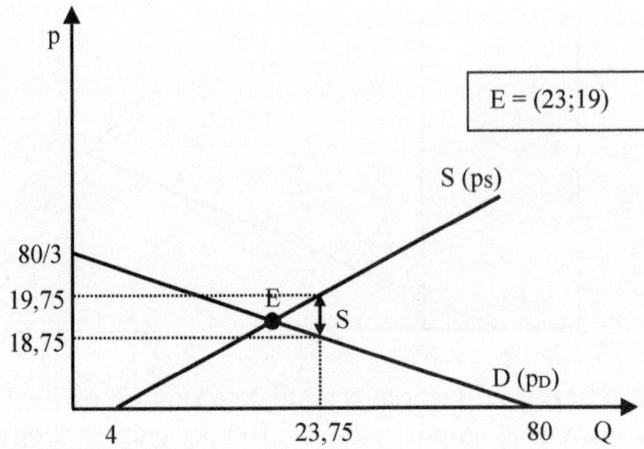

13.14.

Il sussidio alla produzione introduce nel mercato A una differenza tra prezzo pagato dai consumatori p_D e prezzo ricevuto dai produttori comprensivo del sussidio p_S:

$$p_S = p_D + s.$$

In questo esercizio: $p_S = p_D + 5$.

Si ha quindi:

(1) $Q_D^A = 100 - 3p_D$ (per i consumatori risulta rilevante p_D, ovvero il prezzo da loro corrisposto);

(2) $Q_S^A = -10 + 2p_S$ (per i produttori risulta rilevante p_S, ovvero il prezzo da essi ricevuto comprensivo del sussidio);

(3) $p_S = p_D + 5$.

Il nuovo equilibrio del mercato si ha quando:

$$Q_D^A = Q_S^A \quad \text{ovvero:}$$

$$100 - 3p_D = -10 + 2p_S \rightarrow 100 - 3p_D = -10 + 2(p_D + 5) \rightarrow$$

$$100 - 3p_D = -10 + 2p_D + 10 \rightarrow$$

$$100 - 3p_D = 2p_D \rightarrow 100 = 5p_D \rightarrow p_D = 100/5 = \mathbf{20 = p^A_D}$$

(prezzo pagato dai consumatori)

e $\mathbf{p^A_S} = p^A_D + 5 = 20 + 5 = \mathbf{25}$ (prezzo ricevuto dai produttori comprensivo del sussidio).

La quantità di equilibrio Q_E^A può essere ricavata indifferentemente dalla funzione di domanda o dalla funzione di offerta. Per esempio:
$\mathbf{Q^A_E} = -10 + 2p^A_S = -10 + 50 = \mathbf{40}$.

⇒ Esborso da parte dello Stato = $s \cdot Q_E^A = 5 \cdot 40 = 200$.

⇒ Quindi le tasse recuperate dal mercato B devono essere pari a 200.

L'imposta sulle vendite introduce nel mercato B una differenza tra prezzo pagato dai consumatori p_D e prezzo ricevuto dai produttori al netto della tassa p_S:

$$p_S = p_D - t.$$

Si ha quindi:

(1) $Q_D^B = 80 - p^B_D$ (per i consumatori risulta rilevante p_D, ovvero il prezzo da loro corrisposto);

(2) $Q_S^B = -40 + p^B_S$ (per i produttori risulta rilevante p_S, ovvero il prezzo da essi ricevuto al netto della tassa);

(3) $p^B_S = p^B_D - t$.

Il nuovo equilibrio di mercato si ha quando:

$$Q^B{}_D = Q^B{}_S \text{ ovvero:}$$

$$80 - p^B{}_D = -40 + p^B{}_S \rightarrow 80 - p^B{}_D = -40 + p^B{}_D - t \rightarrow$$

$$120 + t = 2p^B{}_D \rightarrow p^B_D = \frac{120+t}{2} = 60 + \frac{t}{2}$$

La nuova quantità di equilibrio sarà quindi (sostituisco $p^B{}_D$ nella funzione di domanda):

$$Q^B{}_{E'} = 80 - p^B{}_D = 80 - 60 - t/2 = 20 - t/2. \qquad (1)$$

Ora, però, dal momento che si deve ricavare un gettito pari a 200 (è questo l'esborso per sussidi sul mercato A) si deve anche avere:

$$t \cdot Q^B{}_{E'} = 200 \text{ ovvero } Q^B{}_{E'} = 200/t. \qquad (2)$$

La tassa unitaria t può essere pertanto ricavata eguagliando (1) e (2):

$$20 - \frac{t}{2} = \frac{200}{t} \rightarrow 20t - \frac{t^2}{2} - 200 = 0$$

ovvero: $\frac{t^2}{2} - 20t + 200 = 0$

$$t^2 - 40t + 400 = 0, \quad \text{da cui:}$$

$$t_{1,2} = \frac{-b \pm \sqrt{b^2 - 4ac}}{2a} = \frac{40 \pm \sqrt{40^2 - 4(400)}}{2} = \frac{40 \pm \sqrt{1600 - 1600}}{2} = \frac{40}{2} = 20.$$

➔ Per finanziare in pareggio il sussidio alla produzione del bene A, nel mercato del bene B deve quindi essere introdotta un'imposta unitaria pari a 20.

Sebbene non richiesto dall'esercizio, si noti che la quantità venduta del bene B sarà:

$$Q^B{}_{E'} = 200/t = 200/20 = 10.$$

Il prezzo pagato dai consumatori sul mercato B sarà quindi:

$p^B_D = 60 + t/2 = 60 + 10 = 70$, mentre quello ricevuto dai venditori al netto della tassa sarà: $p^B_S = 70 - 20 = = 50$.

I 20 euro di differenza tra i due prezzi ($P_D - P_S$), moltiplicati per la quantità prodotta ($Q^B{}_{E'} = 10$), danno i 200 euro di tasse che lo Stato incassa dalla vendita del bene B per finanziare il sussidio al bene A, lasciando il bilancio in pareggio.

13.15.

Graficamente:

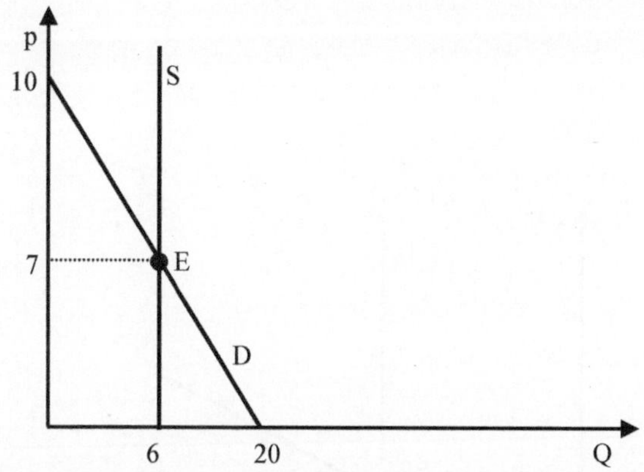

Qualunque sia la tassa, la quantità scambiata sarà sempre pari a 6; il prezzo pagato dai consumatori sempre $p_D = 7$ (questo è il prezzo che i consumatori sono disposti a pagare per acquistare 6 unità del bene), mentre quello ricevuto dai venditori al netto della tassa sarà $p_S = 7 - t$ (quindi, con $t = 2$, $p_S = 5$). L'onere della tassa ricadrà quindi unicamente sui venditori.

Il gettito fiscale sarà pari a: $t \cdot Q = 2 \cdot 6 = 12$.

13.16.

Graficamente:

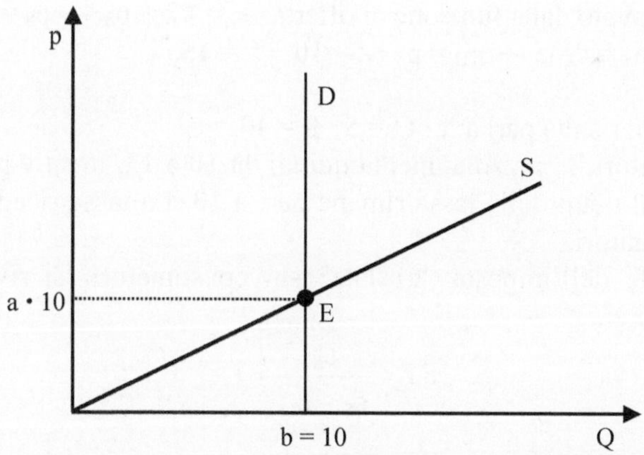

Qualunque sia il sussidio, la quantità scambiata sarà sempre pari a b. Visto che l'esercizio ci dice che $Q_{E'} = 10$ si deduce immediatamente che $b = 10$. Il prezzo p_S ricevuto dai venditori (comprensivo di sussidio) sarà quindi sempre pari a:

$p_S = a \cdot Q_{E'} = a \cdot 10$ (questo è il prezzo che i venditori richiedono per produrre quella quantità).

Con $p_D = 10$ e $s = 5$, essendo $p_S = p_D + s \rightarrow p_S = p_D + s = 10 + 5 = 15$.

Si ha quindi: $15 = a \cdot 10$ da cui si deduce che: $a = 15/10 = 1{,}5$.

13.17.

Graficamente:

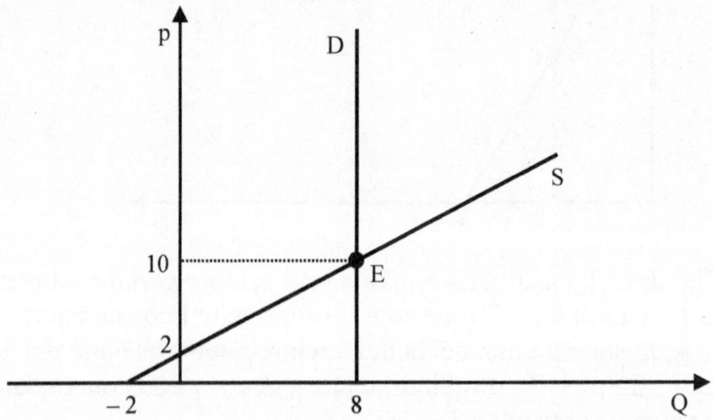

Qualunque sia la tassa, la quantità scambiata sarà sempre pari a 8; per continuare a produrre questa quantità i venditori richiederanno sempre lo stesso prezzo netto p_S:

$$\mathbf{p_S} = Q + 2 = 8 + 2 = \mathbf{10}$$

(l'abbiamo ricavato dalla funzione di offerta $Q_S = -2 + p_S \rightarrow p_S = Q_S + 2$).
Essendo $p_D - p_S = t = 5 \rightarrow \mathbf{p_D} = p_S + 5 = 10 + 5 = \mathbf{15}$.

Il gettito fiscale risulta pari a: $t \cdot Q = 5 \cdot 8 = 40$.
Per i consumatori il prezzo aumenta quindi da 10 a 15, mentre per i venditori il prezzo ricevuto al netto della tassa rimane pari a 10. La tassa ricade quindi unicamente sui consumatori.

La percentuale dell'imposta "traslata" sui consumatori (si riveda l'esercizio 13.10) risulta pari a:

$$FT = \frac{\varepsilon_S}{\varepsilon_S - \varepsilon_D} = 1.$$

13.18.

a) L'equilibrio del mercato si ha quando:

$$Q_D = Q_S$$

$$100 - p = -20 + 2p \rightarrow 120 = 3p \rightarrow p_E = 120/3 = 40.$$

La quantità di equilibrio Q_E può essere ricavata indifferentemente dalla funzione di domanda o dalla funzione di offerta. Per esempio: $Q_E = 100 - p_E = 100 - 40 = 60$.

Graficamente:

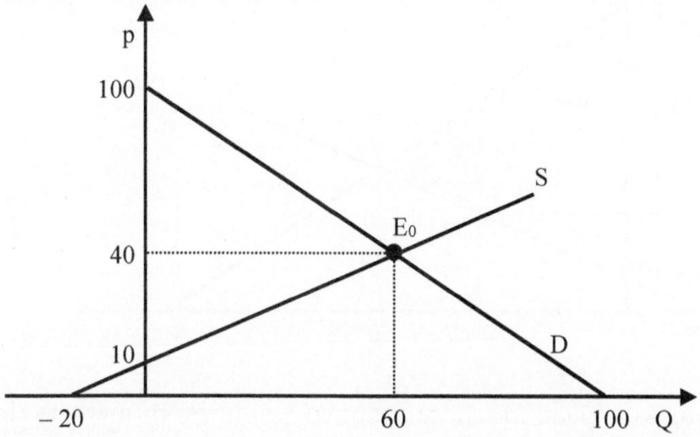

b) La tassa t = 20 introduce una forbice tra p_D e p_S, per cui: $p_D - p_S = t = 20$.

Si ha quindi:

(1) $Q_D = 100 - p_D$ (per i consumatori risulta rilevante p_D, ovvero il prezzo da loro corrisposto);

(2) $Q_S = -20 + 2p_S$ (per i produttori risulta rilevante p_S, ovvero il prezzo da essi ricevuto al netto della tassa);

(3) $p_D = p_S + 20$.

Il nuovo equilibrio del mercato si ha quando:

$$Q_D = Q_S$$

$$100 - p_D = -20 + 2p_S \qquad \text{ovvero:}$$

$$100 - p_S - 20 = -20 + 2p_S \rightarrow 100 = 3p_S$$

$$\rightarrow \mathbf{p_S = 100/3 = 33{,}33}$$

(prezzo netto ricevuto dai venditori)

e $\mathbf{p_D} = p_S + 20 = \mathbf{53{,}33}$ (prezzo pagato dai consumatori).

La nuova quantità di equilibrio Q_E' può essere ricavata indifferentemente dalla funzione di domanda o dalla funzione di offerta. Per esempio:

$Q_{E'} = 100 - p_D = 100 - 53{,}33 = \mathbf{46{,}67}$.

Graficamente

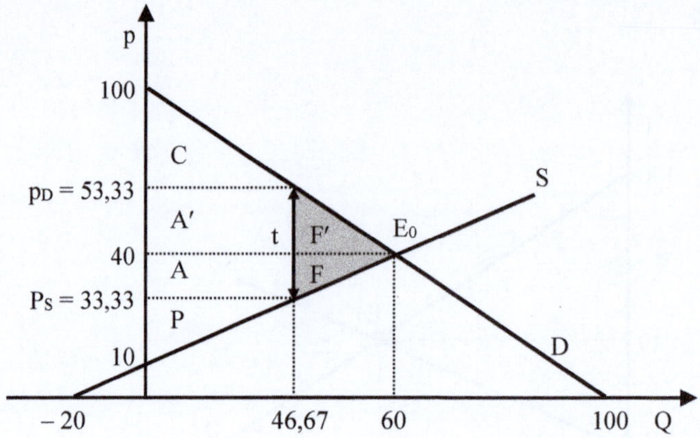

Si noti che quello appena trovato è il nuovo equilibrio di mercato, indipendentemente dal fatto che la tassa sia stata versata fisicamente dai produttori o dai consumatori.

Rispetto alla situazione senza tassa, essendo il prezzo corrisposto dai consumatori aumentato, il loro surplus diminuirà; diminuirà anche il surplus dei produttori, essendo il prezzo (netto) da essi ricevuto diminuito. In termini globali, tenuto anche conto delle maggiori entrate fiscali, si osserverà una perdita di benessere.

Più in dettaglio si ha la seguente situazione:

Surplus consumatori:

Era pari a: C + A′ + F′.
Ora è pari a C.
I consumatori perdono perciò A′ e F′ → $\Delta S_C = - A' - F'$.

Surplus produttori:

Era pari a P + A + F.
Ora è pari a P.
I produttori perdono perciò A e F → $\Delta S_P = - A - F$.

Si noti inoltre che con la tassa si hanno **maggiori entrate fiscali** pari a: + A + A′ (rettangolo con base pari alla quantità prodotta e altezza pari alla tassa introdotta).

➔ La variazione del surplus totale è quindi pari a:

$\Delta S_{TOT} = - A' - F' - A - F + A + A' = - F' - F$.

È questa, quindi, la **perdita di benessere per la collettività** (area evidenziata in grigio in figura).

In questo esercizio tale area è pari a: $\dfrac{(60 - 46{,}67) \cdot 20}{2} = \dfrac{13{,}33 \cdot 20}{2} = 133{,}3.$

13.19.

a) L'equilibrio del mercato si ha quando:

$$Q_D = Q_S$$

$$80 - p = 3p \rightarrow 80 = 4p \rightarrow p_E = 80/4 = 20.$$

La quantità di equilibrio Q_E può essere ricavata indifferentemente dalla funzione di domanda o dalla funzione di offerta. Per esempio: $Q_E = 80 - p_E = 80 - 20 = 60$.

Graficamente:

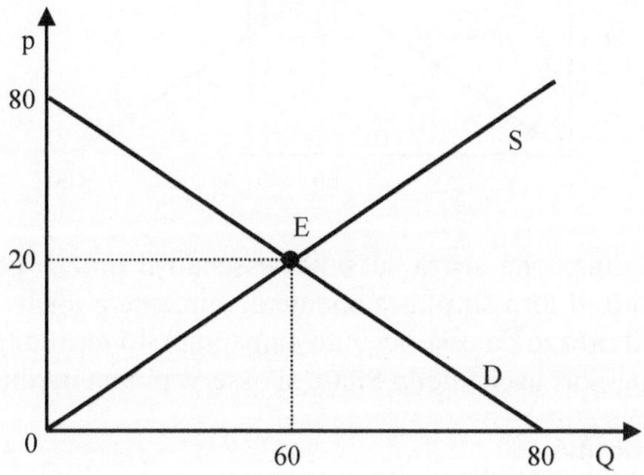

b) Il sussidio introduce una forbice tra p_D e p_S, per cui: $p_S - p_D = s = 10$.

Si ha quindi:

(1) $Q_D = 80 - p_D$ (per i consumatori risulta rilevante p_D, ovvero il prezzo da loro corrisposto);

(2) $Q_S = 3p_S$ (per i produttori risulta rilevante p_S, ovvero il prezzo da essi ricevuto comprensivo del sussidio);

(3) $p_S = p_D + 10$.

Il nuovo equilibrio del mercato si ha quando:

$$Q_D = Q_S \qquad \text{ovvero:}$$

$$80 - p_D = 3p_S \rightarrow 80 - p_D = 3(p_D + 10)$$

$$80 - p_D = 3p_D + 30 \rightarrow 50 = 4p_D \rightarrow \mathbf{p_D = 50/4 = 12{,}5}$$

(prezzo pagato dai consumatori)

e $\mathbf{p_S} = p_D + 10 = 12{,}5 + 10 = \mathbf{22{,}5}$ (prezzo ricevuto dai produttori comprensivo del sussidio).

La nuova quantità di equilibrio $Q_{E'}$ può essere ricavata indifferentemente dalla funzione di domanda o dalla funzione di offerta.

Per esempio: $Q_{E'} = 3 \cdot p_S = 3 \cdot 22{,}5 = \mathbf{67{,}5}$.
Graficamente:

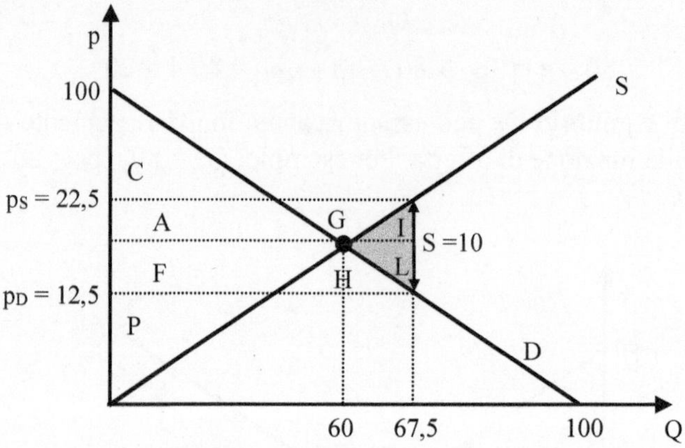

Rispetto alla situazione senza sussidio, essendo il prezzo corrisposto dai consumatori diminuito, il loro surplus aumenterà; aumenterà anche il surplus dei produttori, essendo il prezzo da essi ricevuto aumentato. In termini globali, però, tenuto conto delle maggiori uscite dello Stato, si osserverà una perdita di benessere.

Surplus consumatori:

Era pari a: C + A.
Ora è pari a: C + A + F + H.
I consumatori guadagnano perciò: F e H $\rightarrow \Delta S_C = + F + H$.

Surplus produttori:

Era pari a P + F.
Ora è pari a: P + F + A + G.
I produttori guadagnano perciò A e G $\rightarrow \Delta S_P = + A + G$.

Si noti inoltre che con il sussidio si hanno **maggiori uscite per lo Stato** pari a: A + G + I + F + H + L (rettangolo con base uguale alla quantità prodotta e altezza pari al sussidio ricevuto).

➔ La variazione del surplus totale è quindi pari a:

$\Delta S_{TOT} = + F + H + A + G - A - G - I - F - H - L = - I - L$.

È questa, quindi, la **perdita di benessere per la collettività** (area evidenziata in grigio in figura).

In questo esercizio tale area è pari a: $\dfrac{(67{,}5 - 60) \cdot 10}{2} = \dfrac{75}{2} = 37{,}5$.

13.20.

Per aumento dell'offerta si intende un aumento della quantità offerta per ogni dato prezzo; graficamente si ha uno spostamento della curva di offerta verso destra ($S \rightarrow S'$).

Caso generale:

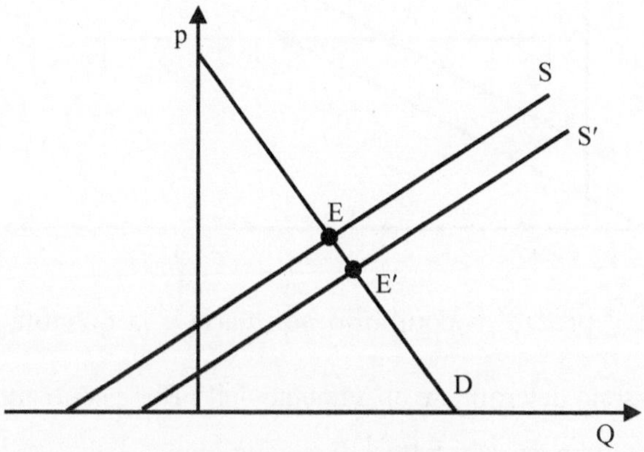

Come si vede dal grafico, l'equilibrio passa da E a E′ con un aumento di Q_E e una riduzione di p_E.

Caso particolare: domanda perfettamente rigida

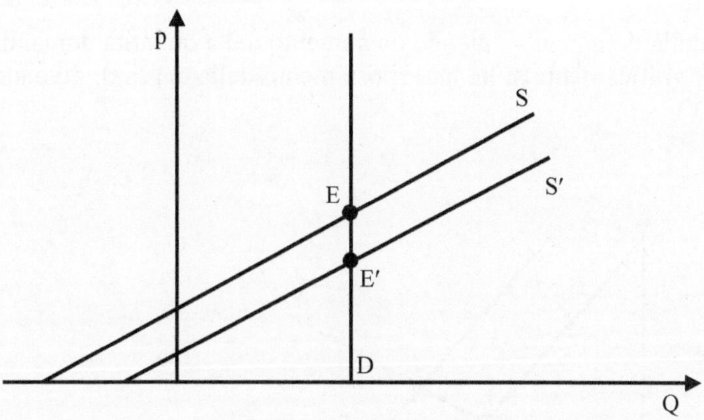

In questo caso il prezzo di equilibrio diminuisce e la quantità di equilibrio non varia.

Caso particolare: domanda perfettamente elastica

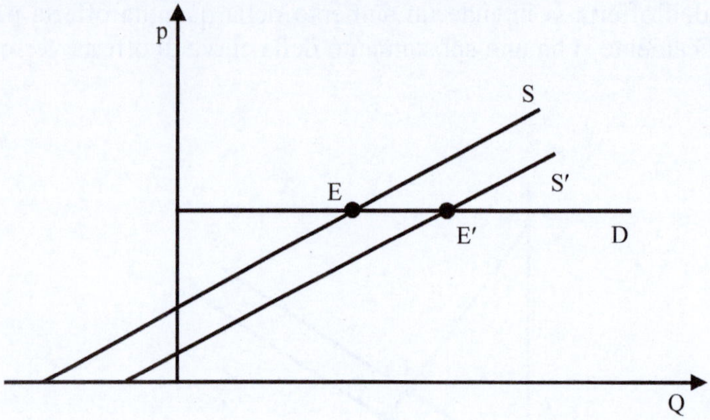

In questo caso il prezzo di equilibrio non varia e la quantità di equilibrio aumenta.

I fattori che possono determinare un aumento dell'offerta sono numerosi, tra cui:

– una riduzione del costo dei fattori di produzione;
– un miglioramento tecnologico;
– un aumento del numero dei venditori.

13.21.

Per aumento della domanda si intende un aumento della quantità domandata per ogni dato prezzo; graficamente si ha uno spostamento della curva di domanda verso destra (D → D′).

Caso generale:

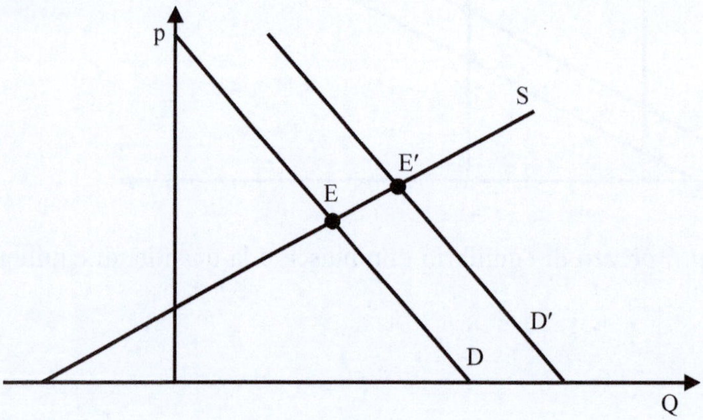

Come si vede dal grafico, l'equilibrio passa da E a E′ con un aumento sia di p_E che di Q_E.

Caso particolare: offerta perfettamente rigida

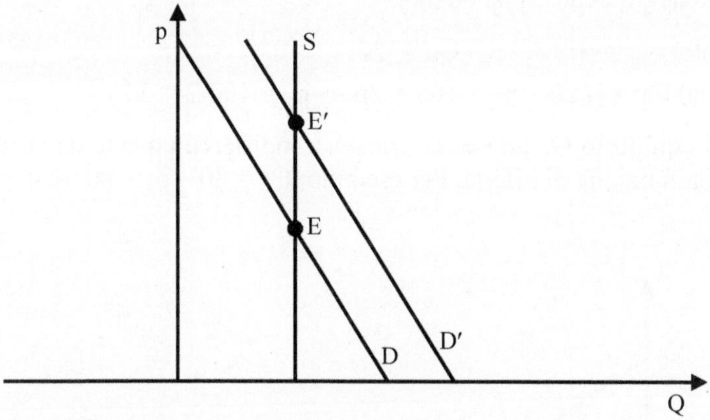

In questo caso il prezzo di equilibrio aumenta e la quantità di equilibrio non varia.

Caso particolare: offerta perfettamente elastica

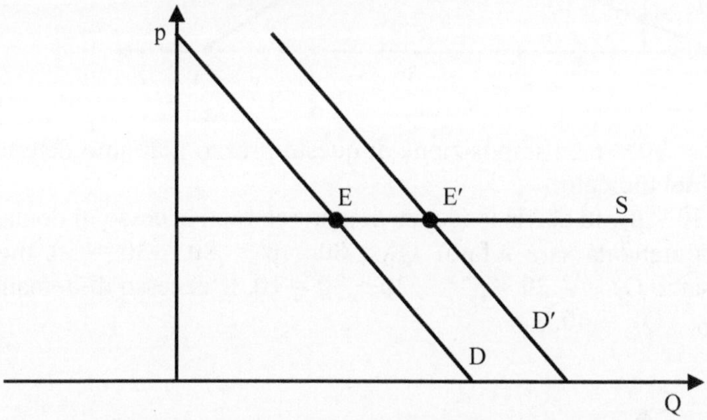

In questo caso il prezzo di equilibrio non varia e la quantità di equilibrio aumenta.
I fattori che possono determinare un aumento della domanda sono numerosi:

– aumento del reddito dei consumatori (se il bene è normale);
– aumento del numero dei consumatori;
– aumento del prezzo dei beni sostituti;
– riduzione del prezzo dei beni complementi;
– variazione delle preferenze dei consumatori.

13.22.

a) L'equilibrio del mercato si ha quando:

$$Q_D = Q_S$$

$$80 - p = -20 + p \rightarrow 100 = 2p \rightarrow p_E = 100/2 = 50.$$

La quantità di equilibrio Q_E può essere ricavata indifferentemente dalla funzione di domanda o dalla funzione di offerta. Per esempio: $Q_E = 80 - p_E = 80 - 50 = 30$.

Graficamente:

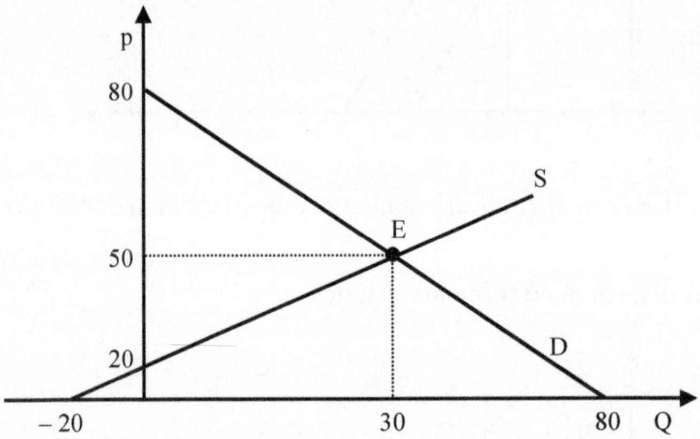

b) Essendo $p' = 30 < p_E$, l'imposizione di questo prezzo massimo determina un nuovo equilibrio del mercato.

Essendo $p' = 30 < p_E$, in corrispondenza di p′ avremo un eccesso di domanda.

La quantità domandata sarà infatti: $Q'_D = 80 - p' = 80 - 30 = 50$, mentre la quantità offerta sarà: $Q'_S = -20 + p' = -20 + 30 = 10$. L'eccesso di domanda sarà quindi pari a: $Q'_D - Q'_S = 40$.

Graficamente:

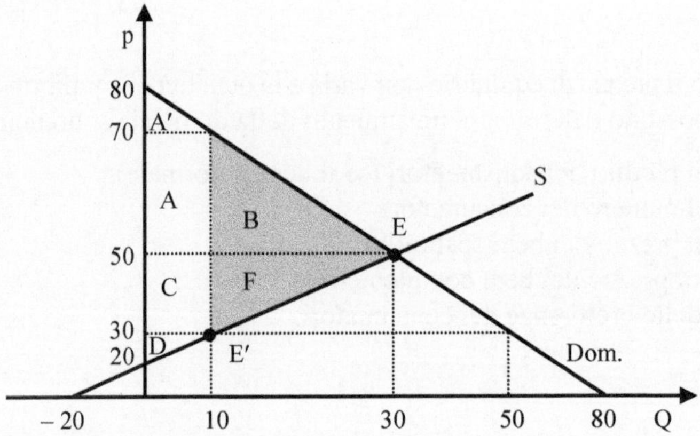

Quindi al prezzo $p' = 30$ potrà essere acquistata la quantità $Q' = 10$ (l'equilibrio è allora nel punto E').

c) Rispetto alla situazione senza imposizione di un prezzo massimo, essendo il prezzo ricevuto dai produttori diminuito, il loro surplus diminuirà.

La variazione del surplus del consumatore dipende invece da chi riesce ad acquistare le 10 unità ancora vendute nella situazione finale: se le 10 unità vendute vengono acquistate dai consumatori con la più alta disponibilità a pagare o se le 10 unità vendute vengono acquistate dai consumatori con la più bassa disponibilità a pagare (o un caso intermedio).

Nel primo caso, dopo l'imposizione del prezzo massimo, il surplus dei consumatori sarà il più alto possibile; nel secondo caso, invece, il surplus dei consumatori sarà il più basso possibile.

Qui di seguito analizziamo il primo caso.

A livello di benessere globale si riscontra comunque una perdita che risulta minima nel caso analizzato.

I CASO: le 10 unità vendute vengono acquistate dai consumatori con la più alta disponibilità a pagare

Surplus consumatori:

Era pari a: A' + A + B.
Ora è pari a: A' + A + C.

$\Rightarrow$ I consumatori guadagnano perciò C e perdono B $\rightarrow \Delta S_C = + C - B$.

Surplus produttori:

Era pari a: D + C + F.
Ora è pari a D.

$\Rightarrow$ I produttori perdono perciò C e F $\rightarrow \Delta S_P = - C - F$.

➔ La variazione del surplus totale è quindi paria a $\Delta S_{TOT} = + C - B - C - F = - B - F$.

È questa, quindi, la **perdita di benessere per la collettività qualora questa sia minimizzata** (area evidenziata in grigio in figura).

In questo esercizio tale area è pari a: $\dfrac{(30-10)\cdot(70-30)}{2} = \dfrac{20\cdot 40}{2} = 400$.

13.23.

a) L'equilibrio del mercato si ha quando:

$$Q_D = Q_S$$

$$46 - p = -2 + 2p \rightarrow 48 = 3p \rightarrow p_E = 48/3 = 16.$$

La quantità di equilibrio Q_E può essere ricavata indifferentemente dalla funzione di domanda o dalla funzione di offerta. Per esempio: $Q_E = 46 - p_E = 46 - 16 = 30$.

Graficamente:

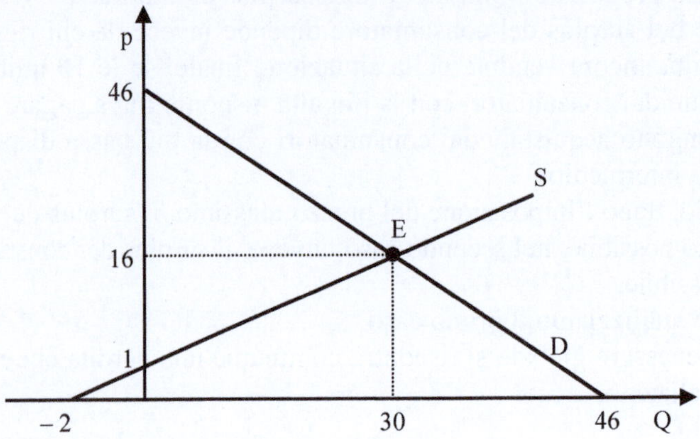

b) Essendo $p' = 20 > p_E$, l'imposizione di questo prezzo minimo determina un nuovo equilibrio del mercato.

Essendo $p' = 20 > p_E$, in corrispondenza di p' avremo un eccesso di offerta.

La quantità domandata sarà infatti: $Q'_D = 46 - p' = 46 - 20 = 26$, mentre la quantità offerta sarà: $Q'_S = -2 + 2p' = -2 + 40 = 38$.

L'eccesso di offerta sarà quindi pari a: $Q'_S - Q'_D = 12$.

Graficamente:

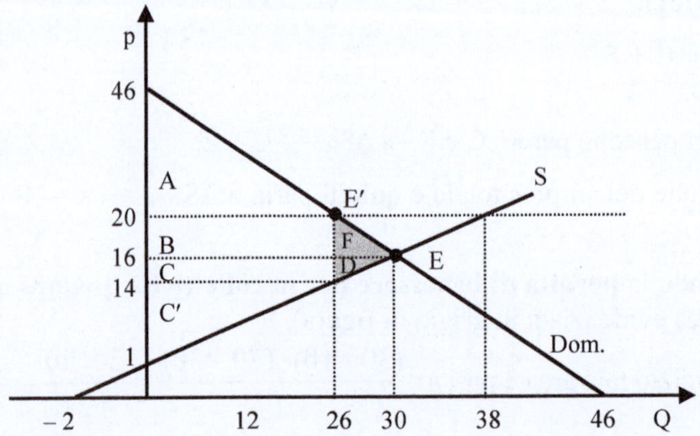

Quindi al prezzo $p' = 20$ verrà acquistata la quantità $Q' = 26$ (l'equilibrio è allora nel punto E′).

c) Rispetto alla situazione senza imposizione di un prezzo minimo, essendo il prezzo pagato dai consumatori aumentato, il loro surplus diminuirà.

La variazione del surplus dei produttori dipende invece da chi produce le 26 unità vendute nell'equilibrio finale: se le 26 unità vendute vengono prodotte dai produttori con i costi più bassi o se le 26 unità vendute vengono prodotte dai produttori con i costi più alti (o un caso intermedio).

Nel primo caso, dopo l'imposizione del prezzo minimo, il surplus dei produttori sarà il più alto possibile; nel secondo caso, invece, il surplus dei produttori sarà il più basso possibile.

Qui di seguito analizziamo il primo caso.

A livello di benessere globale si riscontra comunque una perdita che risulta minima nel caso esaminato.

I CASO: le 26 unità vendute vengono prodotte dai produttori con i costi più bassi

Surplus consumatori:

Era pari a: A + B + F.
Ora è pari ad A.

⇒ I consumatori perdono perciò B e F → $\Delta S_C = -B - F$.

Surplus produttori:

Era pari a: C′ + C + D.
Ora è pari a C′ + C + B.

⇒ I produttori perdono perciò D e guadagnano B → $\Delta S_P = -D + B$.

➔ La variazione del surplus totale è quindi paria a:

$\Delta S_{TOT} = -B - F - D + B = = -F - D$.

È questa, quindi, la **perdita di benessere per la collettività qualora questa sia minimizzata** (area evidenziata in grigio in figura).

In questo esercizio tale area è pari a: $\dfrac{(30-26)\cdot(20-14)}{2} = \dfrac{4\cdot 6}{2} = 12$.

d) Con $p'' = 10 < p_E$ l'imposizione di questo prezzo minimo non determina un nuovo equilibrio del mercato. Tutto rimane invariato. Non vi è quindi alcuna perdita di benessere.

13.24.

a) L'equilibrio del mercato si ha quando:

$$Q_D = Q_S$$

$$30 - p = -3 + 2p \rightarrow 33 = 3p \rightarrow p_E = 33/3 = 11.$$

La quantità di equilibrio Q_E può essere ricavata indifferentemente dalla funzione di domanda o dalla funzione di offerta.

Per esempio: $Q_E = 30 - p_E = 30 - 11 = 19$.

Graficamente:

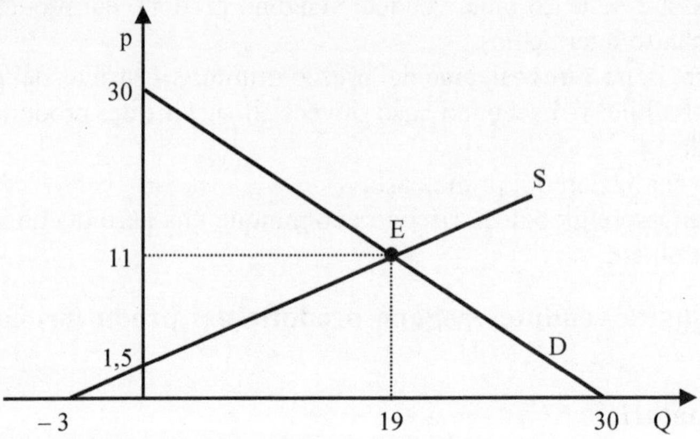

b) Nel caso in cui sia disponibile un'offerta estera del bene al prezzo $p' = 5$, il nuovo prezzo sul mercato diventerà quello del bene prodotto all'estero. In corrispondenza di $p' = 5$, avremo:

$$Q_D = 30 - p' = 30 - 5 = 25 \quad \text{e} \quad Q_S = -3 + 2p' = -3 + 10 = 7.$$

La domanda interna, pari a 25, sarà cioè soddisfatta per 7 unità dall'offerta interna e per 18 unità dalle importazioni.

Graficamente:

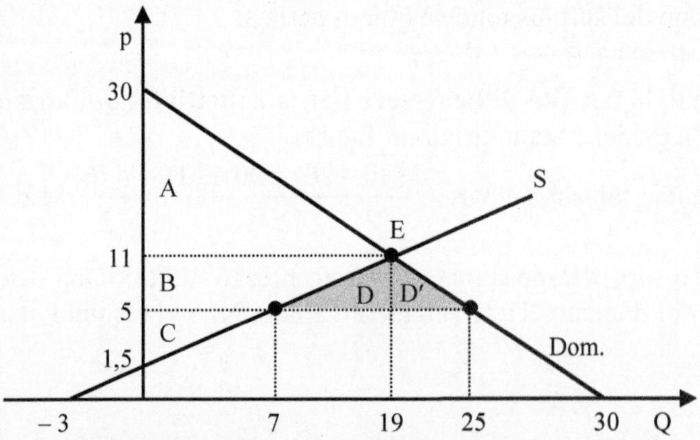

c) Essendo il prezzo diminuito, il surplus dei consumatori aumenterà, mentre quello dei produttori diminuirà. In termini globali, comunque, il commercio internazionale fa aumentare il benessere totale della nazione.

Verifichiamolo in questo esercizio.

Surplus consumatori:

Era pari ad A.

Ora è pari a: A + B + D + D′.

⇒ I consumatori guadagnano perciò B, D e D′ → $\Delta S_C = + B + D + D'$.

Surplus produttori:

Era pari a: C + B.

Ora è pari a C.

⇒ I produttori perdono perciò B → $\Delta S_P = - B$.

➔ La variazione del surplus totale è quindi pari a:

$\Delta S_{TOT} = + B + D + D' - B = = + D + D'$.

È questo, quindi, il **guadagno di benessere per la collettività derivante dal commercio internazionale** (area evidenziata in grigio in figura).

In questo esercizio tale area è pari a: $\dfrac{(25-7)\cdot(11-5)}{2} = \dfrac{18\cdot 6}{2} = 54.$

d) Se viene introdotto un dazio d = 1 per ogni unità del bene importata, allora la nuova curva di offerta estera diverrà p″ = 5 + 1 = 6.

Rispetto alla situazione senza dazio avremo adesso una domanda minore ($Q_D = = 30 - p'' = 30 - 6 = 24$), una offerta maggiore ($Q_S = - 3 + 2p'' = - 3 + 12 = 9$) e quindi minori importazioni.

La domanda interna, pari a 24, sarà soddisfatta per 9 unità dall'offerta interna e per 15 unità dalle importazioni.

Graficamente:

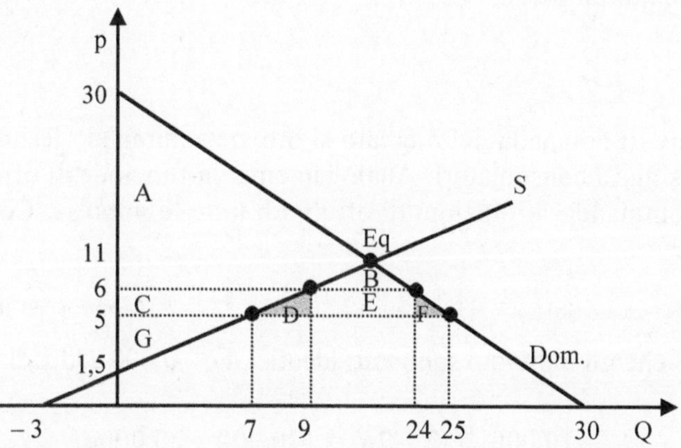

e) Rispetto alla situazione senza dazio, essendo ora il prezzo maggiore, il surplus dei consumatori risulterà inferiore, mentre quello dei produttori sarà superiore. In termini globali, comunque, tenuto anche conto delle maggiori entrate fiscali, si osserverà una perdita di benessere.

Verifichiamolo in questo esercizio.

Surplus consumatori:

Senza dazio: $S_C = A + B + C + D + E + F$.
Con dazio: $S_C = A + B$.
→ $\Delta S_C = - C - D - E - F$.

Surplus produttori:

Senza dazio: $S_P = G$.
Con dazio: $S_P = G + C$.
→ $\Delta S_P = + C$.

Si noti inoltre che con il dazio si hanno **maggiori entrate fiscali** pari a + E (rettangolo con base uguale alle importazioni e altezza pari al dazio unitario).

➔ La variazione del surplus totale è quindi pari a $\Delta S_{TOT} = - C - D - E - F + C + E = - D - F$.

È questa, quindi, la **perdita di benessere per la collettività derivante dall'introduzione del dazio** (area evidenziata in grigio in figura).

Procedendo con i calcoli, l'area del triangolo D è pari a: $\dfrac{(9-7)\cdot 1}{2} = \dfrac{2}{2} = 1.$

mentre l'area del triangolo F è pari a: $\dfrac{(25-24)\cdot 1}{2} = \dfrac{1}{2} = 0{,}5.$

La perdita complessiva di benessere per la collettività, conseguente all'introduzione del dazio, è quindi pari a: – D – F = – 1 – 0,5 = – 1,5.

13.25.

a) La funzione di domanda del mercato si ottiene sommando le funzioni di domanda di tutti i singoli consumatori. Analogamente, la funzione di offerta del mercato si ottiene sommando le funzioni di offerta di tutte le imprese. Con i dati a disposizione si ha:

$$Q_D^{TOT} = q_{\text{domandata dal 1° individuo}} + q_{\text{domandata dal 2° individuo}} + \ldots + q_{\text{domandata dal 10.000° individuo}}.$$

Dal momento che gli individui sono tutti identici, ho 10.000 addendi tutti uguali. Quindi:

$$Q_D = 10.000 \cdot (12 - 2p) = 120.000 - 20.000p.$$

Per l'offerta si ha:

$$Q_S^{TOT} = q_{\text{offerta dalla 1}^a\text{ impresa}} + q_{\text{offerta dalla 2}^a\text{ impresa}} + \ldots + q_{\text{offerta dalla 1.000}^a\text{ impresa}}.$$

Dal momento che le imprese sono tutte uguali, ho 1.000 addendi identici. Quindi:

$$Q_S = 1.000 \cdot (20p) = 20.000p.$$

(Ovviamente devono essere le quantità a essere sommate e non i prezzi, cosicché se le due funzioni fossero state proposte dal problema a variabili scambiate – cosiddette funzioni inverse di domanda e di offerta – avremmo prima dovuto riscrivere le funzioni nella versione corretta e poi sommarle; diversamente avremmo sommato i prezzi e non le quantità!).

Il prezzo e la quantità di equilibrio si ottengono ponendo $Q^D = Q^S$:

$$Q_S = Q_D$$
$$20.000p = 120.000 - 20.000p$$
$$p = 120.000/40.000 = 3.$$

Dopodiché, sostituendo p = 3 nella funzione di domanda o di offerta, si ottiene: Q = 60.000.

Si sono quindi ottenuti i seguenti valori di equilibrio (che, nel grafico sottostante, sono le coordinate del punto E di intersezione tra le due rette): Q = 60.000 e p = 3.

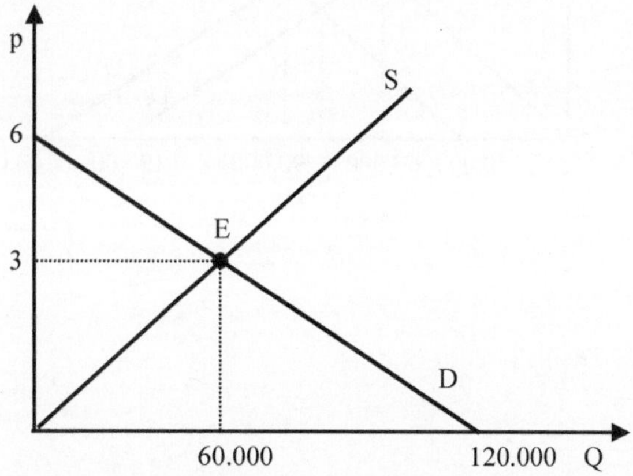

b) Un aumento della domanda individuale implica, in presenza di una molteplicità di individui identici, un aumento della domanda collettiva. Graficamente la curva di domanda si sposta perciò in alto e a destra. Se la curva di offerta non si spostasse, si otterrebbe un nuovo equilibrio caratterizzato da prezzi e quantità più elevati. Ma in questo esercizio anche la curva di offerta, in seguito a un miglioramento tecnologico, si sposta in basso e a destra.

Il nuovo punto di equilibrio E′, ottenuto mettendo a sistema le due nuove curve, sarà quindi caratterizzato da una quantità sicuramente superiore rispetto al precedente equilibrio e da un prezzo che potenzialmente potrebbe essere sia superiore che inferiore a quello iniziale.

Nel caso specifico, effettuando i calcoli, si avrà:

nuova domanda aggregata: $Q_{D'} = 10.000 \cdot (14 - 2p) = 140.000 - 20.000p$
nuova offerta aggregata: $Q_{S'} = 40.000 + 20.000p$,

per cui:

$$Q_{S'} = Q_{D'}$$

$$40.000 + 20.000p = 140.000 - 20.000p$$

$$\rightarrow 40.000\ p = 100.000$$

$p' = 2{,}5$ $Q' = 90.000$ (coordinate punto E').

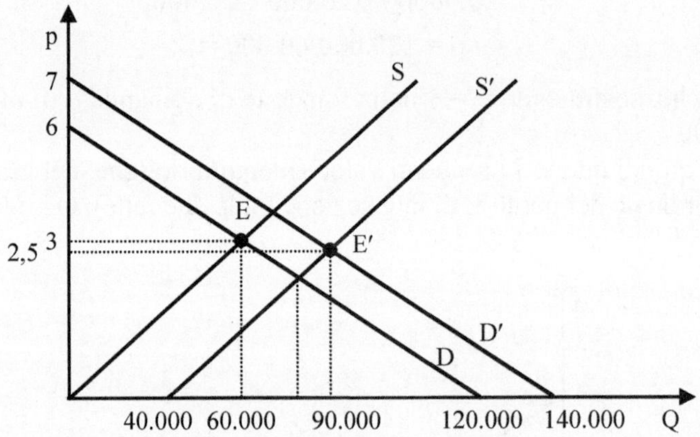

Finito di stampare nel mese di marzo 2020
nella Rotolito S.p.A. – Via Sondrio, 3
20096 Pioltello (MI)

Note

Note

Note